Céline Kever

Quantenherz

Wenn sich Verstand und Gefühl
zu einem neuen Bewusstsein vereinen

WINDPFERD

Die in diesem Buch vorgestellten Informationen und Anwendungsmöglichkeiten sind sorgfältig recherchiert und wurden nach bestem Wissen und Gewissen weitergegeben. Dennoch übernehmen Autorin und Verlag keinerlei Haftung für Schäden irgendeiner Art, die direkt oder indirekt aus der Anwendung oder Verwendung der Angaben in diesem Buch entstehen. Die Informationen in diesem Buch sind für Interessierte zur Weiterbildung gedacht.

Die beschriebenen Methoden haben sich als sicher und effektiv im Prozess der persönlichen Weiterentwicklung und Erhebung bewährt. Wer sie anwendet, tut dies in eigener Verantwortung. Die dargestellten Übungen und Methoden sind allerdings in keiner Weise als Ersatz für professionelle Behandlung durch einen ausgebildeten Therapeuten (Arzt, Psychologen, Heilpraktiker, usw.) zu verstehen.

1. Auflage 2010
© 2009 Windpferd Verlagsgesellschaft mbH, Oberstdorf
www.windpferd.de
Alle Rechte vorbehalten
Umschlaggestaltung: Kuhn Grafik Communication Design, Amden (CH)
unter Verwendung einer Illustration von 123rf
Lektorat: Melanie Binek
Layout: Marx Grafik & ArtWork
Gesetzt aus der Adobe Garamond
Druck: Himmer AG, Augsburg
Gedruckt auf Schleipen-Werkdruckpapier mit Zellstoff aus regelmäßig überprüften
Waldbewirtschaftungsbeständen, säurefrei, chlorfrei gebleicht
Printed in Germany · ISBN 978-3-89385-607-7

Inhalt

*I*ch danke von Herzen
allen irdischen und geistigen Lehrern,
die meinen Weg gekreuzt haben,
von denen ich zurzeit in meinem Leben weiß
und die mir noch begegnen werden –
an, von und mit denen ich
in jeder Situation lernen darf.
Ich danke aus tiefster Seele
für alle Lernaufgaben,
Bewusstwerdungen,
Entwicklungsschritte,
für die Liebe,
das Wachstum und die Güte,
die dieses Buch ermöglicht haben.
Möge es jeder Leserin,
jedem Leser,
das bringen,
was für sie oder ihn licht
und gerade richtig ist.

 iebevollen Dank
an meine Eltern und meine Familie,
für alles.
Herzlichen Dank
an meine Freundinnen und Freunde
für eure Liebe, Akzeptanz und Unterstützung.
Demütigen Dank
an das Göttliche und die geistige Welt,
für die Gnade, meine Lebensaufgabe leben zu dürfen.
Besonderen Dank
an Monika Jünemann, Melanie Binek
und das ganze Windpferd-Team
für das Vertrauen und die kompetent-herzliche Begleitung
durch dieses Abenteuer.

Einleitung

iebe Leserin, lieber Leser,

herzlich willkommen zu einer Reise, die uns durch die Erkenntnis-
landschaften der quantenphysikalischen Naturwissenschaft, in das
Gebiet der hermetischen Philosophie und in die geheimnisvolle Welt
unseres eigenen Selbst führen wird. Es warten einige verblüffende Perspektivwechsel und Feststellungen auf Sie: Erfahren Sie zum Beispiel,
dass die Realität, die Sie leben, Ihre eigene Schöpfung ist! Lernen Sie
das unendliche Potential kennen, das in der bewussten Nutzung Ihres
Geistes liegt! Erobern Sie sich Ihren eigenen Willen und setzen Sie ihn
konkret für Ihre persönliche Entwicklung ein! Denn eines ist gewiss
auf dieser Reise: Sie tragen die wichtigsten Werkzeuge zum Glücklich-
Sein bereits in sich!

Um dem Herz der Dinge und unserem eigenen auf die Spur zu kommen, werden wir uns ausgiebig mit einem antiken Schatz von Sinn-
sprüchen über das Leben selbst beschäftigen: Angeblich geht er auf den
griechischen Gelehrten Hermes Trismegistos, den »Dreimal Großen
Meister«, zurück. Sein besonderes Erbe sind sieben Wahrheiten, die
sogenannten hermetischen Prinzipien, über die wir manche Weisheit
und Erkenntnis über das Leben, die Beschaffenheit unseres Universums
und letztlich über uns selbst gewinnen können. Diese grundlegenden Wahrheiten wurden ursprünglich von Meister zu Schüler in meist
mündlicher Form weitergegeben. Anfang des zwanzigsten Jahrhunderts
traten sie erstmals in Buchform mit entsprechenden Erläuterungen in
Erscheinung. Eine hoch geschätzte Inspirationsquelle zur Erhebung der
Menschheit erblickte 1908 in Chicago das Licht der Welt: das *Kybalion*
(1912). Bis heute gilt es als eines der kraftvollsten Werkzeuge für unsere

persönliche und spirituelle Entwicklung, nicht zuletzt, weil es uns auch in die Geheimnisse der Alchemie einweiht: in die Kunst der geistigen Umwandlung und Veredelung.

Der eigentliche Wert dieses Werkes in seinem ganzen bahnbrechenden Ausmaß ist allerdings kaum durch unseren analytisch geprägten Intellekt zu begreifen. Wir können die dargebotenen Worte zwar intellektuell erfassen und sinngebend verstehen, die dahinter verborgene, tiefere Wahrheit erschließt sich uns auf diese Weise jedoch nicht: Nur das gefühlte Erleben und die Erfahrung von angewandter Alchemie lassen uns die Welt wieder bestaunen und ihre perfekte Schönheit und Ordnung erahnen. So sprechen die hermetischen Überlieferungen vor allem eines in uns an: unsere Intuition.

Auf dieser *quantenherzlichen* Reise soll jedoch auch unser Verstand nicht zu kurz kommen und erhält deswegen Nahrung in angemessener Form: Die alten hermetischen Weisheiten werden erstaunlicherweise durch die neuesten Erkenntnisse der Quantenphysik ergänzt und sogar bestätigt. Die Auseinandersetzung mit diesen naturwissenschaftlichen Inhalten soll somit einerseits als Anregung für unser analytisch-deduktives Wesen fungieren, andererseits aber vor allem die intuitive Aufnahme der hermetischen Weisheit fördern und durch ihre logischen Erkenntniswege vervollständigen. Die Interpretationen der quantenphysikalischen Theorien bieten nämlich viele interessante Ansätze, über die Grundlage von Materie, den Aufbau unseres Universums und auch die Macht des menschlichen Geistes und Bewusstseins nachzusinnen.

Neben dieser Verquickung von Philosophie und Naturwissenschaft – von Altem und Neuem – soll *Quantenherz* ebenfalls eine Manifestation der Vereinigung von Verstand und Gefühl sein und zu einer Bewusstheit führen, die auf Einheit und Sich-selbst-bewusst-Sein ausgerichtet ist. Es steht Ihnen, liebe Leserin, lieber Leser, also gänzlich frei, männlich-analytisches Denken und weiblich-intuitives Fühlen auf ganz persönliche Weise miteinander zu verbinden und Ihren ganz eigenen Weg der Erkenntnis zu gestalten. Zu diesem Zweck werden Sie auch immer wieder konkrete Anwendungsmöglichkeiten finden: Techniken, die unsere philosophischen Rückschlüsse ganz konkret in unseren Alltag einbinden und uns dort bereichern können. Wählen Sie aus dieser Sammlung unterschiedlicher Methoden aus, was sich für Sie gut und richtig anfühlt – immer mit dem Ziel vor Augen, dass es für Ihre persönliche Bereicherung und Entwicklung dienlich sein soll.

Konkret sieht unser Reiseplan also folgendermaßen aus: Im ersten Kapitel werden zunächst die Quantenphysik, ihre Geschichte und ihre neuesten Errungenschaften dargestellt. Diese Informationen sind, auf theoretischer Ebene, grundlegend für das vorliegende Buch, aber nicht notwendig für das Verständnis der anderen Kapitel. Wer es vorzieht, sofort mit dem Studium der Hermetik und der sieben Prinzipien des Lebens zu beginnen, kann direkt beim zweiten Kapitel einsteigen. Dabei ist jedoch stets durch entsprechende Querverweise die Möglichkeit gegeben, in das erste Kapitel zurückzukehren, um dort detaillierte Informationen aus der Quantenphysik zum aktuell Besprochenen nachzulesen.

Das schrittweise Kennenlernen der verschiedenen hermetischen Gesetzmäßigkeiten und ihrer zahlreichen quantenphysikalischen Ergänzungen werden stets durch praktische Anwendungsmöglichkeiten und psychologische Techniken abgerundet. Sie sollen die Integration dieses neuen Wissens fördern und uns auf unserem Weg zu einer bewussteren Existenz und einer einheitlichen Weltsicht unterstützen.

So begleiten uns Quantenphysik, Hermetik und Psychologie kontinuierlich auf unserem Pfad zur Meisterschaft. Dabei wird vor allem unser Geist geschult, damit in uns die Erkenntnis wachsen kann, dass wir das Potential, Wunder zu wirken, schon in uns haben. Das Einzige, das uns nämlich zurzeit noch davon abhält, dieses wirklich einzusetzen, liegt in der Unbewusstheit über die Macht unseres Geistes begründet. *Quantenherz* soll Ihnen eine Hilfe sein, daran etwas zu ändern: Es möchte Ihnen Möglichkeiten an die Hand geben, wie Sie Ihre Bewusstheit für sich selbst fördern und sich somit einen Handlungsfreiraum erschließen können, der nur darauf wartet, von Ihnen genutzt zu werden. Werden Sie sich-selbst-bewusster, erobern Sie sich Ihr Herz und Ihren Verstand und nehmen Sie Ihr Leben wieder aktiv in Ihre eigene Hand und Verantwortung!

So bleibt mir noch, Ihnen von Herzen viel Spaß bei dieser magischen Abenteuerreise zu wünschen, die Sie an das Ziel bringen wird, das Sie sich selbst stecken. Entscheiden Sie bewusst, wo es hingehen soll ...

Gott segne und schütze Sie auf Ihrem ganz eigenen Weg in und zu sich selbst – beim Erkennen und Sich-Ausprobieren. Mögen Sie dabei näher zu sich selbst gelangen und sich bewusst erheben, auf dass sich das höchste Beste in Ihrem Leben manifestiere!

Herzlichst,
Ihre Céline Kever

Auf der Suche nach der Weltformel: Von der Relativitätstheorie über die Quantenmechanik zur Stringtheorie

»Die Summe allen Bewusstseins ist eins.«

– Erwin Schrödinger –

Schon immer ist es dem Menschen ein Anliegen gewesen, mehr über sich und die Welt, in der er lebt, zu erfahren. Auch die Physik als Wissenschaft hat im Grunde genommen das gleiche Ziel: Phänomene zu beobachten und zu analysieren, um unsere Wirklichkeit erklärbar zu machen. Das letzte Jahrhundert war in diesem Zusammenhang von bahnbrechenden Erkenntnissen geprägt: Am Anfang stand Albert Einstein mit seiner Relativitätstheorie und jener bekannten Formel: $e=mc^2$. Später kamen dann viele andere, wichtige Wissenschaftler hinzu, von denen Sie vielleicht einige Namen kennen, wie etwa Werner Heisenberg oder Hans-Peter Dürr. Doch was deren geniale Entdeckungen eigentlich mit unserem Alltag zu tun haben bzw. zu tun haben können, ist wohl den meisten von uns schleierhaft. Dass ihre wissenschaftlichen Errungenschaften in sich das Potential bergen, unsere Weltsicht vollkommen zu revolutionieren, wissen die wenigsten von uns.

Lassen Sie uns einen Ausflug in die Geschichte der Physik des letzten Jahrhunderts unternehmen, um diesen revolutionären Perspektivwechsel (nach)vollziehen zu können. Die beschriebenen Stationen auf unserer Reise stützen sich auf die Erkenntnisse namhafter Forscher, die ich Ihnen sozusagen als Reisebegleiter an dieser Stelle kurz vorstellen möchte:

- Brian Greene ist Professor für Physik und Mathematik und bekannt durch sein Buch *Das elegante Universum*.
- Hans-Peter Dürr ist Professor für Physik und Träger des alternativen Nobelpreises. Unter anderem hat er folgende Bücher veröffentlicht: *Wir erleben mehr als wir begreifen* und *Ganzheitliche Physik*.
- Jörg Starkmuth ist Diplom-Ingenieur für Nachrichtentechnik und hat seine Erkenntnisse in dem Buch *Die Entstehung der Realität – Wie das Bewusstsein die Welt erschafft* zusammengefasst.
- Stefan Bauberger hat Philosophie, Theologie und Physik studiert und dieses Wissen in dem Buch *Was ist die Welt?* vereint.

Hinzu kommen noch viele weitere bekannte und renommierte Quantenphysiker, so zum Beispiel David Bohm *(Theorie der Impliziten Ordnung)*, John G. Cramer *(Transaktionsinterpretation der Quantenmechanik)* und Fred Alan Wolf *(Die Viele-Welten-Deutung der Quantentheorie)*.

Lassen Sie uns also nun dieses spannende Abenteuer über die Entdeckung der Welt, und wie sie zu verstehen ist, beginnen.

Wie lässt sich die Welt erklären? – Entwicklungen der Physik

In der modernen Physik existieren zwei Theorien, die Physiker und Mathematiker lange Zeit in zwei Lager gespalten haben. Auf der einen Seite erklärt Albert Einsteins allgemeine Relativitätstheorie die Begebenheiten des Makrokosmos, also die Eigenschaften großer Objekte sowie deren Verhalten. Auf der anderen Seite liefert die Quantenmechanik Erklärungen zur subatomaren Ebene, zu mikroskopisch kleinen Objekten. Diese beiden Theorien bauen auf grundlegend verschiedenen Philosophien auf und sind (oder waren bisher) mehr oder weniger unvereinbar. Das Besondere an ihnen ist jedoch, dass bis heute keine in ihrer Gültigkeit widerlegt werden konnte (Cramer, 1986). Mehr noch: Ihr jeweiliger Geltungsbereich gilt als allumfassend, das heißt, dass die Grundannahmen beider Theorien jeweils für sich genommen im Stande sind, physikalische Phänomene zum allergrößten Teil sinngebend zu erklären. Die Herausforderung der modernen Physik besteht demnach darin, beide Positionen in einer neuen Art von »Weltformel« zu integrieren: also Relativitätstheorie mit Quantenmechanik zu vereinen. Es gilt, eine Formel zu finden, die uns den Kosmos sowohl im Kleinen als auch im Großen wissenschaftlich erklären kann.

Welche Annahmen dabei jede Theorie für sich postuliert und auf welchem Stand eine Vereinheitlichung überhaupt aktuell und möglich ist, wird Gegenstand der nächsten Unterkapitel sein, bevor wir uns später einer integrierten Sicht der Dinge zuwenden.

Einsteins Relativitätstheorie – Physikalische Erklärung für große Dinge

Lassen Sie uns die Geschichte der »klassischen Physik« mit Isaac Newton beginnen. Seine *Gravitationstheorie* eint Himmel und Erde, indem sie postuliert, dass das Gesetz der Schwerkraft auf der Erde nichts

19

anderes ist als das Gesetz, das auch die Erde um die Sonne kreisen lässt. Newtons Gesetz war logisch und empirisch beweisbar und wurde deshalb wissenschaftlich anerkannt. Das Problem war jedoch, dass Newton selbst keine Vorstellung davon hatte, wie die Schwerkraft eigentlich funktionierte. Diese Frage wurde erst von Albert Einstein Anfang des 20. Jahrhunderts aufgegriffen und zufriedenstellend beantwortet.

Albert Einstein errechnete nämlich, dass es nichts gibt, das sich schneller als Licht bewegen kann. Diese Theorie stand allerdings im Gegensatz zu Newtons Annahme, dass die Gravitation zeitgleich wirke, und zwar unabhängig von Zeit oder Entfernung. Seine Schwerkrafttheorie besagt, dass mit dem Verschwinden der Sonne die Planeten sofort aus ihrer Umlaufbahn ausbrechen würden – egal, ob diese ihr gerade nahe seien oder sich im hintersten Winkel des Universums befänden. Im Gegensatz dazu postuliert Einstein, dass es etwa 8 Minuten dauern würde, bis die Erde aus ihrer Umlaufbahn ausbräche – nämlich genau die Zeit, die das Licht bzw. die Dunkelheit brauchen würde, um die Distanz der Sonne zur Erde zurückzulegen. Anders ausgedrückt hat Einstein belegt, dass nicht einmal die Schwerkraft schneller ist als das Licht (Greene, 2008).

Als diese Erkenntnis wissenschaftlich akzeptiert worden war, stand der Versuch an, den scheinbaren Widerspruch zwischen den Theorien Einsteins und Newtons sinnvoll zu erklären. Die Lösung gelang Albert Einstein mit seiner *Relativitätstheorie*. Darin wird dargestellt, dass Raum und Zeit nebeneinander in einer einzigen Struktur existieren: der *Raum-Zeit* (auch: *Raumzeit*). Krümmungen in dieser vierdimensionalen Struktur erleben wir als Schwerkraft, die nichts anderes ist als das Ergebnis jener Auswirkung, die Masse auf den Raum hat. Bewegungen in dieser Struktur nehmen die Form von Wellen an, die sich mit Lichtgeschwindigkeit fortbewegen. Jetzt, da Newtons Auffassung von Gravitation in diese neue Theorie integriert werden konnte, machte sich Einstein daran, noch eine weitere Theorie in seine allgemeine Relativitätstheorie einzuflechten: den Elektromagnetismus.

Das Ziel dieses ehrgeizigen Projektes war, eine Weltformel zu entschlüsseln, die uns unseren Kosmos erklären könnte. Leider gelang es Einstein nicht, dieses Vorhaben zu Lebzeiten durchzuführen. Stattdessen erlebte er, wie ein anderes Gebiet in das Reich der Physik Einzug erhielt, das mit seinen eigenen Erkenntnissen konkurrierte: die Quantenmechanik.

Ein Quantensprung für das Weltbild – Erkenntnisse aus der Quantenmechanik

Die Quantenmechanik, auch Quantentheorie oder Quantenphysik genannt, beruht auf einer klassischen, analytisch geprägten, wissenschaftlichen Vorgehensweise. Ihr Anliegen ist die Suche nach dem kleinsten Etwas, das als grundlegendster Baustein von allem, was existiert, angesehen werden kann. Denn sowie man diesen kleinsten Baustein aufgespürt und verstanden hat, scheint der Zugang für die Entschlüsselung unserer Wirklichkeit gefunden zu sein. Es wurde angenommen, dass man mit der Entdeckung der Ur-Form von Materie, also einem kleinsten Stück purer Materie – oder noch genauer: mit einer Materie ohne Form – alle möglichen Teile der Realität bauen und beherrschen kann (Dürr, 2002). Daher hat die quantenphysikalische Wissenschaft sich dafür interessiert, was im ganz Kleinen passiert …

Lange Zeit war angenommen worden, dass das Atom das kleinste Element unserer Welt sei. Anfang des 20. Jahrhunderts ist diese Sicht mit den ersten, den sogenannten »alten Quantentheorien« revidiert worden. Zunächst entwickelte Niels Bohr das *Bohrsche Atommodell* (1913), das später zum *Bohr-Sommerfeldschen Atommodell* (1915/16) ausgebaut wurde. Beiden Modellen liegt zugrunde, dass ein Atom weiter teilbar ist, und zwar in subatomare Elementarteilchen. Ein Atom besteht demnach aus einem Kern, der sich wiederum aus Neutronen und Protonen zusammensetzt, und aus Elektronen, die wie kleine Satelliten auf Umlaufbahnen um diesen Kern kreisen. Auch wenn diese Modelle aus heutiger Sicht überholt und durch die Erkenntnisse der Quantenmechanik ersetzt wurden, brachten sie zur damaligen Zeit eine sehr wichtige Erkenntnis mit sich: Das Atom ist nicht der kleinste Baustein unserer Welt – es geht noch kleiner! Der erste Schritt zur Eroberung der subatomaren Welt war damit getan.

Die bis zu diesem Zeitpunkt dominierenden Theorien, Newtons *Gravitationstheorie* und Maxwells *Elektromagnetismus*, waren ungeeignet, um die Eigenschaften eines Atoms zu erklären. Denn weder Schwerkraft oder Elektrizität noch Magnetismus konnten die Wechselwirkungen zwischen Atomkern und Elektronen sinngebend begründen (Greene, 2008). Im Jahre 1924 lieferte der französische Physiker Louis-Victor de Broglie den entscheidenden Impuls, eine neue Theorie entwickeln zu können. In seiner Dissertation *Untersuchungen zur Quantentheorie* lieferte er den Beweis, dass alle Teilchen auch Welleneigenschaften besitzen (Pietschmann, 2006). Auf diese Erkenntnis aufbauend, ist dann im Zeitraum von 1925 bis 1935 die sogenannte Quantenmechanik als ein neuer Bereich der Physik entwickelt worden. Mit ihrer Hilfe ist es möglich, auf so manches Mysterium der subatomaren Ebene eine Antwort zu geben. Dabei ist es wichtig, sich vor Augen zu führen, dass hierbei Partikel erforscht werden, die wir schon fast nicht mehr mikroskopisch beobachten können, geschweige denn mit bloßem Auge – subatomar eben.

Doch was bedeutet eigentlich die Behauptung de Broglies genau – alle Teilchen haben auch Welleneigenschaften? Man hat versucht, dieses Phänomen mit dem Begriff *Welle-Teilchen-Dualismus* zu umschreiben. Dieses recht abstrakte Wortgebilde bedarf sicherlich der Erklärung. Lassen Sie mich deswegen zunächst darauf eingehen, was darunter zu verstehen ist, bevor wir uns dann der Frage zuwenden, welche möglichen Konsequenzen diese Vorstellung impliziert.

Die kleinsten Bausteine unserer Realität sind ein ›Sowohl-als-auch‹ – *Der Welle-Teilchen-Dualismus*

Bei dem *Bohrschen Atommodell* war man, wie gesagt, davon ausgegangen, dass es sich bei einem Atom quasi um ein »Planetensystem im Kleinen« handelte: Der Atomkern entsprach dabei der Sonne, die Elektronen standen für die Planeten, die um sie kreisten. Die Neutronen, Protonen und Elektronen sollte man sich dann als kleine Billardkugeln vorstellen, also als Teilchen. Die Annahme war, dass sie sich auch dementsprechend verhielten und daher den Gesetzen der »klassischen Physik« von Anziehung und Schwerkraft unterliegen würden. Doch beim sogenannten *Doppelspaltexperiment* ist bewiesen worden, dass diese winzigen Objekte nicht ausschließlich Teilcheneigenschaften haben.[1] Unter gewissen Umständen verhalten sie sich wie Wellen. Das heißt mit anderen Worten, dass die kleinsten Bausteine unserer Realität beides sind: sowohl punktförmige Teilchen als auch ausgedehnte Wellen. Der *Welle-Teilchen-Dualismus* ist für unseren Verstand schwer nachvollziehbar, da wir uns nicht vorstellen können, dass etwas zeitgleich punktförmig *und* ausgedehnt sein kann. Und doch ist es so! Selbst wenn wir diesen Sachverhalt nicht mit unserer begrenzten Vorstellungskraft begreifen können, werden wir ihn als wahr akzeptieren und hinnehmen müssen, da er durch verschiedene Experimente hieb- und stichfest belegt ist. An dieser Stelle bietet es sich wohl an, John B. S. Haldane zu zitieren: *Die Natur ist nicht nur seltsamer als wir annehmen, sie ist auch seltsamer als wir annehmen können.* (siehe Starkmuth, 2007, S. 81).

Doch wie kann der *Welle-Teilchen-Dualismus* aufgefasst und interpretiert werden? Welche Konsequenzen hat die Feststellung, dass subatomare Teilchen eben nicht nur Teilchen, sondern gleichzeitig auch Wellen sind? Und wie wird eigentlich entschieden, wann es auf atomarer Ebene ein Teichen ist und wann eine Welle? Eine mögliche Interpretation des *Welle-Teilchen-Dualismus* liegt in der *Kopenhagener Deutung,* die ich Ihnen jetzt vorstellen möchte.

Die Macht des Beobachters – *Die Kopenhagener Deutung*

Der *Welle-Teilchen-Dualismus* besagt also zunächst nichts anderes, als dass Quantenobjekte sowohl als Teilchen als auch in Wellenform existieren. Verhält sich nun ein derartiges Objekt auf subatomarer Ebene wie eine Welle, bedeutet dies, dass es sich an mehreren Orten gleichzeitig aufhält. Es ist nicht punktförmig wie ein Teilchen, sondern auf eine Wellenform verteilt. Erst mit der Beobachtung, also im Moment einer Ortsmessung, kollabiert diese Welle, woraus ein genauer Aufenthaltsort des dabei entstandenen punktförmigen Teilchens hervorgeht (Goswami 2007). Genauso wie die Beobachtung den Kollaps der Wellenform verursacht und ein punktförmiges Teilchen entstehen lässt, kann sie auch die Manifestation eines wellenförmigen Objekts bedingen. Welche Eigenschaften im Endeffekt vorherrschen – die als Teilchen oder die als Welle – werden also von der Beobachtung bzw. der Messung festgelegt.

Herbert Pietschmann (2006) umschreibt dieses Phänomen folgendermaßen: *In der Quantenmechanik werden die Eigenschaften eines Objektes durch Messung nicht festgestellt, sondern erst hergestellt.* Mit anderen Worten bedeutet dies, dass je nach Art der Messung oder Beobachtung ein Partikel zum Teilchen oder zur Welle wird, also entweder punktförmig oder wellenförmig ist (Starkmuth, 2007; Pietschmann, 2006; Bauberger, 2005).

Diese erstaunliche Erkenntnis ist in wissenschaftlichen Kreisen als *Kopenhagener Deutung* bekannt. Sie wurde um 1927 als Standarderklärung für den Effekt des Beobachters auf das Beobachtete von Niels Bohr, Werner Heisenberg und ihrem wissenschaftlichen Team aufgestellt (Starkmuth, 2007). Der Grundzustand von Quantenobjekten ist demzufolge Potentialität, ein »Kann-Sein-Zustand«, aus dem heraus sich verschiedene Eigenschaften mit einer gewissen Wahrscheinlichkeit manifestieren können. Vor der Messung ist ein physikalisches System sozusagen in einem »verschwommenen« Zustand, in dem seine verschiedenen Seins-Möglichkeiten »verschmiert« sind. Mit der Beobachtung wird dann bestimmt, welche seiner Charakteristika sich effektiv manifestieren. Die Messung hat somit einen entscheidenden Einfluss auf das Beobachtete. Je kleiner das beobachtete Objekt ist, desto größer ist besagte Beeinflussung, weil sie in dem Fall sogar die Natur des Beobachteten definiert. Jörg Starkmuth (2007, S. 95) fasst diese Tatsache folgendermaßen zusammen: *Welche Eigenschaften eines Elementarteilchens ›Wirklichkeit werden‹, hängt davon ab, auf welche Weise wir das Teilchen beobachten – ohne die entsprechende Beobachtung bleibt die betreffende Eigenschaft ›virtuell‹ und unterliegt einer natürlichen Unschärfe.*

Der Quantenmechanik zufolge treten Umstände oder Eigenschaften mit einer gewissen Wahrscheinlichkeit ein, sie sind deshalb nicht bestimmt voraussagbar. Sie werden erst in dem Moment definiert und real, wenn sie beobachtet oder gemessen werden. Die Realität wird also in dem Augenblick vom Beobachter erschaffen, wenn dieser sie wahrnimmt. Vor diesem Hintergrund wird auch der Buchtitel, den Jörg Starkmuth für sein Werk gewählt hat, nachvollziehbar: *Wie das Bewusstsein die Welt erschafft* (2007).

Doch mit dieser Erkenntnis ist es noch nicht genug, sie wird noch gesteigert: Die Potentialität auf subatomarer Ebene, jener »Kann-Sein-

Zustand«, ist »ein All der Möglichkeiten«: *Jede dieser Möglichkeiten kann potentiell eintreten!* Somit sind Dinge möglich, von denen wir dachten, dass sie es nicht sind, – zwar mit einer geringen Wahrscheinlichkeit, aber immerhin (Dürr, 2002)!

Die *Kopenhagener Deutung* liefert also eine schlüssige Interpretation über das, was in einer Beobachtungs- oder Messsituation geschieht, jedoch beschäftigt sie sich weder eingehend mit dem vorangegangenen »Kann-Sein-Zustand« des Quantenobjekts noch mit dem eigentlichen Vorgang des Wellenkollapses. Sie liefert keine schlüssige Erklärung für die Potentialität auf subatomarer Ebene im unbeobachteten Raum. Außerdem scheint der Unterschied zwischen dem Beobachter und dem Beobachteten willkürlich. Denn wo fängt der Beobachter an, und wo hört das Beobachtete auf? Diese hoch interessante Frage hat zu vielen Diskussionen und eingehender Kritik an der *Kopenhagener Deutung* geführt, welche unter anderem besonders einleuchtend am Schicksal einer bestimmten Katze dargestellt wird.

Schrödingers Katze und das Rätsel des »Kann-Sein-Zustands«

Jenes berühmte Tier, das erfunden wurde, um die Mängel der *Kopenhagener Deutung* zu illustrieren, heißt nach seinem Erfinder »Schrödingers Katze«. Dieses (glücklicherweise fiktive) Tier befindet sich in einer Kiste und ist der direkten Beobachtung vorbehalten. Es ist also nicht direkt erfassbar. In der Kiste ist zudem ein Mechanismus vorhanden, der unter bestimmten Umständen Giftgas freisetzt, welches die Katze töten würde. Dieser Mechanismus ist nicht vorhersag- oder berechenbar, da er von einem Sensor gesteuert wird, der wiederum vom Zerfall eines radioaktiven Atoms abhängt. Da es sich um ein einzelnes Atom handelt, ist der Zerfall oder Nicht-Zerfall nicht direkt voraussagbar und hängt, mit anderen Worten, von einer *quantenmechanischen Wahrscheinlichkeitsverteilung* ab (Starkmuth, 2008, S. 105). Nach der *Kopenhagener Deutung* wäre der Zustand der Katze in diesem Stadium ein »Kann-Sein-Zustand«, weil keine Beobachtung stattfindet und auch keine Berechnung möglich ist, die den Zustand der Katze klar definieren würde. Sie ist somit lebendig und tot zugleich, solange niemand in die Kiste geschaut und mitbekommen hat, in welchem Zustand das radioaktive Atom ist (zerfallen oder nicht).

Jörg Starkmuth (2007, S. 105–106) geht noch einen Schritt weiter, indem er das Gedankenexperiment um eine Dimension erweitert: Nehmen wir an, eine Person A öffnet die Kiste und stellt den Zustand der Katze fest. Diese Realität ist in diesem Moment definiert und die »Wellenfunktion der Katze« ist kollabiert: Aus dem »Kann-Sein« ist ein definierter Zustand geworden. Der Beobachter nimmt also wahr, ob die Katze noch lebt oder bereits gestorben ist, und empfindet daraufhin eine emotionale Regung – sagen wir traurig oder glücklich. Wenn diese Szene in einem abgeschlossenen, nicht einsehbaren Raum stattfindet, weiß ein Freund B, der sich im Nebenzimmer befindet, nichts über den Zustand von Person A. Das Atom wie auch die Katze und die Person A sind für Person B in einem undefinierten Zustand, bis sie selbst die Situation beobachtet und sieht, ob ihr Freund A traurig oder glücklich ist.

In diesem beschriebenen Szenario ist Person A (und um genau zu sein: auch die Katze) sowohl Beobachter (der Katze) als auch beobachtetes Objekt (ihres Freundes B). In diesem Falle sind also diese beiden Funktionen nicht klar zu trennen: Alles ist hier miteinander verbunden – eine Tatsache, die den quantenphysikalischen Erkenntnissen entspricht. Denn wenn alles Energie ist und somit in seiner Grundnatur nicht zu unterscheiden, dann hängt auch alles zusammen (vgl. Bauberger 2005).

Eine klare Definition von »Beobachter« und »Beobachtetem« erweist sich also anhand von *Schrödingers Katze* als äußerst schwierig, wenn nicht gar unmöglich. Dieser Umstand des fließenden Übergangs von Beobachter und Beobachtetem und des damit verbundenen, ursprünglichen »Kann-Sein-Zustandes« hat deswegen zu einer neuen Theorie geführt: zur *Viele-Welten-Deutung*.

Existieren alle möglichen Realitäten parallel nebeneinander? – Die Viele-Welten-Deutung

Als Alternative zur *Kopenhagener Deutung* gilt die *Viele-Welten-Deutung*, die auf die Entdeckung des Physikers Hugh Everett im Jahre 1957 zurückgeht. In seinem Modell bestehen mehrere Parallel-Welten, in denen die verschiedenen »Kann-Sein-Zustände« jeweils Realität sind. Somit wäre in einer Realität die Katze tot, in einer anderen lebendig und Person A entweder glücklich oder traurig. Solange keine Beobachtung stattfindet, überlagern sich beide Realitäten und existieren solange parallel, bis die Messung einer von ihnen in unserer Welt den Vorzug gibt. Dieser Erklärungsversuch erlaubt, dass in jeder Realität das Teilchen ein Teilchen und nicht etwa unscharf ist (Starkmuth, 2007). Everetts Modell erspart unserem Verstand den *Welle-Teilchen-Dualismus* sinnvoll erfassen zu müssen. Das Problem des Wellenkollapses durch Beobachtung oder Messung stellt sich nicht mehr. Andererseits wird die Grundannahme, dass es nur *eine* gültige Realität gibt, im Kern erschüttert. In der *Viele-Welten-Deutung* existieren alle Möglichkeiten parallel, *und sofern ein Beobachter eine bestimmte Eigenschaft beobachtet, existiert auch* der Beobachter selbst *in mehreren Varianten, die jeweils in einer eigenen Realität leben!* (Starkmuth, 2007, S. 107). Demzufolge stellt sich auch das Problem, was im Endeffekt Beobachter und was Beobachtetes ist, erst gar nicht. Und der unscharfe subatomare Zustand einer Welle (also der Umstand, dass sich ein Teilchen auf subatomarer Ebene an mehreren Orten gleichzeitig befindet) wird mit dem Modell der Mehrfach-Welten dadurch erklärt, dass es effektiv an mehreren Stellen gleichzeitig ist, nämlich in verschiedenen Realitäten, die sich überlagern.

Die *Viele-Welten-Deutung,* in Kombination mit der quantenphysikalisch postulierten Mehrdimensionalität (siehe Seite 47), ist ziemlich überzeugend. Die Einführung einer fünften Dimension erlaubt nämlich die Vorstellung, dass die sich überlagernden Realitäten nebeneinander existieren und von einer höher gelagerten Realität wiederum eingeschlossen werden. Es scheint ganz so, dass die Welt eine mehrdimensionale Struktur hat *und dass zumindest einige dieser parallelen Welten sich überlagern können und dadurch die quantenmechanischen Wahrscheinlichkeitsverteilungen hervorbringen* (Starkmuth, 2007, S. 109).

An späterer Stelle werden wir noch einmal auf die *Viele-Welten-Theorie* zurückkommen, und zwar im Rahmen der Diskussion über schwarze Löcher und der Zusammenführung der Relativitätstheorie und Quantentheorie (siehe Seite 38). Wenn aber gemäß der *Viele-Welten-Deutung* alle möglichen Realitäten parallel nebeneinander existieren, stellt sich zwangsläufig die Frage, wie und mit welcher Wahrscheinlichkeit sich dann eine bestimmte Realität manifestiert? Eine Antwortmöglichkeit auf diese interessante Fragestellung findet sich in der *Transaktionalen Interpretation der Quantenmechanik* von John G. Cramer.

Unsere Realität:
eine Resonanz aus vergangenen Einflüssen und zukünftigen Möglichkeiten – *Die transaktionale Interpretation der Quantenmechanik*

In den 80er-Jahren des 20. Jahrhunderts entwickelte der Physiker John G. Cramer die *transaktionale Interpretation,* auch *Transaktionsinterpretation* oder *Zeitwellen-Theorie* genannt, des *Welle-Teilchen-Dualismus.* Diese Theorie erklärt den Wellenkollaps unabhängig von beobachtergebundenen Faktoren, wobei sie jedoch trotzdem einen ökonomischen, kompatiblen, plausiblen und durchsichtigen Ansatz zur Sinndeutung der Quantentheorie zu bieten vermag (Starkmuth, 2007; Cramer, 1986). John G. Cramer selbst sieht seine Theorie im Übrigen als Alternative zur *Kopenhagener Deutung,* da sie deren Schwachstellen weitestgehend auffängt und ihnen nicht unterliegt.

Dem subatomaren »Kann-Sein-Zustand« – oder auch der Potentialität – steht eine Möglichkeit gegenüber, mit der diese oder jene Wirklichkeit eintritt. Vorauszusagen, welche Wirklichkeit eintreten wird, ist allerdings unmöglich, solange nur *ein* subatomares Partikel in Augenschein genommen wird. Cramer hat sich deswegen der Frage der Wahrscheinlichkeitsvorhersage angenommen und eine mathematisch-plausible Lösung dafür erarbeitet. Seiner Meinung nach liegt der Schlüssel darin, eine zweite Welle in die Rechnung einzuführen. Wenn die Wellenfunktion (des späteren Teilchens oder der späteren Manifestation) mit einer weiteren Welle, die ihr bis auf wenige Elemente sehr ähnlich ist, multipliziert wird, lässt sich daraus die wahrscheinlichste Manifestation errechnen.

Cramer war nicht der erste Physiker, der mit einer zweiten Welle rechnete. Doch in den anderen Berechnungen war dieser zweiten Welle nie eine Bedeutung beigemessen worden. Sie wurde immer nur als mathematisch-notwendiges Werkzeug genutzt, eben weil sie erforderlich war. Dieses Vorgehen ist durchaus nicht selten: Nicht alle »Hilfsmittel«, die im Mathematischen notwendig sind, um zu einer korrekten Lösung zu kommen, sind »im richtigen Leben« tatsächlich von existentieller Bedeutung. Mit anderen Worten: Nicht jeder mathematischen Größe entspricht eine physikalische Realität.

Cramer hat dieser zweiten Welle jedoch einen physikalischen Einfluss zugeschrieben, das heißt, dass ihr über ihre mathematische Existenz, hinaus eine physikalische Größe zugestanden wurde (Starkmuth, 2007; Cramer, 1986). Diese Welle bezeichnet man als *konjugiert komplex,* da sie der Wellenfunktion sehr ähnelt. In seinen Berechnungen ist Cramer aufgefallen, dass die *konjugiert komplexe Welle,* ebenso wie die Wellenfunktion, in die mathematischen Gleichungen der Quantentheorie eingeflochten werden kann und dass dabei durchaus sinnvolle Resultate herauskommen – dies jedoch nur, wenn die *Zeitvariable* in besagten Gleichungen umgedreht wird. Damit die *konjugiert komplexe Welle* einen Sinn macht, muss die Zeit also rückwärtig laufen! Was nun unseren zeitlich linear denkenden Verstand zutiefst schocken mag, ist in der Tat kein größeres Problem, und zwar aus einem einfachen Grunde: In der Quantentheorie ist implizit enthalten, dass in ihr ein lineares Kausalitätsprinzip (Ursache steht vor und bedingt Wirkung) nicht gilt (da alles miteinander verbunden und somit gleichzeitig Ursache und Wirkung ist). Auf Grund dieser Erkenntnis hat Cramer sein Modell der *Zeitwellen-Theorie* entwickelt. Jörg Starkmuth (2007, S. 149) hat dieses folgendermaßen beschrieben: *In seiner* [Cramers] *Deutung breiten sich die Quantenwellen nicht nur im Raum, sondern auch in der Zeit aus* (Zeitwellen). *Dabei läuft die ›normale‹ Quantenwelle von der Vergangenheit in die Zukunft, während sich die konjugiert komplexe Welle – die Cramer als genauso real betrachtet – von der Zukunft in die Vergangenheit ausbreitet.*

Um die Dinge zu vereinfachen, hat Cramer der Wellenfunktion den Namen *Angebotswelle* gegeben, wohingegen die *konjugiert komplexe Welle* in seiner Theorie *Echowelle* oder auch *Bestätigungswelle* genannt wird (Starkmuth, 2007, S. 149; Cramer, 1986). Wenn diese beiden Wellen aufeinandertreffen und einander *modulieren,* entsteht daraus mathematisch als Produkt (Multiplikation) eine Wahrscheinlichkeit.

29

Die Wahrscheinlichkeit eines Ereignisses resultiert in dieser Deutung also aus dem Zusammentreffen einer Angebotswelle aus der Vergangenheit und einer ›passenden‹ Echowelle aus der Zukunft (Starkmuth, 2007, S. 149). Diese Modulation einer *Angebotswelle* durch eine *Echowelle* nennt Cramer *Transaktion* – daher auch die Namensgebung der *transaktionalen Interpretation* der Quantenmechanik. Selbst wenn dieser Ansatz eines *bidirektionalen* Zeitlaufs etwas abenteuerlich anmuten mag, bietet die *Transaktionsinterpretation* doch schlüssige Lösungen für die Erkenntnisse der Quantentheorie und ist somit durchaus als seriöse und kohärente Theorie anzusehen (Starkmuth, 2007, S. 150).

Welche Rückschlüsse die Kombination von *transaktionaler Interpretation* und der *Viele-Welten-Deutung* zulässt, soll im fünften Kapitel eingehender behandelt werden, wenn es um das Prinzip der Schwingung geht. Zuvor aber möchte ich noch einmal zum subatomaren »Kann-Sein-Zustand« zurückkehren. Nachdem wir uns dessen potentielle Deutungen angesehen haben, lohnt es sich, ebenfalls einen näheren Blick auf die physikalischen Konsequenzen der Potentialität zu werfen. Was bedeutet es eigentlich für die Beschaffenheit unserer Welt, dass ein Quantenobjekt gleichzeitig Teilchen und auch Welle ist, das heißt, sich auf subatomarer Ebene sowohl an einem als auch an mehreren Orten gleichzeitig aufhält?

Die Unschärfe der subatomaren Welt – *Die Heisenbergsche Unschärferelation*

Der Umstand, dass eine genaue Messung (oder Beobachtung) auf subatomarer Ebene unmöglich ist, lässt sich anhand von Werner Heisenbergs *Unschärferelation* veranschaulichen, für die er im Übrigen den Nobelpreis bekam. Die *Heisenbergsche Unbestimmtheitsrelation* ist eine mathematische Formel, die sich »komplementärer Größen« bedient. Sie besagt, dass eine gleichzeitige und genaue Erfassung von Position (wo befindet sich ein Partikel?) und Impuls eines Quantenobjektes (mit welcher Geschwindigkeit oder welchem Schwung bewegt sich dieses Partikel?) undurchführbar ist. Dabei werden Position und Impuls als »komplementäre Größen« bezeichnet. Je genauer man versucht, den Ort eines Partikels zu definieren, desto größer ist die Abweichung in der ausführbaren Messung bezüglich dessen Impulses und umgekehrt. Der genaue Aufenthaltsort eines Partikels kann also nicht vorhergesagt werden, wenn man weiß, mit welchem Schwung es sich bewegt. In diesem Fall können nur wahrscheinliche Positionen errechnet werden. Es gibt demnach keinen genau vorhersagbaren Punkt, sondern lediglich einen »verschmierten«, ähnlich einer Wolke von möglichen Aufenthaltsorten.

Die Welle-Teilchen-Qualitäten von subatomaren Objekten können unter Umständen auch als komplementäre Größen angesehen werden. Dabei geht die quantenphysikalische Interpretation aber noch einen Schritt weiter: Es gibt kein mögliches Szenario, nicht einmal nach präzisester Messung, bei dem Ort und Impuls gleichzeitig genau erfasst werden könnten. Entweder ist die Position oder der Impuls eines Objekts unscharf. Diese Tatsache hat nichts mit einer ungenauen Messung zu tun, sondern ist lediglich eine inhärente Charakteristik von Quantenobjekten (Bauberger, 2005).

Daraus ist folgendes Fazit zu ziehen: Die Welt ist, auf subatomarer Ebene, unscharf! Diese Unschärfe der Elementarteilchen ist eine ganz wichtige Charakteristik, denn sie verleiht Materie die Eigenschaft von relativer Stabilität (Starkmuth, 2007). Es ist zwar unmöglich vorherzusagen, wo ein einzelnes Partikel auftauchen wird, wenn sein Ausgangspunkt und Impuls bekannt sind und umgekehrt. Allerdings ist dem nicht mehr so, wenn es sich um eine sehr große Anzahl von Quantenobjekten handelt. Eine genügend große Ansammlung von Quantenpartikeln ermöglicht nämlich, dass mit Hilfe eines statistischen Mittelwerts deren Verhalten ganz genau vorhergesagt werden kann (Starkmuth, 2007). Und damit wären wir wieder bei den deterministischen Vorhersagemöglichkeiten der »klassischen Physik« angelangt, welche ja für »große« physikalische Objekte anwendbar sind.

Wieder einmal findet Starkmuth (2007, S. 100) die richtigen Worte, um diese Tatsache auf den Punkt zu bringen: *Die Gesetze der klassischen Physik sind – vereinfacht gesprochen – der statistische Mittelwert der Quantengesetze für genügend große Objekte. Sie funktionieren nur deshalb mit hoher Genauigkeit, weil die Unberechenbarkeiten im Verhalten der vielen beteiligten Teilchen sich im Mittel gegenseitig aufheben. Für einzelne Teilchen sind keine genauen Vorhersagen möglich.*

Das bedeutet im Grunde, dass einzelne Quantenobjekte in der Lage sind, an Stellen zu erscheinen, wo man sie nicht unbedingt erwartet hätte. Überspitzt ausgedrückt könnte man sagen, dass sie einfach so »aus dem Nichts« auftauchen können. Wie die Quantenphysik zu dieser Feststellung gelangt ist, möchte ich Ihnen im folgenden Abschnitt vorstellen, in dem es um den sogenannten *Tunneleffekt* geht.

Quantenobjekte tauchen einfach so »aus dem Nichts« auf – *Der Tunneleffekt*

Wenn ich in der Überschrift dieses Unterkapitels das Wort »auftauchen« benutzt habe, so ist dieses ganz bewusst geschehen. Ich habe absichtlich auf Ausdrücke wie »in welche Richtung sich ein einziges Partikel *bewegt*« oder »wohin es *wandert*« verzichtet. Diese ganz bestimmte Wortwahl, das Auftauchen, hängt nämlich mit einer anderen quantenphysikalischen Entdeckung zusammen: mit dem *Tunneleffekt*.

Als Teilchen können Quantenobjekte in Strukturen oder Gittern eingeschlossen sein, die sie theoretisch (der »klassischen Physik« nach) nicht aus eigener Kraft verlassen können. Wenn diese Teilchen aber jetzt als Wellen angesehen werden können, ist ihr Aufenthaltsort »ausgedehnter«; er reicht über ihre eigentliche strukturelle Begrenzung hinaus. Die Wahrscheinlichkeit ist eher gering, aber es ist nicht unmöglich, dass sich ein solches Quantenobjekt auch einmal außerhalb des zu erwartenden Aufenthaltsgebiets manifestiert, selbst wenn die »klassische Physik« besagt, dass dies unmöglich sei. In der Fachsprache spricht man dann davon, dass besagtes Teilchen die Begrenzung *durchtunnelt* hat (Starkmuth, 2007, S. 99).

Eigentlich ist der Ausdruck ›durchtunneln‹ nicht akkurat, denn er besagt, dass das Quantenobjekt in gewisser Weise durch die Begrenzung »hindurchgewandert« sei, dass es einen Weg zurückgelegt habe. In Wirklichkeit aber ist der kleine Schlingel einfach da »aufgetaucht«. Schwupps, war er da! Das hört sich wieder abenteuerlich an, aber gemäß der Quantentheorie können Teilchen an einer Stelle verschwinden und an einer anderen wieder auftauchen, ohne dass sie die Strecke dazwischen auf irgendeine, nachvollziehbare Weise zurückgelegt haben müssen. Dieser Umstand lässt sich mit Hilfe des *Welle-Teilchen-Dualismus* erklären: Wenn ein Quantenobjekt erst als Teilchen manifestiert ist, anschließend in seinen Welle-Zustand übergeht, also einen ausgedehnten Aufenthaltsort okkupiert, um daraufhin wieder Teilchen-Qualität anzunehmen, dann kann sich der Aufenthaltsort des Partikels durchaus verändern, ohne dass das Teilchen an sich sich bewegt hätte – in dem Sinne, dass es einen Weg zurückgelegt hätte. Das heißt, Quantenobjekte können irgendwo auftauchen, ohne auf herkömmlichem Weg dahin gelangt zu sein. Sie sind plötzlich einfach da! Diese Eigenschaft ist sowohl durch das *Doppelspaltexperiment* belegt worden (Starkmuth, 2007; Pietschmann, 2006) als auch durch Versuche mit sogenannten »verschränkten Teilchen«. Besonders Albert Einstein, Boris Podolsky und Nathan Rosen haben sich dieses Phänomens angenommen und es eingehend erforscht. Mit den daraus hervorgegangenen, hoch interessanten Erkenntnissen wollen wir uns nun beschäftigen.

Die Magie »verschränkter Teilchen« – *Der EPR-Effekt*

Unter »verschränkten Teilchen« versteht man solche, die miteinander in Wechselwirkung stehen und deren Messungen miteinander korreliert sind. Ein berühmtes Experiment geht auf Albert Einstein, Boris Podolsky und Nathan Rosen zurück und ist in der physikalischen Welt unter dem Namen *EPR-Effekt* – auch *Einstein-Podolsky-Rosen-Paradoxon* – bekannt (Starkmuth, 2007; Bauberger, 2005).

Im Jahre 1935 haben Einstein, Podolsky und Rosen folgendes Gedankenexperiment angestellt mit dem Ziel, die Quantenmechanik zu widerlegen: Man nehme zwei miteinander korrelierte, sogenannte »verschränkte Teilchen«, zum Beispiel ein Partikel, das in zwei andere zerfällt. Jetzt gebe man diesen beiden »verschränkten« Objekten Impulse, die sie sehr weit voneinander, in entgegengesetzte Richtungen entfernen (nach oben – unten; rechts – links; vorne – hinten). Jetzt stellt sich die Frage, welche Ergebnisse sich ergäben, wenn man die Orte dieser Objekte in getrennten Messungen bestimmen wollte? Der *Heisenbergschen Unschärferelation* nach gibt es einige potentielle Orte, an denen das Partikel sich mit gewisser Wahrscheinlichkeit aufhalten könnte, denn sein Ausgangspunkt sowie der Schwung, mit dem es sich bewegt, sind bekannt. Durch die Quantenmechanik wurde belegt, dass

33

der Aufenthaltsort erst durch die Beobachtung definiert wird. Da die Richtung eine Eigenschaft des Elementarteilchens ist, entsteht sie somit erst durch die Beobachtung, die Messung. Wenn die Quantenmechanik stimmt und eines dieser Partikel, die ja ursprünglich eins waren, sogenannt »verschränkt« sind, an einem Ort (durch die Beobachtung) auftaucht, dann müsste auch das Partikel in der entgegengesetzten Richtung plötzlich – quasi aus dem Nichts – in Erscheinung treten (Starkmuth, 2007; Bauberger, 2005). Dieses gedankliche Experiment, das sich Einstein, Podolsky und Rosen damals ausgedacht hatten, um die Quantentheorie zu widerlegen (und von dem sie dachten, dass es niemals durchführbar sein würde), ist heute sowohl logisch als auch empirisch belegt! Korrelierte Teilchen, die in Wechselwirkung miteinander standen, können tatsächlich aus dem Nichts entstehen, wenn ihr Gegenpart an anderer Stelle beobachtet und somit definiert wurde. (Pietschmann, 2006)

Der *EPR-Effekt* besagt also, dass Quantenobjekte sich auf nicht nachvollziehbarem Wege fortbewegen können: Sie tauchen einfach auf und sind dann da, weil sie gemessen wurden. Der Umstand, dass dies ohne zurückgelegte Bahn geschieht, beinhaltet, dass Quantenobjekte sich schneller als mit Lichtgeschwindigkeit, nämlich simultan »bewegen«. Wie oben schon erwähnt, bedeutet das auch, dass sie an mehreren Orten gleichzeitig sein können. Außerdem beinhaltet diese Feststellung, dass wir uns jenseits der möglichen Vorhersagen durch die Relativitätstheorie bewegen, da diese ja postuliert, dass nichts sich schneller bewegt als das Licht (Goswami, 2007). Doch welche weiteren Schlussfolgerungen können wir noch aus diesen Beobachtungen ziehen?

Nichtlokalität als potentielle Erklärung für das wundersame Verhalten »verschränkter« Quantenobjekte – Der EPR-Fffekt und das Bellsche Theorem

Bezüglich der abenteuerlichen Interpretation des *EPR-Paradoxons* brachten materialistische Realisten das durchaus stichhaltige Argument hervor, dass es unbekannte, lokale Variablen geben könne, die dem beobachteten Resultat zugrunde lägen und es so verfälschten. Sie vermuteten, dass es fremde Regeln oder Gesetzmäßigkeiten geben könnte, die den Quantenobjekten zu eigen seien und die schon im Vorfeld die Art und Weise definierten, wie, wo und wann sich die Eigenschaften der Partner-Objekte manifestieren. Auch Einstein, Podolsky und Rosen selbst postulierten in ihrem bahnbrechenden Artikel von 1935, dass die Quantenmechanik unvollständig sei und dass es verborgene Parameter gäbe, die bisherigen Messungen schlicht und einfach entgangen seien. Diese verborgenen Variablen bärgen die Erklärung für die observierten Resultate (Starkmuth, 2007; Goswami, 2007; Bauberger, 2005). Um dieses Problem zu lösen, hat man das *Bellsche Theorem* auf den *EPR-Effekt* angewandt.

Die *Bellsche Ungleichung* – oder das *Bellsche Theorem* – ist ein mathematisches Theorem, das sich auf drei Werte beruft: Realität, Lokalität und den freien Willen. Der erste Wert unterstellt, dass gewisse Eigenschaften eines Objekts bereits vor der Messung oder Beobachtung existieren. Mit anderen Worten beinhaltet Realität, dass die Werte einer Messung unabhängig von dieser bereits im Vorfeld bestehen und durch die Beobachtung lediglich erfasst, aber nicht hervorgebracht werden. Der zweite Wert, Lokalität, setzt voraus, dass die Messung eines Teilchens an einem bestimmten Ort sich nicht augenblicklich auf das andere Teilchen auswirkt. Das dritte Element, der freie Wille, besagt nichts anderes, als dass die Wahl der Erhebung unabhängig von dem zu messenden Objekt ist, dass man frei wählen kann, welche Messung man durchführen möchte.

Zur Erinnerung: Der oben beschriebene *EPR-Effekt* postuliert, dass allein die Beobachtung *eines* der beiden korrelierten Quantenobjekte seine Eigenschaft als Teilchen festlegt. Die Messung lässt seine Wellenfunktion zusammenbrechen, was es möglich macht, das Quantenobjekt als Teilchen wahrzunehmen. Im gleichen Augenblick kollabiert, an ganz anderer Stelle, ebenfalls die Wellenfunktion seines »verschränkten« Partnerquantenobjekts und manifestiert im gleichen Augenblick ebenfalls seine Eigenschaft als Teilchen.

Wenn das *Bellsche Theorem,* auf Quantenobjekte angewandt, sich als korrekt erweisen würde, bedeutete dies, dass eben diese Objekte den ihnen inhärenten Bestimmungen folgen würden (Lokalitäts-Prämisse), welche wiederum ihre Eigenschaften klar im Voraus definierten (Realitäts-Prämisse). In diesem Falle wäre die Annahme der Quantenmechanik, dass die Eigenschaft mit der Messung oder Beobachtung erst definiert wird, hinfällig.

Doch die Resultate der Anwendung der *Bellschen Ungleichung* auf das *EPR-Paradoxon* besagen, dass die *Nichtlokalität* zutreffender ist als die Annahme, dass die Teilchen lokal verborgenen Variablen unterliegen (Embacher, 2000). Dies heißt mit anderen Worten, dass die Quantentheorie – selbst wenn sie die ziemlich gewagte These aufstellt, dass Quantenobjekte »*nichtlokale* Signale« empfangen können, – zutreffender ist als die Annahme, dass »verschränkte Teilchen« Regeln folgten, die zwar im Vorfeld vorhanden seien (und die deren Eigenschaften klar definieren und messbar machen), die wir aber einfach nicht kennen und die daher für uns »lokal verborgene Variablen« sind.

Die Austestung der quantenphysikalischen Erklärung gegen die Bellsche Annahme sollte ursprünglich die Existenz von lokalen Variablen ergeben, so zumindest hatte Einstein es sich vorgestellt. Die Wissenschaft aber hat klar entschieden – zugunsten der Quantenmechanik: Die Beobachtung definiert das Quantenobjekt als Teilchen und somit seine Eigenschaften, auch über eine räumliche Trennung hinweg. Wir kommen nicht an der *Nichtlokalität* vorbei, die die Quantenmechanik so eindrucksvoll postuliert, auch nicht mit der Annahme, dass unbekannte Variablen im Spiel sein können. Die Unterstellung, dass es »lokale«, dem Quantenobjekt inhärente, »verborgene« Gesetze gäbe, die wir nicht kennen, die jedoch trotzdem die Eigenschaften des Objektes festlegen würden, bevor wir sie erfassen können, hält schlichtweg der mathematisch-logischen Überprüfung nicht stand (Embacher, 2000; Goswami, 2007). Die *Nichtlokalität* ist aber nicht nur mathematisch-logisch belegt, sondern auch empirisch erforscht worden. Lassen Sie uns diesbezüglich die Arbeit des Forscherteams von Alain Aspect erkunden.

Fernwahrnehmung gibt es doch! –
Empirische Überprüfung der *Nichtlokalität*

Ein jüngeres Experiment von französischen Forschern hat die *Nichtlokalität* ebenfalls empirisch belegt (Goswami, 2007). Demnach gibt es Einflüsse, die instantan und signallos, ohne den Austausch von lokalen

Signalen oder auf nachvollziehbar zurückgelegtem Weg, zwischen zwei Quantenobjekten übertragen werden, die in Wechselwirkung standen, also korreliert sind.

In diesem wissenschaftlich präzise durchdachten Experiment wurde die Möglichkeit ausgeschlossen, dass die korrelierten Teilchen miteinander kommunizieren oder sich ein Signal zusenden können.[2] Mit anderen Worten war das experimentelle Setting so konstruiert, dass die Teilchen sich unmöglich miteinander »absprechen« konnten über die Eigenschaft, die sich materialisieren sollte. Kommunikation zwischen den Partner-Quantenobjekten wäre nur durchführbar gewesen, wenn sie sich in Über-Lichtgeschwindigkeit vollzogen hätte. Doch für diese Art von Austausch von Signalen stand einfach nicht genug Zeit zur Verfügung. Trotzdem aber sind die Wellenfunktionen der Quantenobjekte im Experiment *nichtlokal* und instantan zusammengebrochen: Der *EPR-Effekt* hat tatsächlich stattgefunden. Die dafür naheliegendste Erklärung ist, dass der Impuls, der die Wellenfunktion des Partnerobjekts zusammenbrechen lässt, *nichtlokal* und transzendent ist. Alain Aspect und seine Kollegen haben somit die *Nichtlokalität* empirisch belegt und den *EPR-Effekt* untermauert (Goswami, 2007; Mohr, 2006).

※

Unsere Reise durch die Geschichte der Physik hat uns nunmehr die »klassische Physik« und auch die Quantenphysik näher gebracht und erklärt. Wie bereits erwähnt, besteht die Herausforderung an die Wissenschaft jetzt darin, Modelle zu erarbeiten, die beide Ansichten zu einer integrierten Theorie vereinen. Im Grunde ist dies die Weiterführung von Albert Einsteins Erbe, der sich schon Anfang des 20. Jahrhunderts anschickte, eine integrierte Weltformel zu entdecken. Im Folgenden möchte ich Ihnen den aktuellen Stand dieses anspruchsvollen Projektes darlegen.

Interpretationen und Vereinheitlichung von klassischer Physik und Quantenmechanik

Bis zum heutigen Tage konnten die Quantenmechanik und ihre Voraussagen nicht widerlegt werden. Sie scheinen also zutreffend zu sein und nicht etwa so abwegig, wie manche ihrer Interpretationen auf den ersten Blick erscheinen mögen. Auf der anderen Seite ist jedoch auch Einsteins allgemeine Relativitätstheorie weiterhin korrekt. Da beide Positionen für das gleiche Universum gelten, müsste es eine integrierte Theorie geben, die sowohl die klassische Physik als auch die Quantenmechanik berücksichtigt. Wie passen diese beiden Erklärungsmodelle zusammen? Mit dieser grundsätzlichen Fragestellung hat sich die moderne Physik auseinanderzusetzen. Dass diese Aufgabe keine leichte ist, zeigt beispielsweise die Problemstellung rund um die Entdeckung und Untersuchung von sogenannten »schwarzen Löchern«.

Schwarze Löcher und ein wissenschaftlicher Konflikt

In den frühen Jahren des 20. Jahrhunderts entdeckte der Physiker Karl Schwarzschild das Phänomen der »schwarzen Löcher«. Zu einem späteren Zeitpunkt erklärte man ihre Existenz folgendermaßen: Wenn sich eine immense Masse auf einen winzig kleinen Punkt konzentriert, entsteht eine derartig starke Krümmung im Raum-Zeit-Kontinuum, dass alles, was sich in ihrer unmittelbaren Nähe befindet, darin absorbiert wird. Dieses Phänomen wird umgangssprachlich als »schwarzes Loch« bezeichnet. Nichts kann sich einem solchen »schwarzen Loch« entziehen und der immensen Anziehungskraft widerstehen, die es erzeugt. Doch vor welchem physikalischen Hintergrund lässt sich dieses Phänomen erklären? Auf der einen Seite spräche die Masse des »schwarzen Lochs« dafür, die allgemeine Relativitätstheorie zurate zu ziehen. Auf der anderen Seite würde die Winzigkeit seines Zentrums eher die Anwendung der Quantenmechanik nahelegen. Ideal wäre es, wenn man beide Theorien berücksichtigen könnte, doch dieses Vorhaben scheitert immer wieder an inhaltlichen Widersprüchen, wenn beide Theorien gleichzeitig angewandt werden.

Einstein selbst hat mit der *Einstein-Rosen-Brücke* ein Erklärungs-modell für das Phänomen der »schwarzen Löcher« geliefert, das in seiner Weiterführung durchaus einen Weg zur Quantenphysik bahnt. In Zusammenarbeit mit seinem Kollegen Nathan Rosen hat er postuliert, dass ein »schwarzes Loch« einem »symmetrischen Tunnel« in der Raumzeit ähnelt und zwei Realitäten miteinander verbindet. Auf der anderen Seite des Trichters (vom Standpunkt unserer Dimension aus wahrgenommen) befindet sich ein paralleles Universum. Mit diesem Modell haben Einstein und Rosen im wahrsten Sinne des Wortes eine Brücke zwischen zwei Universen geschlagen – nicht nur zwischen solchen, die durch ein schwarzes Loch verbunden sind, sondern auch zwischen Relativitätstheorie und Quantenphysik. Wie wir bereits an anderer Stelle gesehen haben, zieht ein mögliches quantenphysikali-sches Erklärungsmodell des *Welle-Teilchen-Dualismus* die Existenz von parallelen Universen heran (siehe Seite 26). *Sowohl die Quantentheorie als auch die Relativitätstheorie legen nahe, dass unser Universum nur ein Ausschnitt aus einer unendlichen Zahl paralleler Realitäten ist. Je nach Art einer Beobachtung nimmt ein Beobachter entweder eine Überlagerung vieler Realitäten oder nur eine einzige Realitätsvariante wahr* (Starkmuth, 2007, S. 109).

Doch ob die parallelen Universen aus der Relativitätstheorie mit den parallelen Realitäten aus der *Viele-Welten-Theorie* gleichzusetzen sind, ist noch nicht erwiesen. Diese Möglichkeit wird jedoch ernsthaft dis-kutiert. Die Dualität zwischen Quantenphysik und Relativitätstheorie ist allerdings trotz dieser Annäherung noch nicht aus der Welt.

Abgesehen von diesem rein wissenschaftlichen Konflikt, wie »schwarze Löcher« zu erklären sind, reflektiert die aktuelle Situation in der Physik ein weiteres interessantes Phänomen (Dürr, 2002). Die Quantenphysik bedient sich, wie gesagt, einer klassischen analytischen Vorgehensweise. Dabei geht es darum, immer weiter in immer kleineren Zusammenhän-gen zu forschen. Diese Bemühungen können bis hin zur Unsinnigkeit gehen, nicht zuletzt, weil das Ganze eben mehr ist als die reine Sum-me seiner Teile (Becker, 2008; Dürr, 2008). Hinzu kommt, dass für gewöhnlich jede wissenschaftliche Disziplin annimmt, ihre Erkenntnisse über einen Teilaspekt der Realität seien nicht nur zutreffend, sondern vor allem am zutreffend*sten*. Tatsächlich aber ist es eher so, dass es mehrere Disziplinen gibt, die jeweils auf ihre Weise Teilaspekte des Ganzen erforschen und bei denen ihre Erkenntnisse über den entsprechenden Teil des Ganzen für sich genommen stimmig sind bzw. stimmig sein können. Oftmals wird einfach nicht bedacht, dass es sich stets um dieselbe Wirklichkeit handelt. Bei der rein analytischen Vorgehensweise kann es allerdings leicht passieren, dass man das große Ganze aus den Augen verliert: Das Auseinanderpflücken in immer kleinere Bestandteile hält uns häufig davon ab, eine ganzheitliche Sicht auf unsere Realität zu bewahren (Dürr, 2002; Dürr, 2008).

Hochinteressant ist in diesem Zusammenhang der Umstand, dass die Quantenphysik, deren erklärtes Ziel es ist, den kleinsten Baustein der Welt zu finden, unwiderruflich auf ein holistisches Weltbild rückverweist. Lassen Sie mich versuchen, diese Tatsache im Folgenden etwas näher auszuführen.

Materie ohne Form und Form ohne Materie – Der Grundbaustein unserer Welt ist energetisch, nicht materiell!

Quantenphysiker, wie unter anderem Max Planck, Nils Bohr und Werner Heisenberg, waren auf der Suche nach den winzigsten Elementarteilchen bzw. nach der ursprünglichsten Materie, die als Grundbaustein unserer Realität gelten konnte. Es ging darum, reine Materie zu erforschen, also Materie, die noch keine Form angenommen hatte. Das revolutionäre Ergebnis dieser Forschung ist die Erkenntnis, dass auf dem kleinsten subatomaren Level jegliche Materie wegfällt und nur noch Form zu finden ist – die Suche nach der Materie ohne Form ergab also Form ohne Materie! Als Grundbaustein der Realität blieb nichts anderes übrig als *Beziehung, Relationalität, Potentialität* oder mit anderen Worten: *Lebendigkeit* (Dürr, 2002; Dürr, 2008). Demzufolge zieht auch Hans-Peter Dürr logischerweise den Schluss, dass unsere Wirklichkeit nichts anderes ist als schwingendes, in Beziehung stehendes Nichts, das sich mit einer gewissen Potentialität manifestiert – oder auch nicht.

Schon Albert Einsteins weltberühmte Formel $e=mc^2$ fasste in der Tat 1905 die Wesensgleichheit von Materie und Energie zusammen: Energie ist gleich Masse (im ruhenden Zustand) multipliziert mit dem

Quadrat von Lichtgeschwindigkeit. Diese Formel impliziert, dass Masse und Energie sich ineinander umwandeln lassen (Becker, 2008). Mit anderen Worten sind Materie und Energie im Grunde wesensgleich – sie sind lediglich potenziert durch das Quadrat von Lichtgeschwindigkeit [(299 792 458 Meter pro Sekunde)]. Aus diesem Grund wird Einsteins Formel auch *Masse-Energie-Äquivalenz* genannt.

Bereits in der damaligen Forschung zeichnete sich also die Erkenntnis ab, dass der kleinste Baustein unserer Realität nicht etwa reine Materie, sondern Energie gleich ist. Dem, was wir als Materie wahrnehmen, liegt eine *Beziehungsstruktur* zugrunde, nicht aber Materie als solche (Dürr, 2002; Dürr, 2008). Hans-Peter Dürr (2002, 2008) vergleicht diese Struktur mit der Doppelhelix unserer DNA, also einer Aneinanderreihung von Information, von Potentialität, von dem, was sein kann, aber nicht notwendigerweise sein muss. In seinen Ausführungen geht er sogar noch einen Schritt weiter und beschreibt die materielle Welt, in der wir leben, als den *materialisierten Ausdruck des Geistigen, das dahintersteht und sich durch diesen materialisierten Abdruck zeigt.* Die separaten Objekte, die wir wahrnehmen, entspringen alle der gleichen Potentialität, welche wiederum mehr mit Anordnung von Energie zu tun hat als mit Energie selbst (Dürr, 2008).

Dieses holistische Weltbild beinhaltet, dass alles miteinander verbunden ist. Wenn aber alles miteinander in Beziehung steht, miteinander schwingt, dann gibt es auch keine isolierten Entitäten. Aus diesem Grunde macht es wenig Sinn, eine Entität, wie zum Beispiel ein Elektron, aus seinem Zusammenhang herauszunehmen und zu versuchen, diesem Teil separat einen Sinn zu geben. Denn sein Sinn im Ganzen ist ein anderer als der, den man entdecken könnte, wenn man es als ›künstlich‹ isolierte Entität ansieht. Sein Sinn entspringt vielmehr dem Ganzen, für das unser Geist der Decoder ist. Daher ist es für Hans-Peter Dürr (2008) nur logisch, dass der Beobachter und die Welt nicht zwei verschiedene Dinge sein können. Zweifellos ist der Beobachter Teil der Welt, die er wahrnimmt, weil gerade seine Wahrnehmung, die das Wahrgenommene decodiert, imstande ist, den dahinterliegenden Sinn zu erfassen.

Vor diesem Hintergrund stellt sich nun die Frage, nach welchen Regeln oder mit welcher Instanz diese Beziehungsstruktur schwingt?

41

Dabei gilt es, auf wissenschaftlicher Ebene eine Theorie zu erarbeiten, die sowohl der Relativitätstheorie als auch der Quantenmechanik Rechnung trägt.

Hans-Peter Dürrs Position ist im strikten Sinne keine rein quantenphysikalische, da in sie teilweise philosophische und interpretierende Konzepte einfließen. Die Hypothese einer »dahinterliegenden« Wirklichkeit, die sich in der materialisierten Realität reflektiert und welche wir wiederum wahrnehmen, ist durch die Erkenntnisse der Quantenphysik nahe gelegt, aber weder die einzig mögliche Interpretation noch eine zwingende Schlussfolgerung. Allerdings steht Dürr bei Weitem nicht allein mit dieser Theorie: In der wissenschaftlichen Literatur finden sich mehrere Ansätze zu diesen Fragen nach der Beziehungsstruktur. Äußerst aktuell ist die sogenannte *Stringtheorie* (Greene, 2008). Doch auch David Bohm hat sich schon früher dieser Fragestellung angenommen und auf rein theoretischer Ebene eine Überordnung postuliert, aus der unsere materielle Realität entspringen soll. Beide Annäherungen sollen im Folgenden kurz vorgestellt werden.

Eine sinngebende, übergeordnete Realität – David Bohms *Implizite Ordnung*

Einen frühen Versuch, die Quantenmechanik mit der Relativitätstheorie zu vereinen, unternahm David Bohm in den 50er Jahren. Seine Ansätze, deren Fortsetzung sich später in abgewandelter Form in der *Stringtheorie* wiederfinden (siehe Seite 47), sind in dem 1980 erschienenen Buch *Wholeness and The Implicate Order* zusammengefasst.

Die Erkenntnisse der Quantenmechanik haben den philosophisch interessierten Quantenphysiker David Bohm dazu veranlasst, die Realität als ein unteilbares Ganzes zu betrachten, das in ständigem, dynamischem Fluss ist. Die Bewegungen der materialisierten Teilchen werden dabei von einer zugehörigen Welle oder einem »Quantenfeld« gesteuert (Bauberger, 2005). Diese Weltanschauung illustriert David Bohm, indem er sich eines Hologramms als Bild bedient und darin den Aspekt von fortwährender Bewegung integriert. Diese Idee erhielt den Namen *Holo-Movement*. David Bohm wählte diese Wortschöpfung im Hinblick auf ihren etymologischen Ursprung: *holos* kommt aus dem

Griechischen und bedeutet ›ganz, vollständig‹ und wird von David Bohm in Referenz zu den Begriffen des Hologramms und der Holographie verwendet; mit *Movement* ist dann die konstante dynamische Veränderung und Bewegung unserer Realität reflektiert (Goswami, 2007; Keepin, 2008). Doch was genau hat man sich unter diesem *Holo-Movement* vorzustellen?

Um David Bohms Konzept verstehen zu können, ist es an dieser Stelle angebracht zu erklären, wie Holographie als solche funktioniert: Ein Hologramm ist eine statische, dreidimensionale Abbildung eines Original-Gegenstandes, die mit Hilfe von Laserlicht erzeugt und auf einer Oberfläche fixiert wird. Genauer gesagt ist ein Hologramm ein *Interferenzmuster* des abzubildenden Objekts und einer Lichtwelle bzw. eines Lichtwellenfeldes:

Ein kohärenter Laserstrahl wird durch einen Strahlteiler in einen Referenzstrahl und einen Gegenstandsstrahl (oder Objektstrahl) fragmentiert. Dabei wird der Referenzstrahl durch eine Linse direkt auf die vorgesehene (meistens gläserne) Projektionsfläche und der Objektstrahl, ebenfalls durch eine Linse, auf das Original-Objekt geleitet, das abgebildet werden soll. Wenn die Reflexion, die das vom Gegenstandsstrahl getroffene Objekt abgibt, auf der Projektionsfläche auf- und mit dem Referenzstrahl zusammentrifft, verschränken sich gewissermaßen die Lichtwellen ineinander und erzeugen ein charakteristisches *Interferenzmuster*. Anschließend wird dann die Projektionsfläche mit einer Lichtquelle beschienen, dessen Einfallswinkel der gleiche sein muss, wie der des im Vorfeld aufgetroffenen Objektstrahls. Das hat nun zur Folge, dass das *Interferenzmuster* auf der Oberfläche das auftreffende Licht so beugt, dass hinter der Projektionsfläche ein Wellenfeld entsteht, welches das Original-Objekt tiefen-räumlich, sprich: dreidimensional, abbildet. Was dabei für David Bohm von Belang war, ist folgende, bemerkenswerte Eigenschaft eines Hologramms: Wenn die Lichtquelle nur auf einen Teil des *Interferenzmusters* trifft, entsteht hinter der Projektionsfläche trotzdem die komplette Abbildung des Original-Objekts – lediglich Qualität, Schärfe und Detailliertheit des Abbilds sind gemindert. Diese Eigenschaft eines Hologramms bedeutet, dass jeder Bestandteil des *Interferenzmusters* Informationen über das Ganze enthält, aber nur die Vereinigung der Informationen aus der Ganzheit des *Interferenzmusters* eine maximale Differenzierung des Abbildes zulässt (Becker, 2008; Goswami, 2007; Keepin, 2008).

In Analogie zu dieser Eigenschaft der Holographie postuliert David Bohm, dass jeder einzelne Bestandteil unserer Realität ebenfalls Informationen über das Ganze enthält. In dieser Sichtweise enthält jeder Teil des Universums in gewissem Maße das ganze Universum (Becker, 2008; Keepin, 2008).

David Bohms *Holo-Movement* bezeichnet demzufolge die holographische Struktur der Realität, deren Einzelteile Informationen über das große Ganze enthalten, und die in stetigem Fluss ist bzw. sich in permanenter Veränderung befindet. In David Bohms Augen existiert eine unteilbare Ganzheit, die sich in unendlichem und stetigem Fluss befindet und die zwei Aspekte hat: eine *implizite* und eine *explizite Ordnung*. Dabei ist unter der *expliziten Ordnung* unsere Wahrnehmung der Realität zu verstehen, wobei die *implizite Ordnung* eine Art übergeordnete Struktur ist, die zwar da ist, die wir aber nicht direkt wahrnehmen (Keepin, 2008). Oder anders ausgedrückt: Die Begebenheiten, die wir in unserem Leben wahrnehmen, stehen noch in anderen Zusammenhängen, welche wir zwar nicht direkt nachvollziehen und erfassen können, die aber trotzdem, implizit, vorhanden sind. Volker Becker (2008, S. 144f.) formuliert dies so: *Alles, was wir in unserer Welt wahrnehmen, einschließlich wir selbst, [sind] nur explizite Manifestationen einer tieferen Wirklichkeit.*

Weiterführend besagt David Bohms Theorie, dass alle expliziten Manifestationen, die wir als getrennt voneinander im Außen wahrnehmen, im Grunde ein und derselben tieferliegenden, impliziten, ganzheitlichen Wirklichkeit angehören – oder vielmehr deren Reflexionen darstellen. Genau genommen postuliert David Bohm, dass das materielle Universum, wie wir es kennen – mit all seinen Formen (Materie, Raum, Zeit, Bewusstsein, …), – dieser *impliziten Ordnung* entspringt (Keepin, 2008; Capra, 2008). Haben Sie bemerkt, dass David Bohms Erklärungsmodell ganz natürlich die Existenz von mindestens einer weiteren Dimension voraussetzt, in der alles miteinander verbunden ist?! Und fallen Ihnen die Parallelen zum subatomaren »Kann-Sein-Zustand« auf, die ich Ihnen in dem Abschnitt über »Die Macht des Beobachters« (Seite 23) vorgestellt habe?! Die Welt besteht aus Potentialen, aus denen in jedem Moment ausgewählt wird. Der auserwählte »Kann-Sein-Zustand« wird dann zum »Ist-Zustand« und besagtes Potential manifestiert sich. Die Manifestation hängt dabei zu einem gewissen Anteil von vorangegangenen Begebenheiten und auch von kreativen Kräften ab.

Eine eingängige Erläuterung zu David Bohms *impliziter Ordnung* findet sich in einer Diskussion mit dem Biologen Rupert Sheldrake (Sheldrake, 2009, S. 350): *Ein bestimmter Aspekt des Ganzen wird in jenem Augenblick entfaltet, und der betreffende Augenblick besteht einfach in jenem Aspekt. Ebenso ist auch der nächste Moment einfach ein weiterer Aspekt des Ganzen. Das Interessante daran: Zwar erinnert jeder Moment an die vorherigen Momente, zugleich unterscheidet er sich jedoch von ihnen. Um das verständlich zu machen, verwende ich die Termini ›Einfaltung‹ und ›Entfaltung‹. Jeder Moment ist, wie schon gesagt, eine Entfaltung des Ganzen. Aber der Moment wird danach wieder in das Ganze eingefaltet, in es hineingefaltet. Und der folgende Moment wird dann, zum Teil, eine Wiederentfaltung dieser Einfaltung mit beinhalten; und in der Weise setzt sich das immer weiter fort.*[3] Zur Illustration und weiteren Erläuterung der Termini »Einfaltung« und »Entfaltung« wird von Sheldrake folgende Metapher herangezogen (Sheldrake, 2009, S. 350–351): *Vereinfachend kann man sich das im Bild vom Ozean und seinen Wellen veranschaulichen machen. Jede Welle entsteht aus dem Ganzen des Ozeans, sie wird ›entfaltet‹. Anschließend taucht die Welle wieder ein in den Ozean, wird wieder in das Ganze ›eingefaltet‹, in es einbezogen; dann entsteht die nächste Welle. Jede Welle wird von früheren Wellen beeinflusst, einfach weil es dieses unablässige Auf und Ab all der Wellen im Ozean gibt, weil sich in ihnen der ganze Ozean entfaltet, um sie dann wieder in sich hineinzufalten. Eine Art ›Kausalität‹ ist also mit im Spiel, allerdings nicht in der Weise, dass Welle A in linearer Weise zur Ursache von Welle B wird. Vielmehr wird Welle B durch Welle A beeinflusst, indem letztere wieder in den Gesamtozean aufgenommen wird, aus dem sich daraufhin Welle B erhebt. Um es mit David Bohms Worten auszudrücken: Zum Teil ist Welle B eine ›Wiederentfaltung‹ der ›Einfaltung‹ von Welle A, und so weiter. Jede Welle ähnelt daher den vorherigen Wellen, während sie unter bestimmten Aspekten, etwa was die genaue Größe und Form anbelangt, zugleich anders ist. Bohm gibt uns zu verstehen, dass es sehr wohl eine Art ›Kausalität‹ gibt,*

45

aber eine, die vermittelt *wird über die Ganzheit des impliziten Ozeans, und nicht einfach nur über separate, isolierte, explizite Wellen.* Das bedeutet letzten Endes, dass solch eine › Verursachung‹ nichtlokaler Natur sein würde. Denn was einem Teil, irgendeinem Teil, des Ozeans widerfährt, wirkt sich auf sämtliche anderen Teile aus.*

David Bohms theoretische Überlegungen zur *impliziten Ordnung* und dem *Holo-Movement* erlauben eine Integration von Relativitätstheorie und Quantenmechanik, da Raum und Zeit sowie Bewusstsein als Eigenschaften angesehen werden, die ebenfalls in die übergeordnete Wirklichkeit eingefaltet sind und ihr entspringen. Außerdem kann der Ansatz der *impliziten Ordnung* als weiterführende Erklärung für das *EPR-Paradoxon* (siehe Seite 33) und das Aspectsche Experiment (siehe Seite 36) dienen (Capra, 2008).

Hierbei hatten wir ja zunächst herausgefunden, dass korrelierte Teilchen wie »aus dem Nichts« auftauchen können, wenn ihr Partnerteilchen an anderer Stelle beobachtet und somit bestimmt wird. Dabei ist es den Teilchen unmöglich, miteinander zu kommunizieren, um sich »abzusprechen«, wann, wo und wie sie erscheinen, weil die Zeit dazu nicht ausreicht (siehe Seite 32 und 36). Die Einführung des *Bellschen Theorems* erlaubte dann den Ausschluss von versteckten lokalen Variablen, welche die Eigenschaften der Quantenobjekte steuern könnten (siehe Seite 34). Und an genau diesem Punkt der Überlegung setzt nun Bohms *implizite Ordnung* an, indem sie die Existenz von *nichtlokalen* versteckten Variablen darstellt: Die implizite, versteckte Ordnung, der die Partnerquantenobjekte folgen, ist eine übergeordnete und somit *nichtlokale* Struktur, die Einfluss auf die Quantenobjekte nimmt. Mit anderen Worten teilen »verschränkte Teilchen« ein gemeinsames Quantenfeld, das sie steuert.

Um diesen Sachverhalt eingängiger zu erklären, bedient sich David Bohm folgender Metapher: Angenommen, in einem Raum befindet sich ein Aquarium mit einem Fisch darin. Diese Szene wird von zwei Kameras aus zwei verschiedenen Perspektiven aufgenommen und auf zwei Fernseher im Nebenraum übertragen, die wiederum von einem Menschen beobachtet werden, der weder eine Ahnung hat, was ein Aquarium oder ein Fisch ist, noch dass es einen anderen Raum gibt und dass dort etwas vor sich geht. Vom Standpunkt unseres Beobachters handelt es sich um zwei verschiedene Objekte, die er auf dem jeweiligen Bildschirm sieht, da sie sich ja anders verhalten. Offensichtlich haben aber beide Objekte etwas miteinander zu tun, denn wenn sich das eine bewegt, bewegt sich auch das andere gleichzeitig auf gleiche Weise, allerdings in eine andere Richtung (weil der Fisch ja aus einem anderen Blickwinkel gefilmt wird). Was also explizit für den ›naiven‹ Beobachter wie zwei verschiedene, aber dennoch korrelierte Objekte aussieht, ist in der Realitätsordnung einer verborgenen, übergeordneten Wirklichkeit ein und dasselbe Objekt. Dabei ist wichtig, sich vor Augen zu halten, dass diese *implizite Ordnung* ebenfalls instantane Auswirkungen auf korrelierte, also auf miteinander in Verbindung stehende Objekte an verschiedenen Orten hat, über Raum und Zeit hinweg: Die *implizite Ordnung* hat demnach transzendenten Charakter (Goswami, 2007).

David Bohms Interpretation der Quantenphysik wird als *holistische Ontologie* bezeichnet, da seine Quantenfeldtheorie Ganzheit postuliert. Je weiter sich Teilchen voneinander entfernen, desto schwächer wird zwar die Kraft, die beide steuert, doch hört diese Kraft niemals auf. Mit anderen Worten ist durch sie alles miteinander verbunden: Sie reicht bis ins Unendliche (Bauberger, 2005). In Anlehnung an Hans-Peter Dürr (2002, 2008) ist also ein Quantenobjekt ein verschmierter Punkt, dessen Gebilde sich bis ins Unendliche erstreckt. Somit ist jedes Quantenobjekt, genau genommen, überall präsent und unendlich ausgebreitet – eine holistische Sache eben.

David Bohm hat mit seiner Theorie der *Impliziten Ordnung* und seinem Konzept des *Holo-Movements* einen sehr wichtigen Beitrag zum Verständnis und der Auslegung der Quantenmechanik geleistet, die sich damit ein bedeutendes Stückchen an ein integriertes Verständnis annähert. Eine der aktuellsten integrativen Theorien unserer Zeit möchte ich Ihnen jetzt vorstellen: die *Stringtheorie*.

Alles ist schwingende Energie – *Die Stringtheorie*

Die *Stringtheorie* postuliert, dass alles im Universum aus dem gleichen Grundbaustein besteht, nämlich aus kleinen, schwingenden Energiefäden, den sogenannten *Strings* (Greene, 2008). Auf physikalischer Ebene setzt sich unsere objektive Realität aus Ansammlungen von Unmengen von Atomen zusammen. Dabei ist ein Atom ein Kern aus Neutronen und Protonen, um den wiederum Elektronen kreisen. Diese Teilchen bestehen zu 99,9999999999999% aus leerem Raum und der Rest aus sogenannten Elementarteilchen, den *Quarks* (Starkmuth, 2007). Die *Stringtheorie* geht nun davon aus, dass jene *Quarks* ebenfalls aus noch kleineren Bausteinen zusammengesetzt sind, die als extrem winzige, schwingende Energiefäden oder -schleifen beschrieben werden. Somit würde jedwede Form von Materie auf *Strings*, auf Energie, basieren. Je nachdem, *wie* – das heißt: auf welcher Frequenz – ein *String* schwingt, formt er ein gewisses Teilchen. Das Universum kann demnach als eine Symphonie von schwingenden Energiefäden verstanden werden.

Die *Stringtheorie* birgt in sich das Potential, Einsteins Annahme einer Weltformel wahr werden zu lassen. In ihr können Quantenphysik und Relativitätstheorie geeint werden. Wir erinnern uns: Ein Nachtrag zu Einsteins bahnbrechender Relativitätstheorie war ja eben jene Formel, in der Materie und Energie als wesensgleich gesetzt worden sind – $e=mc^2$ (siehe Seite 40). Mit der *Stringtheorie* kann diese Erkenntnis nun, zumindest theoretisch, stichfest belegt werden: *Materie und Energie sind wesensgleich!* Genauer gesagt besteht Materie im Grunde aus Energie (Greene, 2008).

Ein anderer hochinteressanter Aspekt der *Stringtheorie* liegt darin, dass sie die Existenz von weitaus mehr Dimensionen postuliert als den vieren, die wir kennen. Neben den drei räumlichen Dimensionen (oben – unten, rechts – links, vorne – hinten) und der Zeit gibt es der *Stringtheorie* zufolge noch sieben weitere, also insgesamt elf Dimensionen, die zwar existieren, die wir aber sensorisch nicht erfassen können! Diese Mehrdimensionalität ist für unseren Verstand sowohl unbegreiflich als auch unglaublich.

Mit der *Stringtheorie* bewegen wir uns allerdings an der Grenze zwischen strenger Wissenschaft und Philosophie. Die Existenz der *Strings* ist noch nicht empirisch, also durch wissenschaftliche Experimente, belegt oder beobachtet worden. Bislang ist sie rein mathematisch-theoretisch erarbeitet, aber nicht experimentell verifiziert – ein Umstand, wie er jedoch ursprünglich für so manche physikalische Theorie gewesen ist.

Denken wir nur an das Aspectsche Experiment zurück (siehe Seite 36), das den empirischen Beweis für die *Nichtlokalität* erbracht hat, die im Vorfeld bereits durch mathematisch-logische Ableitungen postuliert worden ist. Noch vor ein paar Jahrzehnten war ein solcher Versuch undenkbar. Die Zukunft wird also zeigen, ob sich auch die *Stringtheorie* empirisch verifizieren lässt und mit ihr und ihren zukünftigen Ausführungen Albert Einsteins Traum einer wissenschaftlich belegten, integrierten Weltformel wahr wird. Eines aber ist gewiss: Die Suche nach der Weltformel bleibt weiterhin höchst spannend – und das nicht nur für Wissenschaftler!

So langsam erreichen wir das Ende unseres Ausflugs in die Physik. Wir haben viele neue Erkenntnisse gesammelt, die eine neue Weltsicht bedeuten. Worauf sich dieser Perspektivwechsel im Detail bezieht und worum es dabei genau geht, möchte ich Ihnen in einem letzten Abschnitt zusammenfassend darstellen.

Weitreichende Konsequenzen: Wie wir jeden Moment unsere Realität neu erschaffen

Auf unserem Ausflug in die Welt der Physik haben wir uns mit Einsteins Relativitätstheorie, den Errungenschaften der Quantenmechanik und den daraus resultierenden und weiterführenden Erkenntnissen auseinander gesetzt. Dabei haben wir uns allerdings vor allem auf rein wissenschaftlich-physikalischer Ebene bewegt – eine Tatsache, die auf Dauer ziemlich unbefriedigend ist für einen spirituellen Psychologen! Es wird daher Zeit, einen Bogen von den streng wissenschaftlichen und mathematischen Thesen zu möglichen spirituell-psychologischen Implikationen zu schlagen! Denn Einsteins kleine, auf den ersten Blick unscheinbare und harmlose Formel $e=mc^2$ sowie die weiterführenden Theorien tragen in sich das Potential, Ihr Leben auf den Kopf zu stellen, so wie es mir passiert ist. Glauben Sie nicht?! Lassen Sie uns noch einmal die in diesem ersten Kapitel gewonnenen Erkenntnisse zusammenfassen ...

* Materie besteht aus einer immensen Ansammlung von *Strings,* von Energiefäden, oder anders ausgedrückt: aus einer Aneinanderreihung von Beziehungsstrukturen.

* Materie besteht aus Potentialität, sie wird aus einem »Kann-Sein-Zustand« geboren. Sie ist also die Manifestation von Möglichkeiten.

* Diese Manifestation wiederum vollzieht sich vor dem Auge des Betrachters: Der Beobachter lässt instantan Realität entstehen, indem er eben diese wahrnimmt.

Allgemein verstehen wir unter Materie das, was wir anfassen und begreifen können. Es handelt sich demnach um etwas Stoffliches, das unsere

Sinne zu erfassen vermögen, also das, was wir bisher für unsere objektive und konkrete Realität gehalten haben – der Stuhl, auf dem Sie sitzen, oder das Buch, das Sie gerade in den Händen halten. Jegliches Stoffliche, unsere gesamte Welt, die wir betasten und erfühlen können, im Grunde unsere gesamte Realität besteht aus Energie. Der subatomare »Kann-Sein-Zustand« birgt ein All von Möglichkeiten in sich, das durch Beobachtung zu einem »Ist-Zustand« entschieden wird, solange es einen Beobachter gibt. Jeder von uns ist Zeuge seiner Realität und greift somit in die subatomare Potentialität ein, um zu manifestieren. Mit anderen Worten lassen die neuesten Entdeckungen der Physik den Schluss zu, dass jeder von uns die eigens gelebte Realität in jedem Augenblick neu erschafft!

Diese Entdeckung wird in der Quantenphysik umschrieben als Fähigkeit des Universums, sich jeden Moment neu zu kreieren. Hans-Peter Dürr (2002) drückt dieses folgendermaßen aus: *Die Welt wird in jedem Augenblick neu geschaffen, aber mit einer Erinnerung an die Welt davor. [...]. Die Zukunft ist offen, sie wird erst im Augenblick der Gegenwart geschaffen [...] durch die Potentialität, die ein kollektives Phänomen ist.* Eine solche Sicht der Dinge beinhaltet, dass alles möglich und in diesem Sinne Leben ständig in Bewegung ist. Nichts ist, wie es noch im Augenblick vorher war, wenn ich beschließe, dass sich nun etwas anderes manifestiert. Ich erschaffe mich und meine Welt im Grunde genommen in jedem Moment neu. Weil ich jedoch keine Vorstellung davon habe, wie es anders sein könnte, und auch weil es anscheinend ökonomischer, das heißt: Kräfte und Energie sparender ist, kopiere ich mich für gewöhnlich aus der Erinnerung heraus, die aus dem vorhergegangenen Augenblick stammt. Tatsächlich aber erschaffe ich jeden Augenblick neu, und zwar mit Hilfe meiner Wahrnehmung, meines Verstandes und meines Gefühls!

Diese These klingt zunächst sehr gewagt und wird im fünften Kapitel noch ausführlicher beleuchtet werden (siehe Seite 183). Lassen Sie mich zunächst versuchen, sie in Anlehnung an Hans-Peter Dürr zu erklären: Wir haben erfahren, dass nicht die Materie real ist, sondern Potentialität. Es ist die Formstruktur von Materie, also die Information, die der Manifestation vorausgeht. Diese ist sehr viel wichtiger als ihre grobe, materielle Manifestation. Denn in der Materie setzt sich lediglich eben

51

diese Information um. Durch das Erfassen der Manifestation können wir im Umkehrschluss wieder auf die dahinterliegende Formstruktur schließen, welche jene Manifestation bedingt hat. Die Bausteine, aus der sich unsere Wirklichkeit zusammensetzt, bezeichnet Hans-Peter Dürr (2002) als sogenannte *Wirks*. Dabei handelt es sich um *Teile der Wirklichkeit, die eine Wirkung haben*, um eine *Artikulation des Nichts* oder auch um eine *Ausdrucksform von Nichts* (Dürr, 2002). Im eigentlichen Sinne sind diese *Wirks* nicht direkt zu definieren, da sie ausschließlich indirekt, über ihre Reflexion in der manifesten Realität erfasst werden können. Somit ist die sprachliche Beschreibung dieser Potentialität auch lediglich in indirekter Form möglich, da jede direkte Benennung den »Kann-Sein-Zustand« bereits beeinflussen und somit zerstören würde. Ein *Wirk* ist sozusagen die Vorstufe einer Manifestation, die selbst keine Form und keine Natur hat, weil sie in ihrem tiefsten Inneren lediglich wirkende Potentialität ist, die alles werden kann, was in ihr gesehen und wahrgenommen wird.

Die Annahme von der Existenz dieser *Wirks* zieht nach sich, dass die Welt nur als Ganzes verstanden werden kann, als ein komplexes und integriertes System, das aus Möglichkeiten entsteht und das, je nachdem, wie Potentialität gewichtet ist, jeden Augenblick sein Antlitz zu verändern vermag. Es ist nicht möglich, von diesem holistischen Verständnis zurückzutreten und nur einen Teil der Welt zu analysieren, eben weil alles untrennbar zusammenhängt. Hans-Peter Dürr (2002) fasst dies auf prägnante Weise zusammen: *Die Welt ist unendlich offen, aber unendlich korreliert.*

Wenn es also nichts gibt, das nicht zum Ganzen gehört, dann muss auch ich mich als Teil dieser Welt verstehen. So etwas wie einen unbeteiligten Beobachter kann es nicht geben. Es gibt stattdessen nur Teile eines Ganzen, die unwiderruflich miteinander verwoben sind. Selbst der Versuch, einen Aspekt zu isolieren, sozusagen vom Ganzen zu amputieren, scheitert zwangsläufig, weil selbst diese Nicht-Beziehung wiederum Teil des Ganzen ist. Eine interessante neue Weltsicht, nicht wahr?! Ich hatte sie Ihnen versprochen, hier ist sie!

⁂

Nach diesem Ausflug in die Welt der Physik mit ihren Erkenntnissen über unseren Kosmos und über das, was wir als Realität wahrnehmen, wenden wir uns nun der Hermetik zu. Ähnlich wie die Physik hat auch die hermetische Philosophie das Hauptanliegen, Wahrheiten über das Leben und über seine Zusammenhänge weiterzugeben und erfahrbar zu machen. Ihre Weisheiten, in Form der sieben Axiome des Lebens, beinhalten ebenfalls erstaunliche Erkenntnisse über unsere Welt und ihre Beschaffenheit. Sie werden sich wundern, wie bekannt Ihnen nach der Lektüre dieses Kapitels über die physikalische Weltsicht jene uralten hermetischen Feststellungen über das Universum vorkommen werden!

Grundgedanken der hermetischen Philosophie

»Wenn die Ohren des Schülers bereit sind zu hören,
dann kommen die Lippen, um sie mit Weisheit zu füllen.«

– DAS KYBALION –

Die hermetische Philosophie

Die hermetische Philosophie ist ein seit Urzeiten bestehender Schatz der Weisheit. Das Studium und die Integration ihrer Lehren führt den entwicklungsbereiten Schüler auf einen Weg, an dessen Ziel er selbst, sein höchst eigener, göttlicher Wesenskern und das Aufschwingen zu höheren Bewusstseinsebenen stehen.

Die Geschichte der hermetischen Lehren

Die hermetischen Lehren umfassen zahlreiche Schriften, deren Ursprung auf Hermes Trismegistos selbst zurückgehen soll. Dabei handelt es sich unter anderem um den *Corpus Hermeticum,* die *Asklepius-Dialoge* und auch die *Tabula Smaragdina Hermetis.* Es ranken sich viele Legenden und Geschichten um den Ursprung dieser Schriften. Manche behaupten, sie stammten aus der Zeit, in der Hermes selbst lebte – neueren Erkenntnissen nach also etwa 3000 Jahre vor unserer Zeitrechnung. Geschichtliche Überlieferungen und inhaltliche Analysen zeigen aber, dass es wahrscheinlicher ist, dass die hermetischen Schriften in der Zeit des frühen Christentums entstanden sind und von diesem Zeitpunkt an ihren Siegeszug um die Welt begannen. Die Autorschaft der verschiedenen Dokumente und Kunstgegenstände ist ebenfalls weitestgehend umstritten. Es ist jedoch denkbar, dass die Ursprünge des hermetischen Wissens tatsächlich auf Hermes Trismegistos zurückzuführen und über lange Zeit von eingeweihten Meistern an ihre Schüler mündlich weitergegeben worden sind. Es ist ebenfalls denkbar, dass das überlieferte Wissen schließlich von Eingeweihten in der Zeit des frühen Christentums aufgeschrieben und somit inhaltlich von den geistigen und sozialen Gepflogenheiten dieser Zeit beeinflusst wurde. Genaueres weiß man allerdings nicht.

Die geheimnisumwobenen Ursprünge der hermetischen Lehren haben deren Weg durch die Jahrhunderte maßgeblich geprägt und immer wieder zu neuerlichen, mysteriösen Legenden inspiriert, die ihre Überlieferungen umranken. In der jüngeren Geschichte wird die hermetische Weisheit mit Geheimbunden wie den *Freimaurern* und dem Orden der *Gold- und Rosenkreuzer* in Verbindung gebracht. Über lange Zeit soll dort dieses Wissen weitergegeben worden sein. Angeblich waren in ihren Reihen viele eingeweihte Meister zu finden, welche die hermetischen Weisheiten studiert hatten und die Kunst der Alchemie zu praktizieren wussten. Der breiten Öffentlichkeit allerdings war dieses Wissen nicht zugänglich: Es galt als geheim.

Die hermetische Geheimlehre

Verfasst in bildhafter, lateinisch-hermetischer Schrift waren die hermetischen Lehren nicht allgemein verständlich: In der Regel konnten sie nur von Eingeweihten verinnerlicht werden und wurden deswegen viele Jahrhunderte hindurch stets von einem Meister an seine Schüler mündlich weitergegeben. Der Zeitpunkt der Weitergabe wurde dabei sorgsam ausgewählt. Diese Vorsichtsmaßnahme geschah unter anderem aus der Sorge heraus, dass das grundlegende Wissen, das aus der Hermetik hervorgeht, entgegen seiner lichten Bestimmung genutzt werden könnte. Andere Gründe für diese exklusive Weitergabe mögen wohl ebenfalls die Verfolgung von spirituell anders orientierten Menschen in der Geschichte oder auch das Ausmaß des Perspektivwechsels gewesen sein, den diese Weisheit mit sich bringt und der als Bedrohung für manche Grundprinzipien der großen Weltreligionen angesehen werden konnte.

Erst wenn ein Schüler an einem gewissen Punkt in seiner Entwicklung angelangt und in der Lage war, die Tragweite der empfangenen Kenntnisse zu begreifen und verantwortlich zu nutzen, erhielt er also allumfassenden Zugang zu den Geheimnissen der hermetischen Philosophie. Denn um deren Lehren zu integrieren, brauchte es Kontemplation und eine intensive Auseinandersetzung mit ihren Inhalten. Der Zugang zu den innersten, hermetischen Wahrheiten geschah dabei über das persönliche Erleben. Die bloße Kenntnis reichte nicht aus, sie in ihrer ganzen Tiefe zu erfassen. Auf dem Weg zur Meisterschaft durchlief der Schüler eigene Studien und Erfahrungen mit den hermetischen Lehren, bis er diese am Ende vollkommen in sein Bewusstsein integriert hatte und er auf diese Weise zu einer tiefen Weisheit über das Leben und seine Zusammenhänge gelangt war.

In diesem Sinne galt die hermetische Philosophie als Geheimlehre, die nur an Auserwählte weitergetragen wurde. Außerdem kann sie als in sich selbst geheime Lehre angesehen werden, da sich ihre tiefe Sinnhaftigkeit dem Interessierten nicht eher erschließen wird, bis er sie selbst an sich und in seinem Leben erfährt. Eine einfache Lektüre oder das bloße Wissen um die Gesetzmäßigkeiten der Hermetik sind nicht ausreichend, um diese allumfassend zu begreifen. Wer immer mit den hermetischen Lehren in Berührung kommt, wird dazu angehalten, diesen Weisheiten einen eigenen Sinn einzuhauchen, sie zu integrieren, zu einem Teil von sich selbst zu machen, sie zu verinnerlichen und sie an Leib und Geist zu erfahren. Erst dann beschreitet er oder sie den Weg zu Erleuchtung und Meisterschaft.

Ein Zeugnis der hermetischen Lehren, das in jüngster Vergangenheit niedergeschrieben und sogar der Öffentlichkeit zugänglich gemacht wurde, ist das *Kybalion* (1912).[4] Dieses wichtige Werkzeug zur Erhebung des menschlichen Seins stellt im Folgenden das philosophisch-spirituelle Kernstück unserer *quantenherzlichen* Reise dar.

Das *Kybalion*

Erstmals veröffentlicht wurde das *Kybalion* Anfang des 20. Jahrhunderts, und zwar 1908 in Chicago. Seine Autorschaft ist allerdings nicht eindeutig geklärt und wird mit dem Pseudonym der *Drei Eingeweihten* angegeben. Es ist jedoch fraglich, ob es sich tatsächlich um drei Personen gehandelt hat oder ob eine einzige Person der Urheber gewesen ist. Die möglichen Verfasser oder Personen, denen eine Verbindung mit der Niederschrift des *Kybalions* nachgesagt wird, stehen interessanterweise alle in mehr oder weniger engen Bezügen zu Logen der *Freimaurer* und Kreisen der *Rosenkreuzer,* so zum Beispiel William Walker Atkinson oder auch Paul Foster Case. Der Herausgeber der ersten Ausgabe des *Kybalions* war die *Yogi Publication Society,* deren Sitz in Chicago im *Masonic Temple Building* angegeben wurde, einem der ersten Wolkenkratzer der Welt. Dieses Verlagshaus, das übrigens William Walker Atkinson gehörte, scheint ebenfalls in engem Bezug zu Freimaurerlogen gestanden zu haben. Der Ursprung des *Kybalions* unterliegt also wie die hermetischen Lehren im Allgemeinen Mysterien und Geheimnissen, die es dadurch aber nur umso faszinierender erscheinen lassen. So hat also dieses denkwürdige Dokument es bis ans Licht der Öffentlichkeit geschafft, um dort seinen Sinn und Zweck zu erfüllen: der Menschheit die darin enthaltenen Auszüge der hermetischen Lehren zur Verfügung zu stellen und zu ihrer Erhebung anzubieten.

Der Inhalt des Büchleins geht auf eine Ansammlung von *Maximen, Axiomen* und *Geboten* zurück, welche die mündlichen Überlieferungen der hermetischen Grundsätze durch die vorhergehenden Jahrtausende darstellen. Da diese Sentenzen für sich genommen weitestgehend unverständlich waren, werden sie im *Kybalion* durch Erklärungen, Veranschaulichungen und inhaltliche Erläuterungen ergänzt, so dass sie zugänglicher und allgemein verständlicher werden. Auf diese Weise entstand dann eben jenes Buch, das wir unter dem Namen *Kybalion* kennen und das uns in der heutigen Zeit Zugang zu jener uralten hermetischen Weisheit und ihren verschlüsselten Grundsätzen gewährt, die für uns Inspiration und Bereicherung auf unserem Weg der Erhebung sein können.

In den letzten Jahrzehnten hat das Verständnis für die hermetischen Lehren beträchtlich zugenommen. Dies mag unmittelbar mit dem *Kybalion* und seiner stetig steigenden Popularität zusammenhängen: Mittlerweile ist es in viele Sprachen übersetzt worden und in vielen Ländern im Buchhandel erhältlich. Ein Teilaspekt, das Prinzip der Schwingung, ist besonders verbreitet, da er vor allem durch Rhonda Byrnes *The Secret* (2008) Einzug in etliche Hausbibliotheken gehalten hat. Selbst Dan Brown verarbeitet in seinem aktuellen Bestseller *Das verlorene Symbol* (2009) Elemente aus dem *Kybalion* und seiner geheimnisvollen Vergangenheit.

Heutzutage birgt es also glücklicherweise keine Gefahr mehr, über die hermetischen Lehren zu reden oder zu schreiben. Ganz im Gegenteil scheint die Zeit reif zu sein, diese Weisheiten als Werkzeug zur Erhebung einer noch breiteren Öffentlichkeit zugänglich zu machen. Und ebenso angebracht erscheint es, den hermetischen Überlieferungen ein neues Gewand zu geben, das dem heutigen Zeitgeist entspricht, und sie mit den neuesten, wissenschaftlichen Erkenntnissen zu verweben, wodurch sie in die Gegenwart und in unser Leben integriert werden können. Denn mit dem *Kybalion* lässt sich der aktuelle Entwicklungs- und Öffnungsprozess, in dem wir uns zurzeit befinden, unterstützen und vorantreiben. Immer mehr Menschen begeben sich auf die Suche nach dem Sinn ihres Daseins und finden diesen in Lehren mit unterschiedlicher spiritueller Ausrichtung, wie zum Beispiel in den hermetischen Weisheiten und Schriften.

So will auch *Quantenherz* Ihnen bei dieser Sinnsuche behilflich sein und eben gerade diese Brücke zwischen der hermetischen Philosophie, den Erkenntnissen aus der Quantenphysik und den Geisteswissenschaften schlagen. Diese Integration von Wissen hat zum Ziel, Weisheit zu schaffen. Es geht nicht darum, Wissen zu akkumulieren, sondern es erfahr- und fühlbar zu machen, so dass es ein ganz natürlicher Teil der eigenen Existenz wird. Wenn dies nicht passiert, bleiben die hermetischen Weisheiten, jene kostbaren *Schlüssel zum Sein,* lediglich Worte ohne Sinn und Lebendigkeit. Der Zugang zu diesen antiken Wahrheiten kann dabei über Ihr intuitives Verständnis geschehen und von der logischen Herangehensweise der Quantenphysik gestützt und vervollständigt werden.

Das *Kybalion* formuliert im Wesentlichen sieben hermetische Grundsätze – die Prinzipien des Lebens –, auf die ich in den folgenden Kapiteln ausführlich eingehen werde. Neben diesen sieben Prinzipien enthält dieses kleine, aber unschätzbar wertvolle Büchlein ebenfalls Abhandlungen über die Kunst der Alchemie – über das Vermögen, Niederes in Erhöhtes umzuwandeln. Was es mit der alchemistischen »Magic« genauer auf sich hat, möchte ich Ihnen im Folgenden näher bringen.

Die Kunst der Alchemie

Ein grundlegender Aspekt der Hermetik beruht auf dem Wesen der Alchemie, auf der Kunst, Niederes in Erhöhtes zu wandeln. Im Hinblick auf unsere persönliche Entwicklung ist damit die Erhöhung der eigenen Schwingung bis auf eine Ebene gemeint, die als erleuchtet gilt. Es geht darum, die niederen Ebenen des Egos zu verlassen, sie zu ›veredeln‹ und damit die hohen spirituellen Ebenen des Seins zu erobern. In den Überlieferungen ist diesbezüglich auch die Rede vom Weg der Erleuchtung und Meisterschaft.

Im gewöhnlichen Sprachgebrauch wird dem Begriff »Alchemie« allerdings ein anderer Sinn beigemessen. Aus der ursprünglichen Grundidee der geistigen Erhöhung von Schwingungen und der spirituellen Entwicklung hin zur Erleuchtung wurde eine konkret-materialistische Auffassung, die sich schließlich auf die Veredelung von Metall beschränkte. Somit wurde den Hermetikern nachgesagt, sie beherrschten die Kunst der Metallveredelung. Das heißt, sie hätten die Fähigkeit gehabt, gewöhnliches Metall in Edelmetall verwandeln zu können. Dies mag zutreffend sein, doch viel wichtiger ist die Tatsache, dass ein gelehrter Hermetiker nicht nur fundiertes Wissen um die Beschaffenheit unserer Welt und den darüberliegenden Ebenen besaß, sondern ebenfalls in nahem Verhältnis zur transzendentalen Astrologie und Psychologie stand. Vor diesem Hintergrund ließen sich geistig Dinge umsetzen, die weit jenseits der Metallveredelung lagen und die oftmals nur schwer vorstellbar waren. Dennoch sind sie wahr und liegen in den Möglichkeiten eines jeden, der sich der vertieften Kontemplation und Integration der hermetischen Weisheit widmet. Dieses Wissen um die Eigenschaften unserer Welt, um ihre Beschaffenheiten und ihr Funktionieren kann demnach auch uns neue Wege und Möglichkeiten erschließen, die wahrlich faszinierend sind!

Die eigentliche, alchemistische Kunst der mentalen Transmutation, also wie ›Unedles‹ in ›Edles‹ geistig umgewandelt werden kann, basiert auf der Kenntnis und der Verinnerlichung der sieben hermetischen Prinzipien, die in diesem Sinne den Hauptschlüssel zur persönlichen, geistigen und auch spirituellen Entwicklung darstellen. Ein weiser Schüler wird jene Gesetzmäßigkeiten zu nutzen wissen, um sich mit ihrer

Hilfe den niederen Bewusstseinsebenen geistig zu entwinden. Dabei ist er sich jedoch bewusst, dass auch er auf physischer Ebene den fundamentalen Prinzipien des Lebens nicht entgehen kann, solange er auf diesem Planeten wandelt. Einfacher ausgedrückt könnte man sagen, dass das Wissen um die sieben Prinzipien des Seins einen mit den Spielregeln des Lebens vertraut macht. Zwar kann man diese Regeln nicht ändern, stattdessen muss man sich ihnen unterordnen und sie respektieren, doch man kann sie aktiv nutzen: Spielt es sich nicht besser, wenn man die Regeln des Spiels kennt?!

Ein eingeweihter Hermetiker weiß, dass er sich nicht über die immerwährenden Gesetzmäßigkeiten hinwegsetzen, dass er nicht aus dem Spiel aussteigen kann. Ihm wird jedoch die Gnade zuteil, dieses Spiel, das sich Leben nennt, bewusst zu spielen. Die Kenntnis jener anwendbaren Regeln erleichtert es ihm, seinem angestrebten Ziel näher zu kommen, in Übereinstimmung mit seiner eigenen, inneren Natur zu gelangen, im Einklang mit den kosmischen Gesetzen zu stehen und in Harmonie mit dem *Einen*, dem *allumfassenden Sein* zu sein. Die hermetischen Prinzipien erlauben uns, dass wir uns auf die essentiellen Dinge konzentrieren und diese manifestieren können, anstatt uns in der Illusion der scheinbaren Realität zu verlieren.

Dieser Prozess vollzieht sich zunächst auf geistiger Ebene. Der gewillte Schüler ist dazu angehalten, seinen Geist zu schärfen und sich darin zu üben, diesen gezielt für seine Belange einzusetzen. In diesem Zusammenhang ist das *Kybalion* ein überaus wichtiges Instrument zur geistigen Erhebung und persönlichen Entwicklung. Denn die Kenntnis der sieben Prinzipien des Lebens ermöglicht dem Eingeweihten die sogenannte *Transmutation im Geiste:* Gemäß den Gesetzmäßigkeiten der Alchemie vermag er, die niederen Ebenen der Ignoranz und Unsicherheit, des Egos, zu verlassen, um zur alles umfassenden Ebene der Liebe zu gelangen.

Diese *geistige Transmutation* birgt also in sich das Potential zu einer erhobenen – im Sinne einer friedvolleren und bewussteren – Existenz. Doch woran kann man den Unterschied zwischen den verschiedenen Ebenen festmachen? Wie unterscheidet man (Halb-)Wissen von Weisheit? Das *Kybalion* beantwortet diese Frage über das *göttliche Paradoxon,* welches sich sowohl auf die Unendlichkeit des *All-Seins* als auch auf die Endlichkeit des weltlichen Universums und seiner Gesetze bezieht.

Das Universum und das *Eine*

Das Universum, in dem wir leben, und die materielle Welt, wie wir sie kennen, können zweifellos als Realität angesehen werden. Hier machen wir tagtäglich unsere Erfahrungen, über die wir uns wiederum zu einem großen Teil definieren. Die hermetische Philosophie allerdings geht von einer anderen Realität aus, die hinter bzw. über der unsrigen gelagert ist. Sie wird als der »Ursprung« unserer bekannten, endlichen, realen Welt angesehen und als das *Eine* umschrieben. Auf diese Weise erschließt sich uns eine ganz neue Perspektive, die nicht ausschließlich auf den materiellen, irdischen Teil unserer Existenz und unseres Universums fokussiert ist. Es gibt vielmehr etwas Größeres, etwas Allumfassendes, von dem unsere materielle Welt ein Teil, ein Ausdruck oder ein Aspekt ist. Hinter jeder äußeren Manifestation verbirgt sich demnach eine *wirkliche, echte, essentielle* Realität. Für diese Realität werden in der hermetischen Philosophie auch andere Begriffe benutzt wie das *Unendliche,* das *Ganze,* das *All-Sein* und das *Allumfassende.* Diese verschiedenen Ausdrücke sollen uns dabei behilflich sein, jenes *Eine* anzudenken, um darüber eine integrierte Weltsicht zu erlangen, die von einem Bewusstsein geprägt ist, das manchen von uns schwer vorstellbar erscheint: dass es etwas da draußen gibt, das noch realer ist als jegliche Materie, die wir mit all unseren Sinnen ›begreifen‹ können.

Unsere materielle Realität ist im Grunde nicht wirkliches Sein. Sie ist von Vergänglichkeit geprägt, einem konstantem Wandel unterworfen und befindet sich daher in einem kontinuierlichen Zustand des *Werdens.* Alles ist ständig in Bewegung und verändert sich. Nichts ist, um so zu bleiben.

Dem gegenüber steht das *Eine,* die wahre Essenz des Seins. Es umfasst alles, was ist. Es bedarf keiner Erklärung oder Erläuterung. Die einzige Instanz, die es wahrlich zu begreifen vermag, ist das *Eine* selbst. In diesem Sinne ist es *selbst-verständlich* und *jenseits menschlicher Erkenntnis.* Es gibt nichts, was ihm nicht zugehörig wäre, da nichts außerhalb von ihm existieren kann. Und da es der Ursprung allen Seins ist, gibt es auch nichts, das es von außen her begrenzen oder definieren könnte: Das *Allumfassende* ist unendlich, und diese Unendlichkeit ist sowohl räumlich als auch zeitlich zu verstehen. Ebenfalls ist das *Eine* in seiner Essenz unveränderlich, da nichts es zu verändern vermag. Es hat immer in seiner aktuellen Form existiert und wird diese auch niemals verändern. *Das Eine ist unendlich, absolut, ewiglich und gleichbleibend* (Kybalion, 1912, S. 61).

All dies ist für unseren endlichen, menschlichen Verstand unergründlich, unvorstellbar und nicht zu begreifen. Dieser Umstand macht es unmöglich, das *Eine* in Worte zu fassen und zu definieren – es ist *unerkennbar.*

Das *Kybalion* (1912) umschreibt das *Eine* als *unendlichen lebendigen Geist,* als *Leben und Geist,* die weder mit deren materiellen Erscheinungsformen gleichzusetzen sind, noch den herkömmlichen, also von Menschen erdachten Definitionen von ›Leben‹ und ›Geist‹ entsprechen. An anderer Stelle heißt es: *Das All ist Spirit* – also beseelter Geist oder Lebenshauch. Das *Allumfassende* übersteigt im Grunde jegliche Definition oder begrenzte Vorstellung, die unser menschliches Denken für die Begrifflichkeiten ›Leben‹ und ›Geist‹ aufbringen kann. Der *unendliche lebendige Geist* ist jenseits unserer weltlichen Auffassungen zu verstehen. Auch hier stößt unser Verstand an seine Grenzen, wenn er umschreiben oder nachvollziehen will, was mit *unendlichem lebendigen Geist* oder *Spirit* eigentlich gemeint ist. Es ist deswegen nur schlüssig, die Suche nach einer zutreffenden Definition des *Allumfassenden* aufzugeben. Dieses Unternehmen ist in sich unmöglich und von Anfang an vergebens, da der menschliche Verstand in seiner Begrenztheit nicht im Stande ist, das *Eine* sinngebend zu erklären. Jeder Versuch der Erklärung oder Definition des *wirklich Wesentlichen* durch Worte ist zum Scheitern verurteilt, da unser begrenzter Geist an sich unvermögend ist, Unendliches zu erfassen oder auch nur zu umreißen.

Wenn wir nun von der Existenz einer Realität ausgehen, die hinter der unsrigen liegt, dann schließen sich unweigerlich Fragen nach dem Wesen unseres materiellen Universums an: Was ist es dann und wie mag es entstanden sein, woraus besteht es und wie funktioniert es? Dass wir unser Universum nicht mit dem *Einen* gleichsetzen können, hatten wir bereits herausgefunden: Es stellt ja nur eine vergängliche Realität dar und keine uneingeschränkte. Das Universum muss aber ein Teil jenes *unendlichen Ganzen* sein, weil es erstens existiert, also nicht nichts ist, und weil es zweitens nichts gibt, das außerhalb des *Einen* existieren kann.

Das Universum muss demnach aus dem *Allumfassenden* hervorgegangen sein. Es ist als seine Schöpfung anzusehen. Dabei muss das *Eine* das Universum aus sich selbst erschaffen haben, da es ja nichts außerhalb seiner selbst gibt, aus oder mit dem es das Universum kreiert haben könnte. Das *Eine* ist an sich nicht teilbar. Es kann sich also nicht von einem Teil trennen, um daraus etwas anderes als sich selbst zu erschaffen. Aus diesem Grund lässt sich nur eine plausible Erklärung dafür finden, wie das *Allumfassende* das Universum erschaffen hat: *geistig!* Die endliche, wandelbare Welt, wie wir sie kennen und jeden Tag erfahren, muss eine geistige Schöpfung des *Einen* sein. Dabei ist wichtig anzumerken, dass unser Universum bestimmten Gesetzmäßigkeiten unterworfen ist, die die Hermetik später erkannt und in ihre Lehren integriert hat. Diese Gesetzmäßigkeiten aber gelten nicht für das *All-Sein*. Es selbst ist über sie erhaben. All seine geistigen Schöpfungen und demnach auch unsere Welt unterliegen allerdings diesen Gesetzen. Und die erste naheliegende Schlussfolgerung aus diesen Überlegungen lautet im Sinne der hermetischen Philosophie: *Das Universum, und alles was es enthält, ist eine geistige Schöpfung des Einen.* Womit wir auch schon beim ersten hermetischen Grundsatz des Lebens wären – dem Prinzip der Geistigkeit, welches wir im dritten Kapitel genauer betrachten werden.

Wenn nun aber alles geistig ist und sich jenseits unserer Wirklichkeit noch eine andere befindet, welche die eigentliche ist, dann stellt sich unweigerlich die Frage, als was wir unser Universum verstehen und wie wir mit ihm umgehen sollen.

Das *göttliche Paradoxon*

In dem Abschnitt über »Die Kunst der Alchemie« haben wir gesehen, dass uns Menschen die Fähigkeit innewohnt, höhere Gesetzmäßigkeiten anzuwenden, wodurch wir uns über die niederen, begrenzten (und begrenzenden) Ebenen erheben und auf diese Weise deren Leid entgehen können. Im Anschluss daran haben wir herausgefunden, dass das Universum eine geistige Schöpfung des *unendlichen lebendigen Geistes* ist. Doch in diesen beiden Wahrheiten ist ein tiefgreifendes Paradoxon enthalten – das sogenannte *göttliche Paradoxon*. Es besagt, dass unsere materielle Welt, das Universum, gleichzeitig real und illusorisch ist (Virtue, 2006).

Da das Universum eine geistige Erschaffung des *Einen* ist, kann es als »unwirklich« bezeichnet werden, eben weil es hinter dieser »illusorischen« Realität eine andere Wirklichkeit gibt, die noch wirklicher ist. Es gibt demnach eine universelle und eine relative Wahrheit, wobei letztere auf unserer menschlichen Erfahrung basiert. Sie betrifft unser konkretes Sein (Walsch, 2008). Trotzdem gibt es für uns Menschen nichts Realeres als unser Universum, das wir als Wirklichkeit erleben und auch so behandeln müssen. Wir sind an diese materielle Realität gebunden, solange wir auf Erden wandeln, und müssen uns ihr dementsprechend anpassen. Aus diesem Grunde erscheint uns das Universum als wirklich, vom Standpunkt des *Einen* aus betrachtet ist es allerdings eine Illusion.

Und darin liegt das eigentliche Paradox unserer menschlichen Existenz: Es gilt, unser Universum einerseits als real wahrzunehmen, andererseits aber sollten wir uns gleichzeitig bewusst sein, dass diese Wirklichkeit im eigentlichen Sinne gar nicht real, sondern relativ ist. Denn wenn wir das Universum als etwas Reales ansähen, würde Transmutation unmöglich sein. Wir wären stattdessen in dieser materiellen Umgebung festgeschrieben, und es wäre für uns undurchführbar, eine »Meta-Position« zu ihr einzunehmen, sprich: unsere eigene Existenz von einer höheren Ebene und mit Distanz zu betrachten, um ihr eine gewollte Veränderung zuführen zu können. Persönliche Entwicklung wäre dann undenkbar und die Menschheit auf diese Weise um jeden Fortschritt gebracht.

Wenn der Mensch jetzt aber so leben würde, als sei unser Universum nur eine illusorische Fantasie, würde auch diese Haltung ihn begrenzen. Er hätte keine Möglichkeit, konkrete Erfahrungen zu machen und sich darüber weiterzuentwickeln. Es gäbe keine greifbaren Anhaltspunkte mehr. Nicht zuletzt würde er früher oder später auch den Naturgesetzen erliegen, da unser menschlicher Körper, ebenso wie unser Geist, klar an diese materielle Ebene gebunden ist.

Das *Kybalion* (1912) schlägt deswegen vor, die Aufmerksamkeit des Suchenden auf das *göttliche Paradoxon* zu ziehen, damit sich dieser – in Kenntnis der Umstände – mit dessen Konsequenzen vertraut machen kann und sich nicht in die Illusion der materiellen Welt hineinziehen lässt. Der Schlüssel liegt darin, sich der doppelten Art unserer Existenz bewusst zu sein: dass wir irdischer *und* geistig-spiritueller Natur sind! Auch diese Erkenntnis erleichtert es uns, das Spiel des Lebens zu händeln. Es ist nicht damit gemeint, dass wir die Bedeutung und Wichtigkeit der materiellen Welt ablehnen sollen. Dies wäre für jedes Lebewesen fatal. Vielmehr geht es darum, die eigene Einstellung zu materiellen Werten zu überdenken und gegebenenfalls zu verändern – wohlweislich, dass es eine wesentlichere, eine *echtere* Realität hinter den offenkundigen Dingen und Erscheinungen gibt. Es lohnt sich, sich selbst die Frage zu stellen: Bin ich noch Herr meiner materiellen Welt oder lasse ich mich von ihr beherrschen und leiten? Das Wissen darum, dass die Existenz von Materie eine Illusion ist, kann uns dann dabei helfen, unserer eigenen Welt und unserem Leben wieder habhaft zu werden. Auf diese Weise verlassen wir die Ebene der Abhängigkeit und können wieder zum eigentlichen Akteur unseres Daseins werden.

Die materielle Ebene dient dem Menschen also als Ausgangspunkt, nicht zuletzt weil ein wichtiger Teil seiner Existenz dieser Ebene angehört: sein Körper. Durch unsere konkreten Erfahrungen, die wir geistig umwandeln, werden wir uns auf höhere, spirituelle Ebenen hinbewegen können, auf die Wirklichkeit hinter den Dingen. Man kann also sagen, dass die Schnittstelle zwischen der physischen, ›niederen‹ und der spirituellen, ›höheren‹ Ebene im menschlichen Geiste liegt. Es geht darum, sich seinen Verstand zu Nutze zu machen, um sich zu erheben, sich in persönlichem Wachstum weiterzubewegen. Wenn wir das Universum aus dem Blickwinkel des *Einen* betrachten (soweit unser begrenzter Geist denn dazu in der Lage ist, einen unendlichen und absoluten Standpunkt einzunehmen), müssen wir unweigerlich anerkennen, dass die Welt, in der wir leben, eine illusorische Dimension hat und im Grunde geistig ist. Der geistige Ursprung von Materie macht diese zwar nicht weniger real für unsere menschlichen Sinne, aber das Wissen um die energetische Grundstruktur unserer Welt ermöglicht es uns, sie durch unseren Geist zu verändern – unter Zuhilfenahme der ›hermetischen Gebrauchsanweisung‹, das heißt in Kenntnis der geistigen Gesetze, die im Grunde alles regieren, außer das *Allumfassende* selbst. *Das* ist die wahre Bedeutung von Alchemie und geistiger Transmutation!

Auf diese Weise wird der Mensch selbst zum Schöpfer. Denn auch er besitzt das Potential zu kreieren, da er Teil des Universums und somit des *Einen* ist. Das Einzige, das ihn in diesem Vorhaben einengen könnte und ihn effektiv einschränkt, ist die Begrenztheit seines eigenen Geistes, demnach er selbst. Wie wir die geistigen Gesetze des Lebens in unser Dasein integrieren und für uns anwenden können, ist Gegenstand der nächsten Kapitel, wenn wir uns den sieben hermetischen Prinzipien zuwenden. Zuvor aber wollen wir noch einen Blick darauf werfen, wie dieses hermetische Gedankengut von unserer doppelten Natur in anderen Zusammenhängen in Erscheinung tritt.

Die hermetischen Lehren aus heutiger Sicht

Das Wissen um die Ursprünge und charakteristischen Eigenschaften unseres Universums und die Beherrschung jener alchemistischen Kunst der Transmutation im Geiste wurden in der Regel im Geheimen weitergegeben, wobei ihr Bekanntheitsgrad und der Einfluss der hermetischen Lehren mit der Veröffentlichung des *Kybalions* und seiner zunehmenden Verbreitung in entsprechendem Maße zunahm und immer noch zunimmt. Manchmal jedoch kommen diese Erkenntnisse auch über andere Wege mit der Öffentlichkeit in Berührung. So tritt ihre Botschaft auch vermehrt im künstlerischen Bereich in Erscheinung.

Ansätze in der zeitgenössischen Literatur

Im Folgenden seien exemplarisch zwei Autoren genannt: Neale Donald Walsch und Doreen Virtue. Neale Donald Walsch betont in verschiedenen Werken, dass jedem Menschen ein Stück Gottes, des Schöpfers, innewohne. Jeder von uns trage einen göttlichen Anteil in sich (Walsch, 2008). Dieser Anteil ist dem *höheren Selbst* zuzuschreiben, dem Transzendentalen oder auch der Seele, die weiterreichend ist und sich nicht auf diese Inkarnation begrenzt. Im Gegensatz dazu wird das Ego gesehen, das dem begrenzten menschlichen Geist entspringt und uns Menschen erlaubt, uns selbst wahrzunehmen. Wie schon beim *göttlichen Paradoxon* beruht auch hier die Behauptung, dass das Ego sowohl reine Illusion und gleichzeitig real ist, auf reiner Logik.

Ein ähnlicher Denkansatz findet sich ebenfalls in den Werken von Doreen Virtue und wird auch von ihr in ihren Seminaren verwendet. Sie setzt das *Eine* mit *Gott* gleich, der sich teilweise in den von ihm erschaffenen Schöpfungen widerspiegelt. Wir Menschen leben demnach in einer Dualität von Gottgleichheit und Gottungleichheit. Jeder Schritt, den wir dabei hin zum Bewusstsein über unseren göttlichen Funken vollziehen oder über den Teil in uns, der der Unendlichkeit angehört und der das *Eine* reflektiert, ist ein Stück Heimkehr, ein weiterer Schritt auf unsere eigentliche Natur zu. Doreen Virtue nennt dieses wahrhaftige Sein den »göttlichen Kern«, der in jedem von uns wohnt und an den sie fest glaubt (Virtue, 2007).

In Neale Donald Walschs Kinderbuch *Ich bin das Licht!* wird dieses in einer wunderschönen Parabel deutlich: Einem jeden Menschen wohnt das Licht seiner Seele inne. Wenn diese Seele sich entscheidet, sich in einem Körper zu inkarnieren, tut sie dies, um konkret zu erfahren, dass sie dieses Licht ist. Dafür braucht sie ein Umfeld, das ihr erlaubt, sich davon abzuheben. Also muss dieses Umfeld ihr Gegenteil enthalten: Dunkelheit oder Schatten. In Walschs Geschichte *weiß* die Seele ganz genau, dass sie Licht ist, aber neben dem unendlich hellen Licht von Gott kann sie dies nicht *erfahren*. Sie vermag es nicht zu fühlen, zu sehen, zu empfinden. Aus diesem Grunde denkt Gott sich etwas aus, wodurch die kleine Seele ihre eigentliche Natur erfahren kann: die Dunkelheit, die eigentlich gar nicht existiert, sondern nur in Seinem Denken erschaffen wird, um ihr diese wichtige Erfahrung zu ermöglichen.

Erkennen Sie an dieser Stelle die Parallele zu den vorangegangenen hermetischen Ausführungen? Neale Donald Walschs Kindergeschichte weist auf den illusorischen Charakter unserer Welt hin. Die Dunkelheit ist nur eine geistige Schöpfung Gottes und deswegen im eigentlichen Sinne nicht real. Außerdem wird auf verständliche Weise die Kreation von Polaritäten illustriert: von Licht und Dunkelheit, und zwar aus der Einheit Gottes (oder des *All-Seins*) heraus. Zusätzlich erfahren wir noch etwas über die Beweggründe dieser Schöpfung.

Auch wir werden uns diesem Phänomen der Gegensätzlichkeit zuwenden, wenn wir uns im sechsten Kapitel mit dem Prinzip der Polarität befassen. Zuvor aber gilt es noch, mögliche Parallelen zwischen den bisher dargelegten Grundannahmen der hermetischen Philosophie und der modernen Wissenschaft herauszuarbeiten.

Parallelen zur Quantenphysik

Das Phänomen der Mehrdimensionalität

Im ersten Kapitel haben wir festgehalten, dass sich die Quantenphysik bzw. die aus ihr hervorgehende Stringtheorie weiterer Dimensionen bedient. Von diesen höheren Realitäten soll es angeblich elf geben – weitaus mehr als unser begrenzter Verstand gedanklich erfassen kann. Unsere Technologien ermöglichen es uns noch nicht, diese besagten Dimensionen zu beobachten oder konkret zu analysieren. Die Mehrdimensionalität ist demnach bislang ein rein mathematisches Postulat. Wenn wir allerdings ihre Existenz als wahr erachten, dann gehören auch sie, genau wie unser materielles Universum, dem *Einen* an. Neuesten wissenschaftlichen Vermutungen zufolge kann man sie sich als in unsere Dimensionen eingebettet vorstellen. Sie sind somit ein Aspekt des *Einen,* den wir wie manch andere seiner geistigen Schöpfungen ebenfalls weder begreifen noch beobachten können. Wie wir bereits im Kapitel über das *All-Sein* und unser Universum festgestellt haben, gibt es auf der einen Seite das im Wesentlichen Unerkennbare und Unerfassbare, das absolut, ewig und unveränderlich ist, und auf der anderen Seite dessen Schöpfung, zu der eben auch unser Universum mit seinen verborgenen Dimensionen gehört, das geistig aus dem *Ganzen* hervorgegangen, jedoch bedingt, wandelbar und endlich ist.

Auch hier erweist sich die hermetische Grundannahme als zutreffend, dass alles dem *Einen* zugehörig ist, selbst wenn wir es nicht direkt mit unseren Sinnen wahrnehmen können. Es gibt Aspekte unserer Realität, die für uns, sowohl im wahrsten als auch im übertragenen Sinne des Wortes, ›unfassbar‹ sind. Dazu gehört, dass es Dimensionen gibt, die uns zwar kontinuierlich umgeben, die wir aber nicht direkt wahrnehmen, weil sie hinter oder über des uns wahrnehmbaren Universums liegen. Die Mehrdimensionalität führt uns somit zu einem Thema, das uns ebenfalls bereits auf unserer *quantenherzlichen* Reise begegnet ist und auf das ich nun noch näher eingehen möchte: die Realität hinter der Realität.

Die Realität hinter der Realität

David Bohms *Implizite Ordnung* und *Holo-Movement*

Wir haben uns bereits im ersten Kapitel detailliert mit David Bohms *Impliziter Ordnung* beschäftigt. Fassen wir jedoch noch einmal kurz die Ergebnisse diesbezüglich zusammen: Es gibt versteckte Variablen, die eine transzendente Überordnung darstellen, welche die explizite Wirklichkeit, also die Wirklichkeit, die wir erleben, instantan und *nichtlokal* beeinflussen. Mit anderen Worten argumentiert Bohm in Richtung einer Realität hinter der Realität. Das Konzept des *Holo-Movements* reflektiert diese Anschauung, indem es die stetige Veränderung der Realität hervorhebt und auch deren holographische Qualität berücksichtigt. In seinen Augen lässt die Quantenphysik den Schluss zu, dass jedes Quantenobjekt Informationen über das *Ganze* enthält. Diese Annahme könnte man auch so umschreiben, dass jedes vom *All-Einen* geschaffene Objekt einen Teil des *allumfassenden Ganzen* enthält.

Diese Schlussfolgerung findet ihre Entsprechung in der hermetischen Lehre in den Worten: *Während alles in dem Allumfassenden ist, ist es ebenso wahr, dass das Allumfassende in allem ist.* Noch präziser heißt es an anderer Stelle: *Das All wohnt seinem Universum inne, es ist in ihm vorhanden; haftet ihm an, ist ihm inhärent; bleibt in ihm enthalten, und zwar in jedem seiner Anteile, jedem Teilchen, jeder Einheit oder Verbindung innerhalb des Universums.* (Kybalion, 1912, S. 95 und 96). Die inhaltliche Übereinstimmung dieser Aussagen mit den physikalischen Beobachtungen hätten wohl auch David Bohm damals genau diese Worte wählen lassen können. Die Parallelen zwischen der hermetischen Ansicht und den Entdeckungen des Quantenmechanikers gehen noch weiter, wenn Bohm immer wieder andeutet, dass seine explizite Realität einen illusorischen Charakter habe und aus einer »wahreren«, impliziten Ebene hervorgehe, die alles verbinde (Sheldrake, 2009).

Hintergründig herrscht demnach eine absolute Ordnung. Sie ist da, auch wenn wir sie nicht zu erfassen vermögen. Was uns vordergründig getrennt erscheint, ist implizit miteinander verbunden und gehört der gleichen transzendenten Einheit an. Dieses Phänomen hat auch Jörg Starkmuth (2007) beobachtet und in seine Ausführungen aufgenommen.

Jörg Starkmuths Meeres-Metapher

Jörg Starkmuth (2007) bedient sich eines eingängigen Bildes, um eben diese Einheit, die alles enthält und miteinander verbindet, zu veranschaulichen: In einem Meer ragen verschiedene Inseln hervor. Jede für sich repräsentiert das Bewusstsein eines Menschen. Der Meeresspiegel verdeckt die darunterliegende gemeinsame Struktur und die Verbundenheit der Inseln, die nur an der Oberfläche voneinander getrennt erscheinen. In seiner Metapher bedient sich Starkmuth verschiedener Wasserspiegel, deren Höhe variiert und die auf diese Weise mehr oder weniger von der unterschwelligen Verbundenheit freilegen. Im Alltagsbewusstsein spielt diese Tatsache eine eher untergeordnete Rolle und liegt für gewöhnlich außerhalb unserer direkten Wahrnehmung. Je mehr allerdings der Bewusstseinspegel ›absinkt‹, desto näher bewegt sich das Bewusstsein jedes Einzelnen auf die Gruppenseele und das kollektive Bewusstsein zu, bis es freiliegt und der Mensch sich seiner Verbundenheit mit dem *Einen, Ganzen* klar wird. Starkmuth beschreibt in diesem Prozess verschiedene »Zwischenebenen«. Dazu gehört unter anderem jene Gruppenseele, welche eine kleine Anzahl von Menschen umfasst, die sich miteinander verbunden fühlen, was zum Beispiel in einem spontanen Gefühl von Seelenverwandtschaft zum Ausdruck kommen kann (Starkmuth, 2007, S. 220–222).

Jene allgemeine, unbewusste Verbundenheit, die Starkmuth in seiner Meeres-Metapher zugrundelegt, ist auch in der Analytischen Psychologie von Bedeutung, und zwar in der Annahme, dass die Menschheit ein gemeinsames Erbe teilt: das *kollektive Unbewusste.*

Parallelen zur Analytischen Psychologie – Carl Gustav Jungs *Kollektives Unbewusstes*

Carl Gustav Jung, ein Schüler des berühmten Psychoanalytikers Sigmund Freud, kam über die empirisch-klinische Arbeit mit seinen Klienten zu der Erkenntnis, dass es ein *kollektives Unbewusstes* geben müsse, an dem alle Menschen, unabhängig ihrer Kultur oder Religion,

73

teilhätten und in dem sich auch die universellen *Archetypen* befänden, die in der Psyche eines jeden Menschen vorhanden seien. Das *Kollektive Unbewusste* ist Jung zufolge durch Erfahrungen der Menschheitsgeschichte gespeist und enthält allgemein gültige Inhalte, Vorstellungen und Motive, auf die das individuelle Ich in einem entsprechenden Bewusstseinszustand zurückgreifen kann und die auf verschiedenste Arten und Weisen im Individuationsprozess zum Ausdruck kommen können (Goswami, 2007; Becker, 2008). In gewissem Maße hat jeder Mensch Zugang zu dieser universellen Informationsquelle. Besonders aber unter veränderten Bewusstseinszuständen können Menschen Einblicke in die Inhalte, die in dieser Bewusstseinsschicht gespeichert sind, erhalten. Es liegt damit auch im Bereich unserer Möglichkeiten, eigene Erfahrungen der Einheit zu machen. So berichten Menschen von Erleuchtungsmomenten, in denen sie die Verbundenheit aller Dinge selbst wahrnehmen und fühlen konnten.

Doch nicht nur Quantenphysik und Analytische Psychologie teilen die Idee von einer allumfassenden Verbundenheit. Ähnliches wird auch im Bereich der Biologie postuliert, beispielsweise von Rupert Sheldrake.

Parallelen zur Biologie –
Rupert Sheldrakes *Morphogenetische Felder*

In den letzten Jahrzehnten sind auch in der Biologie Erkenntnisse hervorgebracht worden, die auf jene allumfassende Verbundenheit von allem, was ist, auf einer höher gelagerten Ebene hinweisen und somit das ursprüngliche *Eine* andenken lassen. In diesem Zusammenhang ist vor allem der Biologe Rupert Sheldrake zu erwähnen, dessen *Morphogenetische Felder* und *Morphische Resonanz* für ziemlichen Aufruhr in wissenschaftlichen Reihen gesorgt haben. Sheldrakes Thesen werden sehr unterschiedlich gehandhabt: Entweder gelten sie als umstritten und werden deswegen abgelehnt oder einfach ignoriert oder aber sie werden als Bereicherung und Untermauerung für die eigene Forschung angesehen. Gerade bei dem Versuch, unsere Welt quantenphysikalisch zu verstehen, können sie ein wichtiges Puzzlestück sein, auch wenn sie im eigentlichen Sinne dem Bereich der Biologie angehören. So scheint es im Rahmen von *Quantenherz* ebenfalls angebracht, diese *morphogenetischen Felder* genauer vorzustellen, da sie letztlich als wichtige Ergänzung zu den quantenphysikalischen Theorien anzusehen sind.

Der Begriff der *morphogenetischen Felder* ist in der Biologie keineswegs brandneu. Interessanterweise wurde er bereits in den 20er-Jahren des letzten Jahrhunderts von drei unabhängig voneinander arbeitenden Biologen, in drei verschiedenen Ländern zur Debatte gestellt. Im Jahre 1922 findet sich dieser Begriff in den Ausführungen von Alexander Gurwitsch (Russland), gefolgt von Hans Spemann in Deutschland, im Jahre 1924. Der Österreicher Paul Weiss erwähnt sie ebenfalls in seinen Theorien um 1926. Diese Gleichzeitigkeit ihres Entdecktwerdens ist verblüffend, doch ist dies nicht unbedingt ein seltsamer Zufall, sondern kann bereits als Illustration des Wirkens der *morphogenetischen Felder* angesehen werden … Lassen Sie uns also zunächst einmal erkunden, was unter diesem Begriff eigentlich zu verstehen ist:

In Rupert Sheldrakes Weltverständnis existieren *morphogenetische Felder,* die eine formgebende Ursache unserer Wirklichkeit darstellen. Dabei handelt es sich um physikalische Felder, die Informationen darüber enthalten, wie mehr oder weniger komplexe Systeme aufgebaut sind. Diese systemisch aufgebauten Organismen können sowohl biologisch als auch physikalisch, chemisch oder sogar psychologisch oder soziologisch sein. Die *morphogenetischen Felder* übernehmen dabei eine ordnende Funktion.

Ein wichtiger Punkt ist dabei hervorzuheben: *Die morphogenetischen Felder aller vergangenen Systeme werden für jedes folgende System gegenwärtig, die Strukturen vergangener Systeme wirken auf folgende ähnliche Systeme durch einen sich verstärkenden Einfluss, der über Raum und Zeit hinaus wirksam ist. Aus dieser Hypothese folgt, dass Systeme in einer bestimmten Weise organisiert werden, weil ähnliche Systeme auf eben diese Weise in der Vergangenheit organisiert wurden.* (Sheldrake, 2009, S. 39).[5] Sheldrake liefert in seinen Ausführungen ein aus der Verhaltensbiologie stammendes, eingehendes Beispiel für die Existenz der *morphogenetischen Felder:* Eine Ratte erlernt ein neues Verhalten. Jede folgende Ratte der gleichen Art, die unter den gleichen Bedingungen gezüchtet worden ist, wird dieses Verhaltensmuster schneller erlernen – auch wenn die nachfolgenden Artgenossen weder die Möglichkeit zur Beobachtung ihres kreativen Vorgängers noch zur Interaktion mit ihm hatten. In diesem Zusammenhang spricht Sheldrake von der *Hypothese der formbildenden Verursachung* – oder von *Formbildungsursachen* (Sheldrake, 2009, S. 40), womit er die Funktion der morphogenetischen Felder zu umschreiben versucht.

Des Weiteren postuliert Sheldrake, dass diese *morphogenetischen Felder* zwar formgebend seien, aber selbst nicht energetisch. Um dies zu illustrieren, bedient er sich einer architektonischen Analogie: Wer ein Haus bauen will, der bedarf einerseits Baumaterialien und Arbeitskraft, andererseits benötigt man ebenfalls einen Bauplan, nach dem das Gebäude entstehen soll. Mit dem gleichen Baumaterial und den gleichen Männern, die die Arbeit tun, könnte allerdings auch ein ganz anderes Gebäude errichtet werden. Dabei ist es der spezifische Bauplan, der die energetischen Elemente so kanalisiert, dass daraus eben genau dieses Gebäude entsteht. Sheldrake sieht das Wirken der *morphogenetischen Felder* analog zu einem solchen Bauplan, der selbst keinen energetischen Hintergrund hat, der aber angibt, an welche Stelle die Bausteine gesetzt werden sollten, damit ein kohärentes Gesamtbild – ein geordneter Organismus – entstehen kann.

Ein *morphogenetisches Feld* an sich ist weder beobachtbar noch greifbar, es ist weder Masse noch Energie. Es kann, ähnlich wie elektromagnetische Felder oder Gravitationsfelder, ausschließlich durch seinen Einfluss auf die Welt erfasst werden. Man kann es weder sehen noch erfühlen, schmecken oder riechen. Sheldrake geht sogar soweit zu postulieren, dass *morphogenetische Felder* in diesem Sinne räumliche Strukturen und nicht materiell sind, da ihre Existenz sich nur durch ihre Wirkung auf materielle Organismen ableiten lässt. Diese können strukturell sehr simpel, aber auch komplex sein. Jede Entität, die eine Form oder innere Struktur hat, selbst subatomare Teilchen, ist logischerweise an ein formgebendes *morphogenetisches Feld* gekoppelt. Und wenn sich ein Organismus aus mehreren Entitäten zusammensetzt, dann organisieren sich die Felder analog dazu in einer Hierarchie von *morphischen Einheiten*. Diese Organisation in Form von *morphischen Einheiten* gewährleistet wiederum die Koordination und Anordnung der

Bestandteile des komplexen Organismus, indem sie auf die untergeordneten *morphogenetischen Felder* einwirkt – daher auch die Bezeichnung als ›hierarchische Organisation‹ (Sheldrake, 2009, S. 113f.). An dieser Stelle bietet es sich an, Sheldrakes Hypothesen mit den quantenphysikalischen Erkenntnissen zusammenzuführen: Wenn es eine logische Ableitung aus der Quantenphysik ist, dass alles miteinander verbunden ist, dann würde dies auch bedeuten, dass es ein sozusagen absolutes *morphogenetisches Feld* geben muss. In dieses ›Super-Feld‹ würden sich dann alle konstituierenden *morphogenetischen Felder* hierarchisch einfügen. Doch worin besteht dann das Wesen dieses ›Super-Feldes‹? Das *Kybalion* (1912) beschreibt es als das *allumfassende Eine*. Die Kabbala bezeichnet es als *den, der keinen Namen hat*. Andere Religionen oder Glaubensrichtungen sprechen von *Gott, Allah* oder *Vishnu*. Letztlich postulieren alle dieses *Eine* – wie auch immer man es, nach eigenen Überzeugungen, nennen möchte. Und dieses *Eine* ist infolge der Idee eines ›Super-Feldes‹ dann als eine selbst nicht-energetische Entität zu verstehen, die eine organisierende Funktion hat und alle Entitäten, vom subatomaren Partikel, über den Menschen bis hin zum komplexen psycho-sozialen Gefüge oder zu noch komplexeren Öko-Systemen, zu einem koordinierten Ganzen organisiert. In Rupert Sheldrakes Theorien wird die Existenz der *morphogenetischen Felder* jenseits von bekannten Formen von Materie oder Energie angesehen; auch dies ist ein Gedanke, der sich ebenfalls in den hermetischen Überlieferungen bezüglich des *allumfassenden Einen* wiederfindet.

Sheldrake nimmt an, dass sogenannte *morphogenetische Keime* als Träger funktionieren. Sie stellen die Schnittstelle zwischen konkreter – zu organisierender – Entität und dem nicht-materiellen, *morphogenetischen Feld* dar. Ein solcher *Keim* ist sowohl Teil des zu koordinierenden Organismus als auch des dazugehörigen *morphogenetischen Feldes*. Um ihn herum entsteht dann der Organismus nach den Vorgaben des entsprechenden *morphogenetischen Feldes*. Auch hier können wir wieder eine Parallele festhalten: Erinnern wir uns an David Bohms *Holo-Movement,* bei dem jede Entität Informationen über das Ganze enthält. Können wir unter Umständen so weit gehen, dass Sheldrakes *morphogenetische Keime* jenem göttlichen Etwas entsprechen, dem göttlichen Kern, den jeder von uns Menschen (als koordinierter Organismus) in sich trägt?!

Die Zusammenführung von Rupert Sheldrakes Theorien mit quantenphysikalischen Postulaten lässt noch andere interessante Rückschlüsse zu. Sheldrake kommt in seinen Ausführungen immer wieder darauf zurück, dass *morphogenetische Felder* eine wichtige Rolle in der Morphogenese von Organismen spielen. Mit anderen Worten verändern *morphogenetische Felder* und auch die ihnen hierarchisch übergeordneten *morphischen Einheiten* den subatomaren »Kann-Sein-Zustand« der Bestandteile eines Organismus. Sheldrake spricht in diesem Zusammenhang von sogenannten *Wahrscheinlichkeitsstrukturen.* Eine logische Konsequenz daraus ist wiederum, dass sich auch das übergeordnete Feld während der Morphogenese kontinuierlich wandelt – gemäß den Veränderungen, die in seinen hierarchisch untergeordneten Systemen vorgehen. Der Einfluss, den *morphogenetische Felder* auf unsere Welt nehmen, ist deswegen weder einseitig, noch in Raum und Zeit begrenzt: Durch eine Art Rückkopplung, die Sheldrake *morphische Resonanz* nennt, wird das Feld durch die existierenden Formen und Organismen ebenfalls gespeist und angereichert, so dass die Entwicklung vorangehender Organismen die Morphogenese der späteren beeinflussen. Das heißt, dass Organismen oder Systeme, seien sie simpel oder komplex, mit bestimmten Frequenzen von *morphogenetischen Feldern* in Wechselwirkung treten, die ihren eigenen in gewissem Maße entsprechen. Die entsprechenden *morphogenetischen Felder* werden also gespeist, ergänzt und entwickeln sich durch diese Rückkopplungseffekte – durch *morphische Resonanz* – weiter, wovon nachfolgende Organismen oder Systeme wiederum profitieren. Sheldrake drückt dies folgendermaßen aus: *Durch* morphische Resonanz *wird die Form eines Systems für ein zeitlich nachfolgendes System ähnlicher Form gegenwärtig, einschließlich der individuellen inneren Struktur und der Schwingungsfrequenzen. Das Raumzeitmuster des früheren Systems legt sich über das spätere,* überlagert *es. […] Es verhält sich nicht nur so, dass ein spezifisches* morphogenetisches Feld *die Form eines Systems beeinflusst […], sondern die Form dieses Systems beeinflusst auch das* morphogenetische Feld *und vergegenwärtigt sich durch dieses Feld für alle folgenden ähnlichen Systeme* (Sheldrake, 2009, S. 142).

Da *morphogenetische Felder* weder Masse noch Energie sind, unterliegen sie auch nicht physikalischen Gesetzmäßigkeiten und verlieren keine Wirksamkeit durch räumliche oder zeitliche Trennung zwischen angehörigen Organismen. Man könnte sagen, dass sie in gewisser Weise einen transzendentalen Charakter haben und *nichtlokal* sind. Die *morphische Resonanz* übt sich ohne zeitliche oder räumliche Begrenzung, simultan, auf die Systeme aus, die auf der gleichen Wellenlänge liegen – jenseits unserer Raumzeit.[6]

Eine interessante Ableitung aus Rupert Sheldrakes Theorie ist das *kollektive Menschheitsgedächtnis*. Nach der Theorie der *morphogenetischen Felder* müsste es uns Menschen heutzutage leichter fallen zu erlernen, was unsere Vorfahren vor uns sich angeeignet haben. Zu dieser Hypothese existieren bereits mehrere empirische Studien, die sie untermauern.[7]

Und mit der Vorstellung von Sheldrakes *kollektivem Menschheitsgedächtnis* schlagen wir wiederum einen Bogen zurück zu Carl Gustav Jungs *kollektivem Unbewussten*, zu der Meeres-Metapher von Jörg Starkmuth, zu dem *Holo-Movement* von David Bohm und letztlich zurück zu den hermetischen Lehren – genauer gesagt zur Grundaussage des *Kybalions*, welche die Basis für das erste hermetische Prinzip bildet: Das Universum ist eine geistige Schöpfung des *Einen*, welches wiederum in allem, was existiert, zu finden ist.

Das Prinzip der Geistigkeit

»Das Allumfassende ist Geist;
das Universum ist geistig.«

– DAS KYBALION –

Im vorherigen Kapitel sind schon viele Aspekte der Geistigkeit des *Einen* vorgestellt worden. Was auch immer existiert, besteht aus Geist, da es geistig aus dem *All-Einen* hervorgebracht worden ist. Auch ist jedwede Erscheinung geistig beeinflussbar, eben weil alles seiner Natur nach gleich ist. Diese Prämissen repräsentieren das Fundament des *Kybalions,* der hermetischen Lehren sowie der Kunst der Alchemie. Es scheint einfach, diese Behauptungen als wahr anzunehmen und sie zu verstehen – besonders wenn wir die Quantenphysik als logische Unterstützung hinzuziehen. Was sich allerdings gerne komplizierter und langwieriger gestaltet, ist die tiefgreifende Integration dieser Wahrheiten in unser (Bewusst-)Sein. Dies verlangt nämlich von uns, sie nach und nach, im eigenen Rhythmus, in jeden einzelnen Aspekt unseres Daseins Einkehr halten zu lassen und sie zu einer persönlichen Weisheit zu machen. Das *Kybalion* und in diesem Sinne auch *Quantenherz* mögen Sie dabei unterstützen, über diese Schlüssel zum Leben nachzusinnen und über sie zu kontemplieren. Schon dies sind entscheidende Schritte zur Integration. Inwieweit Sie dieses Wissen jedoch in sich keimen lassen wollen, diese Entscheidung zur Bewusstwerdung obliegt gänzlich Ihnen selbst.

Alles ist geistig

Das *All-Sein* hat die Welt, wie wir sie wahrnehmen, aus seinem eigenen »geistigen Schoß« heraus erschaffen. Das *Eine* ist *unendlicher, lebendiger Geist* (Kybalion, 1912, S. 26f.) und in allem enthalten, was es jemals erschaffen hat. Somit ist alles, was wir kennen, sei es Materie, Energie oder Verbindungen, im Grunde seines Wesens geistig. Diese geistige Natur hat allerdings nichts mit dem Geist zu tun, wie wir ihn kennen, also mit dem menschlichen Verstand oder gedanklichen Strukturen. Die Art von Geist, von der hier die Rede ist, entspricht eher einer seelischen Qualität, dem sogenannten ›reinem Geist‹ oder, gemäß der englischen Vorlage des *Kybalions,* dem *Spirit.* Das alles haben wir bereits im zweiten Kapitel erfahren (siehe Seite 63).

Die Grundsätze, nach denen das *Eine* unsere Welt erschaffen hat, entsprechen den sieben hermetischen Prinzipien, die wir im Laufe dieses Buches näher kennen lernen werden. Doch wie ging dieser geistige Schöpfungsprozess überhaupt vor sich?

Im *Kybalion* (1912) wird berichtet, dass sich die mentale Schöpfung des Universums durch das *Eine* unserem begrenzten menschlichen Verstand nie gänzlich offenbaren wird, aber dass wir die verschiedenen Vorgänge nachvollziehen können unter Zuhilfenahme der hermetischen Axiome, vor allem durch die Prinzipien der Entsprechung und des Geschlechts.

Vor Äonen von Jahren hat das *All-Sein* seinen eigenen Willen auf seinen »geistigen Schoß« gerichtet und sich somit von einem Zustand des *Seins* in einen Zustand des *Werdens* hineinprojiziert. Anders ausgedrückt hat das *Eine* entschieden, seine eigenen kreativen Möglichkeiten zu nutzen und sich in einem Akt der Schöpfung zu manifestieren. Auf diese Weise kam ein Prozess in Gang, der einer Herabsenkung von Energie gleicht: Die mentale Schöpfung des *Einen* entwickelt ein immer größeres Eigenleben und entfernt sich so immer mehr von seinem Ursprung.

Da das *Eine* die höchste Schwingungsebene beansprucht, ist es eine logische Konsequenz, dass ein Fortbewegen von ihm einem Abstieg in der Schwingungsfrequenz gleichkommt, seine Schöpfung, unser Universum, also niedriger schwingt. In diesem Prozess spielen ebenfalls die Polaritäten eine wichtige Rolle, da das Pendel der Schöpfung von der höchsten Schwingungsebene (auf der das *All-Sein* so schnell und hoch schwingt, dass es mittels unserer menschlichen Sinne nicht mehr wahrgenommen werden kann) sich zur tiefsten Form von Materie hinbewegt, um dann wieder, nach Äonen von Jahren, heimzukehren. So durchläuft auch die Menschheit eine entsprechende Entwicklung, denn je mehr sie an Bewusstsein gewinnt, je mehr sie sich zu erheben weiß, desto näher kommt sie ihrer ursprünglichen geistigen Quelle und bewegt sich damit zurück auf ihren Schöpfer zu: auf das *allumfassende Eine*. In diesem Sinne sind spirituelles Wachstum und die Erhebung der eigenen Schwingungsebene gleichzusetzen mit der Heimkehr in den Schoß, der der Ursprung all dessen ist, was wir kennen. Diese Rückkehr nach Hause, zur Quelle allen Seins, ist nichts anderes als ein Prozess der Entwicklung jedes einzeln geschaffenen Bausteins zurück in Richtung des *Einen,* das uns und jedes seiner geistigen Kinder mit offenen Armen empfängt.

Die Antwort auf die Frage, warum das *All-Sein* überhaupt geistig geschaffen hat, ist dem *Einen* selbst vorbehalten. Der Überlieferung nach heißt es, dass Hermes Trismegistos auf diese Frage hin die Lippen fest zusammenpresste und somit signalisierte, dass der bewegende Grund für den Schöpfungsprozess den höchsten Ebenen des Wissens angehört und dazu bestimmt ist, dort zu verweilen. Die einzige zugängliche Erklärung in diesem Zusammenhang ist wohl, dass das *Allumfassende wirkt, weil es wirkt* (Kybalion, 1912, S. 108).

Die Grundannahme, dass alles in seinem tiefsten Inneren Geist ist, ist nicht der Hermetik und damit dem Bereich der Philosophie vorbehalten geblieben. Wie wir bereits im ersten Kapitel erfahren haben, gelangt die Quantenphysik, genauer gesagt, die *Stringtheorie* (siehe Seite 47), zu einer verblüffend ähnlichen Schlussfolgerung. Im folgenden Abschnitt geht es deswegen nun um die *quantenherzliche* Verbindung dieser beiden Quellen.

Folgen für den menschlichen Geist

Auf welche Weise lassen sich das erste hermetische Axiom der Geistigkeit und die Schlussfolgerung der Quantentheorien (siehe u. a. Seite 47), dass der Grundbaustein unserer Existenz und von allem, was existiert, Geist ist, verbinden? Und wie lässt sich diese Verknüpfung von spiritueller Weisheit und wissenschaftlicher Kenntnis im Zusammenhang mit dem menschlichen Geist zu unserer persönlichen Entwicklung nutzen?

Der schaffende Geist

Das *Eine* hat unsere Welt geistig erschaffen, und obwohl ihr Ursprung geistig ist und sie im Grunde aus Geist besteht, ist sie für den Menschen real. Was dies für uns Menschen und unser eigenes, kreatives Schöpferpotential bedeutet, sei Ihnen kurz an dem Prinzip der Entsprechung vorgestellt, das wir uns allerdings noch genauer im vierten Kapitel ansehen werden. Die Grundannahme dieses Axioms ist: *Wie oben, so unten; wie unten, so oben* (Kybalion, 1912, S. 113) oder auch ›wie innen, so außen‹, ›wie im Kleinen, so im Großen‹. Mit dieser kurzen und prägnanten Zusammenfassung des Prinzips der Entsprechung können wir verstehen, wie das, was auf der Ebene des *All-Seins* wahr ist, auch im Kleineren für den Menschen gelten kann: So wie das *Eine* das Universum geistig erschaffen hat, so schöpfen auch wir Menschen geistig, und zwar mittels unserer Gedanken und unserer Vorstellungskraft.

Wenn Sie eine Entscheidung treffen, existiert dieser Entschluss auf geistiger Ebene in dem Moment, in dem Sie sich dazu entschließen. Er ist zwar noch nicht materiell manifestiert: Das heißt, dass die konkrete Manifestation *noch* nicht Einzug in Ihr Umfeld gehalten hat. Nichtsdestotrotz existiert Ihr Entschluss bereits auf einer höheren Ebene und ist somit eine geistige Realität. In diesem Zusammenhang benutze ich gerne das Beispiel eines Bauprojektes: Ehe das Gebäude materiell existiert, ehe auch nur ein Stein auf dem anderen steht, gibt es diesen Bau bereits fix und fertig im Geiste des Architekten. Dies ist, genau genommen, sogar die erste Voraussetzung, damit das Gebäude überhaupt zu einem späteren Zeitpunkt tatsächlich realisiert werden kann. Denn diese Idee im Geiste des Architekten macht es möglich, dass der Bau zunächst in Form eines Bauplans materialisiert werden kann, um danach konkret zu entstehen. Wie denken Sie, würde es am Ende ausschauen, wenn man einfach anfinge zu bauen, ohne einen Plan oder gar eine Vorstellung davon zu haben, was dabei herauskommen soll?! Die Chance ist ziemlich groß, dass das Haus letztlich nicht so aussieht, wie von seinen zukünftigen Bewohnern erhofft – wenn es überhaupt standfest ist und nicht etwa in sich zusammenbricht ...

Der erste Schritt ist also immer eine geistige Vorstellung. Konkretes Schaffen geht immer auf einen Entschluss, einen Gedanken oder eine Idee zurück. Diese geistigen Realitäten sind sozusagen die Vorstufen zur Manifestation und Umsetzung in der materiellen Realität.

Die hermetischen Lehren – und auch die Quantenphysik – deuten an, dass nichts an Information oder energetischen Impulsen jemals verloren geht (siehe Seite 40). In der hermetischen Philosophie heißt es, dass das *Eine* unendlich ist und nichts außerhalb von ihm existiert. Alles ist Teil des *All-Seins* und somit zusammenhängend in einer größeren Ordnung der Dinge zu sehen. Aus dieser Ordnung kann nichts austreten oder gar herausfallen, eben weil alles im *Allumfassenden* ist und nichts nicht in *ihm* sein kann. Die logische Konsequenz daraus wiederum ist, dass keine Information je verloren gehen kann, auch wenn unser begrenzter Geist sie kurzfristig ›aus den Augen verliert‹. Sie bleibt für immer mit ihrem Schöpfer verknüpft. Sie kann nicht gelöscht, lediglich transformiert werden.

Aus diesem Grund ist es sehr sinnvoll, darauf zu achten, was wir denken! Wenn keine Information, mit der ich das Universum speise, sprich: kein Gedanke, den ich denke, je verloren geht, dann macht jeder gedachte Gedanke und jedes empfundene Gefühl einen Unterschied. Immer sind es geistige Realitäten, die auf welcher Ebene auch immer mit mir und damit mit der gesamten Ordnung verbunden bleiben.

Lassen Sie uns in diesem Zusammenhang einige wissenschaftliche Erkenntnisse ansehen.

Kollektives Bewusstsein

Ein Gedanke macht einen Unterschied – vielleicht einen kleinen, aber nichtsdestoweniger einen existenten. Das haben wir gerade logisch abgeleitet aus den hermetischen Überlieferungen, gestützt durch quantenphysikalische Erkenntnisse. Wenn ein Gedanke einen kleinen Unterschied macht, dann müssen viele ähnliche Gedanken einen größeren Unterschied machen. So gibt es beeindruckende Studien darüber, wie die Konzentration einer gewissen Anzahl von Menschen auf ein bestimmtes Ereignis dieses zu beeinflussen vermag. Das *Global Consciousness Project* an der Universität Princeton befasst sich beispielsweise mit dem Einfluss, den medienträchtige Ereignisse auf Zufallsgeneratoren haben. Im Rahmen dieses Projektes sind derartige Generatoren an verschiedenen Orten dieser Welt aufgestellt und mit einem Server an der Universität Princeton verbunden worden. Dabei simulieren diese Generatoren ein elektronisches »Kopf-oder-Zahl-Spiel«, das theoretisch 50 zu 50 ausgeht. Das heißt, dass die Verteilung der Kopf/Zahl-Ergebnisse – oder in diesem Falle der 0/1-Zahlenverteilung – ausgewogen ist, wenn keine potenten äußeren Faktoren das »Würfeln« beeinflussen. Die Auswertung der Daten ergab allerdings signifikante Veränderungen, wenn bei bestimmten Ereignissen die Aufmerksamkeit von weiten Teilen der Bevölkerung betroffen war. Dies geschah etwa anlässlich der Beerdigung von Prinzessin Diana, des Jahreswechsels 1999/2000, der Urteilsverkündigung im O.J.-Simpson-Prozess und auch am 11. September 2001. Die statistische Signifikanz schließt dabei mit 1000:1 ein zufälliges Ergebnis von 50:50 aus. Die Aufmerksamkeit einer großen Anzahl Menschen hat demnach einen signifikanten Einfluss und ist messbar (Arntz, Chasse & Vicente, 2006)!

Noch interessanter werden diese Ergebnisse, wenn man sie in einen anderen Zusammenhang stellt: Die Beobachtungen an den Zufallsgeneratoren erfolgten im Hinblick auf eine besondere Begebenheit, auf die sich die Aufmerksamkeit und die Gedanken vieler Menschen richteten. Doch was geschieht, wenn unsere Aufmerksamkeit nicht von außen auf etwas Besonderes gezogen wird, sondern wir sie quasi von innen bewusst einsetzen, wenn wir unsere Geisteskraft gezielt konzentrieren?

Kollektive Meditation und der *Maharishi-Effekt*

Im Sommer 1993 wurde ein beeindruckendes Experiment in Washington D.C. durchgeführt: Ausgehend von der Hypothese, dass die simultane Meditation von 4000 Menschen eine 25 %ige Verringerung der Kriminalitätsrate in der amerikanischen Großstadt nach sich ziehen müsste, machten sich Wissenschaftler an die empirische Erprobung dieser gewagten These. Es erscheint unglaublich, aber die Anzahl krimineller Delikte in jenem Zeitraum nahm tatsächlich entsprechend ab (Bleep, 2004)!

Der sogenannte *Maharishi-Effekt* beruht auf einer ähnlichen Hypothese. Hier wird angenommen, dass der meditative Zustand von einem Prozent der Bevölkerung einer Stadt ausreicht, um deren Kriminalitäts- und Unfallstatistik signifikant zu senken (Mohr, 2006).

Morphogenetische Felder als Erklärungsansatz

Diese Effekte, wie also gesammelte Gedankenkraft unsere Realität maßgeblich beeinflussen und verändern kann, würde Rupert Sheldrake wohl durch das Wirken *morphogenetischer Felder* erklären: Wenn genügend Menschen diese Felder mit gewissen Informationen speisen, zeigt sich ein Effekt bei den anderen Vertretern der gleichen Spezies, sprich: bei unseren Mitmenschen.

Die Informationen, die jeder menschliche Geist ins allgemeine Bewusstsein speist, machen einen Unterschied! Auch wenn dieser sich nicht direkt sichtbar niederschlägt oder gar sofort in eine Manifestation mündet, so steckt doch in jedem Gedanken, jedem Gefühl, jeder Empfindung ein nicht unerhebliches Potential zur Veränderung. Wenn genügend Menschen ähnlich denken, fühlen und ihren Geist ausrichten, lassen sich mit diesem konzentrierten Informationsfluss durchaus Dinge bewegen. Und damit nicht genug: Wenn nämlich eine Erkenntnis von einer gewissen Anzahl Menschen erlangt wird, geht sie in das menschliche Gesamtbewusstsein über und ist plötzlich allen zugänglich (Mohr,

2006; Sheldrake, 2009). Es hört sich wiederum abenteuerlich an, aber ich kann Ihnen aus eigener Erfahrung berichten, dass es funktioniert, und es ist ein absolut bewegendes Erlebnis, wenn einem eine solche Bewusstwerdung geistesgegenwärtig zuteil wird! Kein Gedanke geht verloren oder ist je umsonst gedacht! Achten Sie deswegen darauf, wie Sie das schöpferische Potential Ihres Geistes nutzen!

Welche Möglichkeiten nämlich in Ihrem Geist schlummern, sei Ihnen im Folgenden anhand einer weiteren logischen Konsequenz aus dem ersten hermetischen Prinzip und mit Hilfe der Quantenphysik noch genauer erläutert. Denn nicht genug damit, dass Schöpfung in unserem Geist – in Form von geistiger Realität – beginnt: Die geistige Realität ist der äußeren Realität ebenbürtig, wenn nicht sogar mächtig, weil sie ebenso real und manifest ist wie die materielle Welt. Sie beide bestehen ja aus dem gleichen Grundstoff: aus Geist!

Der Geist ist der Materie mächtig

Das Universum ist geistig (Kybalion, 1912, S. 26). Diese Aussage bedeutet im eigentlichen Sinne, dass Materie von einem holistischen Standpunkt aus betrachtet Illusion ist. Diese Umstände haben wir bereits im Zusammenhang mit dem *göttlichen Paradoxon* kennen gelernt und verinnerlicht (siehe Seite 65). Nichts anderes besagt die quantenphysikalische *Stringtheorie* (siehe Seite 47), die theoretisch das Unglaubliche belegt hat: Die Grundsubstanz jeglicher Materie ist eine Form von Energie – eine Ansammlung von Energiefäden und Energieschlaufen, die Potentialität verkörpern, – ein energetischer »Kann-Sein-Zustand«, der erst im Auge des Betrachters zu einer materiellen Manifestation wird.

Das aus der Quantenphysik stammende *anthropische Prinzip* besagt, dass es einen bewussten Beobachter braucht, der das Universum zu erkennen vermögen muss, damit dieses überhaupt beobachtbar ist. Es ist demnach unser Bewusstsein, das die Welt durch seine einfache Präsenz erschafft. Dem Beobachter wird dabei Rechnung getragen, indem er in die Interpretation der Beobachtung oder Messung einbezogen wird. Das *anthropische Prinzip* beruft sich auf mathematische Berechnungen, die in die Richtung deuten, dass der Mensch als Schnittstelle zwischen Mikrokosmos und Makrokosmos anzusehen ist (Mohr, 2006). Der Mensch schlägt dabei über seinen Geist die Brücke zwischen der Materie (seinem Körper) und der feinstofflichen Ebene (der *Großen Spirituellen Ebene*). Mit diesem Rückschluss werden wir uns im nächsten Kapitel über die Ebenen der Entsprechung noch ausführlicher beschäftigen.

Unsere Welt – unsere Realität –, wie wir sie uns erschaffen, ist begrenzt, weil unser menschlicher Geist begrenzt ist. Außerhalb unseres illusorischen Universums allerdings (sei es jetzt das Universum als solches oder nur unser persönliches, kleines Universum, sprich: die Realität, die wir wahrnehmen und leben) besteht ein ›All von Möglichkeiten‹, die wir realisieren können, wenn wir uns über die Begrenzung des menschlichen Geistes hinwegsetzen und mit der »Unendlichkeit« in Kontakt treten. Es gilt, »das Spiel zu spielen«. Das heißt, die Spielregeln des Lebens anzuwenden und im hermetischen Sinne zum Alchemisten zu werden, indem wir die höheren Gesetze gegen die niederen einsetzen – geistige Transmutation betreiben. Auf diese Weise treten wir unsere Rückkehr zum *Einen* an. Wenn wir unsere Wahrnehmung auf diesen Perspektivwechsel hin schulen, beschreiten wir den Weg der Erkenntnis, der zur Erleuchtung führt. Dabei dürfen wir aber nicht das *göttliche Paradoxon* aus den Augen verlieren, denn sonst stürzen wir im symbolischen Sinne vom Spielbrett der Wirklichkeit: Diese ist zwar nur Illusion, wir müssen sie aber für verbindlich halten, da wir über unseren Körper fest in ihr verankert sind.

Mit anderen Worten sind wir Menschen durch unseren Geist selbst für die Realität verantwortlich, die und in der wir leben, und können uns ebenfalls mittels unseres Geistes darüber erheben. Diese bewegende Feststellung mag dem ein oder anderen aufstoßen, wenn ihre Auslegung destruktiv und in Schuld geschieht. Von einer konstruktiven Perspektive ausgehend und unsere Eigenverantwortung im Blick habend, birgt diese Einsicht allerdings geradezu unendliche Entwicklungschancen. Denn eigentlich bedeutet sie nichts anderes, als dass wir zu jeder Zeit und in jedem Moment unseres Daseins die Möglichkeit haben, unsere potentiellen göttlichen Schöpferkräfte zu aktivieren und eine persönliche Realität zu erschaffen, die unseren Wünschen entspricht. Doch dazu müssen wir uns dieses geistigen Potentials bewusst sein und auch die »Spielregeln« des Spiels, das wir Leben nennen, kennen.

Die Kunst, wie sie die hermetischen Meister beherrschen, ist diese: Wenn wir die materielle Existenz als das anerkennen, was sie ist – auf der einen Seite physisch, existent, real, auf der anderen Seite eine Illusion, geschaffen im Geiste des *Einen* –, wenden wir die hermetischen Grundprinzipien auf die niederen Ebenen an. Dadurch überwinden wir sie und haben die Freiheit, auf das ›All der Möglichkeiten‹ zuzugreifen, das außerhalb der Begrenzungen unseres menschlichen Geistes existiert. Durch dieses Bewusstsein des unbegrenzten geistigen Potentials, das jederzeit, in jedem Augenblick unserer Existenz zu unserer Verfügung steht, können wir wie ein hermetischer Meister die illusorische Realität in unserem Sinne verändern – durch reine Gedankenkraft.

Wir erleben unsere Welt, weil wir sie erschaffen, indem wir sie erdenken. Ist Ihnen bewusst, welches Potential in diesem Satz liegt? Jeder Mensch, der diese Wahrheit nicht nur versteht, sondern verinnerlicht, bis in die tiefsten Ebenen seines Seins, kann nicht anders als sich seines Schöpferpotentials bewusst zu werden und es zu nutzen!

Vielleicht stellen Sie sich jetzt die Frage, wie Sie diese theoretischen Überlegungen anwenden können. Wie helfen Ihnen diese Erkenntnisse in Ihrem Alltag weiter? Was können Sie konkret mit diesen Schlussfolgerungen anfangen? Ein kleiner Satz könnte Ihnen dabei behilflich sein: **Die einzige Person, die Macht über meine Gedanken hat, – bin *ich*, im *Hier* und *Jetzt!*** Der Meister meines eigenen Verstandes und der Filme, die er produzieren kann, bin einzig und alleine: Ich! *Ich* bin der Regisseur, *ich* mache die Kameraeinstellungen, *ich* schreibe das Drehbuch *meiner* Gedanken. Der Verstand ist ein Teil von *mir* und somit *meinem* Geist unterworfen – nicht andersherum!

Vielleicht erinnern Sie sich – in der Einführung zu *Quantenherz* hatte ich Ihnen einen dramatischen Perspektivwechsel versprochen: *Hier ist er!* Es ist nicht die Realität, die uns determiniert, sondern wir determinieren unsere Realität. Wir sind keine Spielfiguren im Spiel des Lebens, sondern *wir sind die Spieler!* Dabei haben wir Menschen sehr oft das Gefühl, dass unser Leben uns lebt, wir abhängig sind von äußeren Einflüssen, über die wir scheinbar keine Handhabe besitzen. Der Schlüssel liegt in dem Wörtchen ›scheinbar‹. Fakt ist, wenn meine Überzeugung lautet, dass ich meinem Leben – dem Schicksal, meinem Karma oder wie auch immer man es nennen möchte, – ausgeliefert bin, werde ich das auch sein. Wenn ich es aber durch den Perspektivwechsel schaffe, den Gedanken-Spieß umzudrehen, ist mir die Möglichkeit gegeben, dem eigenen Erleben wieder aktiv und eigenverantwortlich gegenüberzustehen: Äußere Umstände haben nur soviel Macht über mich und meine Verfassung, wie ich ihnen gebe.

Aber wie soll eine konkrete Veränderung in diesem Zusammenhang nun aussehen? Eine Situation kann oft nicht direkt und ›einfach mal so‹ verändert werden. Das ist richtig. Immer aber kann die persönliche Einstellung zu den Dingen anders gestaltet werden. Das Einzige, was der Mensch im Grunde wirklich zu verändern vermag, ist seine Sicht der Dinge, wie er sie erlebt und wie sie ihn betreffen. Und darin ist ein unermessliches Potential verborgen. Wie wir mit unseren eigenen Lebensumständen umgehen, liegt in unserer persönlichen Macht – und auch Verantwortung. Diese Allmacht kann Ihnen niemand nehmen, außer Sie sich selbst, indem Sie ihr Ihren Glauben und Ihr Vertrauen versagen. Und das tun Sie, wenn Sie Ihrem begrenzten Geist das Ruder überlassen und Ihren Sinnen blind vertrauen, die Ihnen wiederum nur die Realität eingeben werden, die Sie erwarten. Doch diesen Teufelskreis kann jeder Mensch jederzeit durch Bewusstwerdung durchbrechen. Die Einzigen, die uns davon abhalten, sind wir selbst.

Der menschliche Geist birgt also ein unendliches schöpferisches Potential, das lediglich durch die Begrenzungen unserer eigenen Vorstellungen beschnitten wird. In diesem Sinne schlummert ein kleiner Teil des *All-Seins* in jedem von uns (siehe Seite 72). Und dieser wiederum geht einher mit dem vorangehend beschriebenen Schöpferpotential: Jeder Mensch reflektiert demnach ›im Kleinen‹ jene Fähigkeiten, die das *allumfassende Eine* ›im Großen‹ besitzt. Aus diesem Grund liegt es auch in den menschlichen Möglichkeiten, sich über die Begrenztheit der eigenen Vorstellungen bewusst zu werden und sie zu überwinden. Lassen Sie uns dieses Abenteuer im folgenden Abschnitt etwas näher betrachten.

Bewusstes Umdenken

Der erste Schritt zur Manifestation ist also, eine geistige Realität zu erschaffen: eine Entscheidung zu treffen, eine Vorstellung zu produzieren, ein Gefühl zu fühlen. Damit ist schon ein großer Teil unseres kreativen Potentials genutzt, frei nach dem Motto: »Eine Situation kann ich nicht ändern, aber immer meine Einstellung dazu.«

Bedenken Sie dabei, dass Realität Information ist. Mit jeder Ihrer Entscheidungen speisen Sie das *Eine* mit einer neuen Botschaft, die nicht ignoriert werden kann und es ganz sicher auch nicht wird, auch wenn die Konsequenzen nicht direkt absehbar oder unmittelbar manifest sind. Um eine spürbare Veränderung herbeizuführen, braucht es in der Regel wohl mehr als eine einmalige Informationsemission. Deswegen geht es zunächst darum, eigene Denkmuster zu verändern, wodurch sich dann die persönliche Realität wandeln kann. Jeder Mensch trägt solche Denkmuster, Glaubenssätze und Überzeugungen in sich, die unbewusst wirken und ausstrahlen. Diese Muster bestimmen auf nicht unerhebliche Weise, wie wir unsere Umwelt wahrnehmen und sie kreieren. Besonders im Anfangsstadium des Projekts »Umdenken, um bewusst zu erschaffen« gilt es, positive Gedanken aufrechtzuerhalten und die Entscheidungen immer wieder bewusst zu treffen und sie dadurch zu erneuern. Theoretisch wäre ein einmaliger Gedanke Anstoß genug, sowohl um unsere eigenen Gedankenmuster als auch die manifeste Realität zu verändern, – wenn da nicht unsere Zweifel und gegenteiligen Überzeugungen wären, die immer wieder dagegen arbeiten. Unsere eigene Macht ist so stark wie unser Geist. Wenn dieser aber von Zweifeln unterminiert wird, braucht es ein wenig Beharrlichkeit uns selbst gegenüber, damit wir die eigenen positiven Überzeugungen stärken. Der erste Schritt zur bewussten Manifestation im Außen besteht in diesem Fall in einer bewussten Veränderung der Gedankenmuster im Inneren. Da Skepsis ein Teil von uns selbst und unserer Gedankenmuster ist, wir diese jedoch gerne ändern möchten, benötigen wir ein wenig Disziplin, um unsere Zweifel anzunehmen, sie zu modellieren, um uns auf das gewünschte Resultat zu fokussieren und um es dann – zweifellos – zu manifestieren.

Eine ähnliche Sicht der Dinge findet sich in dem berühmten Buch von Dr. Joseph Murphy *Die Macht Ihres Unterbewusstseins* (Murphy,

2005). Darin wird *Positives Denken* mit einem Samenkorn verglichen. Wenn ein Blumensamen in ein Feld mit Unkraut gepflanzt wird, bedarf es einiger Pflege, damit eine Blume daraus werden kann. Wollen wir aber das Unkraut – unsere negativen Gedankenmuster – weitestgehend vertreiben und durch ein wunderschönes Blumenfeld ersetzen – durch positive Einstellungen –, dann brauchen wir mehr als nur einen Samen, der aufgeht. Wir brauchen die wiederholte Aussaat von Positivem. Das Gesäte braucht zudem kontinuierliche Zuwendung und Aufmerksamkeit, um gesund gedeihen zu können.

So kann ich mich Joseph Murphy nur anschließen und Sie dazu ermutigen, ein wenig zu trainieren und sich in Geduld zu üben, bis Ihre bewussten Entscheidungen sich irgendwann immer schneller in Ihrem Leben manifestieren werden. Denn dann haben Sie Ihre tiefen Glaubensmuster und Überzeugungen langsam und kontinuierlich Ihren erwünschten, neuen, positiven Gedankengängen angepasst und sie verändert. Somit gleicht sich die äußere, manifeste Realität unweigerlich immer mehr an ihre positiven Grundeinstellungen an und spiegelt diese wider. Auf diese Weise reflektiert Ihre Umwelt immer mehr Ihre bewussten Entscheidungen, die Sie in Ihrem eigenen Interesse treffen.

Analog hierzu finden sich interessante Infos in den Werken von Pierre Franckh, deren Titel bereits Programm sind: *Erfolgreich wünschen. 7 Regeln wie Träume wahr werden; Wünsch es dir einfach, aber richtig* und *Wünsch es dir einfach – aber mit Leichtigkeit*. Pierre Franckh formuliert die Möglichkeit, eine gewünschte Realität zu manifestieren oder in das eigene Leben zu ziehen, und zwar mit Hilfe eines bewussten Wunsches. Vereinfacht ausgedrückt: Wenn ich eine klare und reine Intention losschicke, kann das *Eine* nicht anders, als dieser zu entsprechen. Bewusst rede ich hier von Klarheit und Absichten, die frei von Zweifeln sind. Wenn nämlich ein Gedanke ausgesandt wird und danach ein anderer im Geiste des Wünschenden auftaucht, der genau das Gegenteil besagt, dann weiß der kosmische »Zulieferer« nicht so recht, was denn jetzt manifestiert werden soll. Leider ist Skepsis ein allzu gängiger Bestandteil unseres Verstandes, der gerne mal dazwischenplappert, wenn wir mit dem Umstand konfrontiert werden, dass im Grunde das *Eine* selbstverständlich für uns sorgt – solange wir es zulassen und annehmen können.

93

Auf die Thesen von Pierre Franckh werde ich im Rahmen des fünften Kapitels über das Gesetz der Schwingung noch näher eingehen.

Das erste hermetische Axiom der Geistigkeit und die bestätigenden Erkenntnisse aus der Quantenphysik sind also Grundlage für schöpferisches Potential im menschlichen Geist und bergen einen grundlegenden Perspektivwechsel in sich. In Konsequenz dazu sind wir angehalten, die eigenen Gedanken bewusster zu denken und somit unser Leben wieder in die eigenen Hände zu nehmen. Um diesen Entwicklungsprozess konkreter und greifbarer zu machen, möchte ich Ihnen jetzt ein paar praktische Techniken vorstellen, die auf das grundlegende Prinzip der Geistigkeit zurückgreifen.

Quantenherzliche Veränderungsmöglichkeiten

Fassen wir noch einmal die bislang wichtigste Erkenntnis dieses Kapitels zusammen: Der Mensch ist Schöpfer! So wie das *Eine* das Universum geistig erschafft und somit manifestiert, kann auch der Mensch kreieren, eben weil er Teil des *All-Seins* ist und das *allumfassende Eine* ein Teil von ihm. Diese Schlussfolgerung an sich gewinnt in der heutigen Zeit an besonderer Bedeutung. Denn viele Menschen haben das Gefühl, ihr Leben passiere ihnen und sie seien äußeren Umständen gänzlich ausgeliefert. Die hermetischen Lehren – unterstützt durch neueste quantenphysikalische Errungenschaften – vermitteln uns allerdings, dass diese selbstauferlegte Passivität eine Illusion ist und jederzeit geändert werden kann.

Gelebte Passivität

Wenn ein Mensch eine passive Haltung, oder provokativer ausgedrückt: eine Opferposition, einnimmt, kann das den Vorteil mit sich führen, dass er oder sie keine Eigenverantwortung übernehmen muss. Es lässt sich leicht eine andere Person finden, die den momentanen Zustand oder die aktuelle Lebenssituation verursacht haben könnte. Es gibt immer jemanden oder etwas, dem man die Schuld für das eigene Dasein in die Schuhe schieben kann. Es lassen sich immer andere finden, die dafür verantwortlich gemacht werden können. Wenn wir uns auf diese Weise selbst als Opfer der Umstände oder der Entscheidungen unserer Mitmenschen erleben, dann vermögen wir dem Außen alles Unvorteilhafte anzulasten. Hierbei wird jedoch viel Energie darauf angewandt, die Frage zu klären, wem denn die Schuld an der aktuellen (Lebens-)Situa-

95

tion anzulasten sei. In der Rolle des Opfers stehen wir scheinbar ganz gut da, wir sehen uns schuldfrei, da wir ja nur passiv erleben, was andere für uns entscheiden.

Der Nachteil einer solchen Einstellung aber ist, dass stets andere über das eigene Leben bestimmen bzw. bestimmen können, weil die persönlichen Entscheidungsmöglichkeiten und somit die Macht über sich selbst und das eigene Dasein abgegeben werden. Die Konsequenz daraus ist, dass man selbst die eigene, meist als unangenehm empfundene Lage nicht ändern kann, eben weil das eigene Potential zur Veränderung nicht erkannt und somit nicht genutzt wird. Die Abgabe von Eigenverantwortung geht also nicht nur mit einer Umverteilung von Schuld einher, sondern auch mit der Abgabe der aktiven Einflussnahme auf die eigene Situation. Wenn wir uns weigern, selbst zu entscheiden, vergeben wir die Möglichkeit, uns selbst zu bestimmen. Dabei ist anzumerken, dass wir im Grunde genommen ununterbrochen Entscheidungen treffen, denn auch das Versäumnis, bewusst eine Entscheidung zu treffen, ist letztlich eine Entscheidung – nämlich die, sich nicht zu entscheiden. Wir tragen also die Verantwortung sowohl für das, was wir tun, als auch für das, was wir nicht tun! Damit aber nicht genug: Mit einer passiven Einstellung bringen wir uns zusätzlich noch um viele Chancen für unser persönliches Wachstum, welche die Übernahme von Eigenverantwortung mit sich bringt. Und wir verpassen die Möglichkeit, die meist ungewollte Situation aktiv zu verändern.

Mit der Abgabe der Verantwortung und der Nicht-Nutzung des eigenen Entscheidungspotentials schreiben wir uns also selbst in einer fremdbestimmten Situation fest. Dieses löst oftmals Gefühle von Ohnmacht aus, die mehr oder weniger bewusst erlebt werden. Im Allgemeinen wird Passivität als sehr belastend empfunden, denn mit ihr geht eine große Hilflosigkeit und das Gefühl des »Ausgeliefert-Seins« einher. Wenn ein Mensch solchem über längere Zeit ausgesetzt ist und diesen Zustand nicht in Frage stellt, beginnt häufig ein Teufelskreis. Der Mangel an Bewusstheit, sich aktiv der eigens eingenommenen passiven Position entziehen zu können, vergrößert nur das Gefühl des »Ausgeliefert-Seins«. Dieses beschränkt sich dabei oft nicht allein auf die eigenen Lebensumstände, sondern betrifft auch das eigene Empfinden, das persönliche depressive Erleben. Dann fühlt sich der Mensch zusätzlich noch seinen Gefühlen ausgeliefert, da diese anscheinend unbändige Macht über das eigene Ich ergriffen haben. Wenn diese Abwärtsspirale nicht bewusst unterbrochen wird, kann es soweit gehen, dass die menschliche Psyche resigniert, sich selbst aufgibt und der Mensch sich in Sinnlosigkeit ergeht.

In der klinisch-psychologischen Begleitung von Personen erlebe ich oft mit, wie diese Passivität und das damit einhergehende Gefühl der Sinnlosigkeit zu Depressivität und auch zu Suizidalität führen kann. Einmal an diesem Punkt angelangt, stellen die Betroffenen die Fragen nach dem Sinn aus einer derart passiven Position heraus, dass sie damit oft nur noch den Ritt auf der Abwärtsspirale beschleunigen. Meistens wird dabei nämlich allein die eigene Reaktion in Frage gestellt, nicht aber das eigentliche zugrundeliegende Funktionieren. Dass es Möglichkeiten gibt, persönlich zu agieren, wird unter diesem Blickwinkel nicht in Betracht gezogen, die eigene Funktionsweise sozusagen nicht aktiv und distanziert untersucht. Denn wenn dem so wäre, könnte ja gerade die passive Grundeinstellung erkannt und verändert werden. Die Analyse der Situation passiert stattdessen aus dem eigenen Ohnmacht-gefärbten Funktionieren heraus, welches nun einmal allzu oft mit der Einnahme einer passiven Position einhergeht. Der oder die Betroffene stellt sich dann nur noch die Frage, wie er oder sie auf das aktuelle Erleben reagieren kann, nicht aber, wie er oder sie es aktiv verändern könnte. Solange das eigene Funktionieren, die eigenen Denkschemata nicht hinterfragt werden, birgt die Frage nach dem Sinn also das große Risiko, die Situation noch zu verschlimmern und sich den Umständen und der eigenen Depressivität noch weiter ausgeliefert zu fühlen. Dieser Teufelskreis kann im schlimmsten Fall bis hin zur Suizidalität führen, wenn er nicht durch die Bewusstheit unterbrochen wird, dass die Möglichkeit zum Agieren permanent präsent und zum Greifen nahe ist. Diese Nutzung des eigenen Handlungsspielraums fängt mit kleinen aktiven Entscheidungen an, die dabei helfen, die Abwärtsspirale zu durchbrechen und sich der eigenen Möglichkeiten bewusster zu werden. Die Person tastet sich sozusagen Schritt für Schritt zurück an ihre eigenen, aktiven Veränderungsmöglichkeiten heran. Und diese schrittweise Rückeroberung der eigenen Macht über sich und die eigene Lebenssituation bringt ein Wohlgefühl mit sich, welches wiederum Kraft spendet, größere Entscheidungen zur aktiven Veränderung des persönlichen Funktionierens und der individuellen Umstände zu treffen.

Eine grundlegende Eigenschaft dieses depressiven Erlebens liegt also in der Überzeugung, sich selbst und dem Leben ausgeliefert zu sein. Einer solchen Person ist nicht bewusst, dass sie jederzeit die Möglichkeit hat, die Umstände zu ändern. Aus dem Zusammenspiel dieser Faktoren und Überzeugungen entsteht dann eine Blockierung in der aktuellen Situation, die sich immer mehr chronifiziert, je länger der Teufelskreis vor sich geht. Um aktiv Veränderung in die Situation zu bringen, braucht es eine distanzierte Infragestellung des persönlichen Funktionierens, aus einer *Metaposition* heraus. Hierbei analysiert man die persönliche Denkweise und die eigene Position aus einer übergeordneten Beobachterposition heraus. Man besieht das eigene Zutun zur aktuellen Situation und wird gleichzeitig zur Eigenverantwortung inspiriert. Somit können aktive Handlungs- und Entscheidungsmöglichkeiten herausgearbeitet und bewusst genutzt werden. Es ist mitunter sehr schwierig, diese übergeordnete Position aus eigener Kraft einzunehmen, weil die eigenen Denkschemata uns oftmals auf der Erlebensebene festschreiben und uns für das eigene Funktionieren ›blind‹ machen. Deshalb kann es hilfreich sein, professionelle Hilfe in Anspruch zu nehmen oder auch andere Blickwinkel und Ideen zur Veränderung zum Beispiel durch begleitende Literatur kennen zu lernen.

Explizit dargelegt leuchtet es schon ein, dass Passivität und Opferhaltung an sich geistiger Gesundheit und Wohlbefinden nicht unbedingt zuträglich sind. Aber warum sind wir dann überhaupt geneigt, eine derartige Haltung einzunehmen? Das Dilemma liegt darin, dass die gewählte Passivität eben Nachteile *und* Vorteile hat.

Was auch immer die tieferen Gründe für unser jeweiliges Verhalten sein mögen, so sollten wir dennoch eines stets in unserem Bewusstsein lebendig halten: Welche Position ein Mensch einnimmt, sei es das Bekenntnis zur Opferrolle oder zur Eigenverantwortlichkeit, diese Entscheidung liegt bei jedem selbst und kann, darf und sollte nicht von anderen angezweifelt oder gar beurteilt werden! Denn der Grund für das eine oder andere Verhalten liegt tief in der Individualität eines jeden von uns verborgen. Es ist sicher lobenswert, in die Eigenverantwortung zu gehen, aber diese persönliche Stärke bemächtigt noch lange nicht zur Überheblichkeit gegenüber Menschen, die sich – bewusst oder unbewusst – dagegen entscheiden. Wir alle stehen schließlich in einem größeren Zusammenhang miteinander und dessen Wirken und Funktionieren vermag unser begrenzter, menschlicher Geist nur in seltenen Fällen zu erfassen. Letzten Endes gehört auch dies zu den Geheimnissen des Lebens und der von ihm so eingerichteten Begebenheiten. In welcher Situation auch immer Sie sich, liebe Leserin, lieber Leser, momentan befinden mögen, so möchte ich Sie einladen, sich diese wundervolle Beobachtung von Louise L. Hay zu Herzen zu nehmen: *Wir machen niemals etwas falsch. Das ist, was wir lernen müssen. Wir machen immer das Beste aus dem, was wir können, und mit dem Verständnis, der Bewusstheit und dem Wissen, die wir im jeweiligen Moment haben.*

In diesem Sinne sind auch die Ausführungen dieses Kapitels nicht als die Beschreibung eines privilegierten Wegs zur Erhebung misszuverstehen, auch wenn sie sich polarer Sprache bedienen. Ihr Anliegen ist vielmehr aufzuzeigen, dass gelebte Passivität ein depressives Potential in sich birgt, das neutralisiert werden kann, wenn es erkannt ist. Dann aber obliegt es jedem Einzelnen, seine persönliche Entscheidung zu treffen, welchen Weg er oder sie im Weiteren gehen möchte. Und hierbei spielt es keine Rolle, wie diese höchst individuelle Entscheidung am Ende ausfällt, – solange sie *bewusst* und in Kenntnis der Umstände getroffen wird.

Neben dem depressiven Potential, das mit dem passiven Erleben von Ohnmacht und Ausgeliefert-Sein einhergeht, gibt es noch einen weiteren Aspekt menschlichen Erlebens, den ich in diesem Zusammenhang ansprechen möchte. Passives Ausgeliefert-Sein sich selbst oder Umständen gegenüber schürt zweifellos ein Gefühl, das jeder von uns kennt: Angst.

Angst und Kontrolle

Wenn ich mich als Mensch Zufälligkeiten oder gar Willkür ausgeliefert fühle, lebe ich in ständiger Angst vor dem, was kommen könnte. Und aus diesem Zustand heraus erwächst das Bedürfnis, jene Umstände zu kontrollieren. Mit jedem Kontrollverlust aber erhöht sich wiederum die empfundene Angst – ein Kreislauf entsteht wie bei der Frage nach dem Huhn und dem Ei; was war nochmal als erstes da? In der Illusion, Sicherheit schaffen zu können, möchte der Mensch kontrollieren, sei es die Willkür selbst oder jene Instanz, der ein Einfluss auf die Begebenheiten unterstellt wird. Dies kann ein anderer Mensch, eine Institution oder auch eine höhere Macht sein. Lassen Sie uns einmal die letzte Möglichkeit durchdenken und veranschaulichen.

Wer von Angst und dem unterschwelligen Gefühl geplagt ist, der Willkür einer »höheren Macht« ausgeliefert zu sein, wird versuchen, diese übergeordnete Instanz gnädig zu stimmen, damit sich deren Einfluss im eigenen Leben nicht zu Ungunsten auswirkt. Diese Dynamik lässt sich durch die Jahrhunderte hinweg an unzähligen Beispielen aus den diversesten Religionen und Glaubensrichtungen illustrieren. Aus der empfundenen Unsicherheit um das eigene Dasein und auf der Suche nach einem Sinn im Leben bzw. im Hinblick auf die persönliche Lebenssituation erschafft sich der Mensch äußere, autoritäre Instanzen und Glaubenssysteme. Dieser Umstand an sich muss nicht problematisch sein, er kann sogar gesund sein, solange jener Autorität positive Werte zugrunde liegen und keine Abhängigkeit von ihr angestrebt wird. Kniffliger wird es erst, wenn der Suchende sich an angeblich »Wissende« klammert oder kritiklos Ideen übernimmt, die ihm scheinbare Sicherheit garantieren, wenn er also eine passive Grundeinstellung gegenüber anderen, ihm scheinbar Übergestellten einnimmt. In diesem Fall stellt sich eine Abhängigkeitsdynamik ein, die unter Umständen jenes Gefühl des »Ausgeliefert-Seins« beinhaltet, das wir ja bereits vorangehend besprochen haben. Richtig problematisch wird es jedoch, wenn die Ziele jener übergeordneten Instanz bzw. ihrer Repräsentanten auf Erden nicht zum höchsten Besten sind, sondern ich-bezogen und damit zweckentfremdet werden. Denn den Verlockungen des Egos ist oftmals schwer zu widerstehen – gerade dann, wenn Menschen in eine

Position geraten, in der sie als angeblich »Wissende« von ihren Sinn suchenden Mitmenschen auf ein Podest gehoben werden.

Für eine gepflegte Abhängigkeit braucht es also mehrere Zutaten: Es bedarf Menschen, die mehr oder weniger ziellos auf der Suche oder bedürftig sind, die einen Mangel an Bewusstheit um ihre eigenen Möglichkeiten von Entscheidungsfreiheit und Eigenverantwortung haben und die Gefühle von Angst und Ausgeliefert-Sein plagen, die von Unsicherheit, Kontrolle, Gutglauben geprägt sind. Bei einer solchen Mixtur stellt sich eine Dynamik ein, bei der wie in unserem gewählten Beispiel charismatische Mächte dann die passive Opferposition einer Person nähren können, ohne selbst in Frage gestellt zu werden. In diesem Teufelskreis von Angst und Passivität ist es möglich, Macht über andere aufgrund deren Unkenntnis über ihr höchst eigenes Potential auszuüben. An dieser Stelle aber sei auch betont, dass das Verhalten solcher »Macht-Missbraucher« im Grunde deren eigenes Kontrollbedürfnis widerspiegelt und damit ihren Versuch, ihre persönliche Angst in Schach halten zu können. Damit sind sie gleichzeitig Täter wie Opfer ihrer selbst und ebenfalls unbewusst in ihrem Verhalten und Handeln blockiert. Und genau deshalb sind sie auch nicht vorbehaltlos zu verurteilen.

Denn der dahinterliegende Mechanismus ist immer gleich: Angst lässt ein Kontrollbedürfnis entstehen, das Sicherheit vermitteln soll. Auch dieser instinktive Impuls ist an sich nicht schlecht oder fehlgeleitet: Ausschlaggebend ist die Richtung, in die der Mensch sein Kontrollbedürfnis leitet. Lenken wir den Wunsch der Kontrolle auf unser höchst eigenes geistiges Potential, das heißt: Kanalisieren wir unser Bedürfnis nach Kontrolle in Form von selbstbestimmten, aktiv gefällten Entscheidungen über uns selbst, üben wir Macht über unseren Geist aus und führen ihn seiner gottgewollten Bestimmung zu – nämlich uns auf unserem Lebensweg das effiziente Werkzeug zur Erhebung zu sein, zu dem er bestimmt ist. Versuchen wir allerdings Kontrolle über äußere Umstände und andere zu erlangen, werden wir früher oder später daran verzweifeln, denn dieses Unterfangen ist von vorneherein eine »mission impossible«. Der menschliche Geist verwendet mitunter viele Ressourcen darauf, sich vorzumachen, dass er alles im Griff und Macht über äußere Umstände habe. Das klappt in der Regel so lange gut, bis etwas passiert, dass sich nicht in das Geflecht der selbstgebastelten Sinngebung einreihen lässt. Spätestens dann ist der oder die Betroffene gezwungen, sich einzugestehen, dass die vermeintliche Kontrolle von äußeren Umständen oder anderen Menschen lediglich eine Illusion ist. Die Erkenntnis, dass man eine Situation oder einen anderen Menschen nicht ändern kann, sondern allein die eigene Einstellung dazu, ist nur noch wenige Schritte entfernt! Denn das Einzige, das wir verändern können, weil es unserer höchst eigenen Macht unterliegt, ist *unser eigener Geist* und das im *Hier* und *Jetzt!*

Fakt ist, dass dieses Spiel aus Angst und Kontrolle reine Illusion ist – eine Folge unserer Unbewusstheit. Fakt ist auch, dass jenes Wissen darum auf mehr oder weniger schmerzliche Weise zu uns kommen kann. Wir können eine allzu schmerzliche Bewusstwerdung vermeiden, wenn wir es schon im Vorhinein schaffen, auch kleinen Hinweisen die nötige Aufmerksamkeit zu schenken und ihnen damit Gehör und Sinngebung verleihen. Es muss keine ausweglose Abhängigkeit entstehen, damit wir aus dieser Illusion erwachen und unser geistiges Potential konstruktiv zu nutzen beginnen. Wir müssen nicht emotionale Abhängigkeiten, Beziehungsprobleme oder materielle Katastrophen durchleben. Denn wenn uns bewusst ist, welche Bedürfnisse unsere Suche im Außen motivieren (dass es sich im Grunde um ein Bedürfnis nach Selbstbestimmtheit und der aktiven Nutzung unseres eigenen Geistes handelt) und dass es in unserem eigenen Ermessen liegt, wie viel Macht wir an das Außen abgeben möchten, dann schaffen wir eine Grundlage in uns für Sicherheit. Und hieraus kann dann eine neue Form von Selbstvertrauen erwachsen, welches sich auf die Bewusstheit stützt, dass es immer die eigenen Entscheidungsmöglichkeiten sind, die unseren Handlungsspielraum animieren, – ob wir sie nun nutzen oder nicht. Sie können uns nicht abgenommen werden, stattdessen sind wir es, die sie abgeben, auf die eine oder andere Weise. Immer sind wir es, die entscheiden, bewusst oder unbewusst. Somit liegt es in unserem Ermessen, wie wir eine Entscheidung treffen. Und nur wenn wir dies in Kenntnis der Umstände tun, können wir unseren Entscheidungen aktiv, klar und bewusst jene Richtung geben, die unseren eigentlichen Wünschen entspricht. In diesem Zusammenhang ist es interessant und hilfreich, regelmäßig die persönlichen Beweggründe und Beziehungen sowie das eigene Suchen zu überprüfen. Dabei sollten wir genau untersuchen, ob wir unsere Bedürfnisse tatsächlich durch äußere Umstände oder andere Menschen stillen können oder ob wir nicht von vornherein an der falschen Stelle suchen und die Antworten vielmehr in uns und in der Art liegen, wie wir unseren Geist nutzen.

Der Schlüssel zu diesem Entwicklungsprozess liegt in der Bewusstheit um das Potential unseres eigenen Geistes, der machtvoll ist, weil im Grunde alles Geist ist. Die persönlichen Entscheidungsmöglichkeiten zu nutzen bedeutet, die Verantwortung für das eigene Sein zu übernehmen und somit Macht über die eigene Lebenssituation auszuüben, sie bewusst so zu beeinflussen, wie wir es uns wünschen.

Das Gefühl, Situationen, Menschen oder Gefühlen nicht ausgeliefert zu sein, gibt uns Selbstvertrauen und auch Selbstbewusstsein, weil es auf ein Sich-selbst-bewusst-Sein aufbaut. Auf diesem Weg hin zur Eigenverantwortung wandelt sich das Gefühl der Ohnmacht langsam in ein Gefühl der Ausgeglichenheit, mit dem sich Handlungsfreiräume eröffnen, von denen wir vorher nicht wussten, dass sie in unserem Ermessen liegen. In diesem Sinne soll Ihnen jetzt dieser »antidepressive« Effekt der Eigenverantwortung und Bewusstheit um das Potential des eigenen Geistes näher gebracht werden.

Das Prinzip der Geistigkeit als Antidepressivum

Der Mensch begibt sich für gewöhnlich auf die Suche nach Sinn, wenn er eine unangenehme Erfahrung gemacht hat, die sich nicht nahtlos in das bis dahin gültige Glaubenssystem einfügen lässt. Die Entscheidung, dass wir die uns in scheinbarer Sicherheit wiegende Illusion hinter uns lassen, treffen wir in den meisten Fällen nicht ganz freiwillig, sondern eher gezwungenermaßen. Oft brauchen wir ein Ereignis, das uns aufrüttelt, das unsere Weltauffassung in ihren Grundfesten erschüttert. Es gehört gerne ein gewisser Druck dazu, durch den wir alle – ich selbst eingeschlossen – auf den Weg der Erkenntnis »geschubst« werden.

Die Dynamik rund um Passivität und Ausgeliefert-Sein ist eine sehr prägnante und blockierende, die sich gerne über Jahre hinweg aufgebaut hat. Und wer bestrebt ist, jene Illusion zu durchschauen und das Spiel von Macht und Ohnmacht nicht mehr mitmachen will, wird auf Widerstand stoßen, und zwar aus sich selbst heraus: Denn unser Verstand, der am Alten, Bekannten festhalten will, wird nicht davor zurückschrecken, weitere Illusionen heranzuziehen, um dies zu erreichen. Schon Generationen vor uns sind diesen aufgesessen, haben sie kompensiert und in den meisten Fällen an uns als Wahrheiten weitergegeben. Je mehr sich die Kreise einer solchen Dynamik schließlich ausweiten und je selbstverständlicher sie sich in unser Funktionieren einfügen, desto prägnanter muss am Ende das Ereignis sein, das uns wachrüttelt und zur Suche nach neuen Impulsen animiert.

Die wirkliche Suche nach einem tieferen Sinn beginnt oft da, wo unser Verstand nicht mehr weiterweiß, wo er keine logischen Erklärungen mehr anzubieten hat … Und dass irgendwann dieser Punkt kommen muss, liegt in der Natur der Sache, da unser Verstand selbst begrenzt ist und viele mögliche Antworten außerhalb seiner Kapazität liegen. Diese können nämlich nur im Schoße der unendlichen Möglichkeiten gefunden werden, jenseits der Grenzen unseres endlichen Geistes, dort, wo unsere alteingesessenen Glaubensstrukturen und Denkmuster enden. Wenn wir quasi in der Luft hängen, weder ein noch aus wissen, dann treten irgendwann die Nachteile unseres bisherigen Funktionierens klar hervor. Wir fühlen uns dazu angehalten, eine Veränderung herbeizuführen, weil wir leiden, weil wir uns in uns selbst nicht mehr wohl fühlen. Der Vorteil und bedeutsame Nebeneffekt einer solchen Krise ist, dass der Mensch, wenn er diese zu nutzen weiß, in die Eigenverantwortung geleitet wird, da er zugeben muss, dass die Macht-Ohnmacht-Illusion nicht rundläuft. In diesem Sinne ist auch Rüdiger Dahlkes Buch *Lebenskrisen als Entwicklungschancen* zu verstehen: Jede Krise birgt in sich das Potential, eine nötige Veränderung zu initiieren, – wenn man sie als Chance dazu erkennt und ihre Symbolik zu deuten weiß.

Um eine solche Infragestellung zu bewerkstelligen, begibt sich der Mensch in eine Position, in der er *über* die Dinge nachdenkt: Er nimmt jene *Metaposition* ein, die wir bereits vorangehend kennen gelernt haben. Ich möchte dabei ihre Aufmerksamkeit auf die Präposition »über« ziehen, der eine besondere Wichtigkeit zukommt. Wer über seine Existenz und deren Sinn nachdenken will, begibt sich in die Position eines Beobachters, der Distanz zum eigenen Erleben aufbaut und sich geistig über die Dinge stellt. Erst dieses Über-den-Dingen-Stehen macht kritisches Nachdenken und Reflektieren möglich, weil es auch eine Distanz zu den eigenen Gefühlen beinhaltet. Doch wo genau beginnt der Weg aus der Krise? Es hört sich banal an, aber: Alles fängt mit einer Entscheidung an, und zwar mit der Entscheidung, sich bewegen zu *wollen*, einen neuen, anderen Weg einschlagen zu *wollen*. Sollte Ihr Verstand gerade mit dem Gedanken spielen, dass dies wohl ein bisschen sehr einfach klingt ... Lassen Sie mich ihm etwas Logik geben, damit er beschäftigt ist: Im *Kybalion* (1912) steht, dass das *Eine* das Universum geistig erschaffen und auch der menschliche Geist schöpferisches Potential hat. Es liegt unfraglich in der Macht des Geistes, eine Entscheidung zu treffen. Und damit fängt alles an: Mit einer geistigen Realität, einer Entscheidung, die im Einklang mit dem Herzen getroffen wurde und die einen tiefen Wunsch widerspiegelt, der somit real wird – auf geistiger Ebene! Ein konkretes Beispiel dafür wird wohl jeder Architekt oder auch Künstler Ihnen bestätigen: Bevor ein Gebäude oder eine Skulptur entstehen, umgesetzt – manifestiert – werden kann, muss die Idee im Kopf des Erschaffers sein, dort reifen und gedeihen. Bei genauerer Betrachtung bezieht sich diese Wahrheit auf alle Bestandteile unserer Realität. Der Stuhl, auf dem ich sitze, war ursprünglich einmal die Idee eines Schreiners, genauso wie der Tisch. Irgendjemand hatte die Idee zum Rezept des Getränkes, das ich trinke, oder auch nur das Quellwasser in Flaschen zu füllen und diese dann zu verkaufen. Dieses Gedankenspiel könnte unbegrenzt fortgesetzt werden mit dem Haus, in dem Sie leben, der Stadt, in der es steht, der Straße, auf der Sie zur Arbeit fahren, oder dem Auto, das Sie von hier nach da bringt. Den hermetischen Lehren nach lässt sich dies auch auf die Natur und unseren ganzen Lebensraum, das Universum, ausweiten.

Der Grundstein einer Manifestierung ist also immer eine Idee oder eine Entscheidung, die im Geiste im Einklang mit dem Herzen entsteht. Somit liegt darin auch der erste Schritt zur Veränderung. Sie mögen es kaum glauben, doch so einfach ist es! Dabei befinden wir uns noch gar nicht im Stadium der konkreten Umsetzung. Nein, hier geht es momentan einfach nur darum, einen Schalter im Geiste umzulegen, die Entscheidung zu treffen und sie im Herzen zu fühlen. Das ist der erste – wenn nicht der wichtigste – Schritt nach vorne, in die Richtung, in die Sie in Eigenverantwortung entschieden haben zu gehen.

Und Sie werden sich wundern, welch antidepressiven Effekt es hat, aktiv eine Entscheidung zu treffen! Versuchen Sie es, es ist einfacher, als Ihr Verstand Ihnen versucht, glauben zu machen. Und es fühlt sich so gut an! Unsere Entscheidungsmöglichkeiten gehen immer wieder auf unsere Bewusstheit um unsere eigenen Aktionsräume zurück, ein Gedanke, der uns bereits mehrfach begegnet ist. Doch wie kann dieser Bewusstwerdungsprozess aktiv unterstützt werden? Und welche Rolle spielt dabei die Einnahme jener *Metaposition?*

Bewusstwerdung und Bewusstseinserhebung

Eine interessante Frage im Zusammenhang mit bewusster Entscheidungsfindung ist, was Bewusstwerdung beim Menschen überhaupt bewirkt?! Sowohl die Quantenphysik als auch die hermetische Philosophie postulieren, dass innerhalb des *Einen,* des *großen Ganzen* nichts jemals verloren geht. Weil nichts außerhalb des *All-Seins* existiert, kann es keinen Ort geben, an den Energie (bzw. Geist) hin verschwinden könnte. Energie kann zwar transmutieren, sich verändern oder verändert werden, aber niemals ausgelöscht werden. Jegliche Energie- und auch Materie-Form bleibt somit im *Einen* präsent, nichts geht verloren; kein Gedanke ist jemals umsonst gedacht – kein positiver, aber auch kein negativer. Keine Entscheidung ist jemals umsonst getroffen, denn die geistige Realität, die mit ihr einhergeht, macht immer einen Unterschied. Das haben wir bereits in den vorangegangenen Unterkapiteln erörtert. Die persönliche Entscheidung eines Menschen, sich entwickeln zu wollen, bleibt in dem Falle also nie ohne Antwort. Wenn die Suche oder Frage nach Erhebung einmal aufgetaucht ist, bleibt sie niemals ohne Früchte, das ist nicht möglich! Vielleicht entsprechen die Antworten, welche die Realität uns reflektiert, nicht unseren Erwartungen, doch auch wenn sie es tun, so sind sie immer Reflexionen einer bestimmten Frage oder getroffenen Entscheidung.

Dabei gilt, je weniger Zweifel ich, das heißt: mein Geist oder mein Verstand, an der getroffenen Entscheidung habe, desto stärker ist deren

Energie und umso schneller wird sich ein konsequentes Ergebnis manifestieren. Wenn ich aber eine »schwache« Entscheidungsenergie aussende, wird die Manifestation umso schwieriger und langwieriger sein. Diese Zusammenhänge haben wir bereits eingehend besprochen.

Der momentane Bewusstseinsanstieg auf unserem Planeten ist äußerst hilfreich und unterstützend dabei, einen kraftvollen »Gedankenstrahl« zu erzeugen, auf den eine relativ kurzfristige Manifestation folgt. Denn sowie immer mehr Menschen in zunehmendem Maße bewusster werden, wirkt sich dies auf die *morphogenetischen Felder* aus, welche wiederum wie ein Katalysator für weitere Bewusstwerdungsprozesse und aktiv getroffene Entscheidungen wirken.

Probieren Sie es aus, und stellen Sie sich öfter mal die Frage: »Was denke ich eigentlich?«, um dann zu überprüfen, ob die Gedanken der Realität entsprechen, die Sie leben möchten. Wenn nicht, dann folgt daraus eine im Grunde einfach umsetzbare Konsequenz: Lenken Sie Ihre Gedanken auf etwas Anderes, Positives, konzentrieren Sie sich auf das, was Sie sich eigentlich wünschen – nicht auf das, was Sie nicht möchten! Richten Sie Ihre Aufmerksamkeit neu aus! Sie werden sofort merken, wie Ihre Energie ansteigt und Sie sich besser fühlen. Nicht zuletzt deswegen, weil unsere Vorstellungskraft unsere neurologischen Vorgänge mit beeinflusst: Eine intensive Angstvorstellung lässt uns genauso Hormone ausschütten, die auf physischer Ebene agieren, wie es ein intensiver Entspannungszustand tut. Also: Halten Sie in Ihrem Geiste das für Sie Positive präsent! Nutzen Sie dieses naturgegebene Werkzeug zum Wohlfühlen – nutzen Sie Ihr geistiges Potential, aber richtig!

Zweifellos profitieren wir bei unserer Bewusstwerdung und dem aktiven Fällen von Entscheidungen auch von einem anderen Nebeneffekt: von dem Gefühl, dass wir wieder Herr/Frau über unser Leben werden. Dieses Empfinden rührt daher, dass es leichter und annehmbarer ist, hinter einer bewusst getroffenen Entscheidung zu stehen, als hinter einem automatischen Funktionieren, aus dem Konsequenzen hervorgehen, die wir oft als nicht im Einklang mit uns selbst empfinden. Ein großer Teil unseres menschlichen Funktionierens passiert allerdings automatisiert, da unser Verhalten in der Regel auf unbewussten Glaubenssätzen und Gedankenmustern beruht. Deswegen gilt es, zuerst diese zu Bewusstsein zu bringen, um sie dann zu verändern, falls dies gewünscht ist. Wie wir dort den Hebel der bewussten Veränderung ansetzen können, dazu kommen wir jetzt.

Menschliche Gedankenmuster und automatisches Funktionieren

Wir Menschen funktionieren aus gewissen Schemata heraus: Wir haben bestimmte Raster, durch die wir die Welt, unser Umfeld und verschiedene Situationen wahrnehmen und auf sie reagieren. Unser individuelles Denken und Verhalten ist von der frühen Kindheit an durch unsere Eltern bzw. durch die Personen, mit denen wir aufwachsen, geprägt, durch ihre Verhaltens- bzw. Denkweisen und durch ungelöste Konflikte, die sich allgemein auf unser Zusammenleben auswirken. Als Neugeborenes sind wir hilflos und gänzlich vom Wohlwollen anderer abhängig. Wir haben nicht die Möglichkeit, uns selbst zu versorgen. Wie man sich in bestimmten Situationen verhält, auch darüber wissen wir zunächst nichts. Doch die Großen um uns herum, die Erwachsenen, scheinen zu wissen, wie man sich in dieser neuen Umgebung, in der Welt, so verhält. Instinktiv nehmen wir uns als Kind deswegen ein Beispiel an ihnen. Dabei laufen die meisten Lernprozesse in dieser Zeit weniger über das Bewusstsein – über den Verstand und die Sprache – als vielmehr über Prägung und Nachahmung ab. Das ist unter anderem einer der Gründe, warum uns direkte Erinnerungen an diese Kleinkindzeit fehlen: Das meiste wird »unterschwellig« gelernt und imitiert, ist also im Grunde niemals sprachlich formuliert und somit nicht explizit in unseren Verstand gespeist worden. Daher kann es auch nicht bewusst abgerufen und erinnert werden. Auf diese Weise formen sich schon sehr früh unbewusste Denk- und Verhaltensweisen, die hauptsächlich darauf beruhen, das Funktionieren unseres Umfeldes nachzuahmen. Diese uns vorgelebten Schemata werden so immer mehr zu unseren eigenen und begleiten uns oft ein Leben lang, manchmal sogar, ohne dass wir um sie wissen.

Zu diesen Prägungen im frühkindlichen Stadium kommen zusätzlich Erfahrungen, die wir selbst in unserer Vergangenheit (Kindheit,

Jugend, Erwachsenenalter) gemacht und die auf besondere Art uns und unsere Weltsicht und Reaktionsweisen geprägt haben. Dabei ist das menschliche Gehirn so angelegt, dass sehr emotional geladene Situationen und Erfahrungen tiefe Eindrücke hinterlassen und sich quasi als Funktionsschema aufdrängen.

Ein einleuchtendes Beispiel diesbezüglich sind sogenannte traumatische Erlebnisse. Deren emotionale Ladung ist oft so stark, dass manchmal schon ein kleiner Auslöser im Hier und Jetzt genügt: Der oder die Betroffene erlebt die Gefühle des ursprünglichen Traumas derart intensiv wieder, dass er oder sie unter Umständen in der Gegenwart völlig handlungsunfähig wird. In diesem Fall triggert eine aktuelle Begebenheit ein unterschwelliges Funktionsschema, das den Menschen zurück in eine vergangene Situation katapultiert (in der er sich hilflos und ausgeliefert gefühlt hat). In solch einer Situation fühlt sich die entsprechende Person von Emotionen »überschwemmt«, deren Wurzeln allerdings weniger in der momentanen Wirklichkeit als vielmehr in einer konditionierten Reaktion auf einen gegenwärtigen Auslöser zu finden sind. Die aktuellen Gefühle haben eigentlich ihren Ursprung in der Vergangenheit, sie sind aber so überwältigend und dominant, dass sie in der Gegenwart hervorbrechen und das aktuelle Erleben beherrschen.

Ein anderes Beispiel für automatisierte menschliche Funktionsschemata, das ich in verkürzter und ein wenig karikierter Form hier anbringen möchte, bezieht sich auf den menschlichen Selbstwert. Wenn ein Mensch von Kindesbeinen an das Gefühl hatte, ›nicht gut genug‹ oder nur geliebt zu sein, wenn er gewissen Anforderungen entspricht, wird er auch als Erwachsener darauf bedacht sein, die Erwartungen seines Gegenübers auszumachen und zu erfüllen, weil er sich somit geliebt und angenommen fühlen kann. Dabei führt der (oder die) Betroffene oft ein überangepasstes Dasein – in der Hoffnung, Anerkennung vom anderen zu bekommen, die ihm für sich selbst lebenswichtig erscheint. Es ist seine innerste Überzeugung, nur geliebt zu werden, wenn er den Anforderungen und Erwartungen seines Umfeldes entspricht und ihnen gerecht wird. Wenn dieses Funktionsschema eine Zeit lang praktiziert und nicht hinterfragt wird, kann es sich in einer Beziehung auf Dauer in einem Verhalten niederschlagen, bei dem die eigene Aufmerksamkeit permanent auf das Gegenüber gerichtet ist. Die Person selbst ist dabei ausschließlich darauf fokussiert herauszufinden, wie sie die Bedürfnisse des anderen befriedigen kann, eben weil sie nur dadurch das Gefühl hat, etwas wert zu sein. Ihr eigener Selbstwert wird von einer anderen Person und deren Zuneigung abhängig gemacht und definiert. Interessanterweise ist das Gefühl von Selbstwert im Extremfall nicht einmal von der effektiven Zuneigung des anderen abhängig, sondern von der eigenen Vorstellung: Wenn eine Person davon überzeugt ist, perfekt sein zu müssen, um geliebt zu sein, und sie in ihren eigenen Augen nicht perfekt ist, spielt es keine Rolle, wie perfekt sie von ihrem Umfeld empfunden wird – sie wird sich nie geliebt fühlen! Sie ist in ihren eigenen Bewertungssystemen und Denkmustern gefangen.

Ein Mensch mit einem solchen, automatisierten Funktionieren ist sich in der Regel dieser Zusammenhänge nicht wirklich bewusst. Er lebt einfach immer weiter so, eben weil in seinen Augen das Leben so gestrickt ist. Solange dieses nie in Frage gestellt wird, sucht er seinen Selbstwert immer weiter in der Anerkennung anderer und bleibt sozusagen betriebsblind für sein eigenes Verhaltensschema. Diese Dynamik funktioniert, solange sie kompensiert wird und das entsprechende Umfeld bzw. der Partner dieses Spiel mitmacht. Wenn sich Beziehungen auf diese Weise in der Waage halten und die Person ihren Selbstwert im Außen durch Bestätigung findet, gibt es zunächst ja auch keinen zwingenden Grund, daran etwas zu ändern. Der Wunsch nach Veränderung wächst erst dann in zunehmendem Maße heran, wenn die Abhängigkeit nicht mehr oder zu wenig kompensiert ist und man anfängt, sich am eigenen Funktionieren aufzureiben. Stellen Sie sich vor, wie anstrengend ein Leben ist, wenn die Kommunikation stets darauf gerichtet ist zu erraten, was der andere wohl gerade brauchen könnte: »Dann denke ich, dass der andere denkt, dass ich gerade denke, dass er gedacht hat, dass …« Solch eine verwirrende und komplexe Situation entsteht, wenn die Aufmerksamkeit ständig beim anderen und nicht bei sich selbst ist. Abgesehen von diesem paradiesischen Nährboden für Missverständnisse fehlt in einer solchen Beziehung etwas ganz Entscheidendes: der Raum, selbst authentisch zu leben und eigene Wünsche, Bedürfnisse oder Entscheidungen auszudrücken – denn auch diese gibt es. Stattdessen wird das Zusammenleben von zwei ganz entscheidenden Faktoren belastet: Einerseits ist es an sich unmöglich, wirklich zu wissen, was der andere gerade denkt, fühlt, möchte und braucht. Und andererseits nehmen wir uns selbst die Chance, dass unseren eigenen Wünschen und Bedürfnissen nachgekommen werden kann. Dieser Zustand hinterlässt in einer Beziehung bei beiden Partnern unweigerlich einen bitteren Nachgeschmack: als Individuum in seiner Ganzheit nicht verstanden und angenommen zu sein. Außerdem birgt jeder Konflikt das Potential einer existentiellen Bedrohung in sich, da er von der Angst begleitet wird, die lebenswichtige Zuneigung von Seiten des anderen zu verlieren – denn jedes Mal, wenn wir den vermeintlichen Erwartungen des Partners nicht entsprechen oder nicht zu entsprechen glauben, setzen wir (unserem Denkschema nach) dessen Zuneigung aufs Spiel. Tatsächlich aber ist es so, dass wir, je weniger wir wir selbst sind und je mehr wir uns anpassen, dessen wirkliche Zuneigung auf lange Sicht verlieren.

Eine gesunde Möglichkeit, um aus einem solchen Teufelskreis auszusteigen, ist Selbst-Bewusstsein – im Sinne von Sich-selbst-bewusst-Sein: Bin ich mir selbst und meiner Schemata bewusst, kann ich mit ihnen umgehen und meine Ängste (zum Beispiel mich authentisch auszudrücken) einordnen als das, was sie sind – ein Überbleibsel aus der Vergangenheit, eine Illusion, die sich zeigt, weil gewisse Elemente der gegenwärtigen Situation sie haben erwachen lassen. In Kenntnis der Hintergründe kann ich mir meine Gefühle, aus einer *Metaposition* heraus, als einen Teil von mir ansehen, sie wahrnehmen als etwas von mir, das im Grunde meiner Vergangenheit angehört und das ich im Hier und Jetzt als nicht mehr dienlich empfinde. Die Distanz, die dabei zum eigenen Empfinden und Erleben eingenommen wird, hilft uns dabei, uns nicht in den Gefühlswogen zu verlieren und in ihnen unterzugehen. Somit habe ich die Chance, mich bewusst gegen diese Reaktionsweise zu entscheiden, wenn ich dies möchte, weil ich ihr ihren wahren Stellenwert zuweise: den einer Möglichkeit, nicht einer Zwangsläufigkeit.

Zwangsläufig bleibt ein solches Funktionsschema, wenn es nicht hinterfragt oder herausgearbeitet wird – wenn es weiterhin automatisch ablaufen kann. Dann bin ich dem Geschehen einfach ausgeliefert. Es passiert einfach, ohne mein aktives Zutun. Und die unzähligen alternativen Reaktionsweisen, die mir eigentlich zur Verfügung stehen, werden

111

durch das »dominante Schema« sozusagen aus dem Rennen gekickt, ohne dass ich da bewusst ein Wörtchen mitgeredet hätte – obwohl es ja mein höchst eigenes Funktionieren ist, das da abläuft. Also, ich weiß nicht, wie es Ihnen geht, liebe Leserin, lieber Leser, aber erscheint es nicht viel angenehmer, bewusst zu entscheiden, wie wir eine Situation handhaben wollen!? Denken Sie daran: das Gefühl, eine Wahl zu haben und diese Entscheidungsmöglichkeit zu nutzen, hat bereits einen antidepressiven Effekt; es macht glücklich! Und dabei spielt es, wie gesagt, keine Rolle, wofür Sie sich am Ende entscheiden, solange Sie es *bewusst* tun!

Gewiss: Es kann und darf nicht bei nur *einer* einzelnen bewussten Entscheidung bleiben, wenn Sie das Ziel haben, sich selbst kennen lernen und die eigenen Funktionsschemata erkunden zu wollen. Das Leben bietet uns unzählige Möglichkeiten und Situationen, in denen wir uns selbst immer wieder ein Stückchen näher kommen können – indem wir uns für unsere eigene Reaktion interessieren und überprüfen, in welchen Überzeugungen und Glaubenssätzen diese wohl fußen könnte.

Im Rahmen des fünften Kapitels, das vom Resonanzgesetz handelt, werden wir uns noch eingehender mit diesen Zusammenhängen beschäftigen und auch Techniken besprechen, wie wir diesen Spiegeleffekt unseres Umfeldes zur Selbsterkenntnis nutzen können. Vorher aber seien Ihnen einige konkrete imaginative Interventionstechniken an die Hand gegeben, die auf die Geistigkeit allen Seins zurückgreifen und den Umstand nutzen, dass Geistigkeit die Grundlage unserer Realität ist. Die nachfolgenden Techniken können Ihnen helfen, einen engeren Kontakt mit sich selbst zu knüpfen und Ihr Selbst-bewusst-Sein und Wohlbefinden zu stärken. Sie können Sie dabei unterstützen, Ihren Geist zu Ihrer persönlichen Erhebung zu nutzen, indem sie mehr Bewusstheit in Ihr Leben bringen.

Imaginative Techniken

In unserer geistigen Vorstellungskraft liegt ein unschätzbares Potential. Wir haben ja bereits herausgefunden, dass eine Idee, ein Gedanke oder eine Entscheidung geistige Realitäten sind, über die wir bewusst bestimmen können. Je mehr wir also die Inhalte unseres Geistes beherrschen, desto mehr Raum für Veränderung entsteht. Mit zunehmender Bewusstheit haben wir die Möglichkeit, uns immer mehr von unseren unbewussten Überzeugungen und Denkmustern zu lösen. Die Nutzung unserer Imagination ist dabei so simpel wie effizient: Die Energie eines Gedankens verändert etwas in uns und um uns herum. Wie kraftvoll unsere Gedanken tatsächlich sind, dass sie sogar physische Auswirkungen haben können, mag das Beispiel einer Panikattacke in einer ganz alltäglichen Situation veranschaulichen: Ein massives Gefühl der Angst zieht eine Ausschüttung von Hormonen nach sich, die unter anderem Herzrasen, Schweißausbrüche oder Zittern auslösen können. Gegenüber der scheinbar massiven Bedrohung stellt unser Körper sich instinktiv darauf ein, die Gefahr zu bekämpfen oder vor ihr zu flüchten, ohne dass dabei in Frage gestellt wird, ob diese wirklich und wahrhaftig materiell im Außen existiert. Das liegt daran, dass unser Verstand ein geübter Blender ist: Er lässt uns glauben, dass das, was er sich so lebhaft vorstellt, die Realität ist – dass es in Wirklichkeit einen Grund dafür gibt, ganz große Angst zu haben. Doch dieses Zusammenspiel funktioniert nur, weil es für unseren Verstand und auch für unseren materiellen Körper eine Realität *ist*. Unser Verstand besitzt das Potential, uns in den tollsten Horrorfilm zu verstricken, wenn wir ihm den Raum geben, diesen Film auszuschmücken und glaubhaft vor unserem inneren Auge abzuspielen. In den seltensten Fällen besteht ein existenzieller Grund, weswegen wir tatsächlich Angst haben sollten und der diese massive Reaktion rechtfertigt. Aber der gesponnene Angstfilm in unserem Kopf ist so real, dass wir trotzdem panisch empfinden, was sich in den entsprechenden physischen Reaktionen äußert. In diesem Fall ist die gesunde Reaktion von Angst fehlgeleitet und hilft uns nicht, wie es eigentlich ihre Bestimmung ist, uns zu schützen, sondern sie lässt uns überreagieren und belastet uns und unseren Körper, eben weil sie aus einer Illusion und nicht aus einer effektiven Bedrohung heraus geschieht.

Stattdessen können wir aber den Spieß umdrehen und Positives durch unsere Vorstellungskraft auslösen: Denn genau dieser neurologische Effekt kann durchaus konstruktiv genutzt werden. Was sollte uns davon abhalten, dieses riesige imaginative Potential für uns im Positiven zu gebrauchen? Nutzen wir doch unseren Verstand, der ein so versierter

Regisseur ist, um einen wunderschönen Liebesfilm abzuspielen oder
uns an einen Traumstrand zu beamen; sprich: ein paar Glückshormone
auszuschütten! Dazu gibt es unzählige Möglichkeiten ... und von denen
ich Ihnen im Folgenden ein paar vorstellen möchte.

Entspannungstechniken

Eine Technik, die Realität des Geistigen zu nutzen, besteht darin, sich
in einen Entspannungszustand zu versetzen, der auf Körper, Geist und
Seele eine regenerierende Wirkung hat. Dabei können wir uns unserer
Vorstellungskraft bedienen und uns an einem wunderschönen Strand
in der Sonne aalen oder den betörenden Duft eines herzerfrischenden
Feldes voller bunter Blumen einatmen. Dabei kann es eine gute Hilfe
sein, sich erst einmal auf den eigenen Atem zu konzentrieren. Das
rhythmische Fließen des eigenen Aus- und Einatmens hilft, sich auf den
Körper zu zentrieren und bewusst mit ihm in Kontakt zu treten. Wählen Sie sich dann eine beruhigende Situation oder ein wohliges Gefühl
und gehen Sie immer tiefer in dieses angenehme Empfinden – sowohl
emotional als auch körperlich. »Beamen« Sie sich an einen Ort, an dem
Sie sich zutiefst geborgen und angenehm fühlen. Geben Sie sich völlig
und ganz den körperlichen Reaktionen hin, die mit der vorgestellten
Situation voller Wohlsein und Entspannung einhergehen.

Ein anderer Weg vom Stress hin zur Entspannung kann über die
imaginative Arbeit mit Farben führen. Dabei fühlen Sie zunächst in sich
hinein und ordnen den Begriffen ›Stress‹ sowie ›Ruhe‹, ›Frieden‹ oder
›Vertrauen‹ (oder dem Konzept, das manifestiert werden soll) intuitiv
eine Farbe zu. Anschließend haben Sie mehrere Möglichkeiten, mit
diesen Farben zu experimentieren.

Sie können sich vorstellen, wie Sie die ungewünschte Farbe ausatmen,
das heißt ›Stress‹ loslassen, und die Zielfarbe einatmen. Konzentrieren
Sie sich auf Ihren Atem und die Farben, die dadurch zirkulieren. Mit
jedem Atemzug leert sich Ihr Körper von der ungewollten Farbe und
füllt sich mit der positiv zugeordneten Farbe, die das gewünschte Konzept symbolisiert.

Eine Alternative dazu ist die Vorstellung eines großen Trichters auf
Ihrem Kopf, durch den die Zielfarbe – in einer gewissen Konsistenz

(flüssig, gasförmig, zäh, schaumig, wolkig, ...) – in Ihren Körper dringt, während die ungewünschte Farbe durch Ihre Fußsohlen den Körper verlässt.

Je nach persönlicher Kreativität kann die Imagination mit Farben und Formen beliebig ausgebaut und individuell den eigenen Wünschen und Bedürfnissen angepasst werden. Ihrer Vorstellungskraft sind in diesem Sinne keine Grenzen gesetzt. Es gelten, wie immer, lediglich die Begrenzungen, die Sie sich selbst auferlegen.

Der sichere Ort

Haben Sie einmal das Bedürfnis nach Sicherheit oder Geborgenheit, so besteht auch hier immer die Möglichkeit, sich bewusst, auf imaginativer Ebene, an einen solchen Ort zurückzuziehen. Das Wichtige dabei ist, diesen Platz individuell auszusuchen. Manche Menschen fühlen sich am wohlsten auf einer einsamen Insel; andere richten mittels ihrer Vorstellungskraft einen Raum wunderbar mit kuscheligen Decken, dicken Kissen, Kerzen oder Tüchern her; wiederum andere fühlen sich in einer Höhle geschützt, in der es leise tröpfelt, oder in einem Wald, in dem die Vögel zwitschern und Eichhörnchen herumflitzen. Nachdem Sie sich Ihren eigenen Ort ausgedacht haben, an dem Sie sich sicher fühlen, stellen Sie sich selbst darin vor. Gehen Sie ganz in das Gefühl hinein, das Sie damit verbinden, hören Sie die Geräusche, die an diesem Ort sind, spüren Sie die Umwelt und fühlen Sie die Sicherheit und Geborgenheit, die Ihnen dieser Ort gibt.

Besonders nützlich ist diese Übung vor dem Schlafengehen. Denn mit ihr werden dieses positive Bild und das damit einhergehende Gefühl von Geborgenheit hinüber in den Schlaf genommen. Doch auch tagsüber, zum Beispiel in einer Pause, kann sie angewandt werden und spendet Ruhe und Gelassenheit für die anstehenden Aufgaben und Herausforderungen des Alltags.

Ursprünglich stammt die Technik des sicheren Ortes aus der *Katathym-Imaginativen Psychotherapie*. Im Rahmen dieser tiefenpsychologisch orientierten Therapie werden verschiedene imaginative Techniken mit Klienten angewandt, die entweder psychologische Fragestellungen bzw. Konflikte lösen möchten oder aber teilweise psychiatrisch erkrankt sind (z. B. an einer posttraumatischen Stressbelastung). In einem solchen Fall ist es allerdings grundsätzlich angebracht, sich nicht eigenmächtig in imaginative Techniken zu stürzen, sondern professionelle Hilfe in Anspruch zu nehmen und einen ausgebildeten *KIP*-Therapeuten bzw. einen Psychotherapeuten zu konsultieren.

Selbstschutz

Eine weitere Methode, dem Bedürfnis nach Schutz oder Geborgenheit nachzukommen, ist die Arbeit mit verschiedenen Farben, in die Sie sich einhüllen und denen Qualitäten zugedacht werden, die Schutz symbolisieren. Stellen Sie sich selbst zum Beispiel morgens, ehe Sie das Haus verlassen, in einem Ei aus farbigem Licht vor. Oder aber Sie schlagen Ihren physischen und auch Ihren feinstofflichen Körper (die Aura) in einen Stoff Ihrer Wahl ein, der eine Farbe hat, die für Sie eine ganz bestimmte Symbolik in sich trägt. Besonders günstig zu unserem Schutz wirken: gold-gelbes oder weißes Licht, dunkelblau, violett oder auch rosa.

Ebenfalls können Sie sich um Sie herum eine Schicht aus Licht vorstellen, der Sie diverse Eigenschaften zuordnen können. Sei es, dass dieses Licht nur Positives hinein- bzw. hinauslässt oder dass es Sie in eine Wolke aus Liebe, Geborgenheit oder Schutz einhüllt.

Diese und noch weitere Inspirationen zu Eigenschutz-Techniken – in teilweise abgeänderter Form – finden Sie unter anderem bei Doreen Virtue (2008). Bei jeder Methode gilt, dass sie in dem Maße wirkt, wie Ihr Geist es in seiner Vorstellungskraft zulässt. Wenn Sie zweifeln, wird Ihr Schutz schwächer sein, als wenn Sie mit voller Überzeugung hinter dieser Technik stehen. Vergessen Sie nie: In Ihrer Vorstellung ist alles möglich, und dies ist Ihre geistige Realität!

Dabei gilt es jedoch, etwas Wichtiges zu berücksichtigen, das ich aus eigener Erfahrung heraus habe lernen dürfen. Als ich anfangs diese Techniken für mich entdeckte, stellte ich mir mich selbst in einem Energiefeld vor. Das heißt, ich sah mich selbst von außen und habe dann die Energie um mich herum aufgebaut wie um einen anderen Menschen. Ich sah mir quasi selbst zu, wie ich ein Energiefeld um mich herum errichtete. Irgendwann ist mir allerdings aufgefallen, dass ich auf diese

Weise gar nicht wirklich bei mir war. Ich erkannte, dass dieses Vorgehen nur halb so effektiv ist, als wenn ich mich selbst *in* diesem Energiefeld vorstellte. Viel einfacher und effizienter ist es deswegen, wenn Sie in Ihrem eigenen Körper bleiben, den Fokus auf Sie selbst richten und sich dann von innen heraus vorstellen, wie Sie von einem sicheren Feld umgeben sind, denn dann können Sie dieses Feld wirklich fühlen und intensiver um Sie selbst herum wahrnehmen.

Arbeit mit eigenen Anteilen

Die imaginativen Techniken, wie wir sie bislang kennen gelernt haben, helfen allerdings nicht nur bei verschiedenen persönlichen Bedürfnissen wie Wohlsein, Schutz und Sicherheit. Sie können auch dazu eingesetzt werden, sich selbst besser kennen zu lernen.

Jeder Mensch vereint verschiedene Aspekte und Teile in sich. Das können Eigenschaften sein, die wir uns selbst nachsagen, angenehme oder unangenehme Gefühle, die wir erleben, oder auch mehr oder weniger konstruktive Vorstellungen über uns, über andere oder die Welt. Meistens sind wir uns dieser Anteile herzlich wenig bewusst. Sie sind einfach da, manchmal schon seit langer Zeit und daran haben wir uns gewöhnt. Oft sind wir nicht in der Lage, uns selbst und unsere verschiedenen inneren Anteile differenziert wahrzunehmen. Das Empfinden unseres Selbst ist in diesem Falle ziemlich diffus und dem Bewusstsein nur schwer zugänglich. Wir haben vielleicht nie gelernt, wie man das eigentlich macht: mit sich selbst in Kontakt treten, sich selbst fühlen. Um eine differenzierte Eigenwahrnehmung zu erlangen, müssen wir uns im Grunde erst einmal kennen lernen. Aber dafür fehlt uns gerne das nötige Rüstzeug ... Wie können wir mit unserem eigenen inneren Erleben differenziert in Kontakt treten, wie findet man ein Gespür für sich selbst?

Die Wahrscheinlichkeit ist groß, dass sich an dieser Stelle Ihr Verstand herausgefordert fühlt, eine detaillierte Konzeptualisierung Ihres Selbst zu entwerfen, und wie auf Stichwort anfängt zu rattern. Wenn Sie ihn lassen, wird er die kompliziertesten und wahnwitzigsten Theorien produzieren, was für ein Mensch Sie sind und auch was es denn alles braucht, um mit sich selbst in Kontakt zu kommen. Wenn Sie ihm zuhören, werden Sie sich irgendwann sagen, dass es sich gar nicht lohnt, dieses

Projekt anzugehen, weil jeder Versuch im Ansatz schon viel zu knifflig erscheint und wahrscheinlich sowieso zum Scheitern verurteilt ist.

Das Geheimnis liegt darin zu entscheiden, ob Sie Ihrem Verstand diese Macht geben oder ob Sie es einfach versuchen wollen. Neben diesem laut ratternden, Ideen produzierenden Meisterwerk an (manchmal leider destruktiver) Kreativität gibt es nämlich noch einen Anteil, der sich oft nur ganz leise zu Wort meldet und den wir Menschen häufig überhören: unser Gefühl. Anstatt uns in Theorien über uns selbst zu verlieren, braucht es oft nicht mehr als einen Moment der Ruhe, in dem man sich selbst den Luxus gönnt, einfach mal sich selbst zu fühlen, einfach zu spüren, was gerade da ist, was in diesem Augenblick bei uns selbst passiert. Nicht das Denken steht in dem Fall im Vordergrund, sondern das Fühlen! Ihr Herz wird Ihnen unendlich dabei helfen, mit sich selbst in Kontakt zu kommen. Denn Fakt ist, wenn Sie sich die Macht zugestehen, Ihre Aufmerksamkeit auf das zu fokussieren, was Sie möchten, sind Sie schon mitten im Projekt »Selbsteroberung«. Der Verstand nährt sich von Ihrer Aufmerksamkeit. Wenn Sie ihm sozusagen ›den Saft abdrehen‹ und Ihre Aufmerksamkeit auf das Fühlen ausrichten, vereinfacht sich Ihr Kontakt zu sich selbst ungemein. Wenn Sie sich die Mühe machen, sich auf Ihren Körper und Ihre Empfindungen zu konzentrieren, sind Sie bereits bei sich – im Hier und Jetzt.

Gehen wir davon aus, dass Sie sich hingesetzt und einen ruhigen Moment dazu genutzt haben, sich selbst zu fühlen. Sie haben ein Gefühl in Ihnen mehr oder weniger genau identifiziert. Jetzt haben Sie verschiedene Möglichkeiten, wie Sie damit weiter verfahren wollen.

Was wir Menschen im Generellen und spontan tun, ist, dieses Gefühl zu beurteilen: gut, schlecht, angenehm, unangenehm … Und von diesem Urteil leiten wir dann unser Verhalten ab. Das Problem an einer solchen Vorgehensweise ist jedoch, dass wir unangenehme Gefühle oder auch Eigenanteile, die wir nicht so gerne mögen, die nicht unserer Vorstellung von uns selbst entsprechen, meistens reflexartig von uns weisen und wegdrücken. Mit diesen Anteilen und Gefühlen verhält es sich allerdings wie mit einem Bumerang. Mit dem gleichen energetischen Aufwand, wie ich die ungewollten, verurteilten Eigenanteile von mir wegschleudere, treffen sie mich (unmittelbar) wieder. Denn diese

Anteile sind ein Teil von mir, es nutzt herzlich wenig, vor ihnen die Augen zu verschließen und sie einfach wegzuschieben. Sie sind, was sie sind und wie sie sind, und vor allem gehören sie zu uns – ob uns dies im Endeffekt gefällt oder nicht.

Die Energie, die wir in ein solches Verurteilen, Wegschieben, Zurückkommen, wieder Wegschieben etc. investieren, ist immens. Hinzu kommt, dass wir uns dabei selbst fortlaufend schwächen, indem wir immer wieder Teile von uns selbst ›amputieren‹. Dieser Selbstschwächungsmechanismus ist, meiner klinischen Erfahrung nach, eine Funktionsweise, die auf lange Sicht in die Depression führen kann. Denn häufig scheinen die damit verbundenen Gefühle von Schwäche, Kraftlosigkeit, mitunter Dumpfheit und Abgestumpftheit die logische Konsequenz eines darunterliegenden Mechanismus von Selbstzurückweisung zu sein. Dies ist keine sehr *quantenherzliche* Art und Weise, mit uns und Teilen von uns zu verfahren: Wir möchten uns ja nicht schwächen, sondern erheben. Wir wollen uns selbst stärken.

Ein konstruktiver Umgang mit den identifizierten und gefühlten Eigenanteilen ist demnach nicht, sie zu verurteilen und wegzuschieben, sondern sie anzunehmen. »Tja!«, wird Ihr Verstand womöglich einwenden, »wenn das so einfach wäre …!« Das ist es wirklich, wenn es Ihnen gelingt, Ihrem Verstand Einhalt beim Verurteilen und Zurückweisen zu gebieten. Es geht im Grunde darum, Ihre Gefühle zu fühlen, sie wahrzunehmen, ohne sie einzuordnen. Was nicht bedeutet, dass Sie jetzt anfangen sollen, Ihren Verstand gänzlich zu verleugnen, denn auch er ist ein Teil von Ihnen und hat seine Berechtigung: Er geht nun einmal so vor, weil es in seiner Natur liegt, Dinge wahrzunehmen und sie einzuordnen, zu kategorisieren und somit zu beurteilen. Er ist es nicht anders gewohnt, und ihm ist daraus auch kein Vorwurf zu machen, denn sein Wahrnehmungsraster und seine Kategorisierungen sichern mitunter unser Überleben und unsere Orientierung in dieser Welt.

Bei dem Vorhaben des Annehmens ist dieser Automatismus allerdings äußerst hinderlich. Jetzt, wo wir uns seiner Funktionsweise bewusst sind, muss aber unser Verstand keinen Stolperstein mehr darstellen. Wenn Sie entscheiden, dass diese Gewohnheit Ihnen in diesem Augenblick, hier und jetzt, nicht dienlich ist, können Sie sie bleiben lassen. Sie können sozusagen Ihren Verstand auf dem Abstellgleis parken, bis er

wieder zum Einsatz kommen soll. Auf diese Weise entziehen Sie ihm
Ihre Aufmerksamkeit und geben Ihrem Gefühl mehr Raum: Wenn er
sagt, dass dieses oder jenes Gefühl, dieser oder jene Teil von Ihnen,
verabscheuungswürdig und schlecht ist, dann gehen Sie nicht darauf
ein, sondern entscheiden bewusst, fühlen zu wollen, dass es ist, wie es
ist – dass Sie es ohne jenes Werturteil wahrnehmen wollen. Denn wenn
dieser Teil oder jenes Gefühl in Ihnen ist, gibt es einen Grund dafür, wie
auch immer dieser lauten mag. Annahme ist deswegen nichts anderes als
die Abwesenheit eines Urteils. Auf diese Thematik werde ich im sechsten
Kapitel über die Polaritäten nochmals detaillierter eingehen.

Um dieses Annehmen-Können etwas ›griffiger‹ zu gestalten, können Sie
die Arbeit mit eigenen Anteilen mit imaginativen Techniken verbinden.
Wenn Sie ein Gefühl oder eine Eigenschaft von sich ausgemacht haben
und sie fühlen, lassen Sie Ihrer Fantasie freien Lauf und geben Sie diesem
Anteil eine Form, eine Farbe, ein Gesicht, einen Geruch, eine Gestalt,
was auch immer Ihnen einfällt.

Um dieses Vorgehen für Sie anschaulicher zu machen, nehmen wir
einfach zwei lebensnahe Beispiele: Situationen, in denen mir selbst
unwohl ist … nach einem langen Tag, an dem ich nicht genug auf mich
und meine Bedürfnisse geachtet habe, und eine zwischenmenschliche
Situation, bei der ich das Gefühl habe, dass mein Gegenüber gnadenlos
über meine persönlichen Grenzen marschiert. In solchen Fällen versuche
ich, mich so schnell wie möglich zurückzuziehen. Das ist nicht immer
sofort möglich, aber im Nachhinein findet sich immer ein ruhiger, abge-
schiedener Moment. Ich konzentriere mich also auf das ausgemachte
Gefühl und trete bewusst näher mit ihm in Kontakt. Wie fühlt es sich
an? Was passiert mit mir, wenn ich es fühle? Und dann stelle ich mir
mein sogenanntes »inneres Kind« vor.

Jeder von uns hat ein solches »inneres Kind«. Das ist ein Anteil des
eigenen Selbst, der in diesem Fall die Form eines Kindes annimmt. Es
kann verschiedene Alter haben, manchmal ist es noch ein Baby oder
ein Kleinkind, manchmal schon ein Teenager oder ein angehender
Erwachsener. Wenn Sie Ihrer Vorstellungskraft ein wenig Freiheit geben,
wird auch vor Ihrem inneren Auge in einer solchen Situation ein Kind,
Ihr eigenes »inneres Kind«, auftauchen.

Ich lasse also meine Kleine vor meinem inneren Auge erscheinen und beobachte sie. In der Regel gibt sie mir sehr schnell zu verstehen, wie sie sich fühlt. Nach einem harten Tag, an dem ich zu wenig auf meine persönlichen Bedürfnisse geachtet habe, steht sie oft mit gesenktem Kopf und hängenden Schultern vor mir und schläft fast im Stehen ein. In so einem Fall überlege und fühle ich, was die Kleine in diesem Moment braucht und was ihr gut tun könnte. Was braucht ein Kind, das sich überanstrengt hat und fast im Stehen einschläft? Dann nutze ich meine Vorstellungskraft, öffne meine Arme, nehme die Kleine hoch und lasse sie ihren Kopf an meine Schulter legen und sich sicher und geborgen fühlen. Für gewöhnlich dauert es nicht lange und sie wird ganz ruhig, sie fühlt sich wohl und kann sich in Sicherheit ausruhen. Und in dem Maße, wie sich meine innere Kleine beruhigt, beruhige auch ich mich und fühle mich wohler.

Auch wenn Sie im Alltag mit einer emotional schwierigen Situation konfrontiert sind, bietet es sich an, Kontakt mit Ihrem inneren Kind aufzunehmen. In manchen Situationen, wenn jemand meine Grenzen verletzt hat und ich nicht in der Lage war, diesem Vorgehen klar Einhalt zu gebieten, kann es vorkommen, dass die Kleine wütend ist und mit ihren kleinen Füßen aufstampft. Manchmal heult sie auch vor Wut oder Verletztheit. In dem Fall hilft es ihr, wenn ich ihr erst einmal Aufmerksamkeit schenke und nachfrage, warum sie denn so aufgebracht ist. In der Regel kommt mir dann die Erinnerung an eine Situation in den Sinn oder auch eine Idee, was der Grund für ihre (meine) Wut und ihr (mein) Aufgebracht-Sein ist. Oft frage ich die Kleine dann, was ihr helfen könnte, was sie braucht. Diese Frage nach ihren (meinen) Bedürfnissen hilft mir, diese zu erkennen und sie dann darin zu unterstützen, das zu bekommen, was sie braucht. Meistens komme ich durch die Aufmerksamkeit, die ich meinem inneren Kind – also im Grunde mir selbst – schenke, schon einen großen Schritt weiter. Oft reicht es bereits aus, meine eigene Reaktion in besagter Situation anzuerkennen und sie einfach anzunehmen, anstatt mich selbst schlechtzumachen und mir einzureden, dass ich besser so oder so gehandelt hätte.

Je mehr wir uns unserem inneren Kind zuwenden, desto mehr zollen wir uns selbst Respekt gegenüber unserem eigenen Sein. Wir fokussieren unsere Aufmerksamkeit auf konstruktive Weise auf einen Teil von uns selbst, wodurch wir uns bereits selbst annehmen und stärken.

Die Innere-Kind-Arbeit kann auch sehr hilfreich sein für Menschen, die Anerkennung und Liebe im Außen suchen. Denn sowie sie anfangen, diese Aufmerksamkeit und Anerkennung ihrem inneren Kind zu schenken, befreien sie sich stückweise aus Beziehungsabhängigkeiten. Sie hören auf, gänzlich vom Wohlwollen einer anderen Person abhängig zu sein und ihr die Macht über ihr Wohl- bzw. Unwohlsein zu geben. In diesem Fall gibt »die Große«, der erwachsene Anteil in uns, »der Kleinen«, was sie braucht. Somit haben wir eine effiziente Technik zur Selbstberuhigung und Selbstfürsorge an der Hand, die wir zudem jederzeit anwenden können. Und das alles mittels unserer Vorstellungskraft und vor dem Hintergrund, dass alles Geist ist und wir selbst aktiv unsere geistige Realität beeinflussen.

Neben imaginativen Techniken gibt es noch andere Möglichkeiten, den Kontakt mit uns selbst zu verbessern. Auch mit ihrer Hilfe können wir uns geistig erheben und das eigene Sich-selbst-bewusst-Sein *quantenherzlich* verbessern.

Atem- und Körpertechniken

Vorangehend haben wir uns schon mit unserem Verstand und seinem unermesslichen Talent beschäftigt, uns Szenarien glaubhaft vorführen zu können. In diesem Zusammenhang sind wir auch darauf zu sprechen gekommen, dass sich dieser Film in unserem Kopf von einer essentiellen Zutat nährt: von unserer Aufmerksamkeit. Unser Verstand kann uns nur etwas weismachen, wenn wir ihm zuhören und Glauben schenken. Dabei sollte wohl angemerkt sein, dass es unwahrscheinlich schwer ist, einer Sache, die uns auf irgendeine Weise beschäftigt, keine Aufmerksamkeit zu schenken. Das ist, wie wenn ich Ihnen empfehle, nicht an einen rosa Elefanten zu denken. Sobald ich Ihnen nämlich diesen Rat gegeben habe, ist die Chance ziemlich groß, dass Sie trotzdem genau daran denken werden und ein rosa Elefant nun vor Ihrem inneren Auge auftaucht. Wenn ich Ihnen jetzt aber vorschlage, an einen babyblauen Tiger zu denken, scheint der rosa Elefant meilenweit weg, oder?! Das ist das Grundfunktionieren unseres Geistes: Den Dingen, an die wir denken, schenken wir Aufmerksamkeit und somit Energie.

Unser Unterbewusstsein kennt keine Negation, das heißt, wenn ich ihm verbiete, an einen rosa Elefanten zu denken, kreist dieses Konzept dennoch in unserem Kopf herum und ich investiere unweigerlich Energie darin. Genauso verhält es sich, wenn eine von Angst geplagte Person sich verbietet, Angst zu haben und gegen diese Angst ankämpft: Im Grunde wird diese dadurch nur noch mehr mit Energie genährt, so dass nichts anderes durch den eigenen Geist kreist als das Konzept der Angst.

Viel effizienter ist es da, stattdessen das aktuelle Erleben sein zu lassen und den eigenen Geist bewusst auf Wohlsein oder Ruhe zu lenken. Dann wird Energie in diese Konzepte investiert und der Angst die Energie entzogen. Dabei helfen Techniken, die es erlauben, die eigene Aufmerksamkeit gezielt und fokussiert zu kanalisieren, und zwar auf das gewünschte Resultat hin.

In einem Moment der Angst fühlt man sich häufig in dieser Emotion gefangen und kaum in der Lage, sich ihr zu entziehen, das heißt, sich bewusst zu machen, dass wir die Angst determinieren und nicht sie uns. Manchmal hilft dabei die Vorstellung, dass der ablaufende Angstfilm nur eine Inszenierung unseres Verstandes ist und deswegen nicht unbedingt der Realität entspricht. Mitunter kann man allerdings dermaßen emotional in das Geschehen verstrickt sein, dass man nicht mehr in der Lage ist, sich gut zuzureden und sich ›selbst da herauszuholen‹. Die emotionale Welle schlägt über einem zusammen, man scheint in ihr zu ertrinken und kann sich nicht mehr mit Hilfe der guten alten Logik, also auf kognitiver Ebene, retten. Das ist absolut menschlich.

Es gibt Techniken, die uns vor einem solchen Gefühls-Strudel bewahren können oder uns darin unterstützen, aus ihm wieder herauszukommen. In diesem Zusammenhang erweisen sich Körper- und Atemtechniken als äußerst dienlich. Und je mehr man mit ihnen vertraut ist, desto leichter fällt es einem, auf sie bereits ›in der heißen Phase‹ zurückzugreifen zu können und sich so selbst vor dem Abrutschen in das Gefühlschaos zu bewahren.

123

Die Atemtechnik ist an sich ganz einfach. Dabei konzentrieren Sie sich mit aller Aufmerksamkeit auf Ihren Atem. Sie fokussieren Ihr Denken ganz und gar darauf: Sie atmen langsam und tief ein, langsam und tief aus, tief ein und aus, ein und aus, ein – aus … Fließen Sie mit Ihrem Atem – mit diesem sanften Auf und Ab, wie die Wellen eines Ozeans, die in stetigem Ankommen und wieder Wegfließen einfach nur harmonisch *sind*. Und werden Sie sich dabei bewusst, was für ein Geschenk unser Atem ist. Er symbolisiert nicht nur den Fluss des Lebens, er ist es, der uns am Leben hält. Es mag sich allzu einfach anhören, doch diese Übung hat den durchaus günstigen Nebeneffekt, dass Sie durch die Konzentration auf Ihren Atem Ihrem Verstand Energie entziehen: Ihre Identifikation mit dem Angstfilm schwindet, weil sie diesem Ihre Aufmerksamkeit entzogen haben. Zusätzlich gehen Sie über den Atem aus Ihrem Kopf heraus, von Ihrem Denken weg und in Ihr Gefühl bzw. in Ihre Körperempfindung hinein.

Und damit wären wir bei den uns unterstützenden Körpertechniken. Denn auch hier konzentrieren Sie sich auf Ihre Körperempfindungen. Sie können dabei Ihrem Herzschlag lauschen oder aber Sie gehen mit Ihrer Aufmerksamkeit in verschiedene Körperteile und empfinden diese bewusst, fühlen in sie hinein, erspüren, was Ihr dicker Zeh gerade so macht oder wie Ihr Unterleib sich anfühlt. Wiederum ist der Effekt, dass Sie aus dem Kopf heraus in den Körper gehen und dem Angstfilm, Ihrem Denken, weniger Aufmerksamkeit schenken.

Beide Techniken erfordern allerdings ein wenig Training und funktionieren sicherlich nicht beim ersten Mal reibungslos. Auch wird es relativ wenig nutzen, im Falle einer massiven Panikwelle fünf Sekunden lang seinem Atem zu folgen und dann wieder in den Kopf zurückzukehren. Es braucht schon etwas guten Willen, Disziplin und Übung, genau wie bei den anderen Werkzeugen auch. Nehmen und geben Sie sich die Zeit, sich zu fühlen und sich bewusst mit Ihren Erfahrungen auf diesem Gebiet weiterzuentwickeln. Es lohnt sich!

Eine weitere gute Möglichkeit, Ihr Repertoire an Körpertechniken zu erweitern, ist das »Erden«. Dabei lenken Sie Ihre bewusste Wahrnehmung in den Körper und stellen sich vor, wie Sie an der Stelle, an der Sie gerade stehen, Wurzeln schlagen. Dies funktioniert am besten, wenn

Sie Ihre Füße schulterbreit auseinander und flach (am besten barfuß) auf den Boden stellen und die Knie nicht ganz durchgedrückt halten. Dann können Sie genau wahrnehmen, wie Ihre Füße auf dem Boden, an dieser Stelle festen Halt auf Mutter Erde finden. Selbst wenn der Angstfilm noch so furchterregend ist, werden Sie gehalten: Die Erde wird nicht weichen, sie gibt Ihnen eine stabile Basis. Wenn Sie dann Ihre Knie leicht beugen, können Sie noch ›mit Ihrem Gewicht spielen‹: Sie verlagern es von einem Fuß auf den anderen und nehmen bewusst den Druck wahr, den diese Veränderungen auslösen, Sie empfinden genau den Bodenkontakt, der einmal stärker und einmal schwächer ist. Die Veränderung durch die Bewegung hilft Ihnen besonders am Anfang, Ihre Wahrnehmung zu schulen und die Unterschiede zu fühlen, die eine Position von der anderen unterscheidet. Am besten fühlt sich diese Übung in der freien Natur, auf Waldboden oder im Gras, an. Suchen Sie sich einen ruhigen Ort, wo Sie ungestört sind, und nehmen Sie bewussten Kontakt mit sich und der Erde auf. Sie können dabei auch das Becken in Form einer »8« kreisen lassen – das bringt etwas Leichtigkeit und Lockerheit in die Übung. Außerdem können Sie dadurch bewusst die Beweglichkeit Ihrer Körpermitte fühlen und durch die fließenden Bewegungen ›in den Fluss‹ kommen.

Diese Übung, sich zu ›erden‹, muss nicht zwingend nur bei Angst oder Stress durchgeführt werden. Ich empfinde sie immer wieder als sehr entspannend und erleichternd im Alltag, auch wenn nicht gerade eine besondere Herausforderung ansteht. Denn mit ihrer Hilfe fokussieren wir bewusst unsere Aufmerksamkeit auf unseren Körper und nähren so unser Gefühl und nicht unseren Verstand.

Wenn Sie sich gut und sicher getragen fühlen, können Sie die Übung nochmals erweitern und sich vorstellen, wie dicke, feste Wurzeln aus Ihren Füßen wachsen und in der Erde Halt und Sicherheit finden. Über diese Wurzeln können Sie sich vorstellen, alle überflüssige Energie in Form von Stress, Angst oder sonstigen unangenehmen Gefühlen abzugeben. Diese Energie fließt in den Boden ab, wird dort transformiert und kommt als saubere, belebende Erd-Energie wieder zu Ihnen über Ihre Wurzeln zurück.

Bei diesem Teil der Übung kommt es nicht selten vor, dass Sie körperlich tatsächlich das Gefühl haben, als fließe etwas durch Ihren Oberkörper, Ihre Beine und über Ihre Füße ab. Lassen Sie es geschehen und beglückwünschen Sie sich zu Ihrer fantastischen Vorstellungskraft!

Wie gesagt unterstützen uns diese körperzentrierenden Übungen darin, aus dem Kopf in den Körper bzw. aus dem Denken heraus in das Gefühl und eigene Empfinden zu gelangen. Dabei stellen sie das Denken als solches nicht ab, sondern lenken es in konstruktivere Bahnen, und zwar auf unsere eigene Selbst- bzw. Körperwahrnehmung. Ihr besonderer Vorteil ist, dass Sie diese Übungen auch mal kurz zwischendurch (auf der Toilette oder im Büro) anwenden können. Ich persönlich nehme mir immer wieder solche kleinen Auszeiten und empfinde es stets als sehr beruhigend – fast so wie einen Mini-Urlaub zwischen zwei Terminen oder nach einem anstrengenden Meeting.

Neben diesen körperzentrierenden Techniken, die unserem hyperaktiven Verstand etwas Energie entziehen und uns darin unterstützen, uns in Selbstannahme zu üben, können Sie ebenfalls auf kognitive Techniken zurückgreifen. Hierzu wollen wir uns mit Byron Katies *The Work* näher beschäftigen.

The Work von Byron Katie

Unser Verstand ist ein Meister des Bluffs und will uns immer wieder glaubhaft machen, dass der Film, der in unserem Kopf abläuft, eine Realität ist. Eine Möglichkeit, dem beizukommen, ist, wie gesagt, unsere Aufmerksamkeit auf positive Szenarien oder den eigenen Körper zu richten. Eine andere Alternative ist zu überprüfen, ob wir tatsächlich alles glauben sollten, was wir denken.

Interessanterweise haben solche Überlegungen auch in physikalischen Forschungsgebieten Einzug gehalten. Jörg Starkmuth zum Beispiel empfiehlt, sich nicht kritiklos mit seinem Verstand und dem eigenen Ego zu identifizieren: *Der Aspekt des Menschen, der bewusst beobachtet (das Bewusstsein), ist nicht identisch mit dem Teil, der denkt (dem Verstand). Je mehr wir lernen, den denkenden Verstand zu beobachten, statt uns mit ihm zu identifizieren, desto mehr können wir unser Leben nach freiem Willen gestalten* (Starkmuth, 2007, S. 339). Diesbezüglich lässt sich eine ebenfalls sehr geistreiche Aussage der Autorin Ella Kensington aus dem spirituellen Roman *Mary* anführen, die ich Ihnen nicht vorenthalten möchte: *Ein Glaubenssatz ist eine Aussage über das Leben, von der ich glaube, sie sei kein Glaubenssatz – sondern die Wahrheit! Diese Wahrheiten beeinflussen sehr stark unser Denken und unsere Wahrnehmung – und damit auch die Gestaltung unserer Realität* (Kensington, 2008, S. 447).

Um der Identifizierung mit unserem Verstand oder dem rückhaltlosen Anerkennen unserer Glaubenssätze als Wahrheiten zu entgehen, stehen uns, wie bereits erwähnt, mehrere Möglichkeiten zur Verfügung, wobei alle mehr oder weniger mit der Einnahme einer *Metaposition* einhergehen. Um diesen Entwicklungsschritt der Erhebung über die eigenen Glaubensmuster vollziehen zu können, hilft das Verständnis, wie und warum diese kognitiven Mechanismen funktionieren. Byron Katie (Katie & Mitchell, 2002) hat eine ziemlich einfache Antwort auf die Frage, warum wir uns mitunter in unseren eigenen Glaubenssätzen und unserem Verstand verlieren: weil wir unseren Gedanken Glauben schenken! Unser Verstand kann uns soviel Angst einjagen, weil wir ihm glauben, dass er die Wahrheit kennt. Dabei nährt er sich im Grunde lediglich von eigenen Überzeugungen und Erfahrungen und verkauft uns diese als objektiv wahr. Auf diese Weise bleiben wir jedoch mit unseren eigenen, alten Erfahrungswerten verhaftet und bestätigen sie uns immer wieder selbst, wenn wir sie nicht aktiv in Frage stellen.

Es entsteht Schmerz, wenn wir dem Gedanken, dass die Realität anders sein sollte, als sie ist, Glauben schenken. Dabei kann besagte Realität eine Begebenheit im Außen sein oder auch ein persönliches Empfinden oder Gefühl. Wenn wir denken, dass Dinge anders sein sollten, als sie gerade sind, sie verurteilen und nicht annehmen, wie sie sind, entstehen Stress und Spannung. In diesem Falle befinden wir uns in einem Konflikt mit der sich bietenden Realität, welche durchaus auch anders interpretiert und in Annahme erlebt werden könnte. Wir lehnen ab, was existiert, da wir unseren Glaubensmustern und Überzeugungen entsprechend den Wunsch haben, dass es anders sein müsste – und daraus entsteht unweigerlich Leid.

Doch wie können wir unsere persönlichen Überzeugungen mit dem, was ist, in Einklang bringen? Wie können wir mit der sich uns bietenden Realität verfahren? In der Regel versuchen wir instinktiv diese unserer

127

Vorstellung anzupassen. Und genau da liegt der Hase im Pfeffer: *Der Wirklichkeit zu widersprechen ist wie der Versuch, einer Katze das Bellen beizubringen – hoffnungslos* (Byron Katie). Und dennoch sind wir von diesem reflexartigen Verhalten durch und durch geprägt: Wenn eine Situation nicht dem entspricht, was wir uns vorstellen, wie sie unserer Meinung nach sein sollte, muss mit der Situation irgendetwas nicht stimmen, eben weil wir unserem Verstand rückhaltlos glauben, dass er Bescheid weiß, und wir so unsere Glaubensmuster unhinterfragt als Wahrheiten annehmen. Wenn wir diesen Mechanismus allerdings genauer betrachten, können wir erkennen, welch tiefliegende Arroganz sich darin verbirgt. Indem wir die Realität, die sich uns bietet (und von der die Quantenphysik sagt, dass sie so ist, weil sie den meisten Sinn macht, so zu sein, ansonsten wäre sie nicht so), indem wir also das, was ist, hinterfragen, stellen wir uns über die kosmische Ordnung. Wenn man die Dinge aus dieser Perspektive betrachtet … Ich weiß nicht, wie es Ihnen geht, aber ich fühle mich nicht sonderlich wohl bei dem Gedanken, die komplette Verantwortung der kosmischen Ordnung auf meine kleinen menschlichen Schultern zu laden. Ganz besonders, weil die kosmische Ordnung ja nun einen viel größeren Weitblick hat als meine beschränkte Wahrnehmung und sicherlich weiß, warum es den meisten Sinn macht, wenn Dinge auf eine ganz bestimmte Art geschehen, auch wenn mir das persönlich gegen den Strich geht.

Wir lehnen in der Regel das Gegebene ab, weil unser Verstand uns weismachen will, es wäre anders ›besser‹. Es ist unser Ego, das gegen die vermeintliche Ungerechtigkeit aufbegehrt, obwohl es selbst mit seinen Gedanken- und Glaubensmustern die Ursache für den empfundenen Schmerz ist. Aus der Bewertung des Unterschiedes zwischen unseren Vorstellungen von der Realität und der Realität, die wir effektiv erleben und wahrnehmen, entsteht Schmerz und Leid. Ohne diese Abweichung und die damit einhergehenden Verurteilungen gibt es keinen Schmerz: *Anstatt den hoffnungslosen Versuch zu starten, die Welt so verändern zu wollen, wie sie unseren Gedanken gemäß sein ›sollte‹, können wir diese Gedanken hinterfragen, und indem wir der Wirklichkeit so begegnen, wie sie ist, erfahren wir unvorstellbare Freiheit und Freude* (Katie & Mitchell, 2008, S. 1).

Meistens braucht es ein wenig, bis uns aufgeht, dass wir unsere Überzeugungen in Frage stellen und uns in Demut üben sollten. Dann

nämlich kann Folgendes passieren: *Ich lasse meine Überzeugungen nicht los – ich untersuche sie. Dann lassen sie mich los* (Byron Katie).
Damit haben wir auch schon die Voraussetzung identifiziert, die es braucht, um *The Work* (Katie & Mitchell, 2002; 2008) durchzuführen: einen offenen Geist. Doch wie funktioniert nun dieser eigentliche Untersuchungs-Prozess? Ich möchte Ihnen kurz jene vier Fragen vorstellen, die genutzt werden können, um den eigenen Glaubenssätzen auf die Schliche zu kommen.[8]

Als ersten Schritt sollten Sie einen Glaubenssatz identifizieren, den Sie in Frage stellen möchten und der sie belastet oder stresst. Das kann ein Urteil über einen Menschen oder eine Situation sein, die sich Ihnen so präsentiert, wie sie Ihrer Meinung nach nicht sein sollte. Die erste Frage, der dieser Glaubenssatz standhalten muss, ist:»*Ist es wahr?*« Nach ruhiger Einkehr werden Sie in sich die Antwort auf diese Frage aufsteigen fühlen. Anschließend fragen Sie nach:»*Kannst du mit absoluter Sicherheit wissen, dass das wahr ist?*« Daraufhin werden die Gefühle näher untersucht, die der Glaubenssatz in Ihnen auslöst:»*Wie reagierst du, was passiert, wenn du diesen Gedanken glaubst?*« Wiederum fühlen und horchen Sie aufmerksam in sich hinein, welches emotionale Echo auf Ihren Glaubenssatz folgt. Alle Auswirkungen, die der Gedanke nach sich zieht, können auch aufgeschrieben werden. Das hilft bei der Strukturierung. Als vierte und letzte Frage bietet Byron Katie dann an zu überlegen:»*Wer wärst du ohne den Gedanken?*«. Im Anschluss an diese vier Fragen wird daran gearbeitet, den Gedanken in sein Gegenteil umzukehren (Katie & Mitchell, 2002; 2008).

Bei einer solchen detaillierten Analyse geschieht Folgendes: Sie schenken einer Realität, einem Gedanken oder einer Empfindung, zunächst Ihre volle Aufmerksamkeit. Das, was ist, wird gesehen, betrachtet, wahrgenommen. Es erhält Raum zu sein. Dies wird noch intensiviert, wenn Sie sich fragen, ob der entsprechende Glaubenssatz tatsächlich wahr ist und was für Auswirkungen er auf Sie selbst und Ihren Körper, Ihr Innerstes hat. Sie untersuchen quasi jene Überzeugung auf allen Ebenen – mental, emotional und physisch. Darüber hinaus überprüfen Sie, ob das von Ihnen Geglaubte wirklich der Realität entspricht, denn manchmal halten wir etwas für wahr, was sich bei näherer Betrachtung als unwahr erweist. Wenn Sie auf diese Weise vorgehen, können Sie eigene Glaubensmuster in Ihr Bewusstsein bringen und sie gegebenenfalls entschärfen: Entsprechen besagte Glaubensmuster nicht Ihren aktuellen Absichten und Interessen, ist Ihnen somit bewusst die Möglichkeit gegeben, sie in Frage zu stellen und ihnen Ihren Glauben zu entziehen.

Doch nicht allen von uns liegen solche recht kognitiven Vorgehensweisen. Wer weniger analytisch an sich und das eigene Verhalten herangehen möchte, kann auch auf andere Möglichkeiten zurückgreifen, um innere Überzeugungen loslassen oder aktiv verändern zu können: zum Beispiel auf regelmäßige energetische Reinigungen. Auch bei diesen Ritualen arbeiten Sie wieder im Sinne des Prinzips der Geistigkeit und machen sich Ihre Vorstellungskraft zu Nutze.

Reinigungstechniken

Bevor Sie mit einer entsprechenden Reinigungstechnik beginnen, sollten Sie zunächst gründlich überlegen, ob Sie die Emotion oder den Gedanken wirklich loslassen möchten. Diese Entscheidung, die zu einer geistigen Realität führt, ist ein sehr wichtiger Schritt. Vielleicht scheint Ihnen diese Etappe überflüssig, weil Sie sich sagen:»Ja, natürlich möchte ich belastende Gedanken und Gefühle loswerden!«, aber ich kann Ihnen sagen, dass dies oft gar nicht so selbstverständlich ist. Es gibt viele Gründe, die uns Menschen an Unangenehmem festhalten lassen … Und bedenken Sie: Ihre Entschlusskraft bestimmt die Kraft Ihrer Gedanken und damit die Effektivität Ihrer Handlungen! Je entschiedener Sie sind, desto besser können jene Reinigungstechniken – wie auch alle anderen Techniken – wirken.

Wenn Sie sich also von Herzen dazu entschieden haben, sich von ein paar Dingen zu lösen, kann es helfen, dies mit einem kleinen Ritual zu besiegeln:

Stellen Sie sich einen Wasserfall aus Licht vor, wie Sie unter ihm stehen und wie Sie dieses Licht von dunklen Flecken und mentalem Schmutz befreit. Sie selbst können wählen, welche Farbe Sie dem Lichtwasserfall geben wollen. In der Regel greifen die meisten Menschen auf eine kräftige, helle Farbe zurück: auf golden oder weiß. Auch können

Sie dem Lichtwasserfall Eigenschaften einhauchen, die Ihnen für Ihre Situation richtig und sinnvoll erscheinen. So zum Beispiel kann er Sie reinigen und mit frischer Energie versorgen, er kann Sie auch zusätzlich noch schützen und Ihre Aura vor neuem Schmutz versiegeln. Lassen Sie Ihrer Fantasie freien Lauf!

Wer es gerne konkreter mag, dem kann ich sogenanntes »rituelles Duschen« empfehlen. Wenn Sie die Gelegenheit haben, nach einem Arbeitstag oder einer Ihnen unangenehmen Situation zu duschen, dann sollten Sie dies bewusst tun. Fokussieren Sie Ihren Geist auf das Loslassen. Verleihen Sie dem Wasser imaginativ verschiedene Eigenschaften, die Ihnen in diesem Moment helfen: reinigend, stärkend, schützend, versiegelnd, belebend, usw. Lassen Sie das Urelement Wasser alle Spuren des gerade Erlebten von Ihnen abspülen! Stellen Sie sich bewusst vor, wie die Dinge von dannen ziehen. Danach fühlen Sie sich wie ein anderer Mensch!

✖
✖

Wie Sie durch die letzten Unterkapitel erfahren konnten, birgt das Prinzip der Geistigkeit viele Anwendungsmöglichkeiten, die für uns konkrete Hilfestellungen auf unserem Weg der Selbsterkenntnis und Erhebung bedeuten. Ein paar von diesen Methoden habe ich Ihnen vorangehend vorgestellt, wobei diese Liste bei weitem nicht vollständig ist. Wie bereits an anderer Stelle erwähnt, sind Ihren kreativen Inspirationen und Ihrer Vorstellungskraft keine Grenzen gesetzt – außer denjenigen, die Sie sich selbst auferlegen. Probieren Sie selbst aus, experimentieren Sie und lassen Sie sich von den vorgestellten Techniken und der genannten weiterführenden Literatur inspirieren! Ich wünsche Ihnen viel Spaß dabei, sich selbst zu entdecken und über sich selbst hinaus zu wachsen!

Das Prinzip der Entsprechung

» Wie oben, so unten;
wie unten, so oben.«

– DAS KYBALION –

In den vorangegangenen Kapiteln haben wir erfahren, dass alles aus der gleichen Quelle entspringt und geistig vom *allumfassenden Ganzen* erschaffen worden ist. Außerdem verfügt jedes Geschöpf über ein schöpferisches Potential, da es einen kleinen Teil der ursprünglichen kreativen Kraft in sich trägt. So ist zunächst alles in seiner geistigen Grundsubstanz und Natur als gleich anzusehen, und doch scheint es offensichtlich Unterschiede zwischen den Dingen zu geben. Um dies festzustellen, brauchen wir uns eigentlich nur umzusehen: Trotz der allgemeinen substantiellen Gleichheit unterscheiden wir zwischen Materie, Energie, Geist, Pflanzen, Tieren, Menschen usw. Doch wie kommt es, dass sich die grundlegende Natur der Dinge so differenziert in verschiedenen Existenzzuständen äußert? Die Antwort liegt im zweiten hermetischen Axiom, das ich Ihnen in diesem Kapitel vorstellen möchte und das sich mit den *Ebenen der Entsprechung* beschäftigt.

Mehrere Ebenen, die einander entsprechen und in Übereinstimmung zueinander stehen

Im Schöpfungsprozess nimmt das *Eine* bzw. dessen geistige Grundsubstanz unterschiedliche Ausdrucksformen an, welche am Ende deren endgültige Erscheinungsform in unserem Universum bestimmen. Die Art und Weise, wie sich etwas manifestiert, hängt dabei von seinem Schwingungsgrad ab, und dieser wiederum legt fest, auf welcher Ebene das Manifestierte dann in Erscheinung tritt. Was genau aber hat man sich unter einer sogenannten »Ebene« vorzustellen? Das *Kybalion* besagt, dass es sich dabei weder um einen Ort noch um einen Zustand oder eine Eigenschaft im herkömmlichen Sinne handelt. Eine Ebene ist keine räumliche oder physikalische Größe und auch keine der drei Dimensionen, wie wir sie kennen. Sie ist also kein Zustand, und dennoch kann sie in verschiedenen Graden bemessen werden. Dies ist möglich, weil eine Ebene im hermetischen Verständnis Ausdruck einer weiteren Dimension – der *Dimension der Schwingung* – ist (Kybalion, 1912, S. 116). Mit dem Prinzip der Schwingung werden wir uns noch detaillierter im fünften Kapitel befassen. Zum gegenwärtigen Zeitpunkt bietet es sich jedoch an, die Grundannahme dieses Prinzips heranzuziehen, um die *Ebenen der Entsprechung* besser begreifen zu können. Das Schwingungsprinzip besagt folgendes: *Alles ist in Bewegung; alles schwingt; nichts ist in Ruhestellung* (Kybalion, 1912, S. 116).

Die *Dimension der Schwingung* – als Differentialkriterium zwischen den Dingen und Maßstab für die Zuordnung zu einer der hermetischen Ebenen des Seins – wird dabei von ihrem Ausmaß, ihrer Richtung und Art bestimmt. Je nachdem, wie schnell, hoch oder weit die geistige Grundnatur eines Gegenstandes oder eines Lebewesens schwingt, werden diese entsprechend einer der *Drei Großen Ebenen* zugeordnet. Wie bereits im Vorfeld erwähnt, reicht die Bandbreite dabei von der grundlegendsten Form undifferenzierter Materie hin zur höchsten schwingenden Form von Geist – zum *Spirit*, der dem *Einen* selbst gleicht.

Die zweckmäßige Einteilung in Ebenen richtet sich also nicht nach Besonderheiten im Sein der Dinge, sie alle sind ja Schöpfungen des *Allumfassenden* und aus der gleichen geistigen Grundsubstanz, sondern vielmehr nach ihrem Grad auf der Skala der Schwingungen. Dementsprechend wird eine Entität auch im Hinblick auf ihr Bewusstsein als weiter oder weniger weit entwickelt angesehen. Am oberen Ende der höchsten, der *Großen Spirituellen Ebene,* finden wir deswegen Wesenheiten, die am schnellsten schwingen und durch ihre Nähe zum göttlichen *Einen* als die am weitesten entwickelten Geschöpfe angesehen werden. Ihnen gegenüber stehen am unteren Ende der *Großen Materiellen Ebene* solche, die äußerst langsam und tief schwingen. Aus diesem Grund erscheint uns auch Materie als fest und solide. Was die Wahrnehmung jener extrem hohen und schnellen Schwingungen des Spirituellen anbelangt, so liegt dies in der Regel außerhalb unserer menschlichen Möglichkeiten: Unsere Sinne sind (noch) nicht darauf ausgerichtet, sie zu erfassen.

Die *Ebenen der Entsprechung* sind also eine Möglichkeit, Dinge durch ihren Schwingungsgrad einzuordnen. Wenn man so will, kann man sie als Konzeptualisierungshilfen verstehen. Von diesen Ebenen gibt es den hermetischen Lehren nach insgesamt drei: die *Große Materielle Ebene,* die *Große Geistige Ebene* und die *Große Spirituelle Ebene.* Diese sind jeweils in sieben verschiedene Unterebenen eingeteilt, welche ebenfalls wiederum sieben Unterteilungen besitzen. Auch wenn der Begriff der ›Ebene‹ mit den unterschiedlichen Abstufungen als in sich abgeschlossen erscheint, sind die Übergänge zwischen den einzelnen Ebenen fließend: nämlich dort, wo die am schnellsten schwingenden Formen einer Ebene auf die am niedrigsten schwingenden Entitäten der nächst höheren Ebene treffen. Dies ist der Fall von der *Großen Materiellen Ebene* zur *Großen Geistigen Ebene* und von eben dieser zur *Großen Spirituellen Ebene.* Aus diesem Grund sind die hermetischen Ebenen nicht als eine festgelegte Kategorisierung oder exklusive Einteilung zu verstehen, sondern vielmehr als ein offenes Modell, das nicht die Getrenntheit, sondern die Verbundenheit aller Dinge hervorheben will.

Das Prinzip der Schwingung besagt: »*Alles ist in ständiger Bewegung. Alles schwingt.*« Und das Prinzip der Entsprechung führt uns vor, dass dabei nur der Grad der Schwingung unterschiedlich ist, nicht aber die Grundsubstanz des Geschaffenen. Somit sind die sieben hermetischen Prinzipien auch für jede Ebene wahr und anwendbar. Jede von ihnen unterliegt den gleichen Gesetzmäßigkeiten, denselben Prinzipien und Regeln: Zwischen ihnen herrscht Harmonie und Analogie. In diesem Sinne ist auch das zweite hermetische Axiom zu verstehen: *Wie oben, so unten; wie unten, so oben* (Kybalion, 1912, S. 113) und auch »wie im Kleinen, so im Großen«. Was für die tief schwingende Materie gilt, gilt auch für den hoch schwingenden Energiekörper eines geistigen Geschöpfes. Die Erkenntnisse, die wir auf der *Großen Materiellen Ebene* sammeln, ermöglichen demzufolge auch Rückschlüsse auf das Funktionieren der *Großen Geistigen* und der *Großen Spirituellen Ebene*.

Nach dieser Einleitung drängen sich bei Ihnen, liebe Leserin, lieber Leser, wahrscheinlich insbesondere zwei Fragen auf: Worum handelt es sich eigentlich bei der *Großen Materiellen,* der *Großen Geistigen* und der *Großen Spirituellen Ebene?* Und: Welche weltlichen oder universellen Erscheinungsformen werden ihnen zugeordnet?

Die *Drei Großen Ebenen* und ihre Unterebenen

Den hermetischen Lehren nach ist also alles Existente zweckmäßig nach seinem Schwingungsgrad in *Drei Große Ebenen* unterteilt. Diese teilen sich in sieben Stufen und jede dieser Stufen wiederum in sieben Unterstufen auf, wobei, wie gesagt, diese Unterteilungen fließend ineinander übergehen und eigentlich untrennbar miteinander verwoben sind. Sie sollen uns im Weiteren lediglich als Anhaltspunkte für das strukturierte Verständnis der verschiedenen Wesen, welche die Skala des Lebens bevölkern, dienen.

Die *Große Materielle Ebene*

Die *Große Materielle Ebene* umfasst materielle Existenzformen, körperliche Manifestationen und physikalische Phänomene. Zu dieser ersten übergeordneten Ebene gehören sämtliche Formen von Materie, Energie und physikalischen Kräften. Ihre sieben Unterebenen bestehen aus drei materiellen Formen (aus sogenannter *A-*, *B-* und *C-Materie*), aus *ätherischer Substanz* und aus drei energetischen Formen (aus sogenannter *A-*, *B-* und *C-Energie*).

Am unteren Ende dieser Skala finden wir materielle und energetische Ausdrucksformen, die uns wohl bekannt sind. Dabei handelt es sich um feste Körper, Flüssigkeiten, Gase sowie Wärme, Licht, Elektrizität, Gravitation, Kohäsion, chemische Affinitäten usw. Diese Eigenschaften und physikalischen Phänomene sind uns geläufig und detailliert erforscht.

Interessanterweise postuliert das *Kybalion* darüber hinaus noch die Existenz einer anderen Art von Materie (die der Unterebene der *C-Materie* angehören soll) sowie Energien (*B-* und *C-Energie*), die der menschliche Geist (noch) nicht erfassen kann und die von der Wissenschaft

137

bislang unentdeckt sind. Die Rede ist von »feineren Naturelementen« oder »feineren Naturkräften« (Kybalion, 1912, S. 121), die manche mentalen Phänomene erst ermöglichen und sie beeinflussen. Einige von ihnen kommen dabei nah an das Leben selbst heran. Die bewusste Erfassung solcher Energien ist in der Regel Eingeweihten vorbehalten, da sie einen Erkenntnisstand voraussetzen, der zur *Großen Spirituellen Ebene* gehört und den der durchschnittliche Mensch für gewöhnlich noch nicht erreicht hat.

Die *Große Materielle Ebene* ist aufgrund ihres niedrigen Schwingungsgrades diejenige der drei übergeordneten Ebenen, zu denen wir am leichtesten Zugang haben können und die deswegen auch am besten wissenschaftlich erforscht ist. Es würde den Rahmen dieses Buches sprengen, alle Erkenntnisse und Beobachtungen zusammenzutragen, die sie betreffen. Das würde einer Zusammenfassung sämtlicher Forschungsergebnisse aus den Naturwissenschaften gleichkommen. Dennoch sei an dieser Stelle wenigstens eine kleine Brücke zur Quantenphysik geschlagen.

Parallelen zur Quantenphysik

Im ersten Kapitel bin ich bereits detailliert auf die Verhältnisse von Materie und Energie (bzw. Information oder Geist) eingegangen: Wir haben uns mit Einsteins *Masse-Energie-Äquivalenz* $e=mc^2$, mit der *Kopenhagener Deutung,* den Aspectschen Experimenten, dem *EPR-Paradoxon,* der *Stringtheorie* usw. beschäftigt. Sie alle basieren auf einer Kernaussage: dass Materie und Energie im Grunde wesensgleich sind.

Am wichtigsten für die *quantenherzliche* Betrachtungsweise scheint in diesem Zusammenhang die *Stringtheorie* zu sein, die ja besagt, dass der Grundbestandteil jeglicher Form von materieller Existenz schwingende Energiefäden sind, welche wiederum ein großes Vibrationsspektrum umfassen. Je nach Vibrationszustand bedingt ein *String* dieses oder jenes Elementarteilchen und legt somit den Grundstein zu einer andersartigen materiellen Manifestation (siehe Seite 47). Dies bedeutet letztlich nichts anderes, als dass es keine qualitativen Unterschiede in der Natur der physikalischen Phänomene gibt, sondern lediglich verschiedene konkrete Ausdrucksformen der gleichen Grundsubstanz.

Diese Vereinung von Allgemeiner Relativitätstheorie und Quantenmechanik bedeutet im Hinblick auf die *Große Materielle Ebene,* dass nicht nur materielle Manifestationen mittels jener schwingenden *Strings* erklärt, sondern ebenfalls Phänomene wie Gravitation oder Elektromagnetismus schlüssig dargestellt werden können. Damit scheint die *Stringtheorie* die Erkenntnis zu erbringen, dass sowohl verschiedene Formen von Materie als auch diverse energetische Manifestationen auf die gleichen Grundsubstanzen zurückzuführen sind und deswegen auch dem gleichen Register angehören. Dies würde die hermetischen Lehren unterstützen, da diese ja die grundlegende Gleichheit alles Geschaffenen voraussetzt und nur der Anschaulichkeit wegen das gesamte Universum in drei übergeordnete Ebenen unterteilt. Interessanterweise sind dabei materielle wie energetische Phänomene derselben Ebene zugeordnet: nämlich der *Großen Materiellen Ebene* – auch dies entspricht den neuesten wissenschaftlichen Erkenntnissen, wo Energie und Materie eben nicht zu trennen sind.

Wenden wir uns nun der darüberliegenden Ebene zu: der *Großen Geistigen Ebene.*

Die *Große Geistige Ebene*

Gleichermaßen dem Prinzip der Analogie folgend enthält die *Große Geistige Ebene* – genau wie ihre niedriger schwingende *Große Materielle* ›Schwester‹ – Wesenheiten, die uns ein Begriff sind, und andere Formen, die es weniger sind. Ihr sind Zustände zuzurechnen, die physikalische Entitäten als solche beleben, ihnen im ontologischen Sinne Leben einhauchen. Dies sollte allerdings nicht mit den entsprechenden materiellen Repräsentanten verwechselt werden. So ist der Geist eines Menschen (eines Tieres, einer Pflanze oder eines Minerals) weder mit seiner jeweiligen körperlichen Existenz noch mit ihm als Ganzem gleichzusetzen. Es ist vielmehr so, dass ein Teil von ihm, sein Körper, der *Großen Materiellen Ebene* angehört, ein anderer, sein Geist, ist der *Großen Geistigen Ebene* zuzuschreiben und wiederum ein anderer Anteil, die Seele, steht mit der *Großen Spirituellen Ebene* in Kontakt und ist ihr zugehörig.

Die Unterebenen der *Großen Geistigen Ebene* umfassen also den jeweiligen mineralischen, pflanzlichen, animalischen und menschlichen Geist, eben jenen Aspekt, der die verschiedenen materiellen Körperlichkeiten belebt. Gewiss gibt es Unterschiede im Grad der Bewusstheit von Mineralen, Pflanzen, Tieren und Menschen. Ein Stein, ein Baum, eine Katze existieren, sie *sind*. Wir Menschen haben darüber hinaus ein Bewusstsein dafür, *dass* wir sind – wir haben die Fähigkeit, uns selbst zu reflektieren. Doch allen Schöpfungen liegt gleichermaßen der Geist des *allumfassenden Einen* inne, diesen allerdings direkt und klar wahrzunehmen entzieht sich häufig unseren menschlichen Fähigkeiten, ist allerdings nicht unmöglich (Kybalion, 1912).

Den hermetischen Lehren nach besitzen also sowohl Pflanzen als auch Tiere einen animierenden Geist, der ihnen Leben einhaucht. Diese Behauptung ist nicht unbedingt abwegig, da beide Existenzgruppen auf positive Energie reagieren und sich eine solche Art der Zuwendung in ihrem Wachstum und Wohlergehen reflektiert. Doch nicht nur wenn sie Informationen (Schwingungen) ausgesetzt sind, zeigen sie Reaktionen: Pflanzen und pflanzliche Stoffe etwa senden selbst ebenfalls Schwingungen aus und sind Informationsträger. Als Beispiele seien hierzu die Bachblütentherapie oder das Wirken von Heilkräutern angeführt.

Dass Mineralien oder chemische Stoffe auch so etwas wie einen eigenen Geist haben, einen geistigen, animierenden Zustand, erscheint erst einmal ein wenig befremdlich. An späterer Stelle werden wir Phänomene wie die chemische Kohäsion noch genauer betrachten (siehe dazu Seite 338). Vor dieser Grundlage aber scheint es nicht zu weit hergeholt, dass Moleküle ihr Sein auch auf so etwas wie einen eigenen inneren Antrieb gründen, wodurch eben Anziehung, Abstoßung oder Affinitäten zwischen ihnen erst möglich werden. Dass Mineralien ebenfalls belebt sind und als lebendig wahrgenommen werden können, findet unter anderem in der Lithotherapie Anwendung, in der Arbeit mit Edelsteinen und Mineralien.

Auf einer sehr elementaren Ebene kann man demnach Mineralien und chemischen Stoffen eine Art Zu- oder Abneigung, einen Wunsch oder Willen zugestehen, wobei diese geistigen Regungen sich lediglich graduell von unseren menschlichen Gefühlsregungen unterscheiden. Diesen Rückschluss zwischen den verschiedenen Ebenen zu ziehen erlaubt uns gerade das universelle Wirken des Prinzips der Entsprechung.

Wie wir eingangs festgehalten haben, besteht jede der *Drei Großen Ebenen* aus jeweils sieben Unterebenen. Im Hinblick auf die *Große Geistige Ebene* haben wir bislang drei besprochen und die vierte angedeutet: und zwar die Unterebenen des mineralischen, pflanzlichen, tierischen und menschlichen Geistes. Es fehlen also noch drei weitere Unterstufen: In diesem Zusammenhang erwähnt das *Kybalion* (1912) sogenannte »Elementarwesen«, die als ›Zwischenstufen‹ oder ›Verbindungsglieder‹ zwischen zwei unterschiedlichen Existenzformen angesehen werden. Sie liegen also zwischen den einzelnen, bereits besprochenen geistigen Unterebenen, demnach zwischen dem Geist der Mineral- und Pflanzenwelt, zwischen dem der Pflanzen- und Tierwelt und zwischen dem animalischen und unserem menschlichen Geist. Gerade auf der letzten Zwischenstufe sind diese »Elementarwesen« in ihrer höchsten Intelligenzform dem Menschen sehr ähnlich.

Zu den verschiedenen Elementarreichen gibt es diverse Literatur. Feinsinnige Menschen haben oft ein Gespür für ihre Existenz, wobei sie diese nicht nur anerkennen, sondern auch mit ihren Bewohnern Kontakt aufzunehmen vermögen. In anderen Kulturen haben sie zudem oft einen größeren Stellenwert als in unseren Breitengraden, so zum Beispiel in Skandinavien oder in der keltischen und nordischen Mythologie, wo man Elfen, Zwergen und Gnomen einen selbstverständlichen Platz in Erzählungen und Märchen und mitunter auch im Alltagsleben einräumt.

Im Hinblick auf unsere menschliche Entwicklung und die Zustände, welche die letzte Unterstufe, eben die der Menschen, beleben, hält das *Kybalion* einige interessante Aussagen fest. Wir erinnern uns: Jede Unterstufe ist nochmals in sieben weitere Stufen unterteilt. Der Durchschnittsmensch erreicht in der Regel die vierte Unterstufe der menschlichen Geistesebene, manche weit entwickelten Seelen auch die fünfte. Für diesen Prozess hat es Jahrtausende gebraucht, und es wird wohl wiederum so lange brauchen, bis die Menschheit die nächsten beiden Unterebenen kollektiv für sich erschlossen hat (Kybalion, 1912).

Es gibt also noch zwei (bzw. drei) weitere geistige Entwicklungsstufen, auf die wir uns potentiell erheben können, deren Existenz uns bisher allerdings noch nicht bewusst ist. Auch wenn wir keine Vorstellung davon haben können, welche Art von Sein wir dann führen werden, so sind diese letzten beiden Stufen als Übergang zur *Großen Spirituellen Ebene* anzusehen. Sie zeigen uns die Richtung an, in die wir uns mittels unseres Geistes eben durch unsere Erhebung zu bewegen vermögen. Das Ziel unserer persönlichen Entwicklung, die Heimkehr zum *All-Sein*, führt demnach über den Weg der Meisterschaft und die geistige Eroberung der *Großen Spirituellen Ebene*. Dieser wollen wir uns nun im Folgenden zuwenden. Weitergehenden Überlegungen zur *Großen Geistigen Ebene,* zum menschlichen Bewusstsein, zur subjektiven Wahrnehmung und zu den *quantenherzlichen* Nutzungsmöglichkeiten unseres geistigen Potentials, die aus dem Zusammenspiel von Hermetik und Quantenphysik hervorgehen, werden wir uns im fünften Kapitel widmen (siehe Seite 180).

Die *Große Spirituelle Ebene*

Das *Kybalion* (1912) besagt, dass es sehr schwierig sei, die *Große Spirituelle Ebene* zu erklären, weil sie nicht im Bereich unseres menschlichen Erlebens liege. Diesbezüglich möchte ich einige Erfahrungen und Überlegungen anführen, die diese Grundaussage auf der einen Seite zwar ergänzen, auf der anderen aber vielleicht sogar herausfordern.

In den letzten Jahrzehnten fand eine allgemeine Erhöhung der Schwingungen auf der Erde statt. Viele Menschen haben sich weiterentwickelt und ihre Resonanz- und Wahrnehmungsfähigkeiten erweitert. Die Aussage im *Kybalion* ist somit in ihren historischen und zeitlichen Rahmen zu setzen. Im Jahre 1912 war die Menschheit in ihrem Bewusstsein noch nicht so weit entwickelt, so dass die *Große Spirituelle Ebene* zweifellos viel schwieriger zu erreichen war und in der Regel außerhalb des Wahrnehmungsspektrums der meisten Menschen lag. Ich wage zu behaupten, dass sich dies in den letzten Jahren geändert hat. Immer mehr Menschen entdecken ihr spirituelles Sein und leben diesen Aspekt immer offener aus. Auf diese Weise kann die allgemeine Schwingungserhöhung schneller voranschreiten, eben weil eine immer bedeutendere Anzahl von Menschen an ihr mitwirkt und zu ihr beiträgt. Somit scheint es nicht undenkbar, dass die verschiedenen Stufen der *Großen Spirituellen Ebene* ansatzweise von uns Menschen wahrgenommen und erlebt werden können – je nachdem, in welchem Maße das eigene hochfrequente Wahrnehmungsspektrum erweitert und trainiert ist.

Die Informationen über die *Große Spirituelle Ebene* sind also im *Kybalion* (1912) relativ dürftig und schlicht gehalten. Als Begründung wird auch hier wie schon an anderer Stelle angegeben, dass die Kenntnis dieser Ebene nur den höchsten hermetischen Eingeweihten vorbehalten war, weil nur sie in der Lage waren, diese Begebenheiten überhaupt zu verstehen (siehe hierzu Seite 57). Denn ihre Erfahrung strengt gleichermaßen den logischen Verstand und das intuitive Gefühl an. Die Verbindung dieser beiden Wahrnehmungskanäle macht die intime Erfahrung um die Tiefgründigkeit und Fülle der *Großen Spirituellen Ebene* überhaupt erst möglich. Um sich in etwa vorstellen zu können, wovon hier die Rede ist, können wir das Prinzip der Entsprechung selbst zu Hilfe nehmen und uns vor Augen halten, dass die höchsten Unterebenen der *Großen Spirituellen Ebene* im ungefähren Verhältnis zum Menschen stehen wie letzterer zur tiefsten Unterebene der *Großen Materiellen Ebene*. Die höchsten spirituellen Unterebenen bergen Geheimnisse, die wir uns nicht vorzustellen vermögen, geschweige denn begreifen oder anwenden können. Und doch scheint die Zeit reif zu sein, diese Weisheit langsam, aber sicher zu erobern und zu integrieren. In diesen Zeiten des Aufstiegs der Erde, wo wir Menschen uns auf die fünfte Ebene des menschlichen Geistes hinbewegen und manche von uns sie schon für sich erschlossen haben, liegt die *Große Spirituelle Ebene* nicht mehr zwingend außerhalb unserer Möglichkeiten und unseres Bewusstseins.

Wir alle befinden uns in einer Zeit der Heimkehr: der Rückkehr zum *All-Einen,* bei der uns die hermetischen Lehren eine unterstützende Hilfe sein können. Auch wenn sich dieser Weg nach Hause für jeden Menschen anders gestaltet, sind die Stationen, die wir durchlaufen müssen, immer die gleichen: uns selbst wahrnehmen, uns dem göttlichen Kern in uns gewahr werden und erfahren, dass wir alle verbunden und im Grunde eins sind. Wie weit der eine oder die andere dabei bereits vorangeschritten ist, spielt eine untergeordnete Rolle. Schließlich ist dies nur eine Frage des Bewusstseins: Wir alle stammen ja aus der gleichen Quelle und gehen zu ihr zurück. Wenn jeder von uns genügend bei sich bleibt, die ihm gestellte Aufgabe, seinen Platz im Leben, annimmt und darüber hinaus zum höchsten Besten seinen Mitmenschen ein Beispiel an persönlicher Entwicklung und (wenn angefragt und gewollt) Hilfestellung ist, dann ist die allgemeine Erhebung eine logische Konsequenz. Was wir an Negativem in unserer Welt erleben, wird dann nicht mehr relevant sein, weil wir es als Illusion entlarvt haben: Es wird keine Machtkämpfe, keine Missachtung der Selbstbestimmtheit einer anderen Person, kein unterdrücktes Potential an Kreativität und Schöpferkraft mehr geben. Denn dann wird im Sinne des Prinzips der Entsprechung das Außen unserem Inneren gleichen: Der Frieden in uns, unsere wachsende Bewusstheit, wird sich in dem friedvollen Leben um uns herum widerspiegeln. Vielleicht mag Ihnen ein solcher Zustand utopisch erscheinen, aber ich habe die tiefe und innige Überzeugung, dass die Menschheit sich daraufhin zubewegt. Wenn wir alle uns dem öffnen, was wirklich ist, wenn wir unsere persönlichen Ziele überprüfen und in den Dienst des *All-Einen* stellen, dann können wir es zusammen schaffen!

Das Ziel unserer Existenz ist also die Erhebung bis auf die höchsten Schwingungsebenen der *Großen Spirituellen Ebene* des Seins und somit die Rückkehr zum *allumfassenden Einen*. Werkzeuge und Anleitungen zu diesem Weg der meisterlichen Erkenntnis liegen, wie bereits im Vorfeld mehrfach angesprochen, in den hermetischen Lehren, ihren Grundsätzen und Prinzipien. Unser wichtigstes Werkzeug – das Verbindungsglied zwischen unserer materiellen und unserer spirituellen Existenz – ist dabei unser Geist, der uns die alchemistische Schwingungserhöhung und die Eroberung der *Großen Spirituellen Ebene* erst ermöglicht. Um dies zu erreichen, stellt das *All-Sein* uns »spirituelle Hilfe« zur Verfügung: jene Wesenheiten und hochfrequenten Schwingungen, welche die *Große Spirituelle Ebene* bevölkern und die bereits den Weg des Aufstiegs beschritten haben, der noch von uns Menschen zu gehen ist: Da alles, was die *Drei Großen Ebenen* und ihre Unterebenen bergen, den gleichen

Sinn und Zweck hat, scheint es logisch, dass weitere Hilfestellung zur Umsetzung unserer Aufgabe in der über unserer Existenz gelegenen Ebene liegt. Doch wer ist es, der uns da zu Hilfe kommen kann? An wessen Beispiel können wir uns ausrichten? Und: Welche Wesenheiten gehören eigentlich zur *Großen Spirituellen Ebene?*

Es sind Weise und Aufgestiegene Meister, Engel und Erzengel, die Elohim, Götter und göttliche Heerscharen. All diese geistigen Geschöpfe schwingen reiner und höher als wir Menschen. Sie sind mitunter nicht mehr an eine materielle Existenzform gebunden. Ihr damit einhergehendes hochfrequentes Bewusstsein lässt sie in die Nähe des *Einen* kommen. Dies wiederum ist ebenfalls das Resultat eines Prozesses, denn auch diese hoch entwickelten Wesenheiten befinden sich auf ihrem eigenen Weg der endgültigen Rückkehr zur Quelle. Ihr Beispiel kann uns, die wir diese Erhebung noch zu absolvieren haben, Hilfe und Inspiration sein, da wir von ihren bereits umgesetzten und erprobten Möglichkeiten in unserer persönlichen Entwicklung profitieren können. Darüber hinaus besitzen sie eine größere Weitsicht, als sie uns beschieden ist, und stehen uns allzeit als Unterstützung und Hilfestellung zur Verfügung, jedoch nur, wenn wir sie willkommen heißen und darum bitten. Eine Intervention ihrerseits ohne unsere ausdrückliche persönliche Anfrage und Zustimmung ist nicht möglich.

Das *Kybalion* (1912) schreibt diesen geistigen, hoch spirituellen Geschöpfen auch einen großen Einfluss auf die allgemeinen weltlichen Ereignisse zu: Sie spielen eine wichtige, wenn auch nicht direkt wahrnehmbare Rolle auf unserer Erde und unterstützen den Evolutionsprozess der Menschheit, wobei sie den Gesetzen des *Einen* gehorchen und somit die kosmische Ordnung wahren.

Unsere Rückkehr zum *All-Einen* ist also davon geprägt, in welchem Maße wir imstande sind, unseren Geist gegenüber der *Großen Spirituellen Ebene* zu öffnen. Je mehr dabei unsere Bewusstheit zunimmt, desto mehr Raum erhält unser eigener, uns innewohnender spiritueller Anteil: unsere Seele. Wie diese beiden Aspekte unseres Seins miteinander in Verbindung stehen und göttliches Wirken in uns und durch uns ermöglichen, wollen wir im Folgenden näher betrachten.

Über das Verhältnis von Geist und Seele

Alles ist verbunden, und alles ist eins – diese Feststellung lässt sich sowohl aus der Quantenphysik als auch aus den hermetischen Lehren klar ableiten. Da die tiefe Verbundenheit aller Dinge sich mitunter auf einer höher gelegenen Ebene befindet, liegt sie in der Regel außerhalb unseres menschlichen Wahrnehmungsspektrums. Dieses Phänomen wurde im zweiten Kapitel eingängig illustriert mit Hilfe von Jörg Starkmuths Meeres-Metapher oder auch David Bohms Konzept des *Holo-Movements* (siehe Seite 72) (u. a. Bohm, 1980; Bauberger, 2005; Becker, 2008; Keepin, 2008). Alles ist in Bewegung, und jedes Geschöpf des *Einen* enthält im Grunde das *Ganze* in sich. Auch dies deckt sich mit den Schlussfolgerungen von David Bohm in seinen Studien um die *Implizite Ordnung* (siehe Seite 42). Setzt man diese Überlegungen in Relation zu theologischen Aussagen, die da lauten, dass Gott in uns ist oder dass jeder Mensch einen göttlichen Funken in sich trägt (siehe Seite 69), muss man sich unweigerlich die Frage stellen: Könnte es sein, dass hier zwei gänzlich verschiedene Disziplinen die gleichen Umstände beschreiben?

Wir wissen bereits, dass der Mensch Teil des *Einen* und ein Teil von ihm selbst das *Eine* ist. Der Mensch trägt also das *All-Sein* in sich, und zwar in Form eines transzendentalen Anteils, der mit allem in Verbindung steht. Im Hinblick auf diesen menschlichen Anteil können wir sogar sagen, dass er überall ist, eben weil er mit allem verbunden ist (Dürr, 2008). Ist es abwegig zu behaupten, dass dieser transzendentale menschliche Teil dem gleichzusetzen ist, was wir umgangssprachlich ›Seele‹ nennen? Jener Teil von uns, der der *Großen Spirituellen Ebene* angehört, könnte tatsächlich unsere Seele sein, die von Gott, vom *allumfassenden Einen,* kommt und wieder zu ihm heimkehrt, wenn das Ende ihrer Inkarnation gekommen ist und das Materielle dahinscheidet. In diesem Zusammenhang ist es hilfreich zu definieren, was wir unter ›Seele‹ verstehen wollen. Ich berufe mich dabei auf Petra Schneiders Definition (2009, S. 23f.): *In diesem Buch wird der Begriff Seele für den übergeordneten, ordnenden Anteil verwendet, der den Körper überdauert und auch als ›göttlicher Funke‹ und wahres Wesen bezeichnet werden kann.* Interessanterweise benutzt Petra Schneider den Begriff »ordnend«.

Spricht nicht auch Bohm von der ordnenden Funktion des Ganzen, in dem Manifestationen nichts anderes sind als Entfaltungen einer *impliziten Ordnung,* die in jedem entfalteten Aspekt enthalten sind?! Die Parallelen scheinen auffällig. Sicher werden die Dinge auf eine andere Weise ausgedrückt, schließlich spricht jeder von dem Standpunkt seines Wissen und Bewusstseins aus: Und dennoch haben die Beobachtungen eines Quantenphysikers, eines Theologen, einer Metaphysikerin, einer Psychologin usw. jede für sich einen unschätzbaren Wert, mit dem sich unser Verständnis von der Welt und von uns selbst unendlich bereichern und erweitern lässt.

Mehrere Autoren (u. a. Virtue, 2008; Schneider, 2009) vertreten die Meinung, dass die Integration von seelischen Aspekten in unser alltägliches Leben zu unserer Erhebung und persönlichen Entwicklung beiträgt. Wenn wir uns des Transzendentalen in uns bewusst werden, uns damit verbinden und somit in dem Wissen *leben,* dass alles eins ist, dann beschreiten wir den Weg der Erkenntnis und Rückkehr zum *Einen.* Je mehr wir von der dahinterliegenden Wirklichkeit verstehen, desto mehr Raum geben wir dem Wirken unserer Seele. Sie kann sich ausdehnen und uns dazu inspirieren, unser Sein zu erheben. Und je mehr wir unsere verschiedenen Aspekte in Einklang miteinander bringen, unsere körperlichen, geistigen und seelischen Anteile, desto mehr Zugang zu höheren Bewusstseinsebenen erhalten wir. Die Nutzung und Integration des transzendentalen Anteils in uns ist somit gleichzeitig Bedingung und Ziel unserer persönlichen Erhebung. Doch wie ist eine solche Integration möglich?

Ein erster Schritt ist die Einnahme jener *Metaposition,* die bereits angedeutet worden ist und mit der wir uns unter anderem im siebten Kapitel noch ausführlicher beschäftigen werden (siehe u. a. Seite 72, 267 und 279). Denn sowie wir uns darüber bewusst sind, dass höhere Ebenen existieren und dass Erhebung dahingehend möglich ist, können wir sie auch praktizieren. Indem wir Distanz zu unserem eigenen Erleben einnehmen, begeben wir uns bereits auf eine geistig höhere Ebene. Wir sind nicht länger mit dem Geschehen und unserem Erleben identifiziert. Aus dieser *Metaposition* heraus können wir über uns selbst und unsere verschiedenen Anteile nachsinnen. Aus diesen Einsichten erwachsen schließlich Erfahrungen, die uns erleben lassen, dass ein Teil von uns tatsächlich bereits dem Höheren angehört: Wir machen Erfahrungen der Einheit! Und die Integration solcher Erlebnisse ermöglicht uns wiederum, uns mehr zu öffnen für noch höhere Existenzebenen, wodurch wir den Pfad der Weisheit immer weiter beschreiten.

Diese Überlegungen führen uns zu einer anderen interessanten Sicht unseres menschlichen Daseins: zur Vorstellung vom Menschen als einer Einheit aus Körper, Geist und Seele. Das Ego, die Ich-Wahrnehmung, die unter anderem an unser Denken und unseren Verstand gekoppelt ist, bedient sich hauptsächlich unserer fünf klassischen Sinne: Wir nehmen uns visuell, auditiv, olfaktorisch, gustativ und haptisch wahr. Der menschliche Verstand – als Teil unseres geistigen Wesens – ist eine sinnbildende und organisatorische Instanz und dadurch begrenzend: Er ist lediglich in der Lage, subjektiven Sinn zu produzieren. Dieser ist allerdings in unserem Alltag von großer Wichtigkeit, da er uns das Funktionieren in einem sinnhaft erfassten Umfeld und die Positionierung unseres Selbst darin erst ermöglicht. Unser Verstand bedient sich unserer persönlichen Erfahrung, um die Realität durch dieses Raster hindurch wahrnehmen zu können. Er bietet uns sozusagen eine eigens geprägte und ›hausgemachte‹ Organisation der wahrgenommenen Elemente an. Das haben wir ebenfalls bereits in den vorherigen Kapiteln erfahren (siehe etwa Seite 21 oder 84). Diese Eigenschaft des menschlichen Funktionierens ist an sich weder schlimm noch verwerflich, da sie, wie erwähnt, auch durchaus wichtige, konstruktive Aspekte aufweist. Es ist einfach nur unabdinglich, sich darüber bewusst zu sein, dass wir unsere Welt durch ein Raster wahrnehmen, das von unseren Erfahrungen und persönlichen Sinngebungen geprägt ist. Wenn uns dies nämlich nicht klar ist, erliegen wir unweigerlich der Illusion, dass die subjektive Interpretation der Realität, die uns unser Verstand vorstellt, tatsächlich *die* objektive Wirklichkeit selbst sei.

Unser menschlicher Geist scheint also die Schnittstelle zu sein, die unsere Sinneswahrnehmungen zentralisiert und sie zu einem, mehr oder weniger, kohärenten (Selbst-)Bild integriert. Über ihn erhalten wir Zugang zur unteren *Materiellen Ebene* und zur übergeordneten *Spirituellen Ebene*. Unser Geist ist gleichermaßen Scharnier zwischen der physisch-geistigen und der geistig-spirituellen Welt. Und somit liegt in unserem menschlichen Geist auch der Schlüssel zu unserer Erhebung: Mit ihm können wir eine integrierte Sicht der Dinge erlangen und erfassen, dass das ›All der Möglichkeiten‹ weit mehr umfasst als rein materielle Aspekte und ebenso mehr als jene Aspekte, die wir durch unser Wahrnehmungsraster aufnehmen. Diese Erkenntnis, das Wissen um die dahinterliegende Realität, ist der erste Schritt auf dem Weg unserer Meisterschaft: Mit ihr fokussieren wir unseren Geist auf die *Große Spirituelle Ebene,* die dadurch Eingang in unsere Denkmuster erhält, sie wird uns vertrauter und somit realer und nimmt nach und nach einen immer größeren Platz in unserem Erleben ein.

Wir fangen an, uns unseres Geistes und auch unseres Verstandes bewusst zu bedienen, indem wir uns in Anlehnung an das *göttliche Paradoxon* vor Augen führen, dass beide sowohl real – und von Nutzen für unsere Erhebung – als auch illusorisch sind. Wir können die niederen Ebenen und ihre Begrenzungen überwinden, indem wir uns den dahinter- bzw. darüberliegenden spirituellen Wirklichkeiten zuwenden. Um dies tun zu können, muss unser Verstand und auch unser Geist erst das Wissen um jene Möglichkeiten erlangen, um dann Katalysator zur konkreten Umsetzung, für Integration und weiteres Erleben sein zu können.

Es ist eine logische Konsequenz, dass es in unseren persönlichen Möglichkeiten liegt, uns durch unseren Geist, den höheren Ebenen zuzuwenden. Selbst wenn die *Große Spirituelle Ebene* und ihre höchste Schwingung – das *allumfassende Eine* – nicht vom menschlichen Geist erfasst werden können, bietet doch das hermetische Prinzip der Analogie die Möglichkeit, jene Begebenheiten anzudenken. Dadurch lassen sich auch spirituelle Elemente durchaus geistig erreichen. Immer aber unter der Bedingung der Demut und des Bewusstseins, dass der eigene Geist ein zweckdienliches Werkzeug ist, das weder perfekt noch das eigentliche Ziel an sich ist. Wohlweislich genutzt gereicht er uns als Möglichkeit und Katalysator zur Beschreitung unseres Pfades der Weisheit. Unser Geist wird uns dabei niemals ermöglichen, das *Eine* in seinem ganzen Umfang zu erfassen und zu denken. Vielmehr eröffnet er uns die Möglichkeit, dem *Einen* über den in uns schlummernden göttlichen Anteil näher zu kommen und es zu fühlen: eben über unsere Seele, über den uns innewohnenden göttlichen Funken, der ja Teil des *Einen* ist. Wie eine solche aktive Annäherung im Einzelnen aussehen kann und wie wir konkret unseren Kontakt zur *Großen Spirituellen Ebene* vertiefen und ausbauen können, möchte ich Ihnen im Folgenden vorstellen.

Überlegungen zu einem metaphysischen Zugang zur *Großen Spirituellen Ebene*

Der Zugang zu spirituellen Ebenen ist – den hermetischen Lehren nach – Meistern vorbehalten, die den Umfang dieses Wissens zu würdigen wissen und es mit Ehrfurcht anwenden. Nichtsdestotrotz ist Spiritualität keine elitäre Angelegenheit mehr. Heutzutage wird der Zugang zu spirituellen Inhalten immer einfacher und ›anwenderfreundlicher‹. Persönliche Arbeit mit Engeln, Erzengeln und anderen göttlichen Wesen wird immer beliebter und populärer, was die Auflagenzahlen von Autoren wie Doreen Virtue, Eva-Maria Mora oder Diana Cooper eindrucksvoll veranschaulichen. Es scheint, als sei die *Große Spirituelle Ebene* nicht mehr Lichtjahre entfernt, sondern immer integrierbarer in unseren Alltag. Dies ist nicht zuletzt eine direkte Folge des momentanen Energieanstiegs der Erde und des damit verbundenen menschlichen Seins.

Wenn wir spirituelle Wesenheiten in unser Leben einladen, tritt ihre höhere, schnellere und reinere Schwingung mit unserem Energiefeld in Resonanz und erhebt dieses. Die Einfachheit und Allgemeingültigkeit dieser Praxis mag zu ihrer Popularität beitragen. Kontinuierlich und konsequent angewandt unterstützt sie uns dabei, unsere Schwingung zu erhöhen und uns auf diese Weise weiterzuentwickeln. So besteht die Möglichkeit, dass wir lernen, die *Große Spirituelle Ebene* wahrzunehmen und mit ihr zu kommunizieren. Je mehr wir mit ihrer Hilfe unsere Energie erhöhen, desto klarer wird unsere Wahrnehmung der rein geistigen Welt werden und desto zügiger beschreiten wir den Weg der Meisterschaft und Rückkehr zur Quelle allen Seins. All dies ist zweifelsfrei möglich und viele vor uns erleben anhand tief bewegender Erfahrungen, dass dem so ist.

Meine Worte vermögen allerdings nur ansatzweise meine persönlichen Erfahrungen in diesem Bereich zu reflektieren. Die Wahrnehmung eines Aufgestiegenen Meisters, eines Engels, Erzengels oder sogar der Elohim-Schöpferenergie, sie zu spüren, zu sehen, manchmal sogar zu riechen oder zu schmecken, ist in einem Maße berührend, dass es nicht wirklich in Sprache zu kleiden ist. Es ist ein Gefühl, eine tiefe Empfindung von Verbundenheit und lichtvollem Sein. Mit ihm gehen bedingungslose Liebe und Hingabe einher, die sich dem menschlichen Gefühlsspektrum offenbaren und es um diese Emotion bereichern, da sie unserem menschlichen Sein nicht selbstverständlich angehören. Ein solches Erleben von tiefem Angenommen-Sein und tiefster Liebe für das eigene Sein scheint für uns Menschen, die wir an unser Ego und an die weltliche Dualität gebunden sind und ihnen in dieser Inkarnation Rechnung tragen müssen, nur bedingt möglich. Ein Engel mit seinem übergeordneten, hochfrequenten Wesen vermag eine solche Liebe und reine Freude zu versprühen, dass wir Menschen uns erst einmal an diese Empfindungen gewöhnen müssen. Da es uns nicht geläufig ist, bedingungslos angenommen und geliebt zu werden, gilt es erst einmal zu lernen, der eigenen Wahrnehmung zu vertrauen, sich auf eine solche Erfahrung einzulassen und diese hoch schwingenden Energien und Wesenheiten in unserem Leben willkommen zu heißen. Nach und nach und mit wachsendem Vertrauen in die hohen Ebenen des *All-Seins* wächst dann unser persönliches Wahrnehmungsspektrum, es festigt sich die Verbindung mit der geistigen Welt. Die Kommunikation mit der *Großen Spirituellen Ebene* und ihren Wesenheiten wird immer leichter und selbstverständlicher. Dies geht soweit, dass die Präsenz jener geistigen Wesenheiten sowohl in der Meditation als auch im Alltag so natürlich und freundschaftlich ist, dass jederzeit Dialoge möglich sind. Manche Menschen berichten sogar von Erfahrungen, in denen sie sich des *All-Seins* bewusst wurden und fühlten, dass alles eins und miteinander verbunden ist. Diese wenigen Menschen sind vermutlich für einen Moment ihres Lebens mit einer der höchsten Schwingungen verbunden gewesen.

Mancher Autor sieht in der Rückverbindung mit Gott und der spirituellen Ebene den Sinn unseres Daseins (Mora, 2006; Virtue, 2008; Walsch 1999; Walsch, 2008; Schneider, 2005). Erleuchtung in diesem Zusammenhang ist die Erfahrung, sich durch die erlebte Trennung hindurch im tiefsten Inneren darüber bewusst zu werden, dass wir dennoch eins mit Gott sind, dass wir ein Teil des *Einen* sind und eben nicht von ihm getrennt, wie die physikalische Ebene uns glauben lässt. Erleuchtung hat scheinbar mit dem Blick ›hinter die Kulissen‹, auf die übergeordnete Ebene zu tun. Dabei reicht es nicht aus, nur von ihrer Existenz zu wissen. Es geht darum, sich mit ihr zu vereinigen: das *Eine* nicht nur zu erkennen, sondern vor allem zu fühlen, in Kontakt mit unserem göttlichen Funken zu treten und uns über ihn mit allem, was ist, zu verbinden.

Um dies zu bewerkstelligen, braucht es gewiss Übung, eigenverantwortliche Heilarbeit an sich selbst und Bewusstsein. Damit wir bei dieser Mammutaufgabe aber nicht gänzlich alleine und im Regen stehen, hat uns das *Eine*, wie bereits erwähnt, eine Reihe von Helfern zur Seite gestellt, die wir nur zu bitten brauchen ...

Doreen Virtues Engelarbeit

Eine der wohl bekanntesten Metaphysikerinnen der Neuzeit ist Doreen Virtue, die mit ihren leicht verständlichen Werken die Türe zur spirituellen Ebene für viele Menschen einen Spalt geöffnet hat. In ihrem Einführungswerk *Himmlische Hilfe* (Virtue, 2008), das sowohl für Einsteiger als auch für spirituell Fortgeschrittene bereichernd ist, beschreibt sie viele Wege, um mit Engel- und Erzengelenergie in Kontakt zu treten. Sie arbeitet mit Meditationen, die diese in unser Leben einladen, und beschreibt dabei liebevoll, welche verschiedenen Kanäle uns für die Kommunikation mit den höheren Ebenen zur Verfügung stehen und wie man herausfinden kann, welcher Kommunikationstyp man selbst ist: eher hellfühlig, hellhörig, hellwissend oder hellsichtig. Doreen Virtue stellt auch Techniken zur Klärung und Reinigung von niederen Energien dar, die uns, mit Hilfe der Engel, unterstützen, unsere eigene Frequenz zu erhöhen und auf Dauer zu stabilisieren. Dabei differenziert sie wunderbar zwischen den verschiedenen hohen Energien und gibt uns teilweise ein richtiges kleines Nachschlagewerk an die Hand, welche Energie, wie und zu welcher Fragestellung angerufen werden kann (Virtue, 2006a).

Neben der Arbeit mit Engeln und Erzengeln ist Doreen Virtue ebenfalls mit den Energien von Aufgestiegenen Meistern und Elementaren vertraut. Zu diesen Themen hat sie ebenfalls zahlreiche Bücher veröffentlicht. Sie zeigt uns, wie wir in Kontakt treten und die hoch schwingenden Energien dieser Wesenheiten erfahren und zu unserer Erhebung nutzen können.

Zu all diesen Themen organisiert die Autorin regelmäßig Weiterbildungen und Seminare. Sie hat sogar eine eigene Ausbildung zur energetischen Engeltherapie entwickelt und lehrt diese in ihren Büchern und Fortbildungen. Dazu gehört auch die Kontaktaufnahme und Kanalisierung von solchen Energien, die bei der Unterstützung und Heilung verschiedenster irdischer Problematiken dienlich sind.[9]

Eva-Maria und Michael Moras *Quantum Engel Heilung*

Diese Technik der Energieheilung, zur Erhöhung der eigenen Energiefrequenz, wurde von Eva-Maria und Michael Mora entwickelt und der Öffentlichkeit in ihren Büchern *Quantum Engel Heilung* und *Quantum Engel Liebe* zugänglich gemacht (Mora, 2006; Mora & Mora, 2007). Die verschiedenen Meditationen und Techniken ermöglichen es, Wesenheiten, die auf einer sehr hohen Frequenz schwingen, in unser Leben einzuladen. Durch die regelmäßige Verbindung mit Engel- und Erzengelenergien wird die eigene Schwingung stetig erhöht. Das eigene Wahrnehmungsspektrum erweitert sich und der Zugang zu solch hohen Energien wird immer einfacher und ›selbstverständlicher‹. Außerdem können wir die himmlischen Wesen bitten, uns bei unserer persönlichen Heilungsarbeit zur Seite zu stehen und uns ihre rein schwingende Energie zuteil werden zu lassen. Diese vermag, körperliche oder auch geistige Schmerzen zu lindern: Durch die Schwingungserhöhung können menschliche Empfindungen niedriger Art (wie z. B. Schmerz, Angst oder Schuld) in höhere Schwingungen verwandelt werden (z. B. in Liebe und Dankbarkeit). Eine komplette Vorstellung dieser Techniken sprengt leider, wie so oft, den Rahmen von *Quantenherz*. Interessierten kann ich sie und die entsprechende Literatur dazu nur wärmstens ans Herz legen.

Eine weitere Technik, die hoch schwingende Energien zum Wirken auf der Erde kanalisiert, ist durch Isabelle von Fallois geboren und entwickelt worden.

Isabelle von Fallois' Erzengelarbeit

Eine weitere Metaphysikerin, die übrigens die Ausbildung zum *Angel Therapy Practitioner* bei Doreen Virtue erfolgreich durchlaufen hat und über die energetische Arbeit mit Erzengeln promoviert, ist Isabelle von Fallois. In ihrem erst kürzlich erschienenen Buch über Erzengel (von Fallois, 2009 a) stellt sie uns die verschiedenen Erzengelenergien vor und gibt uns wundervolle Meditationen an die Hand (von Fallois, 2009 b), durch die wir uns mit ihnen verbinden können. Diese klären und helfen uns dabei, unser eigenes Energiespektrum zu erweitern, unsere Eigen- und Feinwahrnehmung zu schulen und die hochfrequente Erzengelenergie zur eigenen Heilung einzusetzen. Dazu gibt uns Isabelle von Fallois Affirmationen an die Hand, die wie Mantren benutzt werden können und somit Futter für unseren Verstand sind. Bei alltäglichen Routinearbeiten, aber auch während einer Meditation kann es vorkommen, dass der Verstand plötzlich aufschreit und versucht, jegliche spirituellen Erfahrungen zu hinterfragen und als Einbildung abzutun. Wenn Sie diesem schon im Vorfeld vorbeugen möchten, kann ich Ihnen nur raten, ihrem Verstand etwas zu tun zu geben, ihm Affirmationen anzubieten, damit Sie in Ruhe Ihre spirituellen Erfahrungen machen können. Denn wenn Ihr Verstand damit beschäftigt ist, Mantren zu rezitieren, bewertet er weniger und funkt Ihnen und Ihrer intuitiven Wahrnehmung weniger dazwischen.

Darüber hinaus enthält das Buch von Isabelle von Fallois ebenfalls sehr nützliche Informationen über die Erzengelenergien als solche, die uns deren Ebene des Seins etwas näher zu bringen vermögen.

Petra Schneiders feinstoffliche Arbeit

Petra Schneider und Gerhard Pieroth (u. a. 2006) haben verschiedene feinstoffliche Anwendungsmöglichkeiten entwickelt, mit denen wir unsere eigene Energiefrequenz erhöhen und erweitern können. In ihren Essenzen, Ölen oder auch energetisierten Kristallen haben sie durch ein spezielles Verfahren hochfrequente Energien verankern und speichern können, die sich dann auf den entsprechenden Anwender übertragen.

In einem ihrer Bücher widmet sich Petra Schneider interessanterweise der Seelen-Thematik (Schneider, 2009). Dieses Werk überzeugt sowohl durch seinen informativen als auch durch seinen praxisorientierten Aspekt. Zur Rückverbindung mit dem eigenen göttlichen Funken, der Seele, sind die darin beschriebenen Meditationen und Techniken bestens geeignet. Petra Schneider lädt Sie auf eine Seelenreise zu Ihrem Seelenbegleiter, Ihren Schutzgeistern und Ihrem Inneren Heiler ein und zeigt auf, welches Heilungspotential in diesen Begegnungen und den daraus resultierenden Veränderungen liegt.

Petra Schneider verliert nicht aus den Augen, dass die Seele im Grunde ein Konzept ist (Schneider, 2009). Genauso wie die Begriffe des ›höheren Selbst‹ oder des ›Ego‹ wird sie als ein Begriff von verschiedenen Menschen auf verschiedene Weisen genutzt. Somit scheint es logisch, dass Petra Schneider den Leser dazu einlädt, die eigene Seele für sich zu erkunden und zu erschließen. Dazu bietet sie, wie gesagt, diverse Techniken und Meditationen an, die es erlauben, die Signale unserer Seele wahrzunehmen – zu fühlen.

Die Sprache der Seele hat mitunter wenig mit Lexikologie zu tun. Ihre Ausdrucksweise bedient sich eher der Symbolik, Bildhaftigkeit und Intuition. Somit ist sie vielmehr analogem Verständnis zugänglich als rein analytisch-kognitivem Denken, wir fühlen sie eher, als dass wir sie verstehen können. Deshalb scheint es auch wenig Sinn zu machen, ein allgemeingültiges Erklärungsmodell entwerfen zu wollen. Stattdessen ist es nicht nur interessanter, sondern auch hilfreicher, uns zu einer eigenen Erkundung und zu einem höchst-persönlichen Erleben anzuregen.

Eine weitere Möglichkeit, persönliche Erfahrungen mit den eigenen Seelenanteilen zu machen, bietet sich in Petra Schneiders Seminaren zur *Seeleneinweihung*. Ich kann Sie diesbezüglich nur herzlich dazu ermutigen, sich selbst auf die Suche und auf Ihre höchst eigene Reise zu machen – es lohnt sich! Ergänzen Sie Ihr erdachtes Selbstbild durch den Aspekt des Fühlens, Sie werden sich wundern, was dabei alles ans Tageslicht kommen kann: Sie sind weitaus mehr, als sie tun: Sie SIND! Dies kann zu einer wundervollen Erfahrung auf Ihrem Seelenweg werden und sie dauerhaft mit Ihrem eigenen göttlichen Wesenskern verbinden.

In ihrem aktuellen Buch (Schneider, 2009 b) gibt Petra Schneider Einblick in eine noch höhere Schwingungsebene als die der Engel und Erzengel: Sie beschreibt die Ebene der geistigen Schöpferstrahlen, die Elohim. Diese sehr kraftvolle Energie drängt zurzeit auf die Erde, um dort von immer mehr Menschen wahrgenommen und genutzt zu werden. Im Vergleich zur Erzengelenergie ist die Kraft der Elohim noch tiefgreifender. Genau genommen handelt es sich dabei um Schöpferstrahlen, die noch höher und reiner schwingen, die dem Göttlichen noch näher sind und denen die verschiedenen Erzengel angehören, mit denen und durch die sie wirken. Diese Abstimmung reflektiert sich in den Farben, in denen sich die Elohim präsentieren. Bei diesen Wesenheiten ist es wohl so, dass sie keiner physischen Präsenz mehr angehören und sich stattdessen in reine Energie hüllen. Diese vermag sich hellsichtigen Menschen durch eben jene Farben und besonders hellfühligen Menschen durch eine äußerst intensive Empfindung zu offenbaren. Alles in allem ist die Begegnung mit den Elohim in ihrer Kraft und Erhabenheit eine sehr prägende und beeindruckende Erfahrung.

❋

Nach diesem Ausflug in das Reich von Möglichkeiten, die verschiedene Menschen entwickelt haben, um mit den fein schwingenden Ebenen der ›geistigen Welt‹ oder der *Großen Spirituellen Ebene* in Berührung zu kommen, mit ihnen zu arbeiten und sie zu unser aller Entwicklung zu nutzen, nähern wir uns nun wieder mehr der physischen Existenz unserer Welt und wenden uns dem letzten, noch ausstehenden Aspekt im Hinblick auf das Prinzip der Entsprechung zu: seiner Ergänzung durch wissenschaftliche Erkenntnisse.

Das Prinzip der Entsprechung und die Wissenschaft

Das Prinzip der Analogie lässt sich an vielen Stellen in der Wissenschaft und auch in unserer Welt wiederfinden, unter anderem in Form von Parallelen zwischen Mikro- und Makrokosmos: Was das ›Große‹ bewegt, spiegelt sich im ›Kleinen‹ (Sherman & Sherman, 2008). So besteht zum Beispiel eine potenzierte Gleichheit zwischen den Tonabständen auf unserer Tonleiter und den Distanzen zwischen den Gestirnen, zwischen der Abbildung eines Atomkerns und der Fotografie unserer Erde aus einer Million Kilometer sowie dem Bild unserer Milchstraße aus zehn Millionen Lichtjahren Entfernung (Geo Wissen, 1993). Auf diese Weise erscheint unser Universum von einer höheren Ordnung durchdrungen, welche schon in dem Wort ›Kosmos‹ (griechisch für ›Ordnung‹) implizit enthalten ist. In dieser Ordnung ist die Existenz von Zufällen ausgeschlossen: eine Feststellung, für die das Prinzip der Geistigkeit bereits den Weg geebnet hat und die das Prinzip der Entsprechung nun noch verfestigt. Alles ist miteinander verbunden, aber eben nicht auf willkürliche Weise. Es gibt nichts, was außerhalb dieses großen Zusammenhangs existieren könnte. Und wo unser Vorstellungsvermögen versagt, können wir mit Hilfe des zweiten hermetischen Prinzips sowohl die Unendlichkeit unseres Kosmos als auch die höheren Ebenen des Seins verstehen: So sind die *Ebenen der Entsprechung* ein wichtiges Werkzeug für unser Verständnis, da sie uns in vielerlei Hinsicht weiterhelfen können, entsprechende Schlussfolgerungen auch im Hinblick auf nicht beobachtbare Phänomene zu ziehen wie etwa auf die von der Quantenphysik postulierte Mehrdimensionalität.

Mehrdimensionalität in der Quantenphysik

Die Quantenphysik postuliert, wie gesagt, die Existenz von zahlreichen, weiteren Dimensionen, die wir Menschen jedoch zurzeit (noch) nicht erfassen können (siehe Seite 47 oder 71). Dabei scheinen jene höheren Dimensionen in diejenigen eingebettet zu sein, die wir imstande sind zu erkennen und wahrzunehmen. Quantenphysiker wie David Bohm sprechen von sogenannten ›impliziten‹ Dimensionen. Dies würde bedeuten, dass auf subatomarer Ebene weitere Dimensionen eingefaltet sind. Dieser Umstand macht es der aktuellen Wissenschaft unmöglich, jene ›neuen‹ Dimensionen empirisch zu erforschen. Aus diesem Grunde büßen die nun folgenden Überlegungen ihre Wissenschaftlichkeit ein, eben weil sie nicht experimentell nachvollziehbar sind. Das heißt aber nicht, dass sie zwingend unzutreffend sein müssen. Stattdessen wollen wir uns des *»Wie oben, so unten«* bedienen, um wichtige Erkenntnisse zu erlangen und interessante Hypothesen aufstellen zu können.

Bei der Lektüre des Buches von Jörg Starkmuth (2007) ist mir aufgefallen, dass mein Verstand, der nun mal auf unsere drei bis vier Dimensionen (wenn wir die Zeit als Dimension mitzählen) getrimmt ist, regelmäßig an seine Grenzen stieß, weil ihm schon die fünfte Dimension (oder die vierte orthogonale Dimension) ziemlich schwierig nachzuvollziehen und fast undenkbar schien. Eine schlüssige Interpretation und Anwendung der Quantenphysik bringt beim heutigen Stand der Dinge zehn oder mehr Dimensionen ins Spiel. Das scheint fast schon wahnwitzig und schwer konkret vorstellbar.

Eine Darstellung der Aussagen von Starkmuth (2007) würde leider den *quantenherzlichen* Rahmen sprengen und der quantenphysikalischen Mehrdimensionalität, wie er sie vorstellt, sicher auch nicht gerecht werden. Deshalb möchte ich sie hier auch nicht im Detail auslegen.[10] Allerdings möchte ich Ihnen einige interessante Überlegungen präsentieren, über die es sich lohnt nachzusinnen.

In einem zweidimensionalen Raum, der nur aus Länge und Breite besteht, ist es ein Ding der Unmöglichkeit, eine Fläche zu erkennen, die durch eine gewisse Länge und Breite definiert ist. Um sie erkennen zu können, benötigen wir die dritte Dimension, die Dimension der Tiefe: Denn erst aus einer gewissen Entfernung heraus (zwischen meinem Auge und besagter Fläche) ist es möglich, eine in Länge und Breite begrenzte Fläche zu erfassen. Jene Entfernung repräsentiert dabei die Dimension der Tiefe.

Machen wir uns diesen Zusammenhang einmal an einem Beispiel deutlich, indem wir ein dreidimensionales Objekt in diese zweidimensionale Fläche einführen: Was passiert, wenn ich hingehe und einen dreidimensionalen Stuhl, mit den Stuhlbeinen voran, darauf auftreffen lasse? Solange die Wahrnehmung auf die Zweidimensionalität begrenzt ist, treffen auf der Fläche lediglich vier punktförmige Kreise auf; der Rest des Stuhls wird ignoriert, eben weil er ein dreidimensionales Objekt ist und somit die dritte Dimension zu seiner vollständigen Wahrnehmung vonnöten ist. Das heißt, dass auf der Ebene der Wahrnehmung vier Kreise auftauchen, die scheinbar nichts miteinander zu tun haben, weil das zweidimensionale Verständnis nur deren Länge und Breite wahrnimmt, wobei die Tiefendimension des Objektes unerfasst bleibt. (Hein, 2007)

Vor dem Hintergrund dieses Beispiels und mit Hilfe des Prinzips der Analogie können wir jedoch nun der *Impliziten Ordnung* von David Bohm und den eingefalteten Realitäten auf die Schliche kommen. Auch uns widerfahren ständig im Leben Dinge, die scheinbar ohne Zusammenhang auftreten, eher zufällig auf uns einprasseln. Was aber wäre, wenn vor der Grundlage dieses Stuhl-Beispiels in einer fünften, sechsten, siebten oder achten Dimension tatsächlich ein kohärentes Gebilde existieren würde, eine Art ›Hyper-Stuhl-Ordnung‹, die dahinter steht und alles scheinbar voneinander Getrennte miteinander verbindet? Was sich in unserer wahrnehmbaren Dimensionalität als Ereignisse niederschlägt, würde so in einem Zusammenhang stehen, der jedoch erst in einer höher gelegenen Dimension erkenntlich wird. Jene übergeordnete Ordnung im Kosmos wäre dann da, aber eben außerhalb unserer menschlichen Wahrnehmung.

Es scheint allerdings so zu sein, dass die Existenz jener Ordnung unserem menschlichen Bewusstsein schon zugänglicher wird als noch vor einiger Zeit. Denn je mehr wir uns in der geistigen *Metaposition* üben, in den Überlegungen über den Verstand und das eigene Bewusstsein, wächst auch unser Verständnis für diese Umstände.

Das menschliche Bewusstsein in den Dimensionen

Im Vorfeld war bereits mehrfach die Rede von jener *Metaposition,* mit der wir Distanz zu unseren eigenen Erfahrungen aufbauen, darüber nachdenken und so das Erlebte für uns konstruktiv nutzen können. Es scheint interessant, sich dieser Möglichkeit des menschlichen Geistes kurz zuzuwenden und sie in den Kontext der Dimensionalität zu setzen. Denn wir verfügen ja nicht nur über die Möglichkeit, uns gegenüber Sachverhalten und Dingen, die passieren, zu erheben, sondern auch gegenüber unserem eigenen Bewusstsein: Wir können eine Beobachterposition gegenüber unseren eigenen geistigen Realitäten einnehmen. Könnte es sein, dass genau dies der *Dimension der Schwingung* entspricht, welche die hermetische Lehre als eine weitere Dimension benennt?

Wir können einen dreidimensionalen Raum in der Zeit (vierte Dimension) erfassen. Unser Bewusstsein erlaubt uns also, eine Beobachterposition zur eigenen erlebten Realität einzunehmen, die wir als konkrete Erfahrungen wahrnehmen (in 3D) und über die wir wissen, dass sie im Hier und Jetzt stattfinden, wobei das Davor und Danach einen Platz in unserem Bewusstsein hat. Außerdem können wir mit genügend Aufmerksamkeit und einem geschärften Selbstblick, die Schwingungserhöhung unseres Geistes bewusst miterleben. Um dies alles tun zu können, ist der Zugang zu wenigstens einer darüberliegenden Dimension notwendig (siehe das Beispiel des Stuhls im vorangegangenen Unterkapitel). Wir können also aus diesen Zusammenhängen den Schluss ziehen, dass unser Bewusstsein mit der Einnahme jener *Metaposition* höhere Dimensionen nutzt.

Dies wiederum würde heißen, dass sich Techniken wie zum Beispiel Byron Katies *The Work* (siehe Seite 126) oder auch die *Gewaltfreie Kommunikation* (siehe Seite 205) einer solchen übergeordneten Dimension bedienen und vermutlich deswegen auch so effizient sein können – wenn der oder die Betroffene dazu bereit ist, jene Erhebung des Bewusstseins auf eine höhere Ebene mitzumachen.

In der klinischen Arbeit gibt es nämlich immer wieder Menschen, die mit diesen Techniken in ihrer Ganzheit nichts anfangen können. Sie versuchen dann, einzelne Aspekte für sich nutzbar zu machen, vermögen aber die jeweilige Technik in ihrer ganzen Tragweite nicht zu erfassen. Häufig ist auch die Identifikation mit dem Erleben und Erlebten so stark, dass es ihnen mitunter gar nicht möglich ist, Distanz dazu einzunehmen und mit einem gewissen Abstand über sich selbst, ihr Empfinden und ihre Reaktionen nachzudenken – sie bekommen, aus welchem Grund auch immer, keinen Zugang zu jener *Metaposition* und damit auch nicht zu einer höheren Dimension.

Ein weiterer Grund kann auch in der Unfähigkeit oder dem Unwillen liegen, sich der spirituellen Seite des eigenen Seins zu öffnen, die ja gerade in Byron Katies *The Work* eine grundlegende Rolle spielt und die auch in der psychologisch-beratenden Arbeit einen Anteil haben sollte, eben weil sie zum menschlichen Sein dazugehört.

Spiritualität in der Psychologie

Verschiedene Aspekte des Mensch-Seins

Als Menschen besitzen wir ein Ego, ein ›Ich-Bewusstsein‹, und ein sogenanntes ›Höheres Selbst‹, einen transzendentalen Teil, der sich nicht auf das Individuum beschränkt, sondern Zugang zu höheren Ebenen hat (Walsch, 2008; Starkmuth, 2007; Goswami, 2007; Virtue, 2008). Diese Thematik wurde bereits in diesem Kapitel angeschnitten (siehe Seite 146f. und auch Seite 69). Der Mensch befindet sich demnach von Natur aus an der Grenze zwischen Materie, Geist und Spiritualität. Unser Gehirn bietet als neurologische ›Hardware‹ die materielle Basisstruktur, die Wahrnehmung möglich macht. Das heißt aber nicht, dass die Fähigkeit wahrzunehmen rein neurologisch bedingt ist. Es scheint vielmehr so zu sein, dass der menschliche Geist gebraucht wird, um Bewusstsein ›produzieren‹ zu können. Augenscheinlich sind wir mehr als nur physiologisches Substrat und geistiges Bewusstsein. Als Menschen haben wir Anteil an der göttlichen Dreifaltigkeit, wir sind deren Abbild. Damit diese in unserer Erscheinungsform zum Ausdruck kommen kann, tragen wir noch einen weiteren Aspekt in uns, den ich unsere ›seelischen Anteile‹ nennen möchte, welche im Zusammenhang mit dem *Einen,* dem *All-Sein,* stehen. Somit setzen wir uns offensichtlich aus drei Aspekten zusammen, die jeweils einer der *Drei Großen Ebenen der Entsprechung* angehören: Wir sind Körper, Geist und Seele. Aus verschiedenen Quellen wissen wir, dass jeder einzelne Teil des Ganzen auch dieses Ganze in sich trägt (siehe u. a. Seite 72, 88 und 146). Dies bedeutet, dass unsere menschliche Existenz – bestehend aus Körper, Geist und Seele – einen Teil der Unendlichkeit des Seins in sich trägt. Vorangehend waren wir zu dem Schluss gekommen, dass es sich dabei um den göttlichen Funken, um unsere Seele handelt.

Ein Teil des Menschen ist individuell, physisch. Ein anderer Teil gehört einer geistigen Realität an. Die Seele ist dafür nicht weniger real, vielmehr erlaubt sie den Zugang zu einer Wirklichkeit, die noch wirklicher ist, als die anscheinende Trennung aller Dinge. Wenn wir Menschen es schaffen, uns darüber bewusst zu werden, dass unser Ego noch lange nicht alles ist und es herzlich wenig Sinn macht, es zu kultivieren und zu unserem persönlichen Gott zu erheben, wenn wir verstehen, dass es eine wirklichere Realität hinter all diesem gibt, in der wir alle miteinander verbunden, sogar eins sind, dann werden wir aufhören, uns gegenseitig Schmerz zuzufügen. Denn in diesem Moment wird uns klar werden, dass wir überall und nirgendwo sind, dass wir alle Möglichkeiten in der Potentialität haben und wiederum auch keine. Es wird uns auffallen, dass wir nicht getrennt voneinander sind, sondern alle dem *Einen* angehören und das gleiche Ziel verfolgen. In diesem Moment der Einheit von Körper, Geist und Seele spüren wir ein Stück Unendlichkeit und uns wird klar, dass genug für alle da ist, dass keiner besser ist als der andere und dass wir alle durch die spirituelle Ebene und das *Eine* getragen sind.

Die Psychologie beherbergt heute als Wissenschaft verschiedene Teil-disziplinen, die sich in der Regel einem oder mehreren bestimmten Aspekten des Mensch-Seins zuwenden: In der Regel sind es die geistigen, kognitiven Aspekte und ihr Zusammenhang mit Verhaltensweisen, Denkschemata und den dazugehörigen Gefühlen, aber auch mit neurologischen Funktionsweisen und dem daraus resultierenden menschlichem Verhalten, denen Rechnung getragen wird. Doch obwohl die Disziplin der Psychologie – der *Seelen*kunde – eigentlich schon durch ihren Namen auch der menschlichen Seele Rechnung tragen sollte, ist es erst in jüngster Zeit so, dass neue Ausrichtungen wie die spirituelle oder positive Psychologie entstehen und Anwendung finden. Erst seit kurzem bemüht man sich also darum, den Menschen tatsächlich holistisch wahrzunehmen und all seine Aspekte in die psychologische Arbeit mit einzubeziehen.

Die ›älteren‹ psychologischen Schulen und Teildisziplinen haben gewiss die Psychologie sowohl in der Forschung als auch in der klinischen Anwendung weitergebracht. Mir persönlich hat es jedoch nicht gereicht, einen Klienten nur aus dem einen oder anderen bestimmten Blickwinkel zu betrachten. Es blieb dabei immer ein bitterer Nachgeschmack, etwas ganz Wichtiges in seiner Natur nicht zu erfassen und in der begleitenden Arbeit außen vor zu lassen. Über verschiedene Weiterbildungen in energetischer Arbeit bin ich dann irgendwann bei der Quantenphysik gelandet, wo ich Antworten und endlich zu jenem holistischen – *quantenherzlichen* – Menschenbild fand, das mir intuitiv schon immer erstrebenswert erschienen war. Der Mensch, dieses Wunderwerk der Natur, kann durch die hermetisch-quantenphysikalische Grundannahme, dass alles geistig ist, positiv beeinflusst werden, denn der Geist ist ja dem Materiellen mächtig!

Die Erschließung der Quantenphysik für die Psychologie eröffnet somit viele neue Methoden und Techniken, die von großem Nutzen sein können. Eine davon ist im Spiegel des zweiten hermetischen Axioms die Möglichkeit, Distanz zu sich selbst einzunehmen, sich über die eigene Erlebensebene zu erheben und aus einer *Metaposition* heraus sich selbst reflektieren zu können.

Direkte Eigenwahrnehmung kann mitunter eine schwierige Angelegenheit sein, wenn man nicht gewohnt ist, sich selbst wahrzunehmen oder vielleicht auch nie gelernt hat, genau zwischen verschiedenen Gemütslagen, Gefühlen und Gedanken zu unterscheiden. Doch auch an dieser Stelle kann uns das Analogiegesetz weiterhelfen: *Wie oben, so unten;* wie innen, so außen. So seltsam es sich im ersten Augenblick anhören mag, so wahr ist es: Die Welt, in der wir leben, unser Umfeld, ist nichts anderes als die Reflexion unseres Innenlebens. Auf diesen Zusammenhang werde ich im nächsten Kapitel ausführlich eingehen und Ihnen auch Techniken an die Hand geben, wie Sie diesen Mechanismus für Ihr persönliches Wachstum nutzen können. Dennoch sei an dieser Stelle ein Auszug aus dem wunderbaren Text von Andreas Dalberg (2007, S. 3f.) zitiert, der illustriert, wie das Analogiegesetz uns weiterhilft, unser Umfeld zur eigenen Erhöhung zu nutzen: *Das, was sich sichtbar in der materiellen Welt ereignet, ist nichts anderes als das Spiegelbild der immateriellen, der geistigen Welt. Das, was wir in der Welt sehen, ist das, was in unserem Inneren liegt: Wache ich morgens auf und öffne meine Augen, so erblicke ich nichts anderes als das Innenleben der Menschen. Die Seele des Menschen offenbart sich in den sichtbaren Dingen. Denn wie innen, so außen. Dies ist eine der grundlegendsten Erkenntnisse auf dem esoterischen Pfad: Die Psyche spiegelt sich im Außen, also in der materiellen Welt. Dies bedeutet, dass die ganze Erde, die Planeten, ja unser ganzes Sonnensystem eine Spiegelung der menschlichen Psyche ist. Insofern muss alles Sichtbare eine analoge Entsprechung innerhalb der menschlichen Psyche haben, da alles Sichtbare ein Abbild der Psyche ist. So spiegelt sich unser Ich-Bewusstsein in unserem physischen Körper wider. Wir identifizieren uns ja auch mit unserem Körper. Das Ich unterhält mittels des Bewusstseins verschiedene Beziehungen zu psychischen Inhalten. Diese Beziehung ist es, die dem Ich die Wahrnehmung der psychischen Inhalte überhaupt erst erlaubt. So ist – wie wir mittlerweile wissen – einem Menschen ein psychischer Inhalt erst dann bewusst, wenn er eine Beziehung zum Ich hat. Die Aufgabe, Beziehungen zum Ich herzustellen, hat das Bewusstsein inne. Das Ich haben wir nach dem Analogiegesetz als in unserem Körper gespiegelt erkannt. Das Bewusstsein spiegelt sich in der ganzen Erde wider. Da sich unser Körper auf der Erde bewegt und kommuniziert, stellt er Beziehungen zu anderen Objekten her. Diese Objekte nun sind dem Ich bewusst. Doch abwechselnd ist ein Teil der Erde immer im Dunkeln. Es ist Nacht. Der andere Teil ist immer im Licht. Dort ist Tag. Genauso ist es mit unserem Bewusstsein. Nur die eine Hälfte unseres eigenen Wesens ist uns bewusst, die andere nicht. Die dunkle Hälfte des Bewusstseins, welche dem Ich nicht bekannt ist, bezeichnen wir als den Schatten, als das persönliche Unbewusste. Und die andere Hälfte ist eben die des Ich mit dem Bewusstsein. Somit haben wir als Entsprechung zwischen Psyche und Materie, zwischen innen und außen, die Erde als Repräsentant von Bewusstsein und persönlichem Unbewussten sowie den Körper als Repräsentant des Ich.*

Mit diesen weisen Worten sind wir auch beim letzten Thema angelangt, das sich am Ende dieses Kapitels noch zu besprechen anbietet: die Illusion vom Getrennt-Sein und die grundlegende Verbundenheit aller Dinge.

Getrennt-Sein und Verbundenheit

Im ersten Kapitel über die Quantenphysik haben wir uns mit dem *Welle-Teilchen-Dualismus* auseinandergesetzt (siehe Seite 22). Er besagt, dass auf subatomarer Ebene die Wirklichkeit unscharf ist und erst definiert wird, wenn man sie wahrnimmt bzw. misst. Die Teilchenfunktion eines Quantenobjekts kollabiert, wenn Bewusstsein auf sie trifft – bzw. wenn das menschliche Bewusstsein sich eine der parallelen Wirklichkeiten aussucht und diese präferentiell wahrnimmt (siehe die *Viele-Welten-Deutung* in Seite 26).

Dabei scheint es logisch, dass das menschliche Bewusstsein sich nicht auf die physiologische Materie, sprich: das Gehirn, beschränkt. Es ist, als passiere ein nicht-materieller oder *nichtlokaler* Austausch zwischen dem menschlichen Bewusstsein und seinem Umfeld. Somit wird dieses dann definiert. Daraus resultiert zwingend die Frage, wo der Mensch aufhört und sein Umfeld anfängt. Diese Sicht der Dinge wird auch in philosophischen Interpretationen der Quantenphysik behandelt mit dem Ergebnis, dass die Grenze fließend ist und wohl eher dem menschlichen Bedürfnis nach Konzeptualisierung entspringt als einer wirklichen, objektiven Trennung der Dinge. An dieser Stelle fließt wiederum der hermetische Grundsatz ein, dass alles eins und im *Einen* ist.

Vorangehend haben wir entdeckt, dass es Realitäten hinter der materiellen Wirklichkeit gibt, die diese ordnen und einbinden. In einer übergeordneten Dimension gehören alle Dinge der gleichen Realität an und sind in ihr verbunden. Somit scheint die künstliche Trennung zwischen Individuen und ihrem Umfeld eine Illusion unseres Universums zu sein, wobei die Wirklichkeit der Einheit des *allumfassenden Einen* entspricht. Das heißt, dass unser Bewusstsein gewisse Aspekte der Realität herausfiltert, uns ausschließlich diese erkennen lässt und sie uns als allein gültige Wahrheit anpreist (Starkmuth, 2007).

Die menschliche Wahrnehmung greift zur Konstruktion eines Welt-
bildes größtenteils auf unsere fünf klassischen Sinne zurück: Sehen,
Hören, Riechen, Schmecken und Tasten. Dabei wissen wir, dass die
Spannbreite dieser Sinneswahrnehmungen beschränkt ist. Außerhalb
gewisser Frequenzen werden Töne für den Menschen unhörbar, Farben
unsichtbar und Energie unfühlbar. Schon der Volksmund weiß von
jeher, dass es mehr zwischen Himmel und Erde gibt, als der Mensch
erfassen kann.

Im Alltag verlassen wir uns nun aber auf unsere ›objektorientierte‹
Wahrnehmung. Schon alleine das Wort ›wahrnehmen‹ reflektiert dies:
Wir nehmen etwas wahr, wir nehmen es *für wahr*. Wir sehen, was wir
sehen (wollen), hören, was wir hören (wollen), fühlen, was wir fühlen
(wollen) und begnügen uns meistens und logischerweise damit. In
alltäglichen Situationen gehen wir davon aus, dass es darüber hinaus
nichts gibt und dass wir die Realität in ihrer Ganzheit erfasst und verstanden haben. Wir stellen uns nicht unbedingt die Frage, ob es wohl
Aspekte unserer Realität geben könnte, die zwar da sind, die wir aber
nicht wahrgenommen haben. Oft kommen wir gar nicht auf die Idee
zu hinterfragen, was wirklich passiert: nämlich, dass im Grunde unsere
Wahrnehmung sinngebend ist und somit ihre Erfassung der Wirklichkeit gewissen natürlichen Verzerrungen unterliegt. Unserem begrenzten
menschlichen Geist wäre es ohnehin viel zu viel, wenn er alles um ihn
herum aufnehmen und verarbeiten müsste. Deshalb greifen wir auf
simplifizierende Schemata zurück, die es uns erlauben, unsere Umwelt
wahrzunehmen. Wir katalogisieren, simplifizieren und etikettieren, um
nicht in permanenter Reizüberflutung unterzugehen. Das ist im Alltag
durchaus notwendig und auch gesund. Problematisch wird es allerdings,
wenn wir uns darauf gänzlich beschränken und diesen Mechanismus
nicht hinterfragen (siehe hierzu ebenfalls Seite 126 und 180f.). Allzu
oft verlassen wir uns auf unsere objektorientierte Wahrnehmung und
erleben die Welt als eine Ansammlung von voneinander getrennten
Menschen, Dingen, Situationen. Wir geben uns sozusagen mit der
physikalischen Ebene zufrieden, ohne uns die Frage zu stellen, ob das
wirklich alles ist, was unsere Realität ausmacht. Dabei stoßen wir gar
nicht erst zu der dahinterliegenden, sinngebenden Ebene vor: Die Welt
bleibt in sich desintegriert, abgespalten und sinnlos. Doch erst die

Erschließung höherer Ebenen vermag diese notwendige Integration zu bewirken.

Wenn wir uns entschließen, uns nicht mehr nur auf unsere klassischen fünf Sinne zu beschränken, werden wir erfahren, was Leben wirklich ist, dass wir *eins* mit ihm sind. Ich verweise nur zu gerne auf das Buch von Bärbel Mohr (2006), in dem sie beschreibt, dass unsere linke, logisch-analytische Gehirnhälfte in der Lage ist, zirka sieben Sinneseindrücke pro Sekunde wahrzunehmen. Unsere rechte, bildhafte, intuitiv veranlagte Hirnhälfte vermag demgegenüber bis zu zehntausend Eindrücke pro Sekunde zu verarbeiten. Dabei sind die Informationen der linken unserem Bewusstsein in der Regel zugänglich, wobei die Eindrücke aus der bildhaften Gehirnhälfte vor allem unser Unbewusstes speisen und nicht unbedingt direkt zur Verfügung stehen. Somit ist die menschliche Intuition, das Bauchgefühl, mit sehr viel umfassenderen Informationen versorgt als unser Verstand, der sich auf unsere Sinneswahrnehmung beschränkt. Auch sind es unsere Intuition und unser Gefühl, die uns Zugang zur Verbundenheit der Dinge ermöglichen. Sie geben uns die Möglichkeit, uns mit allem eins zu fühlen, obwohl unser Verstand uns eher als getrennt wahrnimmt, eben gerade weil ihm nur das »Ich-Konzept« zur Verfügung steht. Leider sind wir nur relativ wenig mit dieser reich gespeisten intuitiven Gefühlsebene in Kontakt, obwohl es durchaus möglich ist, ihr unsere Aufmerksamkeit zu schenken und so auf sie zuzugreifen.

Die menschliche Wahrnehmung ist auf sich selbst bezogen, so auch die Wahrnehmung unseres Ichs. Starkmuth (2007; S. 174) fasst dies prägnant zusammen: *Aus biologischer Sicht ist der Begriff des Individuums nicht scharf definiert – in der Natur existieren sämtliche Zwischenstufen von losen Zweckgemeinschaften vieler Einzelwesen bis hin zu komplexen Organismen, die als individuelle Einheit agieren.* Der Begriff des »Individuums« ist also nicht klar, sondern eher auf unserer objektorientierten Wahrnehmung basiert als auf wirklichen, objektiven Fakten. Vielleicht werden Sie jetzt denken: »Es ist doch wohl mehr als klar, dass mein Körper mit der Hautoberfläche aufhört.« Darauf möchte ich Ihnen gerne entgegnen: Sicher können Sie diese ›Grenze‹ Ihres Körpers sehen und ertasten, aber sind Sie sicher, dass sich Ihr Körper darauf beschränkt, was jenseits der Hautoberfläche ist? Was ist mit dem feinen

Dufthauch, der Sie umgibt und Ihnen höchst eigen ist? Oder auch, auf physischer Ebene, die Luftverwirbelungen, die Sie auslösen, wenn Sie einen Raum betreten? Das Strahlen, das von Ihnen ausgeht, wenn Sie herzlich lächeln? Die Ausstrahlung Ihres Wesens? Was ist mit dem elektromagnetischen Feld, das Ihren physischen Körper umgibt, mit der Aura und ihren Chakren, die für feinfühlige Menschen durchaus wahrnehmbar sind? Gehört das alles nicht zu Ihnen? Ist es in diesem Sinne nicht auch ein Teil von Ihnen?

Als ich soeben vorangehenden Absatz schrieb, fiel mir auf, dass ich, scheinbar ganz selbstverständlich, die Formulierung »jenseits der Hautoberfläche« benutzt habe. Wenn man die Sache aber ganz genau nimmt, müsste es »diesseits« der Hautoberfläche lauten, weil ich ja in meiner Haut stecke und von innen heraus wahrnehme. Die Formulierung, die ich hier so selbstverständlich benutzt habe, zeugt bereits davon, dass unsere Wahrnehmung von uns selbst über das Außen verläuft: Meine Augen sehen meinen Arm und ich definiere meinen Arm also als zu mir gehörend, indem ich ihn in erster Linie *sehe*. Dabei handelt es sich sozusagen um eine indirekte Wahrnehmung. Wenn ich meine fühlende Aufmerksamkeit allerdings bewusst auf meinen Arm lenke und diesen ›von innen heraus‹ wahrnehme, sprich: durch ihn empfinde, dann ist die Wahrnehmung direkter und ich weiß nicht nur, dass das mein Arm ist, sondern fühle ihn auch als einen Teil von mir.

Ist es nicht zutreffend, dass wir Menschen uns in der heutigen Zeit hauptsächlich ›erdenken‹? Viel eher, als dass wir uns ›erfühlen‹? Wir sind es gewohnt, den Kontakt zu uns selbst in erster Linie über unseren Intellekt zu knüpfen. Wir denken, dass wir diese oder jene Eigenschaft haben und eben deswegen so sind, wie wir sind. Wir sind eine überaus denkende Gesellschaft. Doch vielleicht ist die Zeit gekommen, uns weniger über das Außen zu definieren, uns selbst in Konzepte einzuordnen und uns in vorgefertigte Schubladen zu stecken! Vielleicht sollten wir anfangen, uns vielmehr zu fühlen und unserer Intuition mehr Raum zu geben: vor allen Dingen vor dem Hintergrund, dass unser Verstand bzw. unser Intellekt manchmal trügerische Schlüsse zieht, weil er von persönlichen Eindrücken und eingefahrenen Denkschemata verzerrt wird.

Wir Menschen sind mehr als die wahrnehmbaren Konsequenzen, sprich: unsere Handlungen oder Worte, die wir im Außen hinterlassen und aus denen wir wiederum schließen, wer wir sind. Diese Unterschiede zwischen Tun und Sein im Bewusstsein zu halten, ist wohl einer der wichtigsten Schritte, der uns uns selbst näher zu bringen vermag und der bei der Einnahme jener *Metaposition* klar sein sollte. Deswegen sollte dieser Unterschied auch in Reflexionen über uns selbst einfließen. Es gilt nämlich nicht, sich um jeden Preis nur zu erdenken, sondern auch in sich selbst hineinzufühlen. Gedankliche Konzepte können bei einem solchen Bewusstwerdungsprozess hilfreich sein. Doch manchmal kommen wir weiter, wenn wir – auch auf der erhöhten Ebene unseres Bewusstseins – unserem Gefühl mehr Raum geben. Es ist nicht immer unbedingt notwendig, alles bis zu Ende zu durchdenken, alles genau und akribisch zu kategorisieren und zu bewerten. Auch in Distanz zu unserem eigenen Erleben sollten wir das Fühlen nicht vergessen: Auch wenn wir »Selbst-Reflexion« gerne mit »über uns nach*denken*« umschreiben, liegt dem doch immer ein Aspekt des Fühlens inne, der ebenso zu uns gehört und genauso wichtig ist.

All diese Aspekte und noch weitere sollten meiner Meinung nach ihren Platz in einer psychologischen Begleitung finden, die den Anspruch erhebt, holistisch zu sein. Dazu würden noch Aspekte von zwischenmenschlichen Dynamiken und Erfahrungen stoßen, die – ganz nach dem Analogiegesetz *Wie innen, so außen* – zusätzliche Selbsterkenntnis erlauben. Dies ist meine persönliche Art zu arbeiten, mit der ich mich und auch die meisten meiner Klienten sich wohlfühlen. Ich möchte dieses holistisch-*quantenherzliche* Verständnis des Mensch-Seins nicht mehr missen und kann mir zurzeit meine Arbeit ohne diese hermetischen, spirituellen und quantenphysikalischen Elemente nicht mehr vorstellen. Das heißt nicht, dass ich andere psychologische Interventionstechniken ablehne. Diese können sehr indiziert und effizient sein, wenn dabei der Mensch als Ganzes nicht aus dem Fokus gerät. Und damit dies nicht geschieht, möge *Quantenherz* ebenfalls seinen liebevollen Beitrag leisten und auf so manchen Aspekt aufmerksam machen, der sonst vielleicht unreflektiert und unverbunden geblieben wäre. Dieses Ziel gilt auch für das nächste Kapitel, in dem wir uns mit dem dritten und wohl bekanntesten hermetischen Axiom auseinander setzen wollen: mit dem Prinzip der Schwingung.

Das Prinzip der Schwingung

>*Nichts ruht;*
alles bewegt sich;
alles schwingt.«

– DAS KYBALION –

Im vorherigen Kapitel über die *Ebenen der Entsprechung* haben wir erfahren, dass sich alle Erscheinungen nicht in ihrer grundlegenden Natur voneinander unterscheiden, sondern dass es der jeweilige Schwingungsgrad ist, der die diversen Manifestationsformen bedingt. Das dritte hermetische Prinzip besagt nun, dass nichts von dem, was existiert, statisch ist oder sich in einem Ruhezustand befindet: Alles unterliegt vielmehr permanenter Bewegung. Wenn aber alles dem *Einen* Zugehörige schwingt, dann ist es nur eine logische Konsequenz, dass auch das *All-Sein* selbst ebenfalls Ausdruck von Schwingung ist.

Alles ist in schwingender Bewegung

Von der gröbsten Materie bis hin zum menschlichen Geist, von den spirituellen Wesenheiten bis zu dem *allumfassenden Einen* ist demnach alles Schwingung. Manche dieser Manifestationen liegen innerhalb unseres menschlichen Wahrnehmungsspektrums. Andere Phänomene pulsieren auf einer Ebene und mit einer solchen Höhe und Geschwindigkeit, dass wir sie nicht problemlos erfassen können. Zu diesen Phänomenen gehören, wie wir schon im vierten Kapitel gesehen haben, Wesenheiten, die der *Großen Spirituellen Ebene* angehören, aber auch die menschliche geistige Aktivität. Das *Eine* entzieht sich überdies gänzlich unserem Wahrnehmungsspektrum.

Um die Bandbreite des Schwingungsspektrums zu veranschaulichen, bedient sich das *Kybalion* eines eingängigen Beispiels: Wenn sich ein Rad relativ langsam dreht, ist dies für das menschliche Auge gut erkennbar, aber für das menschliche Ohr noch nicht hörbar. Mit erhöhter Drehgeschwindigkeit gibt das Rad dann allmählich ein tiefes Brummen von sich. Der dabei erzeugte Ton wird für den Menschen wahrnehmbar. Je mehr schließlich die Geschwindigkeit gesteigert wird, desto heller wird dieser Ton – er steigt in der Tonleiter. Wenn der höchste für das menschliche Ohr wahrnehmbare Ton erreicht ist, erstirbt das überaus grelle »Kreischen« und es folgt Stille. Der Ton, den das nun irrsinnig schnell rotierende Rad von sich gibt, ist für uns Menschen nicht mehr vernehmbar.

Anschließend fällt auf, dass das Rad immer größere Wärme erzeugt und abstrahlt. So nimmt es infolge der ständig steigenden Drehgeschwindigkeit für das menschliche Auge langsam eine dunkelrote Farbe an, um dann nach und nach heller rot, orange, gelb, grün, blau, indigo und violett zu erscheinen. Danach verschwindet jegliche Farbe und es werden unsichtbare Strahlen von ihm ausgehen, die wir zum Beispiel aus dem Bereich der Fotografie kennen, später kommen subtilere hinzu wie etwa Röntgenstrahlen usw. Je schneller sich das Rad dreht, desto mehr beginnt sich auch seine Substanz zu verändern. Es sendet Elektrizität und Magnetismus aus, bevor es sich in seine Bestandteile aufzulösen beginnt. Dabei ist wichtig anzumerken, dass das Rad nicht zu Elektrizität oder Magnetismus wird, sondern lediglich diese Kräfte abstrahlt, die bisher in seinen materiellen Verbindungen gebunden waren. Nachdem es sich in seine ursprünglichen Elemente und Atome aufgeteilt hat, zerfallen auch diese mit immer höherer Drehzahl. Nachdem sich auch die Nukleonen und Elektronen aufgelöst haben, besteht das ›Objekt‹ nur noch aus *ätherischer Substanz.* Wird die Schwingung noch weiter erhöht, bewegt sich der ›Zustand‹, der ursprünglich einmal ein Rad gewesen ist, immer weiter auf geistige Substanzen zu. Wenn es diese aufeinander folgenden Stufen schließlich durchlaufen hat, wird es irgendwann eine so hohe Bewegung haben, dass es reiner Geist und somit zu seinem Ursprung, dem *allumfassenden Einen,* zurückkehren wird (Kybalion, 1912, S. 142–145).

Anhand dieses interessanten Beispiels kann ersehen werden, was mit dem Prinzip der Entsprechung bereits angeschnitten wurde und jetzt mit dem Prinzip der Schwingung weitergeführt wird: Mit steigendem Schwingungsgrad und höherer Schwingungsart bewegt sich alles auf einen Zustand von reinem, lebendigem Geist zu. Und das Erreichen dieses Zustandes wird mit der Heimkehr in das *All-Sein* gleichgesetzt – wobei wir wieder an unserem Ausgangspunkt und dem Sinn und Zweck unserer Reise angelangt sind: uns zu erheben auf unserem Weg der Erkenntnis, so dass wir zur Quelle allen Seins zurückkehren können. Anhand der verschiedenen Stadien des Rades wird auf wunderbare Weise anschaulich, dass im Grunde alles seiner geistigen Natur nach gleich ist und sich lediglich in der Dimension seines Schwingungsgrades unterscheidet. Je höher die Schwingung dabei ist, desto näher befindet sich der Schwingungsträger an der Quelle und somit am ›Daheim‹.

Jeder Anteil der Existenz, jedes Objekt, jedes Lebewesen, jede Gefühlsregung besitzt also eine Schwingung und tritt darüber mit seinem Umfeld in Resonanz. Die Erkenntnis, dass ebenfalls Gefühle oder Gedanken Schwingung in sich tragen bzw. im Grunde Schwingung sind, birgt dabei sehr interessante Möglichkeiten, die einen großen Nutzen für unser Projekt der persönlichen Entwicklung und Erhebung bedeuten.

Der menschliche Geist sendet Schwingungen aus

Gefühle, Gemütszustände und Gedanken sind ebenfalls nichts anderes als Schwingungen. Diese Schlussfolgerung erlauben die ersten drei hermetischen Axiome, da sie zusammengenommen besagen, dass alles Existierende schwingender Geist ist, der nur auf verschiedenen Schwingungsebenen zu Hause ist. Und über alles, was in uns vorgeht, treten wir mit unserem Umfeld in Kontakt; wir kommunizieren darüber auch ohne Worte. Der menschliche Geist ist nämlich sowohl in der Lage, Schwingungen abzugeben, also ein ›Sender‹ zu sein, als auch Schwingungen aufzunehmen, zu empfangen.

Der Austausch von Schwingungen kann dabei mehr oder weniger gesteuert und mit größerer oder kleinerer Absicht geschehen. Im *Kybalion* (1912, S. 145f.) ist diesbezüglich die Sprache vom Phänomen der *Induktion*. Dabei handelt es sich um das Prinzip der geistigen Beeinflussung. Wir Menschen versuchen, mehr oder weniger bewusst, uns selbst und unsere Umwelt mental zu beeinflussen, ja mitunter mittels unseres Geistes Macht auszuüben. Dies geschieht in der Regel instinktiv und eher automatisch. Wenn wir uns aber zur Bewusstheit um diese Möglichkeiten durchringen, liegt dem ein unermessliches Potential inne.

Jedes Gefühl, jede Erinnerung und jeder Gedanke schwingen auf einer gewissen Ebene und wirken sich somit auf unsere Gemütslage aus und auch auf subtile Weise auf die unserer Mitmenschen. Wenn wir diese grundlegende Wahrheit erkennen und annehmen, erschließt sich uns dabei ebenfalls die Notwendigkeit, auf unsere Gedanken und Gefühle zu achten. Wir können und sollten unsere geistige Aktivität bewusst ausrichten und beeinflussen; das hermetische Prinzip der Schwingung ist das beste Argument dazu! Kümmern wir uns doch aktiv darum, dass unsere Gedanken und Gefühle dem entsprechen, was wir möchten! Denn ansonsten setzen wir uns solchen Schwingungen aus, die wir nicht möchten und die uns nicht gut tun. Dann schreiben wir nämlich uns selbst und unsere Gemütslage auf einer Ebene fest, auf der wir uns eigentlich nicht bewegen wollen.

Wenn wir es jedoch schaffen, unsere Gemütslage bewusst auszurichten und zu stabilisieren, sind wir vor niederen Schwingungen gefeit und lassen uns von ihnen nicht mehr unfreiwillig ›herunterziehen‹ – und dabei spielt es keine Rolle, ob diese Energien zunächst unserem eigenen Geiste entspringen oder aber ihren Ursprung in unserem Umfeld haben. Bewusstheit fördert *Induktion* und bewahrt gleichermaßen vor ihren möglichen negativen Konsequenzen.

Jeder Mensch, der die hermetischen Prinzipien im Generellen und das Schwingungsprinzip im Speziellen kennt, ist in der Lage, seine geistigen Zustände auszurichten. Dies bedeutet auch, dass wir alle unsere eigenen Stimmungen steuern und unseren Geist auf der gewünschten Schwingungsebene einpendeln können. Diese Fertigkeit ist ein Aspekt der Alchemie, jener Kunst der geistigen Transmutation und Erhöhung niederer Schwingungen, die wir bereits im zweiten Kapitel kennen gelernt haben. Es gilt, im wahrsten Sinne des Wortes Wunder zu wirken! Nicht etwa im Außen, indem wir versuchen, Dinge direkt zu beeinflussen und Macht über sie oder eine andere Person auszuüben: Das Geheimnis liegt vielmehr darin, die Macht über unseren eigenen Geist zu ergreifen. Wenn wir es schaffen, uns darüber klar zu werden, dass nicht unsere Gefühle uns beherrschen, wie es bereits aus den Überlegungen rund um das Prinzip der Geistigkeit hervorgegangen ist (siehe u. a. Seite 88 und 95), sondern dass wir unsere Gemütszustände mit Hilfe der Kenntnisse um die geistige Schwingung beeinflussen und richtiggehend steuern können, haben wir einen großen Schritt auf dem Weg der Erhebung getan. Denn *das* ist gelebte Alchemie! Im *Kybalion* selbst steht dies mit folgenden Worten beschrieben: *Derjenige, der das Prinzip der Schwingung versteht, hat das Zepter der Macht ergriffen* (Kybalion, 1912, S. 147).

Um Ihrem Verstand diesbezüglich ein wenig Nahrung zu geben, möchte ich Ihnen gerne einige wissenschaftliche Erkenntnisse im Zusammenhang mit der Gewissheit, dass alles schwingt und nichts jemals in einer unbeweglichen Ruheposition ist, vorstellen.

Das Prinzip der Schwingung und die Wissenschaft

Im *Kybalion* (1912) wird darauf hingewiesen, dass die Fortschritte der Wissenschaft des frühen 20. Jahrhunderts in die Richtung der hermetischen Lehren tendieren, nämlich dass alles in konstanter Bewegung ist. Schon Galileo Galileis Lehre war von diesem Gedanken geprägt gewesen, denn schließlich hatte er ja bewusst davon Abstand genommen, dass sich alles um die Erde drehe, sie sozusagen ein statischer Fixpunkt im Universum sei. In Wahrheit sind die Bewegungen der verschiedenen Himmelskörper so zahlreich, dass man wohl davon ausgehen kann, dass die aktuelle Wissenschaft immer noch nicht alle Rhythmen erfasst und dokumentiert hat. Galileos Erkenntnisse bezogen sich noch auf den Makrokosmos, heutzutage aber ist man dabei, diese Zusammenhänge auch im Mikrokosmos zu entdecken, eben mit Hilfe der Quantenphysik: Alles schwingt und steht miteinander in einer unendlich ausgefeilten kosmischen Resonanz, die alle Dinge im Gleichgewicht hält. Wie wir spätestens seit dem zweiten hermetischen Prinzip und den *Ebenen der Entsprechung* wissen, gilt dies im ›Großen‹ wie im ›Kleinen‹ – innen wie außen und oben wie unten.

Elektrizität und Magnetismus

Aus den hermetischen Weisheiten geht hervor, dass sogenannte »schöpferische Kräfte« in materiellen Dingen eingeschlossen sind. Erinnern wir uns an das Beispiel des Rades, das sich immer schneller um die eigene Achse dreht (siehe Seite 172). In dem Stadium, wo das Rad Elektrizität und Magnetismus abstrahlt, wird im *Kybalion* (1912) explizit darauf hingewiesen, dass das Objekt sich nicht in diese Zustände verwandelt, sondern sie freisetzt. Mit anderen Worten waren diese Kräfte in den materiellen Verbindungen des Objekts gespeichert, bis sie durch die

176

Aufspaltung der Materie in ihre Einzelteile entlassen und abgegeben wurden.

Erkenntnisse aus der Elektromechanik besagen, dass die elektrische Ladung eines Objektes in dessen subatomaren Bestandteilen gespeichert ist: die positiv-geladene Energie in den Protonen und die negative in den Elektronen. Es ist allgemein bekannt, dass sich zwei gleiche elektrische Ladungen abstoßen, zwei gegensätzliche sich hingegen anziehen. Gewissermaßen kann man sagen, dass eine Form des Austauschs zwischen Objekten über deren gemeinsame elektrische Phänomene stattfindet. In der Elektromechanik wird auch von »Leitern« oder »Leitobjekten« gesprochen, was ganz klar reflektiert, dass die entsprechende elektrische Ladung nicht mit dem Objekt gleichgesetzt, sondern als darin gespeichert angesehen wird.

Ähnliches gilt für den Magnetismus, der wiederum eine Eigenschaft von bestimmten Objekten und nicht etwa mit dem Objekt selbst identisch ist.

Begriffe wie »Schwingung«, »Resonanz« und auch »Strahlung« sind darüber hinaus sowohl in der Elektrizität als auch im Magnetismus und im Grunde in der ganzen Physik sehr verbreitet und wohl bekannt. Den näher interessierten Leser möchte ich an dieser Stelle allerdings auf entsprechende Fachliteratur verweisen, da es hier lediglich um das Aufzeigen von Parallelen in der allgemeinen Auffassung zu Elektrizität und Magnetismus geht.

Neben Schwingung und Beeinflussungsphänomenen in Elektrizität und Magnetismus lassen sich in der Wissenschaft ebenfalls Parallelen zum Thema der *Induktion* finden.

Telepathie, geistige Beeinflussung und *Nichtlokalität*

Die grundlegende Bedingung von Fertigkeiten wie Telepathie, Hellsichtigkeit, Psychokinese und Fernwahrnehmung liegt zweifelsohne darin, dass alles geistig ist. Weil alles im Grunde geistiger Natur ist, dem *Einen* angehört und somit verbunden ist, sind sogenannte außersinnliche Wahrnehmungen möglich. Allerdings steuert das Prinzip der Schwingung einen wichtigen Aspekt zum Verständnis dieser und ande-

177

rer präkognitiver Phänomene bei.[11] Da alles geistig ist und miteinander verbunden innerhalb des *Einen* schwingt, ist es möglich, auf diese Informationen zurückzugreifen.

Das quantenphysikalische Pendant zur Fernwahrnehmung findet sich wohl in der *Nichtlokalität* (siehe Seite 33f.). Zur Erinnerung: Dabei geht es um Quantenobjekte, die aus dem ›Nichts‹ auftauchen, weil ihr Partnerobjekt an anderer Stelle definiert worden ist. Doch woher bezieht das Teilchen seine Informationen, genau dann aufzutauchen, wenn sein »verschränkter« Partner an anderer Stelle gemessen wird? Die Forschungsgruppe um Alain Aspect hat mittels ihrer Experimente ausschließen können, dass es sich um einen direkten Informationsaustausch zwischen beiden Teilchen handelt. Einen möglichen – und auch plausiblen – Erklärungsansatz bietet David Bohms *Implizite Ordnung,* die eine übergeordnete organisierende Instanz postuliert, aus der sich konkrete Manifestationen entfalten, um sich anschließend wieder in dieselbige einzufalten. Dies kann als verbindende und sinngebende Ebene angesehen werden, aus denen die Partnerteilchen ihre Informationen beziehen. Bohms Konzept des *Holo-Movements* beinhaltet ebenfalls, dass alles sich bewegt und auch, dass das *Ganze* in jedem seiner Anteile enthalten ist. Könnte an dieser Stelle die Information über die *implizite Ordnung,* über das *Ganze* ihren Sitz haben?

Wenn ich mir erlaube mich noch weiter auf dieses hypothetische, zurzeit noch nicht belegbare Terrain hinauszuwagen … Könnte es wohl sein, dass die hoch aktuelle *Stringtheorie* (siehe Seite 47) uns Hinweise darauf gibt, wo die Informationen über das *Ganze* gespeichert sind? Könnte es sich bei den *Strings,* die eine DNA-ähnliche Struktur von kodierten Informationen zu haben scheinen, um den ›Speicherplatz‹ handeln, der Informationen über das *Ganze* enthält? Sind diese subatomaren, ›allwissenden‹ *Strings* der Schlüssel zu Bohms *Impliziter Ordnung* und zu einer sinngebenden, übergeordneten Realität? Von einem rein kreativ-logischen Standpunkt ist diese Überlegung möglich, vielleicht sogar plausibel. Nicht zuletzt, weil die Wissenschaft sich immer mehr einer kohärenten Theorie annähert, die die Welt erklärt. Einer solchen Theorie, von der schon Einstein träumte, ist vielleicht mit derartigen hypothetischen Ausführungen näher zu kommen, die sich auf quantenphysikalische und auch hermetische Kenntnisse stützen.

Auf jeden Fall harre ich der wissenschaftlichen Erkenntnisse, die da noch kommen mögen, und bin gespannt, was aus Bohms *Impliziter Ordnung*, den *Stringtheorien* und der Quantentheorie im Allgemeinen – vielleicht ja sogar unter Zuhilfenahme uralten Wissens aus der Hermetik – werden wird. Die Dinge bleiben hoch spannend!

Zumindest das Phänomen der *Nichtlokalität*, im Zusammenhang mit einer übergeordneten, nicht direkt wahrnehmbaren Realität hinter der begreifbaren Welt, scheint mit hermetischen Prinzipien wie der *geistigen Induktion* verwandt zu sein. Ein unsichtbarer, nicht direkt wahrnehmbarer Informationsaustausch, der auf nicht-konventionellem Wege vor sich geht, mag in beiden Fällen vorliegen. Es scheint in jedem Fall plausibel, dass eine höhere Ordnung auf einer *Ebene der Entsprechung*, die außerhalb des menschlichen Wahrnehmungsspektrums liegt, darin interveniert.

In diesem Abschnitt über Wissenschaft und das hermetische Schwingungsprinzip, möchte ich noch einem Punkt Raum geben, der mich als Psychologin und entwicklungsorientierten Menschen sehr interessiert: die Rolle des menschlichen Bewusstseins in der Erschaffung unserer eigenen Realität. Im ersten Kapitel (Seite 28) habe ich Ihnen John G. Cramers *transaktionale Interpretation der Quantenmechanik* vorgestellt, in der die Rede von *Angebots-* und *Echowellen* ist, um die Entstehung von Realität zu erklären. Wenn diese Wellen – eine aus der unmittelbaren Vergangenheit stammend, die andere aus der entgegengesetzten Richtung der Zeit, aus der Zukunft, kommend – sich miteinander verschränken, bedingen sie einen Kollaps des subatomaren »Kann-Sein-Zustands« und ziehen Manifestation nach sich. Diese Theorie ist unabhängiger von der Rolle des Beobachters als zum Beispiel die *Kopenhagener Deutung* (siehe hierzu Seite 23). Dennoch lässt sie genügend Raum für Überlegungen bezüglich des Stellenwertes und der Rolle der beobachtenden Instanz in der Entstehung von Realität. Und wenn Sie genau hinsehen, sind wir wieder nur einen Steinwurf von Fragen bezüglich des menschlichen Geistes, seiner Beschaffenheit, seiner (räumlichen) Grenzen und Kommunikationsmöglichkeiten mit dem Außen und somit von der hermetischen *Induktion* und der Kunst der Alchemie entfernt.

Die eigene Realität erschaffen

Jörg Starkmuth (2007) widmet einen großen Teil seines Buches dem menschlichen Bewusstsein und wie dieses die Welt erschafft. Er postuliert, dass die Auswahl der Realität, die ein Mensch trifft, hauptsächlich auf der Ausrichtung seiner Aufmerksamkeit basiert. *Welche potentielle Zukunft wir ansteuern, wird ausschließlich davon bestimmt, worauf unsere Aufmerksamkeit, das heißt der Fokus unserer bewussten Wahrnehmung, gerichtet ist. Alle anderen Einflussfaktoren sind sekundär, das heißt, sie lenken lediglich unsere Aufmerksamkeit* (Starkmuth, 2007, S. 163). Zwei dieser zweitrangigen Faktoren sieht Starkmuth in den menschlichen Instinkten und erlernten Erfahrungen. Realität werde stattdessen durch unser subjektives Wahrnehmen definiert, was wiederum zu subjektiven Interpretationen von dem, was ist, führe. Auch diese seien dann ebenso als erlernte Erfahrung aufzufassen und bedingten ihrerseits die Auswahl ähnlicher zukünftiger Realitätsaspekte.

Aus diesem Grund erscheint uns auch unser Erleben relativ konstant und widerspruchsfrei. Und dennoch sind wir es, die stets zwischen den gegebenen Möglichkeiten auswählen. Geschieht dies in Unkenntnis der eigentlichen, wirklichen Umstände, also in diesem Sinne unbewusst, dann regiert gewissermaßen unsere Vergangenheit unsere Zukunft, aber nur weil wir ihr die Macht geben, dies zu tun.

In seinem Buch *Die Entstehung der Realität – Wie das Bewusstsein die Welt erschafft* macht Starkmuth sich die Mühe, den genauen Mechanismus der stabilen Realitätsgestaltung zu beschreiben. Er nennt diesen Vorgang den »*Realostat*« und bedient sich zur Veranschaulichung eines Thermostats, der automatisch die Raumtemperatur reguliert. Die Erschaffung der eigenen Realität verläuft analog, eben über einen *Regelungsvorgang*, der nach folgendem Grundprinzip funktioniert: *Eine Eingangsgröße (hier die tatsächliche Raumtemperatur) wird gemessen und mit einer Sollgröße (hier der gewünschten Temperatur) verglichen, und eine Ausgangsgröße (hier die Ventilstellung) wird entsprechend verändert. Dies wird in immer kleineren Schritten so lange wiederholt, bis die Eingangsgröße mit der Sollgröße hinreichend genau übereinstimmt* (Starkmuth, 2007, S. 165). Dabei spielt in diesem Modell die *Rückkopplung* eine entscheidende Rolle:

Gemeint ist die Tatsache, dass die bei der Regelung veränderte Ausgangsgröße (beispielsweise die Ventilstellung der Heizung) einen direkten Einfluss auf die Eingangsgröße (im Beispiel die Raumtemperatur) hat, die wiederum den Regler beeinflusst, der seinerseits wieder die Ausgangsgröße verändert, usw. – es handelt sich also um eine geschlossene Schleife (auch Regelkreis *genannt), bei der der Ausgang auf den Eingang* zurückgekoppelt *wird* (Starkmuth, 2007, S. 166).

Lassen Sie uns diesen beschriebenen Mechanismus der Wahrnehmung unserer Realität einmal anhand dessen überprüfen, was wir bislang wissen: Eine logische Schlussfolgerung aus den quantenphysikalischen Erkenntnissen ist, dass es keine äußere, sondern nur eine wahrgenommene Realität gibt. Eine ›neutrale‹ oder ›vorgegebene‹ Wirklichkeit existiert dagegen nicht. Die Realität, die wir erleben und wahrnehmen, ist stattdessen selbstgemacht: *ein Produkt unseres eigenen Bewusstseins* (Starkmuth, 2007, S. 166). Dabei handelt es sich um jene Option, die aus den verschiedenen Möglichkeiten durch unsere Wahrnehmung ausgewählt wurde. *Auch wenn wir den Eindruck haben, die Welt sei (unabhängig von uns) ›einfach da‹ und wir würden sie lediglich passiv beobachten (und in geringem Maße durch unser Handeln verändern), ist unsere Wahrnehmung in Wirklichkeit ein Prozess, der in* beide *Richtungen wirkt:* Wir erzeugen die Welt, indem wir sie beobachten! *[…] Wir erzeugen die Realität, auf die wir unsere Wahrnehmung richten, und wir nehmen die Realität wahr, die wir erzeugen!* (Starkmuth, 2007, S. 166). Wahrscheinlich ahnen Sie längst, worauf Starkmuth hinaus will: Die Schleife, die er hier beschreibt, greift auf den dargestellten Rückkopplungseffekt zurück und verleiht unserer wahrgenommenen Realität eine gewisse Stabilität. Dies funktioniert aber nur, wenn die *Eingangsgröße* relativ *konstant* gehalten werden kann. *Für diese stabilisierende Wirkung ist es entscheidend, dass der Regler die Ausgangsgröße in die* richtige Richtung *verändert, um der Veränderung der Eingangsgröße* entgegenzuwirken (Starkmuth, 2007, S. 167). Die Regelung der Ausgangsgröße wird sozusagen an der ›kurzen Leine‹ gehalten, damit unsere Realität stabil und konstant bleibt.

Es kann also nicht die Rede davon sein, dass Dinge unmöglich sind – wir lassen sie lediglich nicht in unser Bewusstsein eindringen.

181

Selbst wenn sich einmal etwas Außergewöhnliches ereignet und wir es wahrnehmen, sorgen wir in der Regel durch unsere Überzeugungen und Glaubensmuster dafür, dass wir es trotzdem für unmöglich halten: Wir tun es als ›nicht real‹ ab und sorgen automatisch dafür, dass so etwas nicht wieder vorkommt. Die Festlegung unserer Realität wird also direkt durch unsere bewusste Wahrnehmung gesteuert und indirekt durch unsere Glaubensmuster, ganz nach dem Motto: *Ich glaube, was ich sehe und ich sehe, was ich glaube. [...] Unser Glaubenssystem sorgt dafür, dass die Realität, die wir durch unsere Wahrnehmung erzeugen, stabil bleibt. Indem wir glauben, dass die Welt, die wir erleben, die ›einzig wahre‹ ist, richten wir unsere Wahrnehmung immer wieder auf diese Realitätsvariante und erzeugen sie dadurch – mit nur geringen Variationen – immer wieder neu. Ohne dieses Stabilisierungsprinzip könnten wir in jedem Moment jede beliebige Realität erzeugen* (Starkmuth, 2007, S. 168f.).

Sie sehen, wie die uralten hermetischen Weisheiten hier in den neuesten quantenphysikalischen Erkenntnissen über unser Bewusstsein ihre Bestätigung finden; aber haben Sie eine Vorstellung davon, was das im eigentlichen Sinne für uns Menschen bedeutet? Welche Möglichkeiten sich uns damit eröffnen, wenn wir es nur schaffen, unsere begrenzenden Überzeugungen loszulassen? Wenn wir es schaffen, die nötige Demut aufzubringen und zu erkennen, dass wir nicht *die* Wahrheit kennen, sondern sie uns lediglich aus eigenen Glaubenssätzen und Wahrnehmungen selbst zusammenzimmern?

Es spielt keine Rolle, welcher Art unsere Überzeugungen sind, wir werden auf jeden Fall immer alles tun, um sie zu bestätigen. Und je mehr wir sie durch unsere Wahrnehmung bekräftigen, desto mehr bestärken wir sie. Aus diesem Rückkopplungsprozess, bei dem sich Überzeugung und Wahrnehmung gegenseitig bedingen und stets aufs Neue selbst regulieren, kann schnell ein Teufelskreis werden, wenn die Qualitäten unseres jeweiligen Glaubenssystems pessimistisch gefärbt sind.

Vielleicht werden Sie jetzt einwenden, dass es aber doch irgendwie eine ›objektive‹ Wirklichkeit geben muss, immerhin existiert die Welt ja auch dann noch, wenn Sie sie nicht gerade bewusst wahrnehmen oder ihr den Rücken kehren. Starkmuth (2007) erklärt diese ›objektive‹ Realität durch die zwischenmenschliche Kommunikation über die

›gemeinsame‹ Realität und die zahlreichen Verbindungen zwischen wahrnehmenden Lebewesen.

Wir haben bereits festgestellt, dass die Grenze zwischen dem Individuum und der Welt im besten Falle als fließend bezeichnet werden kann. In jedem Fall sind wir Menschen nicht so klar voneinander und von unserer Umwelt abgegrenzt, wie es uns unsere objektorientierte Wahrnehmung weismachen möchte. In diesem Sinne ist eine ›objektive‹ Realität im Grunde nur eine Realität, die von einer größeren Anzahl Menschen geteilt wird und über die sich diese Menschen mehr oder weniger einig sind. Starkmuth (2007, S. 180) findet auch hierzu eine treffende Umschreibung: ›*Objektiv*‹ *bedeutet nichts weiter, als dass sich eine nennenswerte Zahl von Individuen auf eine ähnliche Interpretation bestimmter Wahrnehmungsmuster* geeinigt *hat*. Die Wahl des Einzelnen spielt dabei aber immer noch die wichtigste Rolle, denn wir sind es ja, die – jeder für sich – unsere entsprechende Wahrnehmung ausrichten. Wir mögen zwar ein ›gemeinsames‹ Gruppenziel haben, aber es ist im Prinzip jederzeit möglich, sich daraus zurückzuziehen und wieder ›sein eigenes Realitäts-Süppchen‹ zu kochen.

Die Wahl der erlebten Realität aus dem Raum des »Kann-Sein« muss dabei allerdings das Kriterium der *Widerspruchsfreiheit* erfüllen. Diese Bedingung ist desto schwieriger zu erfüllen, je mehr Menschen sich über gewisse ›Grundwahrheiten‹ einig werden müssen, um eine kohärente Realität erleben zu können. Die verschiedenen Gruppenmitglieder müssen nämlich in dem Maße miteinander kommunizieren, dass eine gemeinsame Grundstruktur der Realität erreicht werden kann. Durch den Rückkopplungsprozess stabilisiert sich dann diese *Basis-Realität* und setzt sich bei jedem Einzelnen quasi als Überzeugung oder Glaube fest (Starkmuth, 2007).

Wir haben immer recht!?

Das Modell des »*Realostats*« besagt im Grunde nichts anderes, als dass wir Menschen uns auf die eine oder andere Weise arrangieren, damit die Realität, die wir erleben und wahrnehmen, unseren Erwartungen entspricht. Je rigider dabei unsere eigenen Ansichten sind, desto einseitiger sind unsere tatsächlichen Erfahrungen. Ist allerdings ein gewisses

Maß an Offenheit im eigenen Weltbild und den eigenen Überzeugungen verankert, werden auch unsere Erfahrungen flexibler (Starkmuth, 2007). Mit einfacheren Worten ausgedrückt: Wer Wunder erwartet, wird diese erleben! Wer aber davon überzeugt ist, dass das Leben einem sowieso nichts schenkt, hält die Wahrscheinlichkeit, dass sich tatsächlich ein Wunder ereignet, so gering, dass es am Ende wohl auch nicht passieren wird, selbst wenn der oder die Betroffene es sich noch so sehr wünscht. Dies liegt auch daran, dass wir Menschen dazu neigen, unterschiedliche Strategien heranzuziehen, wodurch wir uns die Richtigkeit unserer persönlichen Realitätsansichten immer wieder beweisen wollen.

Wir können zum Beispiel die erlebte Realität so interpretieren, dass die gemachte Erfahrung stimmig in unsere Glaubenssätze passt. Dabei kann die gleiche Situation, von zwei Menschen erlebt, zu ganz verschiedenen Szenarien werden – einfach nur aufgrund unserer eigenen subjektiven Interpretation. Unsere ›Interpretationsweichen‹ können derart eingefahren sein, dass es für Außenstehende sehr schwierig sein kann, diese überhaupt nachvollziehen oder eine Öffnung hineinbringen zu können. In meiner Arbeit erlebe ich immer wieder, wie das subjektive Erleben einer an sich banalen Situation nur deswegen einen überaus großen Schmerz verursachen kann, weil bei den Betroffenen ein sensibler Punkt berührt worden ist. Die eigentlichen Umstände treten dann in den Hintergrund und können nur gemäß der eigenen persönlichen Erfahrungen und Überzeugungen interpretiert werden. Dies ist zum Beispiel oft der Fall bei festgefahrenen Paarkonflikten, die schon seit längerer Zeit schwelen: Mit der Zeit haben sich oft so viele Missverständnisse und Interpretationen eingeschlichen und sich die Partner dadurch soweit voneinander entfernt, dass sie im wahrsten Sinne des Wortes verschiedene Sprachen sprechen. Dabei sind beide häufig so sehr in ihre eigenen Muster verstrickt, dass eine genügend neutrale Wahrnehmung nicht mehr möglich ist. Dann sind es die eigenen Überzeugungen, die dem Partner Absichten unterstellen, welche jedoch oftmals gar nicht seine eigenen sind, sondern stattdessen vom anderen in ihn ›hineininterpretiert‹ werden. Als ›Außenstehende‹ ist es meistens gar nicht so schwer, diese Negativ-Interpretations-Muster zu identifizieren und die damit einhergehenden Missverständnisse zu benennen. Es ist jedoch äußerst schwierig, diese halbwegs neutrale

Sicht der Dinge an den Mann, die Frau, das Paar zu bringen. Denn dabei stehen immer wieder jene rigiden Interpretationsmuster im Weg, die stets aufs Neue die Handlung des anderen in ein negatives Licht rücken. Ihr Einfluss kann so stark sein, dass sie die gesunde Basis einer jeden Beziehung angreifen und langsam unterwandern. Verständnis für das jeweilige Gegenüber ist dann oftmals nicht mehr möglich, weil die Verstrickungen in die eigenen Wahrnehmungsschemata zu mächtig geworden sind. Manchmal reicht dies soweit, dass es für den Betroffenen unmöglich ist, mit dem Partner überhaupt noch in Verbindung zu treten. Die Realitäten der beiden Partner sind sozusagen dermaßen ›ver-rückt‹, dass es nur noch wenig Gemeinsames oder Nachvollziehbares gibt, das erlaubt, Verständnis aufzubauen und die Sicht des anderen einzunehmen bzw. nachvollziehen zu können.

Dabei ist es als Begleiter auch nicht immer evident, eine andere mögliche Interpretation einer Situation oder Handlung anzubieten. Wenn jene subjektiven Interpretationsmuster einen gewissen Grad an Rigidität erreicht haben, kann man manchmal selbst das Gefühl haben, nicht verstanden zu werden. Die Wahrnehmungsmuster eines Klienten sind oftmals über Jahre hinweg so festgefahren und geprägt worden, dass ein therapeutisches Angebot außerhalb der eigenen Verständnisschemata gar nicht wahrgenommen werden kann. In einer solchen Situation stoße ich dann als Therapeutin, die über das Gespräch und das Bewusstsein der Klienten arbeitet, mitunter an meine Grenzen. Wenn der Klient – aus welchen Gründen auch immer – nicht in der Lage ist, mir ein klein wenig Offenheit und Vertrauen entgegenzubringen, durch die ich mit ihm oder ihr in Kontakt bleiben und eine vertrauens- und verständnisvolle Beziehung aufbauen kann, stehe ich buchstäblich im Regen. Dann stoße ich gemeinsam mit dem Klienten an die Grenzen seiner Möglichkeiten der Bewusstheit und muss diese anerkennen. Sollte jedoch trotzdem der bewusste Wunsch zur Veränderung da sein, greife ich gerne zu energetischen Verfahren, um die ›Blockaden‹, eben jene Grenzen, zu lockern und zu lösen. In Einverständnis mit dem Klienten bietet es sich in einem solchen Fall an, Unterstützung bei anderen ›alternativen‹ Herangehensweisen zu suchen, also parallel mit einem Energie-Therapeuten zu arbeiten (wie z. B. mit einem Kinesiologen/einer Kinesiologin, BioenergetikerIn, EngeltherapeutIn usw.).

Gelingt es, durch diese Arbeit eine Öffnung zu schaffen – und sei sie noch so klein – und so die dem Bewusstsein unzugängliche Blockade zu lockern, kann ich weiter meine Arbeit über das Bewusstsein und die Bewusst-Werdung verfolgen. Dann wird eine verständnisvolle Basis wieder möglich, das Vertrauen kann zurückkehren oder unter Umständen zum ersten Mal einkehren.

Als Therapeutin stehe ich dann für neue Beziehungserfahrungen innerhalb dieser therapeutischen Verbindung zur Verfügung. Diese können nach und nach die festgefahrenen Muster, die oft auf negativen zwischenmenschlichen Erfahrungen in der Vergangenheit und Überzeugungen basieren, verändern und vielleicht sogar transformieren. Diese Beziehungsarbeit als eine mögliche therapeutische Intervention fußt auf dem Wissen, dass unsere Wahrnehmung durch unsere eigenen Überzeugungen, kognitive Schemata und Erfahrungen grundlegend beeinflusst und manchmal sogar verzerrt wird.

Eine andere Möglichkeit, wie wir sicherstellen, dass die Realität unseren Überzeugungen entspricht, ist *die Kunst des gezielten Wegsehens* (Starkmuth, 2007, S. 186). Dabei werden Fakten, die das eigene Weltbild in irgendeiner Weise in Frage stellen könnten, geflissentlich ignoriert oder übersehen. Dies passiert nicht bewusst, sondern ist richtiggehend ein zerebraler Mechanismus.

Die Aufnahmefähigkeit unseres Gehirns ist begrenzt. Ich erinnere an Bärbel Mohr (2006), die eindrucksvoll beschreibt, dass unsere bewusste Wahrnehmung auf mehr oder weniger sieben Eindrücke pro Sekunde beschränkt ist, während unsere Intuition ungefähr zehntausend davon in der gleichen Zeit schafft. Wenn unser Bewusstsein in der Lage ist, sieben Eindrücke aufzunehmen, wer entscheidet dann, welches der achte Eindruck sein soll, der über Bord geht? Na?! Genau: unsere Glaubensmuster, eigenen Erfahrungen und Überzeugungen! Die unangenehmen – im Sinne von inkohärenten – Sinneseindrücke werden unbewusst aufgenommen und stellen damit kein direktes Problem für unser Bewusstsein dar. Ein möglicher Konflikt zwischen unserer Wahrnehmung und unseren bestehenden Überzeugungen wird so vermieden.

Ich möchte aber anmerken, dass ich persönlich nicht überzeugt bin, dass dieses Wegsehen auf lange Sicht tatsächlich effizient sein kann. Mit der Zeit gibt es nämlich immer mehr Material, das nicht mit den eigenen Glaubenssätzen übereinstimmt und somit ›nicht gesehen werden darf‹. Die Anzahl von Inhalten, gegen die wir uns dann wehren müssen, wird immer größer und es braucht immer mehr Kraft und Anstrengung, sie komplett zu verdrängen und aus dem Bewusstsein fernzuhalten. Denn der Konflikt ist ja da, er erreicht nur nicht die bewusste Ebene und kann deswegen auch nicht konstruktiv gelöst werden, eben weil die entsprechenden Inhalte nicht zugelassen werden. Dabei sind immer mehr Ressourcen vonnöten, der eigenen Wahrnehmung aus dem Weg zu gehen, damit die eingefahrenen Denk- und Glaubensmuster konfliktlos gelebt werden können. Außerdem wächst zeitgleich noch die Angst vor dem, was nicht gesehen werden darf, und lässt uns die Dinge größer und schlimmer erscheinen, als sie wirklich sind. Mit anderen Worten entwickeln wir in zunehmendem Maße eine Vorstellung davon, was passieren würde, wenn diese Inhalte tatsächlich unser Bewusstsein erreichten. Wir bekommen Angst vor dem potentiellen Schmerz und nähren daher unsere Überzeugung, dass es ganz besonders schlimm wäre, etwas wahrzunehmen, das nicht in unser eigenes Weltbild passt. Sie ahnen gewiss bereits, worauf ich hinaus will?!

Um einer Grundvorstellung zu entsprechen, ziehen wir weitere Vorstellungen und Glaubensmuster heran, wodurch wir die ursprünglichen Überzeugungen immer weiter verfestigen. Je länger wir dieses Szenario praktizieren, desto schwieriger wird es dann für uns, aus dieser Nummer herauszukommen und den Teufelskreis zu durchbrechen. Einerseits werden nämlich unsere Vorstellungen immer rigider und ausschließlicher, andererseits lässt auch unsere Kraft nach, weil wir sehr viel Energie darauf verwenden, den stetig wachsenden Berg von scheinbar bedrohlichen Inhalten in Schach zu halten. Erschwerend kommt dann noch hinzu, wenn eine Person nicht gewohnt ist, ›mit sich selbst zu arbeiten‹ oder sich selbst in Frage zu stellen, also aktiv eine *Metaposition* gegenüber dem eigenen Funktionieren einzunehmen. Bitte verstehen Sie mich an dieser Stelle richtig: Diese Beobachtungen beinhalten kein Werturteil! Ich möchte damit nur ausdrücken, dass es sich lohnt, regelmäßig über sich nachzudenken und das eigene Selbst-bewusst-Sein zu pflegen. Bleiben Sie im Training der persönlichen Entwicklung und setzen Sie sich kritisch mit sich, mit Ihren innersten Überzeugungen und Wahrnehmungsschemata auseinander! Denn diese kontinuierliche Arbeit an sich selbst beugt nicht nur dem bedrohlichen Berg von unbewussten Inhalten vor, sondern liefert Ihnen, falls doch einmal eine Krise kommt, ein entsprechendes Werkzeug direkt an die Hand, das Sie dann für die Lösung des Problems einsetzen können. Denn wir alle haben wohl den einen oder anderen Punkt, bei dem wir lieber weg- als hinschauen wollen. Aber aus eigener Erfahrung, sowohl beruflich als auch privat, kann ich Ihnen versichern, dass früher oder später der Moment kommt, wo die verleugneten Inhalte an die Oberfläche drängen. Irgendwann reicht nämlich auch unsere Kraft nicht mehr, unser eingeschränktes Weltbild in Schach und alles Störende aus unserem Bewusstsein fern zu halten. Wenn unser Welt- oder Gedankengerüst dann in sich zusammenstürzt, ist dies nicht unbedingt angenehm, aber auf lange Sicht dennoch gut und gesund so! Was wir verdrängen oder außen vor lassen, wird so lange in unserem Unterbewussten rumoren, bis der Konflikt entweder offen aufbricht oder es auf eine andere Weise zum Eklat kommt, der uns dazu bringt hinzusehen. Und dann doch lieber früher als später, oder?!

Die dritte Strategie, die wir anwenden, um sicherzustellen, dass wir recht haben, steht in direktem Zusammenhang mit dem hermetischen Prinzip der Schwingung: Es ist das Gesetz der Resonanz, der Anziehung. Vorangehend haben wir erfahren, dass es Realitäten gibt, die Menschen mit ähnlichen Auffassungen durchaus widerspruchsfrei teilen können. Vielleicht denken Sie jetzt: Was passiert, wenn da ein Mensch hinzustößt, der eine gänzlich andere Auffassung hat und anfängt, darüber zu kommunizieren? Oder: Was passiert, wenn jemandem eine Situation widerfährt, die unübersehbar ist, die man nicht mit einer subjektiven Interpretation ›einfach so‹ hinbiegen kann? Die Wahrscheinlichkeit, dass so etwas passiert, ist durch das Schwingungsgesetz ziemlich gering gehalten. Doch wenn so ein aufrüttelndes Erlebnis geschieht, ist es durch die Überzeugungen und Glaubensmuster der Beteiligten angezogen worden (Starkmuth, 2007).

Alles, was uns geschieht, steht in Resonanz mit dem, was wir aussenden. All unsere Gefühle, Gedanken und Überzeugungen senden Energiequalitäten auf gewissen Ebenen aus und treten so mit all dem in Resonanz, das uns auf diesem Schwingungsgrad begegnet. Auf diese

Weise ziehen wir Dinge in unser Leben und unseren Wahrnehmungs-
kreis. In Anlehnung an die *transaktionale Interpretation der Quantenmechanik* von John G. Cramer könnte man durchaus sagen, dass unser
menschliches Sein *Angebotswellen* aussendet, die dann auf *Echowellen*
im (scheinbaren) ›Außen‹ treffen. Und schon befinden wir uns wieder
in quantenphysikalischen Gefilden, die ich ein weiteres Mal mit Ihnen
in Sachen *quantenherzlicher* Verbindung erkunden möchte.

Und noch ein Nachschlag Quantenphysikalisches ...

Ausgehend vom *Welle-Teilchen-Dualismus* wissen wir, dass die subatomare Welt unscharf und durch einen »Kann-Sein-Zustand« bestimmt ist.
Die Potentialität als Grundform von Materie ist jedoch nicht statisch:
Die *»Wirks«,* wie Hans-Peter Dürr die Grundbausteine von Materie
nennt, befinden sich allgegenwärtig in einem Zustand der Instabili-
tät, der sie beeinflussbar macht. Die Aneinanderreihung von Instabili-
tätsmomenten, die unser Leben ausmacht, wird beeinflusst und sogar
gesteuert, um dann eine *dynamisch stabilisierte Bewegung* zu bilden
(Dürr, 2002). Diese *dynamisch stabilisierte Bewegung* ist nichts anderes
als die Realität, die wir wahrnehmen.

Jörg Starkmuth (2007) drückt dies in seinem Denkmodell des »*Realostats*« aus, indem er sagt, dass unsere bewusste Wahrnehmung unsere
erlebte Realität steuert (siehe Seite 180). In der Quantenphysik trägt die
Kopenhagener Deutung zu der Schlussfolgerung bei, dass unser Bewusstsein die subatomare Wellenfunktion kollabieren lässt. Als Alternative
zu dieser Deutung (siehe Seite 23) gilt John G. Cramers *Transaktionsinterpretation.* Im ersten Kapitel habe ich Ihnen die *Zeitwellen-Theorie*
bereits näher gebracht und mit Hilfe von Jörg Starkmuth (2007) aufgezeigt, dass die Modulation von *Angebotswelle* und *Echowelle* zu einer
Wahrscheinlichkeit führt (siehe Seite 28). Daraus geht hervor, dass
eine Welle, die von der Vergangenheit in die Zukunft läuft, durch eine
Welle moduliert wird, die von der Zukunft in Richtung Vergangenheit
läuft. Bei der *Echowelle,* die sich in Richtung Vergangenheit ausbreitet,
handelt es sich allerdings nicht nur um eine mathematische Größe,
die die Erstellung einer physikalischen Formel ermöglicht. Es ist vielmehr so, dass beide Wellen realen Größen entsprechen, was wiederum

nichts anderes bedeutet, *als dass nicht nur die Vergangenheit die Zukunft beeinflusst, sondern auch die Zukunft die Vergangenheit!* (Starkmuth, 2007, S. 150).

Diese gewagte Schlussfolgerung wirft Fragen auf und findet ihre bereichernde Fortsetzung in der weiterführenden Arbeit von Fred Alan Wolf, der seine *Viele-Welten-Deutung* mit John G. Cramers *Transaktionaler Theorie* verflochten hat (Starkmuth, 2007). Aus dem Zusammenschluss dieser beiden Ansätze lassen sich interessante Erkenntnisse im Hinblick auf das Prinzip der Schwingung ableiten, über die es sich nachzudenken lohnt.

Jeder Mensch sendet mittels seiner Wahrnehmung eine Welle aus, die sich sowohl in Richtung Zukunft als auch in Richtung Vergangenheit bewegt. Die Zukunft hat Einfluss auf die Gegenwart, ebenso verhält es sich mit der Vergangenheit. Die *Echowellen,* die dabei aus der Zukunft reflektiert werden, sind *das Ergebnis von Wahrnehmungen eines zukünftigen Bewusstseins* (Starkmuth, 2007, S. 150). Der *Viele-Welten-Deutung* nach gibt es mehrere mögliche Zukunftsszenarien, die, vereinfacht dargestellt, jeweils eine Welle losschicken. Es existieren allerdings genauso multiple Vergangenheiten, je nachdem, mit welchem Blick, mit welchem Bewusstsein, wir unsere jeweilige Vergangenheit betrachten. Diese verschiedenen Versionen von Vergangenheit existieren alle parallel zueinander und schicken ebenfalls jeweils eine *Angebotswelle* los. *Nicht alle dieser ›aufeinander prallenden‹ Wellen passen jedoch zueinander – die durch das Aufeinandertreffen der Angebots- und Echowellen bewirkte Modulation ergibt nur in solchen Fällen eine hohe Ereigniswahrscheinlichkeit, in denen die Wellenformen sich sehr ähnlich sind. Nur in diesem Fall kommt eine erfolgreiche Transaktion zustande, und es wird eine starke ›Verbindung‹ zwischen der Vergangenheit und dieser Variante der Zukunft in Gestalt einer hohen Ereigniswahrscheinlichkeit hergestellt* (Starkmuth, 2007, S. 150f.).

Jede Wahrnehmung in der Gegenwart sendet demnach eine *Angebotswelle* in die Zukunft und eine Echowelle in Richtung Vergangenheit aus. Der Inhalt der beobachteten Realität ist in diesen Wellen eingebettet. Die zahllosen zukünftigen Varianten der Realität enthalten zum einen jeweils verschiedene Versionen meines Bewusstseins. Zum anderen senden sie selbst ebenfalls Wellen aus: einmal in Richtung Zukunft (also in das, was im Anschluss an die zukünftige Realität kommen mag) und auch in die Vergangenheit (in meine aktuelle Gegenwart). *Diese Echowellen treffen zwangsläufig auf meine Angebotswelle. Ich kommuniziere also quasi ständig mit mir selbst – genauer gesagt mit zahllosen Varianten meines zukünftigen Selbst (und zugleich ›rückwirkend‹ auch mit meinem vergangenen Selbst)* (Starkmuth, 2007, S. 151).

Wenn die beiden Wellen zueinander passen, sich mit anderen Worten sehr ähneln und miteinander verschränken, entsteht daraus Realität. Man kann also sagen, dass die *Zeitwellen-Theorie* auf einer Resonanz basiert. Eine *Angebotswelle* ›sucht‹ nach der passenden *Echowelle,* die eine mögliche Zukunftsvariante ausgesendet hat, und tritt dann mit ihr in Resonanz. Wenn das Prinzip der *Widerspruchsfreiheit* erfüllt ist, das heißt die Abweichungen gering genug sind, kommt eine konkrete Manifestation zustande.

Mit anderen Worten haben wir gerade Erstaunliches festgestellt: *Der jeweils nächste (mikroskopisch kleine) Schritt auf meinem Pfad durch den Möglichkeitsraum wird durch meinen jetzigen Bewusstseinszustand eindeutig festgelegt, für den übernächsten Schritt gibt mein Bewusstseinszustand immerhin eine starke Tendenz vor, und für weiter in der Zukunft liegende Schritte wird die Tendenz zunehmend weniger eindeutig* (Starkmuth, 2007, S. 153).

Je weiter also unsere Zukunft noch entfernt ist, desto breitflächiger ist der Raum der Möglichkeiten. Er beinhaltet multiple Szenarien, die mit unserem aktuellen Bewusstsein noch kompatibel sind. Dabei muss hinzugefügt werden, dass diese vielen potentiellen Szenarien immer unverbindlicher werden, je weiter sie in der Zukunft liegen, das heißt, es gibt zwar viele Möglichkeiten, die aber alle mit immer geringerer Wahrscheinlichkeit auftreten werden – auch wenn ihre jeweilige Wahrscheinlichkeit immer noch höher ist als die ›unwahrscheinliche Zukunft‹, die gänzlich inkompatibel mit unseren aktuellen Wahrnehmungen ist. Im Umkehrschluss bedeutet dies, dass, je näher ein Zeitpunkt in der Zukunft an unserem Wahrnehmungsmoment in der Gegenwart ist, desto stärker und verbindlicher werden die Zukunftsmöglichkeiten – sie werden aber auch immer weniger. Genau genommen verringern sie sich so lange, bis nur noch eine übrig bleibt, welche als Zukunftsversion über die höchste Kompatibilität und kleinste *Widerspruchsfreiheit* zu unserer

191

Gegenwart bzw. Vergangenheit verfügt. Diese Zukunftsvariante manifestiert sich dann im unmittelbar bevorstehenden nächsten Augenblick. Wenn wir uns dieses Denkmodell plastisch vorstellen, stellt es einen Kegel dar, dessen Spitze in der Gegenwart liegt, während seine Öffnung immer weiter in die Zukunft reicht: Jörg Starkmuth bezeichnet dies als den *Wahrscheinlichkeitskegel.*

Von diesem Modell ausgehend lautet – in Verbindung mit unserem Anliegen, das Schwingungsgesetz näher kennen zu lernen, – die einzig logische Schlussfolgerung: *In welche Richtung innerhalb des zukünftigen Möglichkeitsraumes dieser Wahrscheinlichkeitskegel zeigt, das heißt, welches ›Schicksal‹ am wahrscheinlichsten für uns ist, hängt also von der Ausrichtung unserer bewussten Wahrnehmung in der Gegenwart ab* (Starkmuth, 2007, S. 153). Dabei sollte man immer bedenken, dass wir hier von einer Momentaufnahme reden. Jeder Augenblick unserer Wahrnehmung ist im nächsten Moment schon wieder verändert und richtet somit den *Wahrscheinlichkeitskegel* neu aus. Dieses Denkmodell stellt also ein theoretisches Schicksal dar, und zwar ausgehend von einer Momentaufnahme, die im Kontext des Zeitflusses konstanten Veränderungen unterliegt und sich immer wieder wandelt.

Dennoch besagt diese plausible Interpretation der Quantentheorien, dass unser Bewusstsein in jedem Moment einen wichtigen Einfluss auf unsere subjektiv erlebte Zukunft hat. Unsere aktuelle Wahrnehmung und Einstellung, sendet Schwingungen aus und lässt uns genau die Dinge erleben, die mit dieser ausgesandten Schwingung in Resonanz treten. Wir ziehen unsere Zukunft an, kreieren sie, erleben sie und verarbeiten sie dann zu neuen Erfahrungen weiter, die wiederum neue Wellen von sich geben, und so weiter und so fort. Auf eine entfernte Zukunft hat unser aktuelles Bewusstsein lediglich eine beeinflussende Funktion, durch die eine Richtung vorgegeben wird. Was die nähere Zukunft angeht, besitzt unsere Wahrnehmung durchaus einen deterministischen, sprich: verbindlichen Einfluss, da sich das Wahrscheinlichkeitsspektrum von möglichen Szenarien immer kleiner zusammenzieht, bis am Ende nur noch die im nächsten Moment kohärenteste Variante übrig bleibt. Von Zufall kann also keine Rede mehr sein, da alles miteinander verbunden ist: Vergangenheit – Gegenwart – Zukunft sind ineinander verstrickt durch eben jene Resonanzphänomene, die quantenphysikalisch erklärbar sind!

Diese Aneinanderkettung von logischen Thesen und Schlüssen setzt einen Punkt voraus, der Ihnen vielleicht mitunter weit hergeholt erscheint: dass die Zeit vor- *und* rückwärts zu laufen vermag und somit im Grunde eine Illusion ist. Zeit dient uns als strukturierendes Raster, das durch unsere Sprache reflektiert wird. Ohne diese gliedernde Abfolge von Vergangenheit – Gegenwart – Zukunft wäre es uns unmöglich, verbal zu kommunizieren oder Umstände kognitiv-bewusst zu begreifen. Unser Verstand könnte ohne diese strukturierende Illusion nicht funktionieren, da er polar ausgerichtet ist. Im Vorfeld haben wir ja bereits erfahren, dass unser Wachbewusstsein objektorientiert ist. Somit gibt es sich größtenteils mit der Welt zufrieden, die durch unsere Wahrnehmung und auch unsere Sprache reflektiert wird. Ebenfalls haben wir feststellen können, dass unsere materielle Wirklichkeit noch lange nicht alles ist, sondern lediglich *ein* Aspekt des *All-Seins* – dem hermetischen *göttlichen Paradoxon* zufolge ein illusorischer noch dazu. Und dieser Illusion ist wohl auch unsere Vorstellung von Zeit zuzurechnen.

Die Erkenntnis, dass wir unsere Realität mittels der Ausrichtung unseres Bewusstseins und unserer Schwingungen erschaffen, hat durch die in diesem Kapitel vorgenommenen Überlegungen an weiterer Glaubwürdigkeit und Eindringlichkeit gewonnen. Des Weiteren unterstreicht sie noch dazu die Notwendigkeit, unseren Geist wieder aktiv zu erobern, damit wir beeinflussen können, welche Schwingungen wir aussenden und welche Realität wir somit anziehen und erschaffen.

Die Sache mit der Anziehung …

Unsere Gedanken, Gefühle und Glaubensmuster repräsentieren verschiedene Arten von Energien und schwingen auf bestimmten Frequenzen. Je nach ihren Inhalten und ihrem Informationsgehalt ist festgelegt, welcher Schwingungsebene sie angehören. Die Bestimmung dieser Ebene liegt also ganz allein bei demjenigen, der denkt, also bei uns selbst. Wir können aktiv an unserer eigenen geistigen Aktivität teilnehmen und bestimmen, welche Gedanken, Gefühle und Glaubensmuster unser Wesen bestimmen sollen und auf welcher Ebene wir gerade ›senden‹ wollen.

»Ich habe über nichts Macht auf dieser Welt – außer über meine Gedanken, die ich jetzt gerade in diesem Moment denke!« Diese tiefgründige Erkenntnis haben wir im dritten Kapitel gewonnen und integrieren dürfen. Nun können wir sie im Sinne des Schwingungsgesetzes und ausgehend vom *Wahrscheinlichkeitskegel* noch erweitern, denn dieser eine gegenwärtige Moment scheint zunächst nur ein Bruchteil und minimal klein zu sein, aber in ihm schlummert ein immenses Potential: Der Einfluss, den wir auf dieses klitzekleine Stückchen subjektive Realität haben, ist *alles* und er bestimmt *alles* – in ihm begegnen sich Vergangenheit, Gegenwart und Zukunft! Was wollen wir mehr?! Wir haben alles, was wir brauchen: das Universum in einem Gedanken! Es liegt allerdings in unserem Ermessen, auf welche Weise wir die Wahrscheinlichkeiten mit der uns zur Verfügung stehenden Energie – unseren Gedanken – beeinflussen: auf welcher Frequenz wir unsere *Angebotswelle* aussenden wollen.

Dabei gilt es, einen Aspekt besonders zu betonen: Je nachdem, ob ich ›lichte‹ oder ›dunkle‹ Gedanken hege, wird sich meine Zukunft auch licht oder dunkel gestalten. Diese Überlegung fußt (neben quantenphysikalisch-mathematischen Belegen) noch auf einem plausiblen, ökonomischen Prinzip: Da Masse und Energie wesensgleich sind, erhöht jede Energie, die einem Körper, einem Umstand oder einer Situation zugeführt wird, deren Masse. Diese Gesetzmäßigkeit trifft auch im übertragenen Sinne zu: Wenn Gedanken, das heißt Energie, in Positives investiert werden, erhöht sich deren Masse und es steigt die Wahrscheinlichkeit, dass sich tatsächlich Positives manifestiert. Wenn Gedanken hingegen auf tiefer Ebene schwingen, schwer und negativ sind, investieren wir in Negatives und es wird schwerlich etwas Konstruktives dabei herauskommen. Fred Alan Wolf und John G. Cramer würden es wohl so ausdrücken: Wir können unsere Wahrnehmung nicht negativ ausrichten und erwarten, dass die wahrscheinlichste Zukunft positiv ist. Dieses wäre im Übrigen schon deshalb nahezu unmöglich, weil wir ja stets darum bemüht sind, unsere eigenen Überzeugungen zu bestätigen! Das Prinzip der *Widerspruchsfreiheit* wäre somit nicht erfüllt. Und selbst wenn die eigene Einstellung eine 180°-Gradwende zulassen würde, wäre dennoch die Wahrscheinlichkeit groß, dass ein positiver Ausgang entweder als negativ interpretiert oder ganz ignoriert würde.

So sind es also weder das Schicksal noch das Leben, die uns nichts Positives gönnen oder uns Negativem aussetzen! Wir selbst sind es, oder genauer: Unsere eigenen Einstellungen sind es, die uns gemäß dem Prinzip der Schwingung das eine oder andere bescheren und erleben lassen! Mit unseren Gedanken gestalten wir unsere Realität und erschaffen somit das Umfeld, in dem wir leben und das wir erfahren – unmittelbar im nächsten Augenblick und unverbindlicher in weiterer Zukunft. Dabei ziehen sich gleiche Energien an, eben weil sie sich auf einer Wellenlänge befinden. Dieses Gesetz gilt auf allen Ebenen und deswegen nicht nur für materielle, sondern auch für geistige und spirituelle Belange. Schon der Volksmund weiß um diese Zusammenhänge und drückt sie wunderschön in alten Weisheiten aus wie »Gleich und Gleich gesellt sich gern«, »Auf der gleichen Wellenlänge sein« und »Wie man in den Wald hineinruft, so schallt es heraus«.

Dieses Gesetz der Anziehung, das uns heute die Quantenphysik zu erklären und verständlich zu machen vermag, ist allerdings schon immer Gegenstand der menschlichen Beschäftigung gewesen und in unterschiedlichen literarischen Formen verarbeitet worden: Das *Kybalion* (1912) mit seiner überlieferten Spruchsammlung stellt *einen* Versuch dar. In jüngerer Zeit sind andere Werke zum Beispiel von Doreen Virtue

(2007) und Rhonda Byrne (2008) hinzugekommen. In *The Secret* heißt es treffend: *Das Geheimnis ist das Geheimnis der Anziehung! Alles, was in Ihr Leben kommt, ziehen Sie selbst in Ihr Leben herein. Es wird zu Ihnen gezogen aufgrund der Bilder, die Sie in Ihrem Denken hegen. [...] Was immer in Ihrem denkenden Geist vorgeht, ziehen Sie zu sich heran. [...]. Sie sind es, der das Gesetz der Anziehung aktiviert, und Sie tun dies durch Ihre Gedanken.* (Byrne, 2008, S. 19f.). Rhonda Byrne spricht vom Gesetz der Anziehung – *The Law of Attraction,* wie es Esther und Jerry Hicks nennen (Hicks & Hicks, 2008) – und meint damit jenes uralte hermetische Gesetz des Lebens, das auf dem Prinzip der Schwingung basiert. Dieses Gesetz existiert seit Anbeginn der Zeit. Es ist immer und überall aktiv, ob wir es wollen oder nicht, ob wir uns dessen bewusst sind oder nicht. Jeden Augenblick unseres Lebens senden wir Schwingungen aus, die mit möglichen zukünftigen Szenarien in Resonanz treten und diese dann in unserem Leben manifestieren (nach einem Ausschlussverfahren, dessen Faktoren wir größtenteils selbst bestimmen!).

Diese bahnbrechende Erkenntnis wollen wir nun mit den Überlegungen verknüpfen, die wir bereits im dritten Kapitel kennen gelernt haben (siehe Seite 92f.): Was bedeutet gelebte Passivität im Licht des Schwingungsprinzips?, und: Was kann es nach sich ziehen, wenn wir uns nicht aktiv aus der Opferposition in eine *Metaposition* hineindenken?

Das Resonanzgesetz und gelebte Passivität

Wir mögen uns in der heutigen Zeit immer wieder dem Leben ausgeliefert fühlen, ja wir empfinden manchmal sogar, dass ›unser Leben uns passiert‹, oder mit anderen Worten: dass die Realität sich uns ›aufdrückt‹. Auch erleben wir uns häufig als ›Sklaven‹ unserer Umgebung. Denn tatsächlich ist es so, dass wir oft den Zwängen unserer Umwelt unterliegen und unsere emotionale Gemütslage von äußeren Umständen abhängig machen. Zu den vorangehenden Auslegungen der quantenphysikalischen und hermetischen Gesetzmäßigkeiten steht jedoch dieses uns täglich begleitende und unsere Weltsicht prägende Empfinden in krassem Gegensatz: Wie kann ich mich als ›Sklave‹ meiner Realität sehen, wenn ich diese doch eigentlich selbst erschaffe?! Wie kann ich mich als Opfer äußerer Umstände erachten, wenn das stiftende Prinzip dieser Begebenheiten ich selbst bin?!

Der Perspektivwechsel, den die gewonnenen Auslegungen zwingend nach sich ziehen, fordert von uns Offenheit und Raum für Integration. Dabei tut die Zeit meiner Erfahrung nach ihr Übriges, denn wir brauchen die Möglichkeit, uns auf diese neue Sicht der Dinge einlassen zu können. Immerhin haben wir uns bisher weitestgehend auf unsere objektorientierte Wahrnehmung verlassen, wenn wir die Welt erfassen wollten. Mit den *quantenherzlichen* Überlegungen, die aus der Hermetik und der Quantenphysik hervorgehen, hält der Aspekt der Einheit Einzug in unser Bewusstsein. Und so ist auch der Moment gekommen, manche Vorstellungen loszulassen und sie gegen neue auszutauschen, weil diese unserem Wohlbefinden und unserer Gesundheit zuträglicher sind als unsere alte, von Gedanken der Trennung geprägte und zerstückelnde Weltsicht. Aber genau darin liegt wohl auch ein Grund verborgen, warum es uns nicht so leicht fällt, uns mit diesem kosmischen Gesetz anzufreunden: Es verlangt von uns, Altgewohntes loszulassen. Wenn ich erst einmal die hermetischen Lehren und somit das Gesetz der Schwingung als wahr annehme, ist es mir nicht mehr möglich (und auch gar nicht mehr nötig), in die – wenn wir mal einen Moment ganz ehrlich sind – mitunter recht komfortable Opferrolle zu schlüpfen. Das Resonanzgesetz verweist uns schonungslos auf unsere Eigenverantwortung: Wir sind Akteur unseres Lebens! Von dem Augenblick an, in dem wir das Prinzip der Schwingung in unserem Leben willkommen heißen, ist es sinnlos zu versuchen, jemandem oder etwas anderem die Schuld für unsere gegenwärtige Lebenssituation oder Lebensqualität zuzuschieben. Dies ist eine schonungslose und krasse Feststellung, aber auf der anderen Seite auch unendlich befreiend und ermutigend. Denn unser Bewusstsein um das Prinzip der Schwingung verleiht uns die Macht über das wohl Einzige auf dieser Welt, worüber wir wirklich Macht haben: *über uns selbst!* Das geistige Anziehungsgesetz ist *das* Werkzeug, das uns Menschen alle Karten an die Hand gibt, die wir für eine glückliche Existenz brauchen. Es ermöglicht uns, uns selbst endlich gerecht zu werden, weil wir uns aktiv für oder gegen das entscheiden können, was wir leben. Es gibt uns die Möglichkeit, unser Leben zurückzuerobern.

Und dabei ziehe ich nicht nur an, was ich aussende, sondern kann aktiv daran mitarbeiten, meiner, dieser, unserer Welt eine positive Wende zu geben. – Nutzen wir diese Chance! – Aber wie?

Konkrete Umsetzungsmöglichkeiten

Der erste Schritt unserer Bewusstwerdung ist getan: Es gilt, sich nicht mehr gegen die Gesetze der höheren Ordnung zu wehren, sondern sie anzuerkennen und für sich zu nutzen. Wie sieht das konkret aus? Einstein hat uns jene geniale Erkenntnis hinterlassen, dass Materie und Energie wesensgleich beziehungsweise *relativistisch äquivalent* sind. Und wir wissen nun, dass je nachdem, auf welcher Ebene ich Schwingungen aussende, bestimmte Erfahrungen, die entsprechend hoch oder nieder schwingen, angezogen werden. Wir tun also gut daran, an einer gesunden positiven Grundeinstellung zu arbeiten, denn diese wird sich auch auf lange Sicht rentieren, weil sie den Fokus auf eine positive Zukunft lenkt – eben weil der *Wahrscheinlichkeitskegel* vermehrt ins Positive zeigt.

Vielleicht denken Sie jetzt: »Eine positive Grundeinstellung, wenn das so einfach wäre!« Aus eigener Erfahrung möchte ich Ihnen darauf gerne antworten: »Es ist so einfach, wie Sie es sich machen, aber vielleicht geht es nicht so schnell, wie Sie es sich wünschen!« Die eigene Einstellung gegenüber Dingen zu verändern muss nicht kompliziert sein. Es erfordert im Grunde ›nur‹ den Willen zur Transformation, die Fähigkeit zur Selbstbeobachtung und das Interesse an sich selbst sowie ein wenig Disziplin in Form von Geduld. Alles beginnt mit einer Entscheidung im Hier und Jetzt und setzt sich damit fort, bewusst an dieser Entscheidung festzuhalten, sie immer wieder neu zu treffen. Nach und nach werden sich diese Entscheidungen zu einer sichtbaren und fühlbaren Veränderung mausern.

In der Regel brauchen wir dreißig Tage, um uns eine neue Gewohnheit anzueignen. Ich sage bewusst: »sich eine neue Gewohnheit anzueignen«, und nicht: »eine alte Gewohnheit abzulegen«. Denn je mehr Sie sich darauf konzentrieren, etwas NICHT mehr zu tun, desto mehr

Energie investieren Sie tatsächlich dort hinein. Auf dieses Phänomen kommen wir später noch einmal ausführlich zurück. Doch nun möchte ich Sie nicht länger auf die Folter spannen und Ihnen einige konkrete Techniken anbieten, mit denen Sie besagte Veränderungen in sich selbst und Ihrem Umfeld bewirken können. Machen Sie sich auf Wunder gefasst!

Positives Denken

Eine gute Einstiegsmöglichkeit, wenn man seine eigenen Einstellungen verändern will und die wir ja schon ansatzweise auf Seite 92 kennen gelernt haben, ist das *Positive Denken,* über das Dr. Joseph Murphy erstmals allumfassend in seinem Basiswerk *Die Macht Ihres Unterbewusstseins* geschrieben hat. Es erschien vor nunmehr fast 50 Jahren und hat seitdem seinen Platz in unzähligen Hausbibliotheken auf der ganzen Welt gefunden. In ihm ist wohl eine der ersten Techniken vorgestellt worden, die sich systematisiert und anwenderfreundlich das Prinzip der Schwingung zu Nutze macht.

Interessanterweise greift Joseph Murphy, ein promovierter Theologe, Philosoph und Jurist, in allen seinen Werken auf biblische Zitate und Psalmen zurück, die er zur Unterstützung seiner Thesen heranzieht. Auf diese Weise gibt er unserer im alltäglichen Leben gerne vernachlässigten Spiritualität Raum. Auch hermetische Elemente lassen sich bei ihm finden, obwohl Joseph Murphy sich selbst wohl eher in der Tradition des Christentums und der biblischen Schriften stehend begreifen würde. Implizit sind das Prinzip der Schwingung und der Polarität jedoch in seinen Werken allgegenwärtig (u. a. 2005, 2006a, 2006b). Auch in anderen Büchern über das *Positive Denken* wie etwa bei Erhard F. Freitag (u. a. 1999, 2000, Freitag & Zacharias, 2000) sind diese beiden Prinzipien enthalten. Ebenfalls gibt es mehr oder weniger subtile Hinweise auf das Prinzip der Entsprechungen (z. B. Freitag, 2000) oder das Kausalitätsprinzip (z. B. Murphy, 2005).

Die Grundidee des *Positiven Denkens* konzentriert sich in Übereinstimmung mit den Erkenntnissen aus der Quantenphysik auf die positive Ausrichtung unseres menschlichen Bewusstseins: Wenn ich Gedanken aussende, die auf einer hohen Schwingungsebene angesiedelt sind, erhöhe ich die Masse von Positivem in meinem Leben und richte meinen *Wahrscheinlichkeitskegel* auf Positives aus. Denn indem ich auf einer hohen Ebene aussende, werden meine *Angebotswellen* auf dieser Ebene auf *Echowellen* treffen und entsprechende Situationen, Erlebnisse, Gefühle, Gedanken – kurzum: eine entsprechende Realität – anziehen.

In der Regel verfahren wir jedoch genau andersherum: Jemand, der kein Geld hat, beklagt sich darüber, dass er kein Geld hat. Sein Fokus liegt essentiell auf dem Mangel in seinem Leben. Jemand, der sich alleine fühlt, denkt permanent darüber nach, dass ihm oder ihr ein entsprechender Partner zum Glück fehlt, mit dem alles besser wäre. Auch hier konzentriert sich die Person ebenfalls darauf, was ihr fehlt. Wenn wir das Fernsehen anschalten, schlägt uns eine Welle von Gewalt, Not und Elend entgegen – und damit sind nicht unbedingt Horror-Filme oder gewalttätige Action-Streifen gemeint, es reicht schon, sich einfach nur die Nachrichten anzusehen. Die meiste Musik, die sich auf dem Markt befindet, behandelt auch nicht unbedingt rosige Themen. Mit anderen Worten: Wir umgeben uns die meiste Zeit mit Energien niederer Schwingungsebenen, welche uns sozusagen ›runterzuziehen‹ vermögen.

Sie werden mir sicher zustimmen, dass wir alle uns eigentlich nach Positivem in unserem Leben sehnen, dass wir uns Liebe, Freundschaft, Glück, Gesundheit, Wohlstand, Kreativität, Harmonie, Sanftmut wünschen. Die Frage, die uns deswegen eigentlich unter den Nägel brennen sollte, ist: Wie passt das zusammen? Wir sehnen uns nach Liebe und fokussieren uns auf unsere Einsamkeit, während im Hintergrund ein Katastrophenbericht dahinplätschert?! Wir möchten Wohlstand und sehen nur die roten Zahlen auf unseren Kontoauszügen! ... Warum verhalten wir uns so, wenn wir uns doch eigentlich das Gegenteil wünschen?

Dieses Schema des negativen Denkens trifft wohl für die allermeisten von uns zu. Der Grund dafür liegt jedoch nicht darin, dass wir es so wollen oder uns bewusst dazu entschieden hätten. Ganz im Gegenteil! Dem ist so, weil wir es unterlassen haben, uns bewusst zu entscheiden – und zwar für etwas Positives! Uns ist unsere negative Grundeinstellung so geläufig, dass wir sie nicht einmal mehr bemerken. Sie erscheint uns als allgemein menschlich und wird noch dazu von unserer heutigen Gesellschaft vorangetrieben. Das heißt aber nicht, dass sie tatsächlich die richtige Einstellung ist, bloß weil die Mehrzahl der Menschen ihr folgt! Die alten hermetischen Weisheiten sind kaum so bekannt wie der Börsenbericht und entsprechen auch nicht wirklich den Werten, die auf breiter Ebene vertreten sind. Eine mögliche Ursache für dieses Missverhältnis mag auch die uns fehlende Zeit zum Nachdenken und In-sich-Gehen sein: Zwischen Terminstress und Leistungsdruck bleibt in der Regel kaum eine nennenswerte Lücke zur Selbst-Reflexion, obwohl diese mitunter das wichtigste Instrument zum Glücklichsein ist … Doch auch dieser vermeintliche Grund eines Mangels an Zeit ist letztlich nur eine Illusion und abhängig von unserer Entscheidung, was wir in unserem Leben priorisieren wollen: Wenn Sie also für sich Ihren eigenen Wert erkannt und sich für die »Rückeroberung Ihres Lebens« entscheiden, dann eignet sich, wie gesagt, *Positives Denken* exzellent als Einstieg.

Ich persönlich bin recht früh mit Joseph Murphys *Die Macht Ihres Unterbewusstseins* und Erhardt Freitags *Kraftzentrale Unterbewusstsein* in Berührung gekommen, konnte allerdings zunächst nicht viel damit anfangen. Damals hatte ich noch keine Kenntnisse über Hermetik und Quantenphysik und so lag vielleicht meine ursprüngliche Skepsis auch darin begründet, dass mir die dargelegte Grundidee allzu simpel erschien, so dass mein Verstand angesichts dieser Einfachheit aufstöhnte: »Das glaubst du doch nicht wirklich, oder?!« Denn die Grundaussage des *Positiven Denkens* ist: »Denken Sie positiv und Ihr Leben kommt in Ordnung!« … Und doch bin ich irgendwie dabei hängen geblieben. Denn es entbehrt nicht einer gewissen Faszination – besonders dann, wenn sich erste kleine Erfolge einstellen.

Was Joseph Murphy und anderen Positiv-Denkern noch unerklärlich erschien, warum tatsächlich positive Ergebnisse zustande kommen und auf welchen Mechanismus diese Methode zurückgreift, dafür liefern uns die alten hermetischen Weisheiten, die durch die Quantenphysik bestätigt und ergänzt werden, eine plausible Erklärung: Wenn ich positive Saat pflanze, ernte ich Positives. Wenn ich Energie auf einer hohen Schwingungsebene aussende, tritt positive Energie und Masse damit in

Resonanz und ich ziehe positive Dinge in mein Leben, eben weil alles im Grunde geistiger Natur ist.

Gleiches zieht also Gleiches an – zweifellos. Warum aber manifestiere ich dann nicht einfach die Dinge, die ich mir wünsche?! Warum manifestieren sich meine Gedanken nicht einfach instantan, sofort, hier und jetzt?!

Joseph Murphy führt in diesem Zusammenhang ein wichtiges Element an: Er spricht von unserem Glauben, der stärker ist als Denken, und damit spricht er nicht unbedingt eine religiöse Dimension in uns an, sondern unsere Eigenschaft, uns über innere Überzeugungen zu definieren und gemäß unserer Gefühle und Glaubenssätze zu leben. Es genügt also nicht, *einmal* einen bewussten positiven Gedanken zu haben, wenn wir dann wieder den alt eingesessenen Zweifeln und unserem Pessimismus in uns Raum geben. Für ein wirklich beglückendes und glücklicheres Leben brauchen wir eines: die Bereitschaft, langsam und stetig unsere Glaubenssätze, Grundeinstellungen und unbewussten Funktionsmuster zum Positiven verändern zu wollen.

Auf quantenphysikalischer Ebene würde man wohl sagen, dass angezogen wird, was ausgesendet wird. Jetzt ist es aber Fakt, dass wir nicht nur auf bewusster Ebene Gedanken und Ideen aussenden, sondern eben auch auf unbewusster. Jeder von uns trägt tief in sich Inhalte, auf die wir keinen direkten Zugriff haben. Sie schlummern sozusagen tief in unserem Unterbewusstsein. Wir sind also mehr, als wir bewusst denken, genau genommen sogar sehr viel mehr! Und dieses Gesamtpaket sendet kontinuierlich Schwingungen aus, und dabei spielt es keine Rolle, ob wir uns dessen bewusst sind oder nicht oder ob wir dies möchten oder nicht. Wir alle tragen einen solchen ›unbewussten Rucksack‹ mit uns herum, indem auch ›Negatives‹ steckt. Er erschwert uns mitunter unser Vorankommen, bringt uns immer wieder auf unserem Weg zum Stocken, wirft uns unter Umständen sogar zurück. Es gilt also, diesem Rucksack unsere besondere Aufmerksamkeit zu schenken, ihn zumindest ansatzweise auszupacken und uns somit ein wenig von der Last eventueller ›negativer Inhalte‹ zu befreien. Wie wir dies anstellen können, sei Gegenstand des folgenden Abschnitts.

Mit Selbst-bewusst-Sein das Schwingungsprinzip nutzen ... oder: Durch das Schwingungsprinzip sich selbst bewusster werden

Das berühmteste Beispiel von Sigmund Freud ist wohl der Vergleich der menschlichen Psyche mit einem Eisberg. So wie bei diesem bekanntlich bis zu 90 Prozent unter der Wasseroberfläche liegen und lediglich die Spitze sichtbar ist, verhält es sich auch mit unserem eigentlichen Wesen: Nur ein Bruchteil von dem, was uns ausmacht, liegt tatsächlich innerhalb unseres Bewusstseins. Unsere Existenz, unser Dasein und Selbst sind zu einem großen Teil von Begebenheiten beeinflusst, auf die wir keinen direkten, bewussten Zugriff haben.

Je nachdem, welche Disziplin wir zurate ziehen, werden diesem Unbewussten unterschiedliche Bezeichnungen und Ursprungsquellen zugeschrieben. Dabei ist es durchaus möglich, dass sich diese Erklärungen alle auf das gleiche Phänomen beziehen. Vielleicht ergänzen sie sich aber auch gegenseitig. Auf jeden Fall tragen die verschiedenen Betrachtungswinkel dazu bei, uns und die Welt näher verstehen zu können.

Für manche ist ein Teil unseres Unbewussten Ausdruck von »Karma«. Dabei handelt es sich um den Schatz von Erfahrungen, die unsere Seele im Laufe ihrer verschiedenen Inkarnationen gesammelt und die sie mit in dieses Leben gebracht hat. Dieses Karma kann zum Beispiel in persönliches Karma, Familienkarma und Beziehungskarma unterschieden werden, wie es etwa Vadim Tschenze in seinen Werken tut (u. a. 2006, 2007). In der Regel handelt es sich sozusagen um ein Erbe, das wir in diesem Leben zu bearbeiten haben. So werden wir aus dem Verborgenen heraus an Situationen herangeführt, an denen wir wachsen und diese ererbten Themen auflösen können.

Die »karmischen« Einflüsse können diverser Natur sein: Es kann sich um eine ›unerklärliche‹ Angst vor manchen Dingen oder Situationen handeln, aber auch um eine tiefe innere Verbundenheit mit einem Menschen, den man doch gerade erst getroffen hat. In beiden Fällen liegt diesen Gefühlen und Empfindungen ein unfehlbarer Sinn zugrunde: Absolut unzufällig und zielsicher geraten wir in solche Situationen, von denen wir ja bereits wissen, dass wir selbst sie angezogen haben. Denn genau diese oder jene Situation ergibt gerade zu diesem

Zeitpunkt den meisten Sinn, weil ihr eine Lernaufgabe innewohnt, die es im Hier und Jetzt zu integrieren gilt, damit wir wachsen können. Gewiss: Diese Aufgabe kann von einer früheren Inkarnation herrühren, sie muss es aber nicht, sondern kann auch aus diesem Leben stammen. Den eigentlichen Beweggrund herauszufinden ist – selbst in Kenntnis des Schwingungsprinzips – nicht immer leicht, da wir uns in der Regel nicht bewusst an unser »Karma« oder an unsere Lernaufgabe erinnern können.

Neale Donald Walsch beschreibt in seinen *Gesprächen mit Gott,* dass sich unsere Seele vor jeder Inkarnation den genauen Zeitpunkt und Ort aussucht, an dem sie in einem Kind wiedergeboren werden will. Sie weiß sozusagen, worauf sie sich einlässt, wenn sie diesen ›Vertrag‹ mit dem Höchsten eingeht. Je schwieriger der Lebensplan, desto reicher der Erfahrungsschatz, den sie daraus ziehen wird. Aber warum sollen/ wollen wir überhaupt Erfahrungen sammeln? Warum inkarnieren wir uns überhaupt immer wieder?

Im zweiten Kapitel haben wir ja bereits Neale Donald Walschs Geschichte *Ich bin das Licht!* kennen gelernt (Seite 70). Dort hatten wir uns mit unserem Anteil am Göttlichen, am *All-Einen,* beschäftigt. Neale Donald Walsch benutzt gerne den Vergleich, dass unsere Seelen Licht sind, doch wenn sie bei Gott verweilen, verhält sich dieses Licht wie der Schein einer Kerze zur Sonne: Als Kerze im gleißenden Sonnenlicht kann ich meine eigene Wärme und mein eigenes Licht nicht erkennen, ich kann sie nicht spüren oder erfahren. Und wie wir bereits anhand der Geschichte gesehen haben, ist aus Gott, aus diesem *Einen,* das aus reinem Licht und reiner Liebe besteht, unsere Welt der Polaritäten erschaffen worden, eine Welt, in der Licht und Liebe erfahrbar werden durch ihre Gegensätze: Schatten und Angst.

Neale Donald Walsch betont, dass alles außer Licht und Liebe Illusion ist: Unsere Welt, wie wir sie kennen, hat ihren Ursprung in dem *Einen* und kann nichts anderes sein als das. Damit wir aber unser Licht erfahren können, brauchen wir die Polarität. Um die eigene Kraft zu fühlen und zu erfahren, müssen wir sie von Schwäche unterscheiden können. Damit wir erfassen können, wie sehr wir Licht sind, stellen wir uns in den Schatten und erhellen ihn. Diese tiefgründige Logik scheint der Grund, warum sich unsere Seele immer wieder inkarniert, bis sie die nötigen Erfahrungen gesammelt hat, bis sie erfahren hat, dass sie selbst Licht und Liebe ist, so dass sie aufsteigen und heimkehren kann. Im erlebten Schatten können wir die Kraft und das Licht erkennen, die wir tatsächlich sind.

Dieser zugrundeliegende ›große Plan‹ führt uns somit immer wieder in Situationen, die uns schwierig erscheinen und in denen wir lernen dürfen. Unbewusst – sozusagen von unserem ›Karma-Rucksack‹ angetrieben – konfrontieren wir uns stets aufs Neue mit Themen, die uns erfahren lassen, wie licht- und liebevoll wir sein *können*. Wenn wir von einem solchen Weltbild ausgehen, können wir jede Krise in unserem Leben als Chance begreifen und sie wahrnehmen als das, was sie ist: eine Konfrontation mit uns selbst, unseren Themen und eine Möglichkeit, mit neuen Erfahrungen und gestärkt daraus hervorzugehen.

Damit wir aber auch eine solche Krise sinnvoll zu nutzen vermögen, bieten sich einige Techniken an, mit denen wir uns sowohl einen Überblick über unsere Lage verschaffen als auch unseren verborgenen Themen näher kommen können.

Die vier Schritte der *Gewaltfreien Kommunikation*

Die *Gewaltfreie Kommunikation (GfK)* nach Marshall B. Rosenberg (Rosenberg, 2009; Rust, 2006) ist eine Kommunikationstechnik mit einer höchst interessanten Philosophie: Sie ist eine Möglichkeit, den Kontakt zu uns selbst und zu unseren Mitmenschen zu fördern, indem wir unseren Gefühlen nachspüren und unsere eigentlichen Bedürfnisse erkennen. Darauf aufbauend können wir dann allein oder mit unseren Mitmenschen neue Lösungen kreieren, die uns dabei helfen, unsere wahren Bedürfnisse zu erfüllen und für uns selbst zu sorgen.

Ein grundlegender Aspekt in der *GfK* besteht darin, die eigene Aufmerksamkeit zu trainieren und sie so auszurichten, dass Bewusstheit entsteht. Dazu muss man Situationen bewusst wahrnehmen, in sie hineinfühlen und erforschen, was sie in uns auslösen, was wir empfinden und was wir tatsächlich brauchen. So ist die *GfK* mehr als ein Kommunikationsprozess: *Auf einer tieferen Ebene ist sie eine ständige Mahnung, unsere Aufmerksamkeit in eine Richtung zu lenken, in der die Wahrscheinlichkeit steigt, dass wir das bekommen, wonach wir suchen*

(Rosenberg, 2009, S. 23). Damit ist allerdings nicht gemeint, die eigenen Interessen rücksichtslos zu vertreten und nur darauf hinzuarbeiten, dass eigene Bedürfnisse ohne Rücksicht auf unsere Mitmenschen erfüllt werden. Ganz im Gegenteil geht es darum, im Umgang mit anderen (und demnach auch mit uns selbst) eine Ebene des Verständnisses zu schaffen, die als stabile Grundlage zwischenmenschlicher Beziehungen dienen kann.

Wir alle kennen wohl diese Situation, in der wir sauer oder erzürnt sind, weil uns unser Gegenüber vermeintlich einen Wunsch abgeschlagen und der Erfüllung unserer Bedürfnisse einen Strich durch die Rechnung gemacht hat. Unsere Reaktion darauf kann recht extrem sein, wir können in Wut oder tiefe Enttäuschung darüber geraten, wie schlecht die Welt ist und wie ich-bezogen doch unsere Mitmenschen sind. Aber gut fühlen tun wir uns dabei nicht gerade ... Die Technik der *GfK* kann uns in solchen Situationen sehr weiterhelfen, und zwar auf verschiedenen Ebenen.

Erst einmal lenkt sie unsere Aufmerksamkeit auf die Situation selbst:

* Was ist eigentlich passiert?
* Was genau hat der andere gesagt oder getan?
* Welcher Aspekt berührt mich?
* Was regt mich auf?

Der erste Schritt besteht darin, eine Begebenheit möglichst neutral zu beobachten. Erst wenn uns diese Beobachtung möglichst bewertungs- und interpretationsfrei gelingt, können wir erkennen, was eigentlich passiert (ist). Auch wenn wir wissen, dass es im eigentlichen Sinne unmöglich ist, eine objektive Realität aus unserer eigenen Wahrnehmung zu extrahieren, da es immer unser subjektives Bewusstsein ist, das sie wahrnimmt, haben wir dennoch die Möglichkeit, unsere eigene Wahrnehmung so weit an die ›allgemeine‹ anzugleichen (siehe Seite 180), dass wir einen Konsens mit unserem Gegenüber finden können, der die gleiche Situation erlebt. Es liegt durchaus im Bereich des Möglichen, uns mit genügend Distanz und Kritik zu betrachten, so dass wir die eigene Interpretation der Begebenheiten nicht mehr exklusiv als die einzig richtige bewerten. Und mit der Anerkennung der eigenen Wahrnehmung als nur *eine mögliche* schaffen wir den Ausgangspunkt für eine Basis des Verständnisses mit unserem Gegenüber – und mit uns selbst.

Im zweiten Schritt der *GfK* geht es darum, sich über eigene Empfindungen bewusst zu werden, nachzufühlen, welches Gefühl eigentlich da ist:

* Was empfinde ich in dieser oder jener Situation?
* Welches Gefühl wird ausgelöst?

Dabei gilt es, nicht nur an der Oberfläche der Dinge zu verweilen, sondern wirklich in die Tiefe zu gehen und zu erspüren, welche Qualität unser Empfinden eigentlich hat. Ein einfaches »Ich bin wütend« hilft in der Regel wenig weiter. So sieht auch Rosenberg Ärger oder Wut als sogenannte *Zweitemotionen* an (Rust, 2006; Rosenberg, 2009): Denn hinter ihnen verbirgt sich immer noch ein anderes Gefühl, das unsere Wut, unseren Ärger auslöst. Es ist höchst sinnvoll, dieser versteckten Emotion nachzufühlen und sie zu identifizieren. Denn wenn wir in der primär empfundenen Wut stecken bleiben, ist es sehr schwierig, überhaupt eine Verständnisbasis zu schaffen und Empathie für unser Gegenüber und seine andere Sichtweise zu empfinden.

Die Kunst an diesem zweiten Schritt der *GfK* ist, ebenfalls möglichst interpretationsfrei vorzugehen – oder sich zumindest der Interpretationen möglichst bewusst zu werden, die wir ansonsten automatisch vornehmen. Wieder geht es darum, aus einem automatisierten Vorgang einen bewussten zu machen und sich die Zeit zu nehmen, erst einmal zu schauen, was in uns ausgelöst wurde und diese Gefühle dann als einen Teil von uns anzunehmen. Eine große Hilfe können dabei die Gefühlslisten sein, die Serena Rust (2006) in ihrem Buch zur *GfK* zur Verfügung stellt. Nicht immer haben wir beigebracht bekommen, Gefühle differenziert wahrzunehmen und zu benennen. Genau diesem Stolperstein versucht die Autorin vorzubeugen, indem sie dem Leser ihre Listen zur Verfügung stellt: Die erste Liste enthält Gefühle, die auf erfüllte Bedürfnisse hinweisen, die zweite nennt Gefühle, die auf unerfüllte Bedürfnisse hinweisen, und die dritte identifiziert sogenannte »Pseudo-Gefühle«, die im Grunde bereits eher Interpretation als ein wirkliches Gefühl sind. In einer konkreten Situation kann es dann hilfreich sein, diese Listen zur Hand zu haben, um sie auf der Suche nach der treffenden Benennung der eigenen Empfindungen durchzugehen: Was passt gerade, was passt nicht. Dieses Vorgehen kann sehr inspirierend und aufschlussreich sein.

Nachdem Sie Ihre Gefühle im zweiten Schritt der *GfK* ausgemacht haben und Sie sich Ihrer Empfindungen bewusst geworden sind, können Sie mit ihnen weiterarbeiten und noch mehr über sich selbst herausfinden. Im dritten Schritt der *GfK* werden nämlich Bedürfnisse, die hinter unseren Gefühlen stecken, identifiziert. Marshall B. Rosenberg (2009; Rust, 2006) sieht Gefühle deswegen auch als eine Art Indikator oder Signal: Angenehme Gefühle weisen zumeist darauf hin, dass in einer bestimmten Situation ein persönliches Bedürfnis Erfüllung gefunden hat, unangenehme Gefühle hingegen lassen vermuten, dass ein Bedürfnis gerade zu kurz kommt und nicht erfüllt wird. In diesem Fall wird also noch etwas gebraucht, damit wir uns wohl fühlen. Wenn wir dieses erkennen, sind wir unserem Selbst-bewusst-Sein und auch einem gesteigerten Wohlsein schon ein ganzes Stück näher. Denn dadurch können wir erstens eigene Verhaltensweisen und Strukturen besser handhaben, zweitens unsere Bedürftigkeit verstehen und vor allem bewusst anerkennen und drittens damit auch anderen die Möglichkeit geben, unsere Bedürfnisse kennen zu lernen. Dadurch geben wir unserem Umfeld (vielleicht erstmalig) die Chance zu erfassen, welches Bedürfnis wir tatsächlich haben und wie uns geholfen werden kann. Wiederum greifen uns Marshall B. Rosenberg (2009) und Serena Rust (2006) unter die Arme mit inspirierenden Bedürfnis-Listen.

Vielleicht werden Sie jetzt einwenden, dass Sie Ihrem Umfeld schon oft gesagt haben, was es zu tun oder zu lassen hat, damit es Ihnen besser geht. In solchen Fällen wenden wir allerdings nicht die *GfK* an, sondern einen Kommunikationsstil, den man als ›hart‹ umschreiben kann, weil wir unseren Mitmenschen vorschreiben, wie sie sich zu verhalten haben. Dadurch fühlen sich diese angegriffen und ›machen instinktiv zu‹. Sie nehmen eine defensive Position ein und gehen in Gegendruck zu dem Druck unseres autoritären Auftretens. Häufig verhalten sie sich dann sogar gegenteilig zu dem, was wir eigentlich von ihnen verlangt haben – vermutlich eine Folge ihres eigenen Bedürfnisses nach Eigenbestimmtheit.

So geht es im vierten Schritt der *GfK* dann darum, keine Forderungen an unser Gegenüber zu stellen, sondern eine *Bitte* zu formulieren, wie der andere mich darin unterstützen kann, meinem eigentlichen Bedürfnis beizukommen, so dass ich mich besser fühlen kann. Der andere wird also nicht gezwungen, etwas zu tun, und es lastet auch nicht der Druck auf ihm, mich ›glücklich‹ machen und mein Bedürfnis erfüllen zu müssen. Es steht lediglich ein Vorschlag im Raum, auf den affirmativ oder ablehnend geantwortet werden kann. Dieser Vorschlag – die *Bitte* – ist zunächst Verhandlungsbasis für das weitere Vorgehen. Dadurch gewähren wir unserem Gegenüber, in Freiheit zu handeln, so dass der Austausch zwischen gleichwertigen Partnern stattfindet, die beide nur eins wollen: dass es ihnen beiden gut geht.

Beherzigen wir diesen Ablauf der *GfK,* kann eine wahrhaft fruchtbare Kommunikation mit unseren Mitmenschen entstehen. Was wir jedoch in unserem Alltag häufig tun, wenn wir andere um etwas bitten, ist, die besagten ersten drei Schritte auszulassen. Wir formulieren gerne sofort die Strategie, von der wir glauben, dass sie uns gut tun würde, ohne uns jedoch bewusst zu sein, welche eigentlichen Gefühle oder Bedürfnisse dahinterstehen. Auf diese Weise bringen wir uns um die Möglichkeit, das in einer Situation zu bearbeitende Thema wirklich erkennen und so einen Teil unserer Lernaufgabe in diesem Leben erfüllen zu können.

Die *GfK* – ursprünglich als Kommunikationsprozess gedacht – kann uns also durchaus näher an uns und unsere, bisher nicht bewussten, Anteile heranführen. Eine bessere Kenntnis unserer Gefühle und Bedürfnisse sowie der Strategien, die wir bislang angewandt haben, um diese zu erfüllen, helfen uns, unsere Themen schrittweise zu identifizieren. Wenn eines unserer Gefühle uns Resonanz signalisiert, können wir auf diesen Hinweis hin uns selbst erkunden und sich so alternative Lösungen zur Erfüllung unserer Bedürfnisse auftun.

Die *GfK* ist also eine konkrete Technik, um sich selbst näher zu kommen. Eine weitere, ebenfalls sehr effiziente Methode stammt vom hawaiianischen *Ho'oponopono* ab und wurde von Bärbel und Manfred Mohr (2008) aufgegriffen. Das Mohrsche *Hoppen* möchte ich Ihnen im Folgenden vorstellen und Ihnen erklären, wie es zum Zweck der Selbsterkenntnis genutzt werden kann.

Bärbel und Manfred Mohrs *Hoppen*

Dem Gesetz der Schwingung zufolge stehen alle Situationen und Begebenheiten, denen wir im Laufe eines Tages begegnen, mit uns in Verbindung. Ansonsten würden wir sie nicht erleben oder wahrnehmen. Die Realität spiegelt uns sozusagen einen Aspekt unseres Selbst wider, der uns mal mehr, mal weniger bewusst ist. Häufig erkennen wir zum Beispiel in anderen Menschen gerade jene Charaktereigenschaften und dabei besonders jene Makel, die mit uns selbst in Resonanz stehen, ja die uns gerne an uns selbst aufregen oder stören oder die wir aus unserer Wahrnehmung verdrängt haben. So erkennen wir im Außen oft das, was letzten Endes uns zu Eigen ist. In diesem Bewusstsein sollten wir bestrebt sein, diese an anderen wahrgenommenen (Eigenan-)Teile in uns selbst zu erkennen, zu integrieren und anzunehmen. Jede Situation, die ich erschaffen habe, besitzt nämlich das Potential, mich meinem Selbst näher zu bringen. Eine spielerisch-interessante und effiziente Technik für den konstruktiven Umgang mit diesen eigenen Anteilen haben Bärbel und Manfred Mohr in der uralten hawaiianischen Technik des *Ho'oponopono* entdeckt und diese in ihrem Buch *Cosmic Ordering* vorgestellt.

In einem ersten Schritt laden Bärbel und Manfred Mohr dazu ein, Verständnis für eine andere Person oder eine Situation aufzubauen, indem sie folgende Frage stellen:

* »Wenn ich so wie mein Gegenüber handeln würde, aus welchem Grund würde ich das tun und welches Gefühl hätte ich dabei?«

Indem wir auf diese Weise die Frage nach dem Beweggrund des Handelns anderer Menschen an uns selbst richten, fokussieren wir uns auf das entsprechende Thema, das ja in uns ist und uns eben jene Umstände hat anziehen lassen. Wir richten unsere Aufmerksamkeit auf den Aspekt, der uns mit der Situation oder Person verbindet. Das Interessante daran ist, dass die Antwort auf diese Frage immer nur ein persönliches Thema hervorbringen kann. Denn wenn ich jene Frage an mich selbst richte, kann auch nur ich – mit meinen Gefühlen, Erfahrungen und unterbewussten Beweggründen – darauf antworten. Unsere Reaktion kann dabei unterschiedlich ausfallen. Es kann sich ein bestimmtes Gefühl einstellen, ein Konzept auftauchen, das uns plötzlich und ›zufällig‹ in den Sinn zu kommen scheint, oder auch eine alte, schmerzhafte Erinnerung, die noch nicht in allen Aspekten geheilt ist.

Aus eigener Erfahrung kann ich sagen, dass es bei den ersten Versuchen des *Hoppens* hilft, wenn man dabei entspannt ist und ein wenig Ruhe hat. Mit wachsender Übung und Selbstvertrauen in die eigenen Antworten wird es jedoch zunehmend möglich, diese Selbstbefragung einfach ›zwischendurch‹ durchzuführen und somit problematische Situationen flugs aufzulösen.

Der zweite Schritt, nachdem ein Thema und die damit verbundenen Gefühle ausgemacht sind, konzentriert sich auf die Integration. Mir persönlich hilft es, darüber nachzudenken, ob ich den Anlass für ein solches Verhalten nachvollziehen kann. Vielleicht habe ich mitunter sogar selbst aus ähnlichen Motiven heraus gehandelt. Für gewöhnlich realisiere ich dann ziemlich schnell, dass mir jenes Thema vertraut ist und ich sehr gut nachvollziehen kann, warum sich ein Mensch auf diese Weise verhält. Sowie also dieser Teil des eigenen Funktionierens identifiziert ist, laden uns Bärbel und Manfred Mohr dazu ein, ihn anzunehmen, indem wir ihn als Aspekt unseres eigenen Menschseins willkommen heißen. In diesem Schritt geht es vor allem darum, sich bewusst zu machen, dass es sich im Grunde um einen eigenen Anteil handelt, der im Außen gespiegelt wird. Daran schließt sich ein Prozess des Verzeihens an, der nichts anderes bedeutet, als es bewusst zu unterlassen, jenen Teil unseres Selbst zu verurteilen und wegzudrängen. Dabei arbeiten die Autoren mit Sätzen wie:»Es tut mir leid«,»Ich verzeihe mir« und»Ich liebe mich« (Mohr & Mohr, 2008, S. 24). Wiederholt man diese Aussagen immer wieder und fühlt sie in seinem tiefen Inneren, wird sich das eigene Empfinden bezüglich der (vermeintlichen) Schwäche oder dem (vermeintlichen) Fehlverhalten unserer Mitmenschen verändern. Denn ein äußerst ›netter Nebeneffekt‹ dabei ist, dass jene Situation im Außen, die uns zunächst dazu bewogen hat, das *Hoppen* anzuwenden, ihre emotionale Ladung verliert, weil die eigene Resonanz zu ihr geklärt ist.

In ihrem Buch stellen die Mohrs noch weitere Techniken zur Verfügung, die uns helfen, immer mehr Aspekte unseres Selbst anzunehmen und uns somit besser kennen zu lernen. Dabei gilt: Je mehr Sie diese Techniken anwenden, desto mehr stärken sie sich selbst, weil Sie aufhören gegen ihre eigenen Anteile, und somit gegen sich selbst, zu kämpfen und sich so zu schwächen. Unser Leben wird nach solchen Integrationen ruhiger, fried- und liebevoller, eben weil wir selbst durch unser eigenes Annehmen und Verzeihen ruhiger, fried- und liebevoller geworden sind. Denn die Notwendigkeit, unliebsame Anteile im Außen gespiegelt zu bekommen, damit wir uns ihrer bewusst werden, gibt es nicht mehr. So nutzt das *Hoppen* aktiv das Schwingungsgesetz zur besseren Selbstkenntnis. Eine andere Möglichkeit, die Spiegelungen unserer eigenen Anteile im Außen für unser persönliches Wachstum zu nutzen, birgt die Aufstellungsarbeit von Olaf Jacobsen.

Olaf Jacobsens *Freies Aufstellen*

Olaf Jacobsen geht davon aus, dass Gefühle uns dabei helfen können, unsere Umgebung wahrzunehmen und mit ihr zu kommunizieren. Wir sind sogar in der Lage, uns in andere Menschen einzufühlen, sie zu »erfühlen«. Wir tauschen ja kontinuierlich Schwingungen mit unserem Umfeld aus und kommunizieren darüber miteinander. Sei es in Form von Gefühlen, Gedanken, Worten oder Taten. Bei der freien Aufstellungsarbeit geht es nun darum, Zugang zu den Motiven für das Verhalten anderer und das eigene zu erhalten, um daraus Verständnis für sie und sich selbst entwickeln zu können und eventuelle energetische Verstrickungen zu lösen. Dabei wird mit sogenannten Stellvertretern gearbeitet, die sich bereit erklären, in einer Aufstellung die Rolle eines anderen Menschen zu übernehmen, der in das entsprechende Umfeld der oder des Aufstellenden gehört. Wir schlüpfen dabei sozusagen in die Resonanz einer anderen Person und verbinden uns mit ihr. Als Stellvertreter empfinden wir dann tatsächlich die Gefühle und Empfindungen jener Person, wir »erfühlen« sie, treten in ihr Resonanzfeld und erhalten so Zugang zu ihren Gefühlen, Gedanken, Absichten und

Interaktionsmustern. Wenn diese nun in jener Aufstellungssituation ausgedrückt und bewusst gemacht werden, liegt eine große Chance darin, sich selbst und die Dynamiken im eigenen Umfeld besser zu verstehen und kennen zu lernen: Der oder die Aufstellende hat nämlich als beobachtende/r Außenstehende/r die Möglichkeit, über das Verhalten dieser Stellvertreter Erkenntnisse über sich und sein bzw. ihr Umfeld zu erlangen.

Das *Freie Aufstellen* benutzt also unsere Fähigkeit des »Fremdfühlens«. Doch dass wir uns in eine andere Person einfühlen, passiert nicht nur in Aufstellungssituationen. Vielmehr ist es fester Bestandteil unseres alltäglichen Lebens – häufig jedoch, ohne dass wir es merken. Olaf Jacobsen versteht deswegen seine Arbeit als Hilfestellung zur Bewusstwerdung, wenn unsere Empathie für andere uns ihre Gefühle tragen lässt. Denn sowie uns die dahinterliegenden Muster bewusst werden, können wir entscheiden, ob wir den Resonanzen des anderen weiter zur Verfügung stehen wollen oder nicht. Dann haben wir die Wahl, ob wir weiterhin dessen Empfindungen, Verantwortlichkeiten oder Problemstellungen übernehmen wollen.

Nicht alles, was in uns vorgeht, muss unser Eigenes sein. Es kann durchaus etwas Fremdes sein. Wir stehen ja kontinuierlich in enger Resonanz mit unserem Umfeld: Die Grenzen zwischen innen und außen sind schließlich fließend – denken Sie an *Schrödingers Katze* (siehe u. a. Seite 25)! Und wenn eine Resonanz im ›Außen‹ eines unserer Themen triggert, kann die Grenze zwischen uns und unserer Umwelt verschwimmen. In einem solchen Zustand können wir dann auch Anteile von anderen Menschen oder Situationen übernehmen. Dies ist oft der Fall bei besonders sensiblen oder empathischen Menschen.

Die Gefühle anderer übernehmen

Die eigenen Stimmungen und Gefühlszustände, Denkmuster und Glaubenssätze senden Schwingungen auf gewissen Ebenen aus. Wenn wir in Interaktion mit unserer Umwelt treten, vermischen sich diese Schwingungen mit denen anderer Menschen und Situationen oder gar mit denen sogenannter ›materieller‹ Objekte. Bei diesem Prozess üben die jeweiligen Schwingungen gegenseitig Einfluss aufeinander aus.

213

Mein Energiefeld tritt in Interaktion – in Resonanz – mit dem meiner Umgebung. Auf die gleiche Weise, wie ich mich dadurch energetisch mit den Schwingungen meiner Umwelt verbinde, verbinden sich diese mit mir. Wenn die eigene Sensibilität es zulässt, können wir dabei durchaus Themen, Gedanken oder Gefühle eines anderen Menschen wahr- oder sogar übernehmen. Wem dieser Umstand nicht bekannt ist oder wer keine differenzierte Eigenwahrnehmung hat, hält dann unter Umständen Fremdempfindungen für seine eigenen. Die Aufnahme von Energien und Informationen anderer Menschen passiert immer und jeden Tag. Dass es passiert, mag verschiedene Gründe haben: Sei es ein unbewusster Wunsch, dem anderen ›tragen‹ zu helfen, ihm sozusagen sein Schicksal erleichtern zu wollen, oder ihn zu beeinflussen, wie es das *Kybalion* (1912) im Rahmen des Phänomens der *geistigen Induktion* ausdrückt. Sensible Menschen nehmen häufig Stimmungen und Gefühle auf, ›die in der Luft liegen‹, sprich: die ein anderer Mensch ausgesandt hat. In der Regel vollzieht sich dieser Vorgang spontan, unbewusst und unkontrolliert. Das muss aber nicht so bleiben. Denn mit regelmäßiger Arbeit zur Reinigung unseres eigenen Energiefeldes, wird uns immer bewusster, wann sich eine ›fremde‹ Emotion einschleicht oder wann ein anderer Mensch uns ›anzapft‹. Doreen Virtue erklärt diese Phänomene sehr einleuchtend in ihrem Buch (2008) und bietet verschiedene Techniken der Reinigung mit himmlischer Hilfe an. Auch wir haben im Rahmen von *Quantenherz* bereits solche Methoden mit imaginativer und energetischer Unterstützung kennen gelernt (siehe Seite 130).

In jedem Fall ist es wichtig, Fremdwahrnehmungen als die Empfindungen einer anderen Person einzuordnen, um sie zurückgeben zu können. Zum einen kann dadurch die betroffene Person wieder vollkommener sie selbst sein. Zum anderen sollten wir uns aber auch regelmäßig von solchen Fremdenergien befreien, damit wir besser und leichter ein Gespür für uns selbst finden können. Wenn wir Dinge ›zu unseren eigenen‹ machen, obwohl sie im eigentlichen Sinne nicht zu uns gehören, haben nicht nur wir, sondern genauso unser Umfeld ein Problem: Einerseits sind wir überhaupt nicht in der Lage, wirklich die Probleme für andere lösen zu können. Und andererseits nehmen wir unseren Mitmenschen die Möglichkeit, eigene Themen zu bearbeiten, weil sie ja nicht bei ihnen, sondern bei uns sind. Sie sind sozusagen ›unvollständig‹ und können deswegen den eigentlichen Überblick über sich selbst und ihre Situation nicht gewinnen.

Durch meine alltägliche Praxis sind mir persönlich diese Phänomene der Fremd- und Eigenempfindungen sehr bewusst geworden. Eine ganze Zeit lang war mir aufgefallen, dass ich nach Gesprächen mit einigen bestimmten Klienten so ausgepowert war, dass ich danach eine Stunde hätte schlafen können, obwohl ich vor dem Gespräch eigentlich ganz fit gewesen war. Nach der Lektüre des Buches *Himmlische Hilfe* von Doreen Virtue ging mir ein Licht auf, so dass ich bewusster darauf achtete, was zwischen diesen Klienten und mir passierte: Ich hatte mich energetisch ›anzapfen‹ lassen. Doreen Virtue vergleicht diesen Vorgang mit einem chirurgischen Schlauch, der zwischen zwei Menschen auftaucht und der für hellsichtige Menschen sichtbar ist. Dabei werden unbewusst die Energieressourcen des Gegenübers angezapft und unerwünschte eigene Gefühle auf den anderen übertragen. Für Menschen, die nicht hellsichtig sind, ist es allerdings ebenfalls möglich, diesem Vorgang auf die Schliche zu kommen. Ein ziemlich eindeutiges Zeichen dafür, dass Sie mit fremden Empfindungen belastet werden, ist, wenn Sie sich zum Beispiel nach dem Zusammensein mit gewissen Menschen müde und ausgelaugt fühlen. Ein anderes Anzeichen dafür ist, wenn sich ihre eigene Gefühlslage aus heiterem Himmel von einem Augenblick auf den andern ändert und es für Sie keinen wirklich ersichtlichen Grund dafür gibt. Dafür müssen Sie nicht einmal mit einer anderen Person zusammen sein, da diese Vorgänge durchaus auch über Distanz funktionieren. Doreen Virtue beschreibt, dass diese energetischen Verbindungen aus negativen Gefühlen wie Angst und Verzweiflung bestehen. Sie empfiehlt, sich regelmäßig von solchen energetischen Verstrickungen durch den Erzengel Michael befreien zu lassen. Wenn Ihnen also bewusst ist, dass bei Ihnen eine unerwünschte Verbindung zu einem Menschen besteht, bitten Sie einfach Erzengel Michael, dieses Band mit seinem Schwert zu durchtrennen und Ihr Energiesystem zu reinigen. Sie können ihn auch bitten, dass jedem das Seine wiedergegeben wird, in Licht und Liebe. Nach diesem Prozess werden Sie sich leichter fühlen und wieder mehr ›Sie selbst‹ sein.

Wenn Sie diese Technik (oder auch andere Reinigungstechniken) regelmäßig anwenden, wird Ihnen immer schneller bewusst werden, wann sich eine solche Verbindung bildet. Dadurch können Sie dann ebenfalls immer schneller eventuellen negativen Auswirkungen auf Ihr Wohlbefinden oder Ihre Gesundheit zuvorkommen.

Nun haben wir bereits mehrere Möglichkeiten erkundet, wie wir uns im Sinne des Resonanzgesetzes besser kennen lernen können. Wir spiegeln und ziehen allerdings nicht nur Themen im Umgang mit anderen Menschen an. Auch in uns selbst spiegeln sich Themen wider, besonders in der Art und Weise, wie unser Körper ist und funktioniert. So ist es ebenfalls aufschlussreich, sich auf dem Weg der (Selbst-)Erkenntnis mit der Symbolik von Krankheiten auseinander zu setzen. Der Ausdruck ›sich eine Krankheit zuziehen‹ trifft es im Grunde schon ganz genau: Jedes Symptom, das wir auf körperlicher Ebene ausdrücken, hat etwas mit uns zu tun. Und es ist ganz und gar nicht zufällig, wenn wir zu einem bestimmten Augenblick in Resonanz mit einer bestimmten Krankheit treten und auf diese Weise ein Thema mit Hilfe unseres Körpers ausdrücken.

Die Symbolik von Krankheitssymptomen

Bereits William Shakespeare sagte: *Ein guter Kopf weiß alles zu benutzen, ich will Krankheiten zum Vorteil kehren!* (in *King Henry IV*). Alles hat einen Sinn, nichts ist zwecklos oder gar zufällig. Dies gilt auch für Krankheiten, die wir uns »zuziehen«. Über unsere körperlichen Symptome drücken sich Themen aus, die wir häufig aus unserem Bewusstsein verbannt haben. Es sind Themen, die zwar nicht mentalisiert sind, die aber trotzdem zu uns gehören, auch wenn wir sie nicht haben wollen. Sie haben sich lediglich eine andere Ausdrucksweise gesucht, damit wir sie wahrnehmen und uns mit ihnen auseinandersetzen: unseren Körper. Das Autorenpaar Dethlefsen & Dahlke (2000) stellt diesen Mechanismus wunderbar und ausführlich dar in ihrem Basiswerk *Krankheit als Weg*. Für sie sind Krankheit oder körperliche Symptome Versuche unseres Körpers, ein Ungleichgewicht wieder ins Lot zu bringen. Hierzu vermögen Dethlefsen & Dahlke logische und aufschlussreiche Erklärungen anzuführen, so dass jedem unserer körperbezogenen Leiden nicht nur ein Sinn zugesprochen wird, sondern dass jedes von ihnen vor allem Sinn gebend ist.

Wenn uns also eine Krankheit darauf hinweist, dass uns etwas Entscheidendes fehlt, nämlich Bewusstheit, dann können wir die Symptome als ein Signal deuten, das uns hilft herauszufinden, was genau uns fehlt. Aus diesem Grund sollten wir auch ein Symptom nicht als einen Feind betrachten und ›auf Teufel komm raus‹ bekämpfen. Wir sollten ihm vielmehr ›zuhören‹ und uns auf seine Bedeutung einlassen, seine Symbolik versuchen zu entschlüsseln, damit wir erkennen, welches darunterliegende Ungleichgewicht es auszugleichen versucht. Allein diese Vorgehensweise führt uns zum eigentlichen Thema, dem wir Aufmerksamkeit schenken sollten. Wenn es uns dann gelingt, dieses durch Bewusstheit und Integration wieder ins Gleichgewicht zu bringen, bedeutet dies nichts anderes, als dass wir einem Teil von uns selbst Rechnung tragen und ihm bewusst einen Platz in unserem Sein geben. Jedes Symptom hat somit das Potential, uns Hinweise zu geben, wie wir uns selbst kennen lernen und verborgene Anteile – oder »Schattenseiten«, wie Dethlefsen & Dahlke sie nennen, – annehmen können. Wenn dies geschieht und dadurch das verursachende Ungleichgewicht behoben wird, verflüchtigen sich die Symptome unweigerlich. Das Kranksein verschwindet, eben weil die nötige Integration der eigenen Anteile geschehen konnte.

Es mag sein, dass sich für uns Kinder der westlichen Zivilisation, die wir durch die Schulmedizin tief geprägt sind, eine solche Deutung und Herangehensweise an körperliche Beschwerden recht abenteuerlich und abwegig anhört. In asiatischen Kulturkreisen ist diese Sicht der Dinge allerdings sehr viel verbreiteter: Dort stellt man immer auch die bewusste Frage, was Krankheit mit mir und meinem Umfeld zu tun hat. Aus eigener Erfahrung kann ich Ihnen berichten, dass in dieser holistischen Ansicht von körperlicher Symptomatik sehr viel Wahrheit liegt. In den letzten Jahren habe ich mir die Bücher von Dethlefsen & Dahlke (2000), Dahlke (2000; 2002), Claudia Rainville (2007), Christiane Beerlandt (2008) und auch Lise Bourbeau (2007) zu Werkzeugen gemacht und verschiedenste persönliche Symptome analysiert, wenn sie auftauchten. Angefangen bei kleineren Allergien, die ich ›wegmeditierte‹, über Halsschmerzen oder schweren Magen-Darm-Infekten bis hin zu einem massiven Hexenschuss, der sich löste, nachdem ich seine Ursache erkannt und integriert hatte. Es ist möglich und sehr hilfreich, diese Methode zur Selbsterkenntnis zu nutzen – auch wenn es ein wenig Übung braucht.

In diesen wunderbaren Büchern finden sich eine Reihe Denkanstösse, die unterstützend wirken und als Ausgangspunkt dienen können, die Symbolik hinter den Symptomen für sich selbst zu entschlüsseln. Ausgehend von den dort allgemein formulierten Deutungen, bietet es sich an, sich selbst in Meditation zu begeben und den eigenen Gedanken und Empfindungen freien Lauf zu lassen. Dadurch geben wir unserem eigenen Inneren den entsprechenden Raum, so dass wir nach und nach zu unserer höchst eigenen Bedeutung der persönlichen Symptomatik vordringen können. Das Thema, das dann in unser Bewusstsein kommt, gilt es zu integrieren und als etwas Eigenes anzuerkennen – es wahrzunehmen, zu fühlen, und zwar ohne Werturteil. Nach diesem Akt der ›Vervollständigung‹ unseres Wesens klingen die Symptome meistens schnell ab und verschwinden oft nach kurzer Zeit, eben weil die Selbstheilungskräfte des Körpers nun aktiviert sind und frei fließen können. Dadurch vermögen sie, die mittlerweile mentalisierte Blockade aus eigener Kraft aufzulösen. So wird das persönliche Gleichgewicht aus eigener Kraft wieder hergestellt.

Hierbei ist ein wichtiger Faktor unsere Bewusstheit, ein anderer ist Zeit: Die Blockaden können äußerst tief sitzen, weil sie unter Umständen von Thematiken herrühren, die eigentlich vorangehende Generationen betreffen, die also eine Art geistiges Erbe sind. Wenn diese Thematiken schon damals verdrängt wurden und keine psychische Realität zugestanden bekamen, mussten sie sich schon zu diesem Zeitpunkt auf eine somatische Ebene verlagern. Je mehr ein solches Thema also somatisiert wurde, desto intensiver gestaltet sich die Bewusstwerdung und desto ›tiefer muss man graben‹. Wiederum aus eigener Erfahrung kann ich sagen, dass es sich immer lohnt, diese Arbeit an sich selbst durchzuführen, selbst wenn die eigenen Zweifel verhindern, dass wir uns ganz auf diese Methode verlassen und auf schulmedizinische Praktiken zurückgreifen.

❧

In den vorangehenden Abschnitten haben wir bereits mehrere Anwendungsmöglichkeiten des Prinzips der Schwingung kennen gelernt. Wir haben erkennen dürfen, auf welch mannigfaltige Weise wir uns selbst etwas näher kommen können:

- indem wir unseren Gefühlen und Bedürfnissen Aufmerksamkeit widmen.
- indem wir uns die Frage stellen, welcher Anteil von uns die Thematiken angezogen hat, die uns unser Umfeld reflektiert.
- indem wir lernen, zwischen eigenem Empfinden und Fremdgefühlen zu unterscheiden und so die Themen identifizieren, die die Schnittstellen beider Erlebniswelten bedeuten.
- indem wir auf unseren Körper hören und uns fragen, was er uns mit einem Symptom sagen möchte, welches Thema es zu lösen gilt.

Doch das Prinzip der Schwingung birgt noch ein anderes Potential: Wir können unser Leben nämlich auch auf vielfältige Weise bereichern, intensivieren und vervollständigen, indem wir uns gezielt auf die Möglichkeiten der Anziehungskraft einlassen. Wir können erlernen, bewusst Dinge in unser Leben zu ziehen und sie dort zu manifestieren.

Bärbel Mohrs *Bestellungen beim Universum*

Wenn wir uns genügend selbst kennen, um zu wissen, welche Impulse wir aussenden und welche Realitäten wir kontinuierlich anziehen, können wir uns das Schwingungsprinzip zu Nutze machen und uns auf die Dinge fokussieren, die wir in unserem Leben manifestieren möchten. Diese Technik des »Bestellens einer Realität« ist weder neu noch unbekannt. Eine der wichtigsten Autorinnen auf diesem Gebiet ist wohl Bärbel Mohr (2000), die mit ihrem Buch *Bestellungen beim Universum* das Gesetz der Resonanz salonfähig machte und einen wahren Bestell-Hype auslöste.

Dabei hält Frau Mohr es bewusst einfach: *Du brauchst nur ganz kindlich arglos einfach zu sagen, denken und fühlen, was du haben willst, und es wird kommen* (Mohr, 2000, S. 14). Wenn wir klar und unmissverständlich das Signal aussenden, dass wir dieses oder jenes in unser Leben ziehen wollen und diese Bestellung von Vertrauen und Glauben getragen ist, wird sie sich manifestieren. Je mehr Zweifel allerdings in der Bestellung mitschwingen, desto sicherer bringen wir uns selbst um den Erfolg.

Ein anderer wichtiger Punkt bei den *Bestellungen beim Universum* ist das Loslassen: Geben Sie Ihre Bestellung nur einmal auf! Legen Sie sie vertrauensvoll in die Hände des Universums und lassen Sie sie auch wirklich los, ohne immer wieder darüber nachzudenken. Es empfiehlt sich, nicht zu zweifeln, ob sich Ihre Bestellung erfüllen wird, und womöglich aus Unsicherheit heraus die gleiche Bestellung immer wieder abzuschicken. Das Universum vergisst nichts! Betrachten Sie das Ganze wie eine Bestellung bei einem Versandhaus: Dort rufen wir ja auch nicht jeden Tag an, um nachzufragen, ob man unsere Bestellung auch wirklich ausführt! Denn je mehr Druck hinter einer Bestellung steht, desto geringer wird die Chance, dass die Lieferung zu unserer Zufriedenheit ausfällt. Jegliche Form von Druck oder das Gefühl, etwas dringend zu brauchen, lassen uns aus dem Fluss kommen. Wenn wir den Eindruck haben, dass wir ohne dieses oder jenes nicht glücklich sein können, fixieren wir uns auf eine Idee, wie unser Leben sein sollte, das heißt, wir sind nicht mehr offen dafür, das anzunehmen, was sich uns tatsächlich bietet. Druck erzeugt immer Gegendruck und dieser wird sich höchstwahrscheinlich als eine Nicht-Lieferung manifestieren. Deshalb gilt: Je lockerer, desto besser.

Ein Faktor, der das Bestellen beim Universum erschwert, ist die eigene Skepsis, dass es wirklich funktioniert. Wenn wir unsere Bestellung nämlich mit zweifelnder Energie versehen, wird dieser Mit-Bestellung ebenfalls entsprochen werden. Um diese gegen uns arbeitende Kraft in den Griff zu bekommen, empfiehlt Bärbel Mohr mit kleinen Bestellungen zu beginnen, z. B. mit dem Finden eines Parkplatzes. Wird solch ein kleiner Auftrag dann erfolgreich ausgeführt, schwinden unsere Zweifel und machen den Weg frei für dementsprechend größere Projekte.

Bärbel Mohr weist ausdrücklich darauf hin, dass das Universum und unser Unterbewusstsein eine negative Formulierung nicht anerkennen. Wörtchen wie ›nicht‹ oder ›nein‹ kommen in ihrem Vokabular nicht vor. Bestellungen sollten immer positiv formuliert werden. Denn was wir insgeheim befürchten oder das, wovor wir Angst haben, ziehen wir auch am schnellsten und als erstes an, eben weil die emotionale Ladung unserer Bestellung allzu hoch ist.

Das Bestellen beim Universum hat viel damit zu tun, mit sich und dem Leben ›im Fluss‹ zu sein, sich zu entspannen und sich der inneren Sicherheit hinzugeben, dass für unsere Bestellungen und demnach für uns selbst bestens gesorgt ist. Als Aufgabe bleibt uns dann noch, auf unsere eigene innere Stimme zu hören, unseren Intuitionen nachzugehen und sie umzusetzen. Je mehr wir dadurch mit den universellen Gesetzen in Einklang kommen, je rascher erhalten wir die Lieferung unserer Bestellung – manchmal allerdings auf eine Art und Weise, die wir so nicht erwartet hätten. Deshalb ist es wichtig, weiterhin offen zu bleiben und seinen Intuitionen zu folgen.

Ein Beschleuniger beim Bestellen ist Dankbarkeit. Je dankbarer wir sind – für gelieferte Bestellungen oder besser noch für alles, was das Leben uns bietet, – desto glücklicher sind wir. Dankbarkeit fördert den Fluss der Dinge. Sich vom Universum getragen zu fühlen fördert in uns die Erkenntnis, dass wir bestens aufgehoben sind und dass alles möglich ist. Mit diesem Gefühl der Erfüllung im Bauch kann uns dann gar nichts mehr passieren, egal, welche Überraschungen das Leben noch für uns bereithält.

Das alles ist möglich, wenn wir ziemlich genau wissen, was wir ausstrahlen, und welche Bestellungen wir, mitunter, unbewusst an das Universum abgeben. In diesem Fall sollten wir bewusst unseren Fokus auf die Dinge ausrichten, die wir in unser Leben ziehen möchten, so dass wir weniger Ungewolltes manifestieren. Und je mehr wir eventuelle Blockaden, in Form von Zweifeln, kontraproduktiven inneren Überzeugungen und Glaubensmustern, nach und nach abarbeiten, desto weniger können sie eine unserer bestellten Lieferungen behindern, wie sie es nämlich tun, wenn sie unerkannt und ungehindert aus dem Unbewussten Einfluss auf uns und somit auf das Universum nehmen.

Pierre Franckhs *Erfolgreich Wünschen*

Manche der Grundsätze, die Bärbel Mohr über ihre *Bestellungen beim Universum* beschreibt, finden sich auch in der Technik von Pierre Franckh (2007 a; 2007 b, 2008) wieder: *Erfolgreich wünschen.* Auch er geht davon aus, dass wir permanent Wünsche von uns geben und unsere Realität dadurch gestalten und anziehen. So sollte es für uns darum gehen, diese Wünsche bewusst zu steuern, damit wir jene Realität kreieren, die wir tatsächlich leben möchten.

Auch Pierre Franckh schlägt vor, zunächst mit kleinen Wünschen anzufangen, so dass durch diese Erfolge unser Verstand langsam, aber sicher überzeugt wird, dass Zweifel an der Methode überflüssig sind. Glaube und Vertrauen beseitigen nach und nach unsere inneren Vorbehalte, dass die Wunscherfüllung nicht funktionieren könnte. Das Einzige, was uns daran hindert, genau das zu manifestieren, was wir uns wünschen, sind unsere skeptischen Einwände. Unsere Realität ist so begrenzt wie unsere Vorstellung von ihr und unser Verstand.

Auf die Formulierung der Wünsche legt Pierre Franckh ebenfalls großen Wert. Dabei hebt er nicht nur hervor, dass eine negative Formulierung nicht den gewünschten Erfolg erbringt. Er beschäftigt sich ausführlich mit effizienter Formulierung und der Visualisierung des Gewünschten: Wünsche sollten so formuliert sein, als seien sie schon Wirklichkeit. Es hilft nämlich nicht sonderlich weiter, eine Bestellung nur als Wunsch auszudrücken, denn dann könnte es unter Umständen bei diesem Wunsch bleiben: Das, was wir manifestieren wollen, manifestiert sich einfach nicht, weil es auf der Ebene des Wünschens und Wollens stecken bleibt. Außerdem drückt eine reine Wunsch-Formulierung einen Mangel im Hier und Jetzt aus: Wenn ich etwas möchte, heißt das mit anderen Worten, dass ich es zurzeit noch nicht habe. Und je mehr ich solche Ausdrücke verwende, desto mehr schreibe ich mich selbst in diesem »Noch-nicht-haben«-Zustand fest. Ich bleibe sozusagen bedürftig. Pierre Franckh favorisiert deswegen die »Ich bin…«-Formulierung, mit der ausgedrückt wird, dass das Gewünschte bereits als geistige Realität existiert. Je mehr wir nun diese geistige Realität mit konkreten Vorstellungen und Visualisierungen unterstützen, desto höher ist die Wahrscheinlichkeit, dass sie sich manifestiert.

Neben Bärbel Mohr und Pierre Franckh haben noch andere Autoren sich des Resonanzgesetzes angenommen und interessante Anwendungsmöglichkeiten formuliert. Zu den sehr bekannten Informationsquellen auf diesem Gebiet gehören auch Esther und Jerry Hicks (u. a. 2008), die mit ihren gechannelten Büchern die Wesenheiten *Abraham* zu Wort kommen lassen und direkte Informationen aus der geistigen Welt über das Schwingungsprinzip populär gemacht haben.

Esther und Jerry Hicks' *The Law of Attraction*

Esther und Jerry Hicks channeln in ihrem Buch *The Law of Attraction* (2008) geistige Wesenheiten unter dem Namen *Abraham*. Diese übermitteln uns wertvolle Informationen über unsere Möglichkeiten, wie wir Dinge in unser Leben ziehen und konkret manifestieren können. Dabei spielen die Gesetze der Anziehung – das Prinzip der Schwingung und das daraus resultierende Gesetz der Resonanz – eine zentrale Rolle.

In den Botschaften der geistigen Wesenheiten werden drei wichtige Aspekte des Anziehungsgesetzes beschrieben. Nur wenn diese Aspekte sich frei vollziehen können und bewusst angewandt werden, erlauben sie uns, Lebenserfahrungen zu manifestieren.

Der erste Aspekt betrifft das *Gesetz der Anziehung* und ist Ihnen als Leserin/Leser von *Quantenherz* wohl bekannt: *Das, was sich gleicht, zieht sich an* (Hicks & Hicks, 2008, S. 54). Der zweite Aspekt – *Das, was ich denke, glaube oder erwarte – das ist* – wird die *Wissenschaft des bewussten Erschaffens* genannt (Hicks & Hicks, 2008, S. 55). Diese zweite Gesetzmäßigkeit ist Ihnen ebenfalls nicht unbekannt und betrifft, genau wie das *Gesetz der Anziehung,* das hermetische Prinzip der Schwingung. Der dritte Aspekt, die *Kunst des Zulassens,* steuert wichtige Informationen zum effizienten Erschaffen bei: *Ich bin so, wie ich bin, und ich bin bereit, auch alle anderen so sein zu lassen, wie sie sind* (Hicks & Hicks, 2008, S. 55).

Die Inhalte, an die wir denken, an die wir glauben, auf die wir uns konzentrieren, werden wir manifestieren. Das ist der einfache Grundsatz, den die geistigen Wesenheiten *Abraham* formulieren. Vielleicht fühlen Sie sich an die Position von Jörg Starkmuth erinnert, der uns bereits zuvor vermittelt hat, dass unsere fokussierte Aufmerksamkeit unsere Realität erschafft (siehe Seite 180)?! Und wieder einmal kommen spirituelle und quantenphysikalische Quellen zur gleichen Schlussfolgerung: Wenn unsere fokussierte Aufmerksamkeit Realität erschafft, lohnt es sich, darauf zu achten, worauf wir uns im Jetzt konzentrieren, was wir denken, was wir glauben.

Die bewusste Ausrichtung unseres Denkens ist die erste Voraussetzung zur bewussten Manifestation. Die Umsetzung dieser Aufgabe erfordert etwas Übung und Selbstkenntnis sowie die Eigenschaft, über das eigene Denken nachdenken, sprich: sich selbst gegenüber eine *Metaposition* einnehmen zu können. Denn dann vermögen wir, bewusst wahrzunehmen, worauf unsere aktuelle Aufmerksamkeit gerichtet ist und was wir gerade in unsere Lebenssituation ziehen. Wenn wir dann gezielt unseren Fokus darauf ausrichten, was wir manifestieren möchten, gilt es ›nur‹ noch an einer Sache zu arbeiten: dass wir tatsächlich *zulassen,* dass sich das Gewünschte ereignen *darf.* Denn an dieser Stelle können sich Blockaden in Form von Denkmustern oder Glaubenssätzen zeigen, die wir jedoch mit der Zeit – Sie wissen es schon – identifizieren und bewusst lösen können.

Der Prozess der Anziehung von Situationen oder Lebenserfahrungen umfasst also zwei Phasen, die beide gleichberechtigt in ihrer Bedeutung sind, damit wir gezielt Gewünschtes anziehen: einmal die Ausrichtung unserer Aufmerksamkeit und einmal die zulassende Annahme.

Esther und Jerry Hicks betonen immer wieder die Wichtigkeit, ›im Fluss‹ zu sein. Das Universum (in ihren Worten) – die hermetischen Lehren würden vom *Einen* sprechen – ist uns im Grunde wohl gesonnen. Es ist für uns gesorgt und die Erfahrungen, die wir machen, sind allesamt sinn- und liebevoll motiviert und auf allen Ebenen bereichernd, sei es auf materieller, geistiger oder spiritueller Ebene. Sämtliche Erfahrungen, die das *All-Sein* uns anbietet, unterstützen uns auf unserem Weg der Erhebung und Erkenntnis, damit wir irgendwann heimkehren können. Wenn wir sie als kosmische Unterstützung erkennen und akzeptieren, helfen wir uns damit selbst. Es gilt, unseren Widerstand aufzugeben und anzunehmen.

Eine legitime Frage dabei ist, woran wir denn erkennen können, ob wir uns in einem Zustand der Annahme oder des Widerstands befinden. Esther und Jerry Hicks (2008) benutzen hierfür das menschliche

Emotionalsystem als eine Art Kompass, der uns anzeigt, ob wir gerade
›im Fluss‹ sind oder nicht. Wenn sich ein Gedanke (ein Glaubenssatz,
eine Überzeugung, eine Idee usw.) positiv und angenehm anfühlt, können wir davon ausgehen, dass wir mit der *Quelle* auf einer Wellenlänge
liegen. Wenn wir uns allerdings unangenehm fühlen, stimmt dieser
Gedanke nicht mit der kosmischen Ordnung der Liebe und Erfüllung
überein und wir sollten uns bewusst neu ausrichten. Unsere Emotionen
informieren uns also höchst zuverlässig über die Art der Schwingung,
die wir gerade dabei sind auszusenden. Da jeder Gedanke eine magne-
tische Wirkung hat, ist es wichtig, ihn auf die assoziierte emotionale
Qualität hin zu überprüfen, um sicherzustellen, dass er nur Inhalte
betrifft, die uns lieb sind und die wir in unserem Leben manifestiert
wissen möchten. Dieser Vorgang betrifft immer das Hier und Jetzt
und erfordert ›lediglich‹ eine bewusste Wahrnehmung unserer eigenen
Empfindungen in diesem Moment. Und nachdem wir dann ebenfalls
erkannt haben, welche gedanklichen Inhalte gerade präsent sind, können wir sie/uns bewusst ausrichten und uns wieder in Einklang mit der
göttlichen Quelle und ihren Schwingungen bringen, die immer liebevoll
und positiv sind.

※

In diesem Kapitel über das Prinzip der Schwingung haben wir viele
Möglichkeiten und Techniken kennengelernt, wie wir uns selbst und
unseren verborgenen Themen und Konflikten näher kommen können. Wir haben außerdem erfahren, dass wir mit unserem ganzen Sein
kontinuierlich erschaffen – sei es durch bewusste Gedanken und die
Ausrichtung unserer Aufmerksamkeit oder aber auch durch unbewusst
schlummernde Überzeugungen, Glaubensmuster, Gefühlsverstrickun-
gen, Konflikte oder Themen, welche die Ausrichtung unserer Aufmerksamkeit beeinflussen. All das, was wir sind, sendet kontinuierlich
Schwingungen aus, die mit ähnlich schwingenden Menschen, Situationen und Thematiken in Resonanz treten und diese in unser Leben
ziehen, sie dort manifestieren und uns so Erfahrungen machen lassen,
die in ihrer Symbolik und Grundessenz immer mit uns zu tun haben.
Dieser Umstand birgt in sich viel Erkenntnispotential über uns selbst. In

ihm liegt aber auch ein großes schöpferisches Potential, da wir ja bewusst unsere Aufmerksamkeit ausrichten und unser Emotionsbarometer nutzen können, um Dinge gezielt in unser Wahrnehmungsspektrum zu ziehen und so neue Erfahrungen zu machen, die unseren willentlichen Wünschen entsprechen.

❦

Nun sind Sie bereits mit den ersten drei hermetischen Prinzipien vertraut. Mit Hilfe ihrer quantenphysikalischen Bestätigung verstehen wir jetzt mehr, wie unsere Realität aufgebaut und was ihre Essenz und Grundfunktionsweise ist:

- Alles ist in seiner Essenz geistiger Natur und aus dem Geiste des *All-Seins* erschaffen.
- Die verschiedenen Erscheinungsformen der Dinge hängen mit den *Ebenen der Entsprechung* zusammen, auf denen sie zu Hause sind – mit der *Großen Materiellen Ebene,* mit der *Großen Geistigen Ebene* oder mit der *Großen Spirituellen Ebene.*
- Alles schwingt und ist in Bewegung, nichts ist jemals wirklich in Ruhe.

Nachdem wir also erfahren haben, wie unsere Realität *aufgebaut* ist, *woraus* sie besteht, kommen nun die vier letzten hermetischen Lebensprinzipien zu Wort. Sie beschreiben, wie unsere Realität *funktioniert* – von welchen konkreten Gesetzmäßigkeiten die Grundbeschaffenheit unserer Realität regiert wird. Diese vier weiteren Grundsätze lassen sich wunderbar konkret umsetzen, wodurch wir Einfluss auf unsere Geistigkeit und die Geistigkeit unserer Realität zu nehmen vermögen. Durch sie können wir höhere Gesetzmäßigkeiten gegenüber niedrigeren anwenden. So können uns diese vier Prinzipien eine unendlich wertvolle Hilfestellung auf unserem Weg zur Erhebung und Erkenntnis sein.

Das Prinzip der Polarität

>>*Alles ist dual; alles hat Pole;*
alles hat sein Paar von Gegensätzen;
gleich und ungleich sind dasselbe;
Gegensätze sind identisch in ihrer Natur, nur verschieden im Grad;
Extreme entsprechen einander;
alle Wahrheiten sind lediglich Halbwahrheiten;
alle Paradoxe können in Einklang gebracht werden.<<

– Das Kybalion –

Aus den ersten drei hermetischen Axiomen geht hervor, dass alles eins ist. Was auch immer existiert, gehört dem *All-Einen* an und ist aus dem gleichen Grundbestandteil, aus schwingendem Geist. Die Unterschiede zwischen den verschiedenen Manifestationen liegen lediglich im Grad ihrer Schwingung. Dieser definiert auch, auf welcher *Ebene der Entsprechung* sich eine Erscheinungsform befindet: auf materieller, geistiger oder spiritueller – oder auf einer der zahlreichen Zwischenstadien, die diesen übergeordneten Kategorien angehören. Aber wenn alles eins ist, wie sehen dann die Zusammenhänge zwischen den Dingen genau aus? Auf welche Weise sind sie tatsächlich miteinander verbunden? Und welche Gesetzmäßigkeiten bestimmen überhaupt dieses universelle Zusammenspiel?

Zur Erhellung dieser Fragen trägt das vierte hermetische Prinzip unmittelbar bei, da es beschreibt, *wie* scheinbar gegensätzliche Aspekte miteinander verbunden sind. Ebenfalls liegt in dieser Wahrheit ein fundamentaler Schlüssel zur Alchemie. Das Prinzip der Polarität lässt uns verstehen, dass offensichtliche Gegensätze im Grunde gleicher Art und lediglich Ausdruck verschiedener Schwingungsgrade auf einem Kontinuum sind. Auch wenn sie sich manchmal sogar als extreme Erscheinungen zueinander zeigen, gehören sie der gleichen Klasse an und sind – entgegen unserer augenscheinlichen Wahrnehmung – trotzdem in ihrer Natur vereint.

Gegensätze vereinen

Das Prinzip der Polarität beschäftigt sich also mit Extremen, mit Polen, die einander diametral entgegengesetzt sind und scheinbar nichts miteinander gemein haben, *außer* ihrer Verschiedenartigkeit. Und genau darin liegt ihre Verbundenheit: Die Grundidee ist, dass augenscheinliche Gegensätze lediglich zwei Aspekte einer gleichen Sache darstellen, die durch ein Kontinuum repräsentiert werden kann. Eine solche Klasse von Erscheinungen umfasst dabei nicht nur die beiden gegenüberliegenden Pole, sondern ebenfalls viele verschiedene Zwischengrade und Unterteilungen, welche sich alle auf einem sogenannten Polaritätskontinuum befinden. Wenn wir die wahre geistige Natur der Dinge erkennen, können wir alle scheinbaren Paradoxe mit unserem Verständnis auflösen, weil wir Gegensätze dann lediglich als Ausdruck ein und derselben Sache begreifen und miteinander vereinbaren können. So sind die verschiedenen Manifestationen einer Klasse allesamt miteinander verbunden, und zwar durch eine unendlich umfangreiche Anzahl von Abstufungen und Graden derselben geistigen Erscheinungsform (Kybalion, 1912).

Ein einleuchtendes Beispiel hierfür ist unser Verständnis von Temperatur, die als Phänomen der *Großen Materiellen Ebene* angehört. Im *Kybalion* (1912) wird dabei präzisiert, dass sich auf der einen Seite des Temperaturkontinuums der Pol der Wärme befindet, welcher wiederum durch den Pol der Kälte im anderen Extrem ausbalanciert wird. Die verschiedenen Qualitäten von ›kalt‹ über ›lau‹ bis hin zu ›warm‹ und ›heiß‹, beschreiben demnach die unterschiedlichen Stadien und Grade, die zwischen diesen beiden Polen liegen. Es handelt sich aber immer um das gleiche Kontinuum, um die gleiche Sache, nämlich um Temperatur!

Analog dazu verhält es sich mit allen Gegensätzen – sei es auf der *Großen Materiellen, Geistigen* oder *Spirituellen Ebene*. So stehen zwar zwei Extreme in einem krassen Gegensatz zueinander, gehören aber dennoch der gleichen Klasse an: Sie sind Pole desselben Kontinuums. Interessanterweise spricht der Volksmund davon, dass sich Gegensätze anziehen: Das tun sie, eben weil sie dasselbe grundlegende Thema haben.

Diese Erkenntnisse aus dem Prinzip der Polarität können sich als sehr hilfreich erweisen, da sie uns dazu anregen, uns auf die Suche nach dem verbindenden Element zu machen, statt uns in den Extremen und deren Bewertungen zu verlieren. Denn jedes Gefühl, jede Begebenheit, jedes wahrgenommene Erlebnis und jeder sich darauf beziehende Gedanke sind am Ende Ausdruck einer Schwingung, die an einem gewissen Punkt eines Kontinuums positioniert ist. Alles gehört einer Klasse von Dingen, einem bestimmten Thema, einer übergeordneten Sache an. Dabei ist es allerdings sehr viel konstruktiver und interessanter, das verborgene Thema zu entschlüsseln und herauszubekommen, welcher eigene Anteil in ihm zum Ausdruck kommt und was er mit uns zu tun hat und in welcher Weise wir damit in Resonanz stehen, anstatt zu versuchen, noch genauer zu definieren, an welcher Stelle des Kontinuums – eher im positiven oder eher im negativen Bereich – eine Begebenheit anzusiedeln ist. Es ist deswegen auch wenig sinnvoll, uns in Beurteilungen zu verlieren und dadurch Unmengen von Energie in die Bewertung einer Sache oder eines Umstands zu investieren und uns zu fragen, ob etwas ›gut‹ oder ›schlecht‹ ist, obwohl wir dies unheimlich gerne und mit Leidenschaft tun: Wir pflegen, alles einzuteilen und uns den Kopf darüber zu zerbrechen, ob das, was uns gerade widerfährt – was wir fühlen, denken, empfinden –, eher positiv oder eher negativ zu bewerten ist. Im Rahmen eines solchen Verhaltens das allein schon zum Scheitern verurteilt ist, weil jede Sache sowohl positive als auch negative Aspekte hat, verlieren wir gerne mal die wirklich wichtigen Dinge aus den Augen: nämlich dass das, was uns widerfahren ist, in erster Linie *IST*. Unabhängig davon, ob es uns gefällt oder nicht, hat es sich in unserem Leben manifestiert: Es *IST*. Wir können davor nicht die Augen verschließen. Es gehört zu uns, es ist Teil unserer Vergangenheit bzw. Gegenwart. In dem Moment, wo wir dies erkennen, nehmen wir die Dinge wirklich wahr und als einen Teil von uns an, als einen Teil unseres Daseins und unserer Geschichte. Erst wenn diese Annahme von dem, was *IST*, geschieht, kann es weitergehen! Das Beurteilen und

Kategorisieren, dem unser Verstand voller Hingabe frönt, hält uns nur von den eigentlich wichtigen Dingen ab, nämlich anzunehmen, was gerade ist – es anzuerkennen und somit unsere Eigenverantwortung und Macht über uns selbst in diesem Augenblick zu übernehmen. Wenn wir aber stattdessen der dualen Leidenschaft der Bewertung nachgeben, treten wir auf der Stelle und lassen unseren einzigen Handlungsraum ungenutzt: das Potential unseres Geistes im Hier und Jetzt!

Im Übrigen können alle Werturteile immer nur relativ sein, eben weil jede Kategorisierung einen bestimmten Schwingungsgrad des immer gleichen Kontinuums bezeichnet: Es gibt keine absolute Wertbestimmung! Lassen Sie uns zur Illustration dieser Wahrheit noch einmal zu unserem Temperatur-Beispiel zurückkehren: Selbst wenn von einem Standpunkt aus ein Zustand als ›kalt‹ bezeichnet werden kann, ist es durchaus möglich, ihn von einem anderen aus, der niedriger in der Temperatur liegt, als ›warm‹ oder ›wärmer‹ einzuschätzen. In den mittleren, als ›lau‹ empfundenen Bereichen auf unserer Temperaturskala ist es überhaupt schwierig, zwischen ›warm‹ und ›kalt‹ zu unterscheiden: Die Übergänge sind dort derart fließend, dass eine präzise Einteilung in ›kalt‹ oder ›warm‹ zur Herausforderung wird, wenn sie nicht gar unmöglich ist. An dieser Stelle zeigt sich, dass jedes Urteil bzw. die versuchte eindeutige Bezeichnung eines Zustandes immer nur relativ ist. Tatsächlich liegen die verschiedenen anderen Benennungen, die ebenfalls je nach Standpunkt unserer Beobachtung möglich sind und die sich alle auf die gleiche darunterliegende Sache beziehen (in diesem Beispiel die Temperatur), so nahe beieinander, dass es nahezu unsinnig ist, sich mit der genauen Beurteilung eines Grades aufzuhalten.

Übertragen wir diese Erkenntnisse auf uns und auf das, was uns beschäftigt, so scheint eine weitaus bereichernde Investition von Energie und Aufwand dahingegen die Identifikation der eigentlichen Schwingung zu sein: Worauf beziehen wir uns? Welcher übergeordneten Klasse gehört das Wahrgenommene, Empfundene, Erlebte an und was können wir für uns daraus ableiten? Welches ist das dahinter verborgene Thema?

In unserem Beispiel, das ja die *Große Materielle Ebene* des Seins betrifft, gehören Wärme und Kälte unbestreitbar dem gleichen Kontinuum der Temperatur an und sind relative Bezeichnungen für Zustände, die nicht absolut beschrieben werden können. Doch gilt dies für alle Ebenen des Seins: für die materielle, die geistige und auch für die spirituelle Sphäre. Alles besitzt eine Schwingung und gehört einer bestimmten Klasse von Dingen, einer Sache oder Thematik an, zu denen sich noch viele weitere Verbindungen und Tochterthemen finden lassen, die alle und jede für sich verschiedene Grade ein und derselben Sache sind – lediglich unter einer anderen Benennung oder Etikette. Interessante Beispiele dafür können wir also auch im Hinblick auf die *Große Geistige Ebene* oder in der Gefühlswelt finden.

›Liebe‹ und ›Hass‹ werden im Allgemeinen als Gegensätzlichkeiten angesehen. Gewiss: Diese beiden Empfindungen fühlen sich grundverschieden an und sind wohl als Extreme zueinander aufzufassen. Dennoch sind sie Ausdrücke einer ganz bestimmten Sache: nämlich einer sehr intensiven Emotion und emotionalen Bindung. Wenn ich jemanden liebe, hat diese Person einen besonderen Stellenwert bei mir, sagen wir einen umfangreichen Platz in meinem Herzen (oder meinem Kopf, wie auch immer man es räumlich veranschaulichen möchte). Man könnte auch sagen, dass ich viel Energie – in Form von Aufmerksamkeit – in die Verbindung mit einer Person investiere, die ich liebe. Wenn wir jedoch genau hinschauen: Verhält es sich nicht genauso mit einer Person, die wir hassen oder für die wir Gefühle stärkster Ablehnung empfinden? Diese Person hat ebenfalls einen umfangreichen Platz in unserem Bewusstsein. Wir investieren wiederum viel Aufmerksamkeit in die Bindung an diese Person, nämlich immer dann, wenn wir an sie denken und uns über sie aufregen und ärgern, sie hassen. Die Qualität der Empfindung ist zwar eine gänzlich andere – genau genommen diametral entgegengesetzt – dennoch ist das Resultat bzw. das verbindende Thema dasselbe: eine äußerst intensive Empfindung und Verbindung. Wenn wir die Relativität aller Urteile über Dinge und Zustände berücksichtigen, könnte man sogar soweit gehen und sagen, dass die Konfrontation mit Hass nichts anderes ist als eine Konfrontation mit einer abgewandelten Form von Liebe. Und damit schlagen wir wieder einen glaubwürdigen Bogen zurück zu der Einheit von allem, was ist, und zu dem Umstand, dass nichts anderes existiert als das *Eine,* das Liebe ist.

Obwohl diese Überlegungen einleuchtend sind, versuchen wir Menschen immer wieder, eine absolute und objektive Bewertung für Situationen, für unsere Mitmenschen und auch im Hinblick auf unsere eigenen Charaktereigenschaften zu finden. Wir fragen uns permanent, bewusst und unbewusst: Ist es jetzt gut oder ist es schlecht, dass mir dieses oder jenes passiert? Genau genommen und im Lichte der hermetischen Weisheiten ist allerdings schon die Formulierung dieses Satzes nicht zutreffend. Eigentlich müsste die Frage lauten: Ist es jetzt gut oder schlecht, dass ich dieses oder jenes angezogen habe? Vielleicht merken Sie bereits, wie in dieser Formulierung die ganze Fragestellung nur noch wenig Sinn macht. Denn wenn wir eine Erfahrung angezogen haben, liegt ihr per se ein höherer Sinn inne. Deren Erkenntnis können wir für unser persönliches Wachstum nutzen. Es mag sein, dass dieser Sinn bzw. das Thema oder dessen Symbol, das wir gerade wahrnehmen, jenseits der konkreten Manifestation und unserer Wahrnehmung davon auf einer übergeordneten Ebene liegen, eben jenseits unserer dualen Bewertung von gut und böse, und dennoch können wir darauf vertrauen, dass nichts zufällig geschieht. Die Erhebung auf diese sinndurchtränkte und sinngebende Ebene ist das Ziel der hermetischen Alchemie. Die Möglichkeit dazu ist Herausforderung und Gnade zugleich.

Diesbezüglich ist ein Leitsatz, den ich mir selbst immer wieder vor Augen führe:

Es ist nicht gut, es ist nicht schlecht, es *IST!*

Er hilft mir dabei, mich nicht in vor allem negative Bewertungen und dem Schmerz, der zwingend mit dem getroffenen Werturteil einhergeht, zu verlieren und mich auf das Wesentliche zu konzentrieren: Was will mir das Universum mit dieser Erfahrung sagen? Welcher Teil von mir hat sie angezogen? Was hat sie im eigentlichen Sinne mit mir zu tun und welches dahinterliegende Thema darf ich mit ihrer Hilfe integrieren?

Geistige Umwandlung und Alchemie auf der Linie der Polaritäten

Eine andere wichtige Eigenschaft von Gegensätzen auf einem Kontinuum ist folgende: Die Schwingungen der beiden äußersten Pole, gleich welcher Klasse, können als höherer und niedrigerer Art beschrieben werden. Erkennen Sie den Bezug zum Prinzip der Schwingung und den *Ebenen der Entsprechung?* Der eine Pol schwingt also immer auf einer höher gelagerten Ebene als der ihm gegenüberliegende. ›Liebe‹ zeugt demnach von einer höheren Schwingung als ›Hass‹ und ›Mut‹ schwingt höher als ›Angst‹ (Kybalion, 1912). Zwei gegensätzliche Aspekte ein und derselben Sache sind also in ihrer Qualität der Schwingung grundverschieden: Der positive Pol schwingt höher bzw. schneller und hat somit die Vorherrschaft gegenüber seinem Gegenstück, das tiefer bzw. langsamer schwingt. Damit besitzt die höhere Schwingung sozusagen ein ›größeres Gewicht‹, folglich ist der positive Pol von Natur aus gegenüber dem negativen dominant. In der tatsächlichen Ordnung der Dinge ist der schneller schwingende Pol zudem leichter zu erreichen als die niedrigen Ebenen, weil die natürliche Bewegung der Dinge in die Richtung des *All-Einen* weist. Die Bewegung auf dem Kontinuum einer Klasse geht natürlicherweise in die aufsteigende Richtung – hin zum reinen lebendigen Geist, nach Hause zur höchsten Schwingung der Quelle.

Wenn wir uns also entscheiden, uns auf dem Kontinuum auf höhere Gefilde zuzubewegen, wird die Natur uns darin unterstützen, eben weil der positive Pol de facto dominant ist. Mit welcher Intensität und auch in welche Richtung wir uns bewegen, hängt dabei gänzlich davon ab, wie wir das Werkzeug unseres Geistes einsetzen und uns mittels unseres freien Willens entscheiden. Wenn wir uns bewusst dazu bereit erklären, uns bzw. unsere Schwingung zu erheben – uns auf eine höhere Schwingung hinzubewegen –, dann erhalten wir Unterstützung durch die ureigene Kraft des Seins. Wenn wir aktiv unsere Wahrnehmung auf höher schwingende Gefühle, Begebenheiten und Empfindungen fokussieren wollen, um diesen mehr Raum in unserer Existenz zu geben, wird die Natur, der Kosmos, uns vorbehaltlos in unserem Willen unterstützen. In diesen Erkenntnissen liegt ein äußerst wichtiger Schlüssel zur Alchemie, zur mentalen Transformation verborgen! Da alles schwingt und einem Kontinuum, einer Klasse, angehört, ist es innerhalb der Polarität dieses Kontinuums möglich, uns mittels unseres Geistes auf dessen Linie fortzubewegen. Wenn also etwas scheinbar Negatives manifest ist, dann ist sein positives Gegenstück ebenfalls bereits präsent, auf das wir uns geistig durchaus hinbewegen können. Alchemie bedeutet also nicht, Dinge in ihrer Natur zu verändern. Das ist schon allein deswegen nicht möglich, weil alles unumstößlich geistigen Ursprungs und in seiner Essenz geistig ist. Alchemie im hermetischen Verständnis bedeutet, die Schwingung einer Sache zu erhöhen. Mit anderen Worten werden wir selbst zu Alchemisten, wenn wir unseren Geist mit dem Ziel einzusetzen vermögen, uns auf der Linie der Polaritäten nach oben zu bewegen. Mit Hilfe unserer Aufmerksamkeit und analog zu den Kenntnissen über unsere Wahrnehmung und die Beschaffenheit unserer Realität können wir Wunder wirken! Wahre Veränderung geschieht immer im Geiste (Kybalion, 1912): Nicht indem wir Dinge in ihrer Essenz, in ihrem Sein verändern, sondern indem wir sie erheben, indem wir ihre Schwingung anheben und uns auf höher schwingende Grade der gleichen Sache konzentrieren. Innerhalb einer Klasse können wir uns also mit Hilfe unseres Geistes zwischen den beiden Polen hin- und herbewegen: *Das Prinzip der Polarität befähigt euch, eine unerwünschte Situation in ihr Gegenteil zu verwandeln und eine angenehme Situation zu erschaffen. Wenn es in eurem Leben etwas Unangenehmes gibt, bedeutet es, dass auch das ›Gegenteil‹ gegenwärtig ist* (Virtue, 2006, S. 74).

Die Werkzeuge der Alchemie sind unser Geist und unsere bewusste Entscheidung, worauf wir unsere Wahrnehmung – unseren geistigen Fokus – lenken wollen. Je nachdem, welche geistige Schwingung wir aussenden, treten wir mit gewissen Graden in Resonanz. An dieser Stelle wird klar, inwiefern das Prinzip der Polarität die praktische Anwendung der vorangehenden Prinzipien und auch von *geistiger Induktion* repräsentiert. Durch die Prinzipien der Schwingung und der Geistigkeit und durch die *Ebenen der Entsprechung* wissen wir bereits, dass wir unseren Geist in Bewusstheit und Präzision ausrichten können, um etwas Gewünschtes anzuziehen. Die Verbindung der Polaritäten zeigt uns nun, wie wir etwas Niedriges in etwas Erhöhtes zu transmutieren vermögen, indem wir es *geistig induzieren,* so dass wir in diesem gehobenen Geisteszustand wieder über das Resonanzgesetz eben jene Dinge in unser Leben ziehen, die wir möchten. Es geht dabei nicht darum zu versuchen, eine Sache in eine gänzlich andere zu verwandeln. Das ist unmöglich! Stattdessen bemühen wir uns, den Schwingungsgrad eines Zustands auf seinem Kontinuum zu erhöhen und wenden uns so seiner höher schwingenden Entsprechung zu. Es gilt zu versuchen, uns von dem niedriger schwingenden Pol auf den höheren zu fokussieren. Dies können wir bewerkstelligen, indem wir unsere Aufmerksamkeit auf den höheren Zustand ausrichten. Denn wem oder was auch immer wir unsere Aufmerksamkeit und unser Bewusstsein schenken, das verstärkt sich und darauf bewegen wir uns zu! Wenn wir uns dieser Macht wieder bewusst werden, liegt der Schlüssel zur Veränderung und auch Manifestation in unseren Händen. Mit diesem Wissen wirken wir Alchemie und Magie!

Das Prinzip der Polarität besagt, dass, wenn sich ein Extrem in unserem Leben manifestiert, der andere Pol ebenfalls schon vorhanden ist – eben durch die beiderseitige Verbindung in Form des Kontinuums, durch die sogenannte Polaritätslinie. Beide Pole sind immer präsent, sie hängen voneinander ab, sie bedingen einander. Der Mensch hat also die Möglichkeit, sich auf diesem Kontinuum bezüglich einer gleichen Sache, einer übergeordneten Thematik oder Klasse von Dingen fortzubewegen; und zwar genau in die Richtung, in die er sich fortbewegen möchte, in die er sich entscheidet, geistig zu ›gehen‹. Wir haben die Fähigkeit, unsere Aufmerksamkeit auf einen bestimmten Grad zu fokussieren. Durch diese Ausrichtung unseres Bewusstseins und der daraus resultierenden Steigerung unserer eigenen geistigen Schwingungen können wir uns auf einen gewünschten Zustand, der ja einem expliziten Schwingungsgrad entspricht, einpendeln. Auf diese Weise platzieren wir uns geistig auf eben der Ebene, auf der wir sein möchten. So ist dieser Prozess Folge unseres freien Willens.

Sicher ist Ihnen aufgefallen, wie nahe das Prinzip der Polarität den ersten drei hermetischen Axiomen ist und wie es diese natürlich einbezieht. Aus diesem Grund liegen auch die konkreten Umsetzungsmöglichkeiten, die aus der Weisheit um die Polarität aller Dinge hervorgehen, ebenfalls nicht weit entfernt von den Techniken, die wir bereits kennen gelernt haben. Wieder sind uns imaginative Techniken und die bewusste Ausrichtung unseres Geistes auf übergeordnete Ebenen exzellente Ratgeber, die uns auf unserem natürlichen Weg der Erkenntnis und Erhebung unterstützen.

Anwendungsmöglichkeiten des Polaritätsprinzips

Imaginative Techniken

Doreen Virtue (2006) empfiehlt eine konkrete imaginative Technik zur Anwendung des Polaritätsprinzips und somit zur Transmutation einer Begebenheit im Geiste. Aus den hermetischen Lehren um die Polarität geht hervor, dass immer das ganze Kontinuum einer bestimmten Sache mit all seinen verschiedenen Graden präsent ist, auch wenn sich in einem gewissen Augenblick lediglich ein bestimmter Schwingungsgrad konkret manifestiert. Wenn sich also zum Beispiel zurzeit ein Mangel in Ihrem Leben zeigt, besagt das Prinzip der Polarität, dass die Fülle als höherer Schwingungsgrad des gleichen Kontinuums ebenfalls schon zugegen ist. Sie ist vielleicht nicht konkret manifest, dennoch existiert sie. Diese Tatsache können wir pragmatisch nutzen, indem wir uns geistig auf die höhere Schwingung eines Kontinuums ausrichten und diese so manifestieren. Mittels unseres Geistes gleiten wir also vom Schwingungsgrad des erlebten Mangels seinem reichhaltigen, höher schwingenden Pendant der Fülle entgegen, eben entlang jenes besagten Kontinuums.

Lassen Sie uns zur Veranschaulichung dieser Zusammenhänge das Beispiel von finanziellen Engpässen heranziehen. Wenn Sie sich die Finanz-Skala (das Mangel und Fülle verbindende Kontinuum) konkret vorstellen, können Sie dafür auch das Bild eines Reglers benutzen: Genauso wie auf einem Mischpult indiziert der Stand des Reglers den

Grad der dazugehörigen Einheit. Wenn also Ihr Regler bezüglich Finanzen im unteren Bereich der Skala eingestellt ist, können Sie ihn jederzeit mittels Ihres Geistes auf den Schwingungsgrad einstellen, wo Sie ihn haben möchten: Konzentrieren Sie sich auf den Punkt, der sich für Sie gut anfühlt. Mittels Ihrer Aufmerksamkeit und der Energie, die Sie geistig in diesen gewünschten Grad investieren, schwingen Sie sich auf ihn ein. Bleiben Sie darauf fokussiert. Fühlen Sie sich in ihn hinein. Dann kann der Regler nicht anders, als sich Ihrer Schwingung anzupassen und den Punkt zu erreichen, auf den Sie Ihre Energie konzentrieren.

Wenn Sie in imaginativen Techniken geübt sind, wird es Ihnen leicht fallen, einen Blick auf Ihr Mischpult zu werfen, um so herauszufinden, welche Themen nicht im grünen Bereich, sprich: in der unteren Hälfte der jeweiligen Skala angesiedelt sind. Wenn Sie nicht so bewandert sind, was das Visualisieren angeht, haben Sie die Möglichkeit, auf geführte CD-Meditationen zurückzugreifen. Hierfür bietet sich zum Beispiel die CD *Seelenraum* von Petra Schneider (2009 a) an. Mit Hilfe dieser liebevoll geführten Meditation haben Sie Gelegenheit, Ihren eigenen inneren Raum zu erkunden und lernen nebenbei noch Ihren Seelenbegleiter und Ihren inneren Heiler kennen. Dadurch stärken Sie die Beziehung zu sich selbst und erleben jene Selbstverständlichkeit, durch die wir voller Leichtigkeit mit uns selbst in Kontakt treten und in uns hineinfühlen können. Auf diese Weise ist es möglich, unseren Geist effizienter zu nutzen und somit unsere mentale Landschaft sonniger zu gestalten. Und wer weiß: Vielleicht begegnet Ihnen ja sogar Ihr eigenes Mischpult in Ihrem Seelenraum?!

Eine andere Möglichkeit, den inneren Stand der Dinge – in Form von Reglern oder anderen Indikatoren – zu untersuchen, ist, das Abenteuer der Meditation sozusagen auf eigene Faust zu erkunden. Wenn Sie experimentierfreudig sind und sich selbst gerne austesten, kann ich diese Vorgehensweise nur empfehlen!

Fühlen Sie in sich hinein und entscheiden Sie, ob Sie für die Meditation lieber liegen oder sitzen wollen. Manche Menschen ziehen das Liegen vor, weil diese Position entspannter ist. Man kann jedoch leichter dabei einschlafen. Wenn Sie müde sind oder dazu neigen, relativ schnell wegzunicken, versuchen Sie es besser im Sitzen. Am bequemsten ist dafür ein Meditationskissen oder auch ein Stuhl mit einer relativ geraden Rückenlehne. Vielleicht möchten Sie auch Ihre Umgebung noch etwas auf die bevorstehende Meditation vorbereiten und eine Duftlampe aktivieren oder das Licht dämpfen. Eine Salzlampe eignet sich ganz wunderbar, weil sie nicht nur schönes Licht abgibt, sondern auch die Luftqualität verbessert. Ein wenig ruhige Musik bietet sich ebenfalls an. Testen Sie dabei aus, welche Sie bevorzugen. Es gibt speziell konzipierte Meditationsmusik. Sie können allerdings ebenso auf klassische oder rein instrumentale Musik zurückgreifen. Wählen Sie etwas, das Sie entspannt und Ihnen gefällt.

Ganz wichtig ist, dass Sie in der bevorstehenden Meditation nicht gestört werden: Stellen Sie deswegen Ihr Handy, Ihr Telefon, Ihren Anrufbeantworter ab oder auf lautlos, so dass Sie sicher sein können, dass Sie nicht durch äußere Begebenheiten aus Ihrer Ruhe und inneren Sammlung gebracht werden.

Nachdem Sie sich nun auf diese Weise eingerichtet und vorbereitet haben, konzentrieren Sie Ihre Aufmerksamkeit kurz auf die Geräusche im Raum, auf die Musik, das Rauschen der Heizung, auf die Regentropfen, die auf die Fensterscheibe prasseln ... Dann verlagern Sie bewusst und in Ihrem Tempo Ihre Aufmerksamkeit nach innen, und zwar mit Hilfe Ihres Atems. Lassen Sie Ihr Bewusstsein mit Ihrem Atem fließen. Konzentrieren Sie sich auf Ihr natürliches Ein- und Ausatmen: Sie atmen tief ein und aus, ein und aus, ein – aus, ein – aus ... Auf diese Weise bewegen Sie sich immer weiter nach innen. Nehmen Sie sich die Zeit, die Sie brauchen, und lassen Sie ihre Wahrnehmung nach innen gleiten, in ihren »inneren Raum«. Dieser innere Raum kann sich auf Höhe Ihres Herz-Chakras, also etwa in der Mitte Ihres Brustbeins, in Ihrem Bauch oder auch im Bereich Ihres Beckens befinden. Fühlen Sie nach, wohin Sie Ihre Aufmerksamkeit führt und was sich für Sie gut anfühlt. Nachdem Sie ganz in Ruhe ihr Inneres erkundet und sich in sich selbst eingefühlt haben, richten Sie Ihren Geist auf die Absicht aus, Informationen über den Stand Ihres Mischpultes zu erfahren: »Ich nehme nun ruhig und in meiner Zeit meine inneren Thematiken wahr. Ich erkenne klar und deutlich den Stand der Regler meines inneren Mischpults!« Nachdem Sie dieser Absicht Energie gegeben haben, ist es nur noch eine Frage der Zeit und Geduld, bis sich Bilder und Antworten einstellen. Dabei gilt, je gelassener und offener Sie sind, desto größer ist die Chance, dass Sie die Impulse, die die Antwort auf Ihre Absicht darstellen, tatsächlich wahrnehmen und erkennen.

Aus eigener Erfahrung weiß ich, dass es anfangs ein wenig ungewohnt sein kann, assoziative Bilder und Informationen zuzulassen und diese auch als beantwortende Elemente auf die eigene Absicht wahrzunehmen. In der Regel sind nämlich mehr oder weniger bewusste Erwartungen in einer solchen neuen Situation präsent. Und genau diese Erwartungen können unser Wahrnehmungsspektrum dermaßen einengen, dass wir manchmal die wirklich wichtigen Impulse übersehen. Wir erwarten, etwas zu sehen, und es kommt eine Idee, wir erwarten, etwas in uns zu hören, und es kommt eine Empfindung oder ein inneres Gefühl auf. Deshalb mein Tipp: Gehen Sie so offen wie möglich in eine Meditation. In ihr kann alles passieren, muss es aber nicht.

Nachdem Sie also die Absicht ausgesendet haben, erfahren zu wollen, wie es um Ihr Mischpult steht, bleiben Sie weiter in Ihrem inneren Rhythmus und Fluss. Nehmen Sie eine empfangende, wahrnehmende Haltung ein. Dieser Zustand ähnelt dem in einer Konversation, bei der Sie gerade eine Frage an Ihren Gesprächspartner gerichtet haben: Sie geben ihm Zeit und Raum, eine Antwort zu formulieren. Verfahren Sie genauso mit Ihrem eigenen inneren Wissen und Ihrem Geist. Lassen Sie ihm und damit sich selbst Zeit und Raum, in Ruhe einen Impuls zu kreieren. Bleiben Sie offen, damit Sie wahrnehmen können, ob dieser Impuls visuell, kognitiv, auditiv oder vielleicht sogar als Geruch oder Gefühl in Ihr Bewusstsein dringt. Je entspannter Sie sind, desto erfolgreicher vermögen Sie, Ihren eigenen Wissensschatz zu erkunden.

Wundern Sie sich nicht, wenn Sie nicht sofort beim ersten Versuch eindeutige Antworten empfangen. Auch hier gilt, dass Sie Zeit brauchen, um sich selbst und Ihre Reaktionen kennen zu lernen. Setzen Sie sich nicht zu sehr unter Druck, das ist nur kontraproduktiv. Gehen Sie Ihre Meditationen mit einem offenen Geist und einem offenen Herzen an. Die Ideen und Bilder, die Ihnen in solchen Situationen in den Sinn kommen, tun dies niemals umsonst oder gar zufällig. Sie stehen immer in Verbindung mit dem befragten Thema, auch wenn Sie die Zusammenhänge nicht sofort und spontan sinnvoll erfassen können.

Lassen Sie sich darauf ein, ihre Bedeutung zu erkunden, und fragen Sie einfach nach, wenn die Dinge Ihnen nicht klar erscheinen. Nach und nach werden Sie herausfinden, was Sie mit den Botschaften anfangen können und sind imstande zu unterscheiden, ob gerade Ihr Herz, Ihr tiefstes Innerstes, zu ihnen spricht oder aber Ihr Verstand, der ein altbekanntes Glaubens- oder Denkmuster in Bildern widerspiegelt.

Mit der Zeit und wachsender Übung werden die Informationen bezüglich Ihres inneren Mischpultes klar zu Ihnen durchdringen. Wenn Sie das Mischpult vor sich sehen, brauchen Sie lediglich mental die Regler nach oben hin zu korrigieren und dem gewünschten Resultat Aufmerksamkeit zu schenken: Fokussieren Sie Ihren Geist, Ihre Aufmerksamkeit auf jenen Punkt bzw. Schwingungsgrad, auf dem Kontinuum, wo der Regler sich Ihrer Meinung nach befinden sollte. Alles Weitere übernehmen die kosmischen Gesetze für Sie: Sei es die Schwingungserhöhung auf Ihrem Mischpult oder die konkrete Umsetzung im Außen.

Je selbstverständlicher und vertrauter Sie mit Ihrer Meditationspraxis werden, desto einfacher wird sich der Zugang zu Ihrem inneren Raum und Ihrem Mischpult gestalten. Unter Umständen benötigen Sie vielleicht gar nicht mehr das spezielle ›Drumherum‹, die Vorbereitung und Einrichtung auf eine Meditation: Manche Menschen können durchaus spontan und kurzerhand im Alltag einen Blick auf ihr Mischpult oder in ihren inneren Erkenntnisraum werfen.

Ich persönlich begebe mich oft über alltägliche Aktivitäten wie abwaschen oder aufräumen in einen meditativen Zustand oder ›schaue vor dem Einschlafen mal in mich hinein‹. Es braucht also nicht immer besonders viel Zeit und einen speziell eingerichteten Raum, Licht, Musik usw. Allerdings kann uns eine solche Ritualisierung eben besonders unterstützen und dies ist gerade am Anfang hilfreich. Ich kann Sie nur dazu einladen, Ihren Raum – im räumlichen wie auch im bildlichen Sinne – zu erkunden und ihn so zu gestalten, wie er sich für Sie angenehm und inspirierend anfühlt.

Wenn Sie das Gefühl haben, dass der Regler sich nach einiger Zeit wieder nach unten bewegt hat, wiederholen Sie die Korrektur. Das heißt: Gehen Sie erneut in sich und überprüfen Sie, wo der Regler einer bestimmten Thematik sich auf dem Polaritätskontinuum befindet. Dabei ist es ebenfalls hilfreich, Ihre Achtsamkeit darauf zu richten, welche Qualität Ihre Gedanken hatten, so dass der Regler wieder herunterrutschen konnte. Aus diesem Grund sollten wir auch im alltäglichen Leben auf unser Denken Acht geben und es dahingehend überprüfen, ob es tatsächlich dem entspricht, was wir möchten. Mit der Zeit wird Ihnen dieses Prozedere immer vertrauter und Sie bleiben in immer höheren Schwingungen polarisiert.

Wahrnehmen und annehmen versus bewerten und verurteilen

Um uns auf den verschiedenen Skalen des Lebens fortzubewegen, kann also die gleiche Technik angewandt werden, die uns schon dabei hilft, solche Dinge anzuziehen, die wir uns wünschen: Werden Sie wieder Herr/Frau Ihrer eigenen Gedanken, Ihrer eigenen Aufmerksamkeit! Lenken Sie Ihre Wahrnehmung bewusst in die Richtung, in die Sie sich weiterentwickeln wollen, und auf die Dinge, die Sie anziehen möchten! Achten Sie allerdings darauf, Ihrem Verstand nicht den Raum zu geben, seiner Lieblingsbeschäftigung nachzugehen: zu bewerten und Sie somit in der Nicht-Annahme festzuschreiben.

Wie wir bereits gesehen haben, verwenden wir allzu oft unsere Energie darauf, aktuelle Lebenssituationen oder Erlebtes auseinanderzupflücken, es zu beurteilen und zu kategorisieren. Wir zerbrechen uns den Kopf darüber, in welche Schublade wir eine Erfahrung oder eine Begebenheit einordnen sollten: Ist sie ›gut‹ oder ›schlecht‹ oder irgendetwas dazwischen? Wenn wir überhaupt zu einem Ergebnis kommen, stellt uns dieses selten zufrieden. Meistens quälen wir uns mit einem bestimmten Ereignis und dessen Teilaspekten immer weiter, erzählen uns die Geschichte immer wieder, beurteilen sie stets aufs Neue und kommen nicht zur Ruhe. Letzten Endes machen wir uns selbst damit fertig. Oder aber wir sehen alles nur in einem negativen Licht und ärgern uns und fühlen uns benachteiligt oder ungerecht behandelt.

In den häufigsten Fällen läuft dieser Prozess der Bewertung und Verurteilung unbewusst, automatisiert ab. Er ist mittlerweile derart in unserem eigenen Funktionieren verankert und uns so geläufig geworden, dass eine Bewertung reflexartig einsetzt, sobald wir ein Gefühl in uns wahrnehmen. Dies führt zwangsläufig zu einer teilweisen Zurückweisung des Erlebten und somit zu einer Ablehnung unseres eigentlichen persönlichen Anteils, der mit besagter Erfahrung in Resonanz steht. Und dies bedeutet nichts anderes, als dass wir uns selbst schwächen, weil wir uns selbst ablehnen und uns unserer eigenen Kraft berauben. Wo ein Werturteil getätigt wird, entsteht zwangsläufig Schmerz.

Das Abweisen von eigenen Anteilen funktioniert dabei wie ein Bumerang: Je größer die Vehemenz ist, mit der Sie eigene Gefühle oder Erfahrungen von sich schleudern, mit desto stärkerem Schwung kommen diese wieder zu Ihnen zurück. Was auch immer Sie verdrängen, wird mit der gleichen Kraft Ihre Aufmerksamkeit auf sich zu ziehen versuchen, wie Sie Energie darauf verwenden, es außerhalb Ihres Bewusstseins zu halten. Das ist nur logisch, da besagte Anteile die Energie widerspiegeln, die Sie höchst selbst in sie investieren und investiert haben. Ungewollte Anteile ›rumoren‹ solange in uns, bis wir sie als zu uns gehörig anerkennen – bis wir sie aus ganzem Herzen annehmen. Wie diese Eigenanteile das schaffen? Indem sie aus dem Unterbewusstsein heraus Erfahrungen anziehen, die uns immer wieder mit ihnen konfrontieren. Sie kreieren mittels Resonanz immer wieder Situationen, in denen wir an eigene ungewollte Gefühle oder Anteile erinnert werden. All das, was wir in unserem Inneren nicht als unser Eigenes anerkennen, wird uns im Außen ereilen und uns damit konfrontieren. Dann haben wir die Chance, darauf aufmerksam zu werden und es anzunehmen.

Meistens jedoch nutzen wir diese Chance nicht, auch weil wir das einmal getroffene Werturteil für immer noch gültig halten. Somit bestimmt es weiterhin uns und unser Denken. In solchen Wiederholungssituationen verwenden wir stattdessen nur noch mehr Energie darauf, besagte Gefühle und Anteile aus unserer Wahrnehmung auszuschließen und sie wegzuschieben. Wir wenden somit immer mehr unserer Energie gegen uns selbst, indem wir sie – in Form unserer Aufmerksamkeit – in einen Eigenanteil investieren, den wir dann von uns schieben. Mit der Zeit und häufigeren Wiederholungen wird zusätzlich der dafür benötigte Kraftaufwand immer größer, mit dem wir die ungeliebten Anteile in Schach zu halten und den Situationen aus dem Weg zu gehen versuchen, die diese Anteile potentiell in uns wachrütteln könnten. Wir schwächen uns immer mehr, indem wir viel Aufwand in Bewertungen investieren, die im Grunde nicht ändern, dass es unser eigener Anteil ist und bleibt – egal, wie sehr wir ihn verdammen. Dabei könnte es so einfach sein, aus diesem Teufelskreis auszusteigen: mit bewusster Aufmerksamkeit und der Entscheidung anzunehmen, was da ist, *ohne* es zu bewerten.

Der Mechanismus unserer Selbstschwächung basiert also hauptsächlich auf Werturteilen, die unser Verstand vornimmt. Unsere Verurteilungen lösen den Prozess der Amputation von eigenen Anteilen aus und verschlingen Unmengen an Kraft, die wir zur Integration und Selbstannahme nutzen könnten. Ganz davon abgesehen, worauf wir unsere kostbare Aufmerksamkeit überhaupt lenken: auf Dinge, die in erster Linie einmal *SIND,* die wir im Hier und Jetzt nicht ändern können, sowie auf Anteile in uns, die wir eigentlich nicht unterstützen wollen. Der weitaus lohnenswertere Weg führt über die Annahme dessen, was wir verdrängen oder von dem wir bewusst wegsehen, hin zu einer aktiven Veränderung unseres Selbst und damit unserer Realität. Verschiedene Techniken diesbezüglich haben wir schon im vorangegangenen Kapitel im Zusammenhang mit dem Schwingungsgesetz (ab Seite 198) kennen gelernt.

Um diesen immer gleichen Mechanismus von Bewertung, Selbstschwächung und Nicht-Annahme zu durchbrechen, empfiehlt es sich ebenfalls, ihn gezielt zu hinterfragen und dadurch das eigene Funktionieren zu untersuchen und bewusst zu machen. Achten Sie darauf, wann und welche Gefühle oder Eigenschaften Sie sich selbst nicht zugestehen oder die Sie an sich nicht mögen, die Ihr Verstand so harsch verurteilt. Meist fußt nämlich ein solches Urteil auf erlernten Kriterien, die wir unbewusst aufgenommen haben, die aber nicht unbedingt unseren eigenen Maßstäben entsprechen. Entscheiden Sie bewusst, ob Sie diese Kriterien weiterhin aufrechterhalten möchten und durch sie Aspekte Ihres Selbst als negativ abstempeln und wegdrängen oder ob Sie bewusst auf eine Verurteilung verzichten wollen und stattdessen die Dinge einfach ›sein lassen‹ – sie lieber *wahrnehmen* und *fühlen.* Letztere Option bedeutet nichts anderes, als dass Sie davon ablassen, sich selbst zu verurteilen und in Negativität festzuschreiben. Mit der Ausrichtung Ihrer Wahrnehmung auf das Annehmen – mit der bewussten Unterlassung eines Urteils durch Ihr Denken – nähren und vergrößern Sie Ihr Bewusstsein. Sie stärken Ihren Kontakt zu sich selbst und lernen sich lieben. Entscheiden Sie sich dafür, die Dinge so anzunehmen, wie sie sind: Sie sind, wie sie sind. Wo kein Werturteil ist, ist auch kein Schmerz.

Wenn Sie das, was ist, annehmen, befinden Sie sich in einer optimalen Ausgangsposition, in der eine Veränderung herbeigeführt werden kann. Sie sparen nämlich jene Energie ein, die Sie ansonsten in eine Bewertung gesteckt hätten, und befinden sich nun bewusst im Hier und Jetzt. Dadurch haben Sie genügend Ressourcen zu Ihrer Verfügung, mit denen Sie Ihre Aufmerksamkeit gezielt auf Positives konzentrieren können. Richten Sie Ihr Bewusstsein auf höhere Schwingungen aus, so wie Sie einen Anker auswerfen. Da wir unsere Realität kreieren, liegt es durchaus in unserem Wirkungsbereich, unsere Zukunft positiver zu gestalten, wenn wir unsere natürlichen Ressourcen an der Stelle nutzen, wo es uns möglich ist: bei uns selbst, in diesem Augenblick, mit dem, was da ist.

Vom Denken, Fühlen und Annehmen

Das Prinzip der Polarität lädt dazu ein, sich mit unserer Welt und ihrem dualen Charakter näher zu beschäftigen. Wie gesagt, scheinen wir Menschen die Tendenz zu haben, uns in diese Dualität zu ergeben und sie nicht in Frage zu stellen. Wir folgen meist unbewusst dem automatisierten Vorgehen unseres Verstandes und stülpen der Realität unser Werturteil über. Darüber hinaus erleben wir für gewöhnlich auch unser materielles Umfeld als das Einzige, was tatsächlich existiert. Es ist unsere Realität, so wie wir sie wahrnehmen. Wir folgen unseren Sinnen, hinterfragen aber diese objektorientierten Wahrnehmungen in der Regel nicht, sondern begnügen uns mit unseren vordergründigen Eindrücken.

Jede Religion, Spiritualität, jeder Glaube lehren uns jedoch, dass es noch eine andere Ebene gibt, die es sich lohnt zu erkunden. Jenseits unserer Wahrnehmung existiert das *All-Sein*, das alle Ebenen miteinander verbindet und eine höhere Ordnung darstellt. Diese ›geistige Welt‹ ist oft nicht direkt mit unseren menschlichen Sinnen erfassbar, obwohl sie in unseren Wahrnehmungsmöglichkeiten liegt und wir sie entdecken können, wenn wir uns die Mühe machen, unsere Aufmerksamkeit auf sie zu richten.

In unserem Alltag drückt sich der duale Charakter unserer Existenz an allen Ecken und Enden aus. Es fängt bei unserer Sprache an und hört bei unseren Empfindungen auf. Wir scheinen so von der weltlichen Dualität geprägt zu sein, dass es für uns nur logisch ist, innerhalb von Wertungen zu denken. Alles, was wir kennen, was wir erleben, im Grunde alles, was ist, ordnen wir einer Polarität zu, wohl wissend, dass zu dieser in unserer Welt ein scheinbares Gegenteil existiert: Wir leben in einem permanenten Entweder-oder-Zustand. Dabei entspricht jede Erscheinung und jeder Zustand nur einem spezifischen Grad auf einem bestimmten Kontinuum. Alles ist damit relativ – soweit das hermetische Prinzip der Polarität.

Besonders interessant wird es aber, wenn wir uns klar darüber werden, dass es noch eine andere Instanz gibt, die nicht von Polaritäten definiert ist, die nicht der Dualität unterliegt, weil sie ihr übergeordnet ist: Es handelt sich um die Einheit, aus der die Dualität hervorgeht. Die Hermetiker nennen sie das *Eine*, das *Allumfassende* oder das *All-Sein*. Welche anderen Benennungen man auch immer dafür finden mag, spielt im Grunde genommen keine Rolle, da es für diesen *reinen, lebendigen Geist* im eigentlichen Sinne keinen Namen gibt. Das *Eine* ist selbsterklärend.

Unter Anwendung des Prinzips der Entsprechung – *Wie oben, so unten; wie im Kleinen, so im Großen* – können wir erkennen, dass diese allumfassende Einheit ihre Reflexion im Prinzip der Polarität findet: Die extremen Pole einer Sache, ja aller Erscheinungen sowie all ihre Zwischengrade sind in Form einer übergeordneten Polaritätslinie vereint und gehören ein und derselben Klasse von Dingen an. Der duale Charakter, der unsere Welt durchzieht und in ihr diametral gegenüberliegende Pole definiert, hat auf der Ebene des *All-Einen*, das in diesem Falle von dem Kontinuum symbolisiert werden kann, das alle Polaritäten in sich vereint und der gleichen Sache angehören lässt, keine Bedeutung mehr, eben weil aus seiner Perspektive alles eins ist. Unsere Erfahrungen von Dualität und Getrennt-Sein werden in Anlehnung an das *göttliche Paradoxon* als Illusionen entlarvt: Auf der materiellen Ebene unseres Daseins sind sie zwar real und wir an sie gebunden, auf der geistigen Ebene aber können wir ihnen durchaus durch Erhebung entgehen.

Wenn wir allerdings die weltlichen Dualitäten zu ernst nehmen und ihren illusorischen Charakter nicht durchschauen, kann es vorkommen, dass wir uns um wichtige Lernschritte und Erfahrungen bringen. Das Gefühl, ›auf der Stelle zu treten‹, kann nämlich auch daher rühren, dass wir in dualen Bewertungen festhängen und uns in ihnen verloren haben. Um uns darüber klar zu werden, dass wir mitunter in unserem Leben viel Energie auf Bewertungen aufwenden, die uns nicht wirklich weiterbringen, bietet es sich also an, mehr über die Polaritäten unseres Seins nachzudenken.

Wir haben bereits besprochen, dass wir häufig viel Zeit und Energie darauf verwenden, Bewertungen und Urteile vorzunehmen, die ziemlich überflüssig sind. Schon William Shakespeare schrieb: *Nichts ist nur gut oder nur schlecht, es sind unsere Gedanken, die es dazu machen* (*Hamlet*, 2. Akt). Unsere Dualität liegt demnach in unserem Geist und projiziert sich von da aus nach außen in die Welt, die an sich Ausdruck der Einheit, die in sich ganz ist, da alles in ihr miteinander verbunden ist.

Wir scheinen allerdings Polaritäten zu brauchen, damit wir diese unsere Welt überhaupt konzeptualisieren, damit wir in ihr funktionieren können. Dies deckt sich sowohl mit Erkenntnissen aus den Neurowissenschaften als auch mit alltäglichen Erfahrungen, die Sie und ich jeden Tag machen. Wir konzeptualisieren Dinge, Situationen, Gefühle usw. über ihre Gleichheit bzw. Verschiedenartigkeit mit ähnlichen Begebenheiten. Wir definieren und erfassen sie, indem wir ihre Übereinstimmung oder Abweichung mit unseren kognitiven Konzepten, persönlichen Erfahrungen, Empfindungen oder Vorstellungen erkennen. Könnten wir Kälte benennen, wenn wir nie erfahren hätten, wie sich Wärme anfühlt? Wüssten wir, dass das, was wir für einen bestimmten Menschen empfinden, Liebe ist, wenn wir vorher nie im Kontrast dazu erfahren hätten, wie sich Abneigung anfühlt? Unser Denken vermag Sinn zu stiften, wenn es Wahrgenommenes in Relation zu etwas anderem setzen kann. Eine Konzeptualisierung ohne die Möglichkeit des Vergleichs ist nicht denkbar.

Auch unsere Sprache reflektiert unser dual-kognitives Funktionieren. Es fängt schon morgens an, sobald wir aufstehen, und zieht sich durch den ganzen Tag: »Wie geht's dir?«, »Wie findest du das?«, »Wie war dein

Tag?« Versuchen Sie mal, auf diese Fragen nicht-dual zu antworten …
Eine echte Herausforderung!

Dies alles sind Beispiele, die verdeutlichen, wie tief die Dualität in uns und wir in der Dualität verwurzelt sind. Und doch brauchen wir nur unsere Flügel auszubreiten und uns über die Polaritäten zu erheben, um sie zu bezwingen und uns klar zu machen, dass alles *IST* – unabhängig davon, ob wir es jetzt als ›gut‹ oder ›schlecht‹ bezeichnen würden. Zu diesem Zweck nehmen wir wieder jene *Metaposition* ein und denken über die Polaritäten nach, ordnen die verschiedenen Grade bewusst ihrem Kontinuum zu und vereinen sie somit. Dieser Vorgang kommt dann einem *aktiven Annehmen* gleich.

»Annahme« als Thema begegnet uns in vielen spirituellen und philosophischen Überlegungen: Immer wieder ist sie am Ende *die* Lösung, uns selbst und damit die Menschheit weiterzubringen. Sie ist quasi *das* Allheilmittel für all unsere Gebrechen. Doch was ist eigentlich mit »Annahme« gemeint? Wie stellt man es an, das, was ist, *anzunehmen?*

Im vorangegangenen Unterkapitel haben wir uns bereits diesem Thema gewidmet und erfahren, dass Annehmen mit der Abwesenheit eines Werturteils zu tun hat. Wenn wir uns bewusst darauf konzentrieren, dass alles sowohl positive als auch negative Aspekte hat, wird uns klar, dass wir mit Werturteilen nur unsere Energie vergeuden und in unserer Entwicklung nicht vorankommen. Wird uns dieser Zusammenhang einmal deutlich, hält Bewusstheit in unseren Geist Einzug, eben dass alles in erster Linie *IST* – unabhängig davon, ob und wie wir es (unseren subjektiven Maßstäben nach) nennen oder bewerten.

Auch in der Begleitung von Klienten findet das Thema der Annahme seinen nicht unerheblichen Platz. Ich habe deswegen viel darüber nachgedacht, wie sich Annahme bei uns Menschen überhaupt vollzieht und ob es da vielleicht eine Art Universal-Rezept gibt, dass wir uns bei erfahrenen ›Annehmern‹ abgucken könnten. Da ich mich diesem Thema aber erst einmal auf kognitiver Ebene näherte, drehten sich meine Überlegungen irgendwann nur noch im Kreis, ohne wirklich zu einer Lösung zu kommen. An diesem Punkt kam mir das Herz zu Hilfe und brachte die Erkenntnis: Annahme passiert auf Herzensebene! Sie ist nichts anderes als die Abwesenheit jeglicher Wertung, eine Haltung des So-Seins, des Einfach-Wahrnehmens, des Belassens, des Fühlens! Wenn wir ein Gefühl, eine Charaktereigenschaft, eine Erfahrung *fühlen, sind* sie einfach. Wenn wir diese allerdings *denken,* tut der Verstand, wofür er konzipiert ist: Er *bewertet!* Wenn wir es also schaffen, diese beiden Instanzen in uns zu differenzieren – Herz und Verstand –, dann können wir uns bewusst ins Denken oder ins Fühlen begeben. Und mit ein wenig Übung ist es uns möglich, klar zu erkennen, wann wir im Gefühl sind und etwas lediglich fühlen und als solches wahrnehmen und wann sich unser Verstand einschaltet und versucht, unseren Empfindungen einen kognitiven Sinn zu geben. Denn dann konzipiert unser Denken eine Idee von diesem Gefühl und schon dieser Vorgang geht mit einer Kategorisierung und Etikettierung einher. Der Prozess der Wertung beginnt bereits an diesem Punkt!

Also ist Annahme gar nicht so kompliziert, wie unser Verstand es uns gerne weismachen will! Es geht lediglich darum, einmal *nicht* auf ihn zu hören, sondern auf unser Herz: es die Dinge betrachten zu lassen. Unser Verstand wird uns immer dazu bringen zu urteilen, eben weil es ganz einfach seiner Natur entspricht: Ist das jetzt gut, ist es schlecht? Gereicht mir dieses zum Vorteil oder zum Nachteil? Finde ich jenes eher positiv oder eher negativ? Daran ist zunächst nichts Verwerfliches! Unser Verstand tut lediglich das, wofür er da ist: Er versucht zu verstehen, zu konzeptualisieren und Sinn zu erzeugen. Er leistet uns dadurch täglich unermessliche Dienste. Doch wie alles Existierende hat diese Vorgehensweise positive und negative Aspekte. Während sie für unser Verständnis unerlässlich ist, wird sie mehr oder weniger überflüssig, ja zum Störfaktor, wenn es um unser Empfinden geht. Deshalb ist es wichtig, für sich selbst zu überprüfen, inwieweit beide Instanzen – Denken und Fühlen – vermischt sind und wann unser Verstand uns daran hindert zu fühlen, weil er uns unsere Gefühle denken lässt und sie somit automatisch mit einem Werturteil versieht.

Unser Verstand braucht ›Nahrung‹. Ihm fällt es oft schwer, tatenlos zuzusehen, wenn wir uns entscheiden zu fühlen. Ich arbeite deswegen gerne mit dem Bild einer Medaille, das die Existenz und das Wirken der Polaritäten veranschaulichen kann und dem Verstand eine für ihn nachvollziehbare Metapher bietet. Diese Medaille symbolisiert dabei einen Eigenanteil, ein Gefühl oder eine erlebte Situation. Mit unseren Gedanken und unserer Betrachtungsweise konzentrieren wir uns in der Regel nur auf eine Seite der Medaille, meistens auf diejenige, die unserem Verstand zugänglich ist, die er wahrnehmen und konzeptualisieren kann. Es ist ihm nicht möglich, gleichzeitig beide Seiten der Medaille zu erfassen und zu verarbeiten. Aus der gewohnten Dualität heraus funktioniert er automatisch in einem ›Entweder-oder-Modus‹ und nicht in einer ›Sowohl-als-auch-Sichtweise‹. Er vermag in einem gewissen Augenblick entweder nur die ›positive‹ oder nur die ›negative‹ Seite zu erkennen. Bei dieser Art der Wahrnehmung verlieren wir dann häufig aus den Augen, dass es zu der Seite, mit der sich unser Denken beschäftigt, auch noch eine Kehrseite gibt, die andere Seite der Medaille, die wir gerade nicht sehen oder wahrnehmen. Wenn wir das Ganze aber mit etwas mehr Distanz betrachten, aus einem übergeordneten Blickwinkel heraus, wird uns auffallen, dass es sich trotzdem immer um eine einzige Medaille handelt, der zwei gegenüberliegende Seiten angehören.

Genauso verhält es sich im übertragenen Sinne mit den Situationen, die wir erleben, oder mit unseren eigenen Gefühlen und Charaktereigenschaften. Wir konzentrieren uns oft nur auf einen Aspekt: Entweder sehen wir nur das Schlechte oder nur das Gute darin. Stattdessen ist es viel lohnenswerter, zunächst über das Funktionieren unseres eigenen Verstandes nachzusinnen, um dann jene Wahrheit zu entdecken, dass wir die Dinge auch einfach fühlen können, unabhängig von jeglichem Urteil und Konzept.

Nehmen wir uns einmal ein konkretes Beispiel bzw. Thema vor, mit dem ich des Öfteren in Begleitungssituationen konfrontiert werde: Perfektionismus. Ein Mensch, der seine perfektionistischen Züge unreflektiert auslebt, setzt sich selbst oftmals unter massiven Druck. Dies kann so weit gehen, dass sich die oder der Betroffene bis an den Rand der Verzweiflung und körperlichen Erschöpfung treibt, ja sich nahezu selbst geißelt, um den eigenen übersteigerten Ansprüchen gerecht zu werden. Nie ist ein solcher Mensch mit sich oder einer Situation zufrieden. Sogar positive Ergebnisse werden herabgesetzt, da sich an ihnen immer noch ein Makel finden lässt. Dies ist also die eine Seite der Medaille ›Perfektionismus‹: die negative, die noch gesteigert werden kann, wenn sich eine solche Person zwar über ihren extremen Drang zum Perfektionismus bewusst ist, ihn jedoch als Charaktereigenschaft verurteilt, weil sie im Grunde so nicht sein möchte, da sie erkannt hat, dass sie unter ihrem Perfektionismus leidet. Doch indem sie dann anfängt, gegen sich selbst zu kämpfen, diese Eigenschaft in den Hintergrund drängt, beginnt jener Teufelskreis der Selbstschwächung, mit dem wir uns ja schon detailliert beschäftigt haben: Die betroffene Person amputiert sich selbst eines eigenen Anteils und schwächt sich. Der Bumerang namens ›Perfektionismus‹ wird weggeschleudert und die Falle ist zugeschnappt. Doch wie kommen wir aus ihr wieder heraus?

Wenn wir einen möglichst neutralen und übergeordneten Blickwinkel einnehmen, fällt auf, dass die ›Medaille des Perfektionismus‹ noch eine ganz andere Seite hat, die wir in unserer negativ geeichten Betrachtungsweise vernachlässigt haben: Ein Mensch mit perfektionistischen Zügen ist jemand, der Dinge sehr gewissenhaft erledigt und sich selbst immer wieder weiterentwickeln wird, weil sein Blick darauf gerichtet ist, es immer noch ein wenig ›besser‹ zu machen. Wenn Sie einem solchen Menschen ein Projekt anvertrauen, können Sie sicher sein, dass es nach besten Möglichkeiten und voller Engagement ausgeführt wird. Er wird seine Ressourcen darin investieren, den verschiedenen Aspekten des Projekts Rechnung zu tragen und das Bestmöglichste daraus zu machen. Nun ... da haben wir also eine ganz andere Betrachtung genau der gleichen Charaktereigenschaft, nicht wahr? Doch diese wirft ein ganz anderes Bild auf den Perfektionismus und macht ihn doch gleich viel ›sympathischer‹, oder?!

So wie in diesem Beispiel hat jedes Gefühl, jede Charaktereigenschaft und jede Erfahrung sowohl positive als auch negative Aspekte, die durch das Bild der Medaille mit ihren zwei Seiten anschaulich, ja oft überhaupt erst bewusst gemacht werden können. Zum einen können wir so vermeintlich Negatives mit dem zur gleichen Sache gehörenden positiven Pendant ausgleichen, zum anderen kann uns das Bild der Medaille als solches in dem Verständnis weiterhelfen, dass sich alles, was ist, durch die beiden gegenüberliegenden Seiten in Balance hält: Etwas ist weder gänzlich gut noch gänzlich schlecht, es *IST!* Je mehr wir uns in diese Vorstellung vertiefen, dass beide Seiten erst das Ganze bilden, desto weiter kommen wir auch, was unser aktives Annehmen angeht! Genau genommen ist es in dem Moment schon geschehen, wo wir uns darüber klar werden, dass die Bewertung der verschiedenen Seiten oder Aspekte einer Medaille absolut nichts an ihrem So-Sein ändert: Die Medaille ist und bleibt eine Medaille, und sie wird es in erster Linie immer *sein*. Oder mit anderen Worten: Unsere Medaille – eine Begebenheit, ein Gefühl, eine Charaktereigenschaft, Erfahrung oder Situation – ist nunmal Teil unseres Lebens. Sie gehört zu uns, ob uns dies gefällt oder nicht, ob unser Verstand es jetzt begrüßt oder ablehnt. Und wenn wir merken, dass wir uns in das Gefallen oder Nicht-Gefallen von etwas ergeben, dann können wir es bewusst unterlassen, indem wir in unser Gefühl gehen und die Begebenheit, Situation, Empfindung usw. mit dem Herzen betrachten.

Hilfe und Unterstützung unserem Verstand zu geben und ihn von der Wahrheit zu überzeugen, dass Dinge weder gänzlich gut noch schlecht, sondern erst einmal *SIND*, findet sich ebenfalls in den verschiedenen Techniken, die Sie bereits im dritten Kapitel kennen gelernt haben: so zum Beispiel Byron Katies *The Work*, das uns Klarheit verschaffen kann, mit welchen Kriterien unser Verstand seine Wertungen tätigt. Ebenfalls bietet sich Bärbel & Manfred Mohrs *Hoppen* an und die in ihrem Buch beschriebene Herzenstechnik, welche uns dabei hilft, zurückgewiesene Anteile unseres Selbst wieder über unser Gefühl aktiv zu integrieren. Auch Marshall Rosenbergs *Gewaltfreie Kommunikation* leistet in diesem Zusammenhang wichtige Dienste, weil durch die *GfK* eine stabile Verständnisbasis für eigene Gefühle und Bedürfnisse geschaffen wird.

Zusammenfassend kann man also sagen, dass Annehmen nichts anderes ist, als eine bewusste Unterlassung von Werturteilen – ein Fühlen der Dinge, eher als ein Denken. Es gilt, ein gesundes Gleichgewicht und eine Differenzierung zwischen diesen beiden Instanzen in uns zu finden, um den Weg der Erkenntnis, hin zu uns selbst, zu gehen.

Die Hermetik bedient sich dabei anderer Worte, um das gleiche Ziel zu umschreiben: Annahme ist die Erhebung über die Dualität der weltlichen Realität; eine Bewegung auf die Einheit des *All-Seins* zu. Dieses Einssein vermag wohl nicht vom menschlichen Verstand, sondern eher auf der Ebene des Gefühls erfasst zu werden. Dennoch ist die Heimkehr hin zum *Einen* erst möglich, wenn wir uns mittels unseres Geistes, also auch unseres Verstandes, der polar-dualen Qualität unserer Welt bewusst werden und es uns zur Gewohnheit machen, uns auf die übergeordneten Kontinua zu konzentrieren. Dann können wir uns geistig auf diesen Linien der Polaritäten fortbewegen und auf diese Weise unsere Schwingung erhöhen. Das bedeutet allerdings nicht, dass wir uns der Polarität als solcher entziehen können: Wir sind an sie gebunden, durch unseren Körper und auch durch unser Denken. Die Polarität, ebenso wie die sechs anderen hermetischen Prinzipien, ist ein Gesetz des Lebens, das nicht ausgeschaltet werden kann. Wir erlangen jedoch durch Bewusstheit die Möglichkeit, höhere Gesetze gegen niedere einzusetzen und uns so weiterzuentwickeln – uns und die Einheit der Dinge zu erfahren, indem wir sie fühlen. Und an dieser Stelle schließt sich der Kreis zur Alchemie und zum eigentlichen Sinn unseres Seins: fühlen und erfahren, dass wir in unserer Essenz göttlich sind und ein Teil des *allumfassenden Einen*. Also: Versuchen Sie nicht, der Dualität unserer Welt zu entfliehen, das wird nicht funktionieren. Nutzen Sie sie stattdessen zum höchsten Besten! Werden Sie sich ihrer bewusst, nehmen Sie sie an und werden Sie damit zum Magier und Meister!

Loslassen, Integrieren, Verzeihen

Genau wie das Annehmen gelten auch das Loslassen, Integrieren und Verzeihen als Wundermittel in Sachen Selbstentwicklung – und das nicht ohne Grund! Denn Fakt ist, dass es zwischen allen diesen Konzepten ganz wichtige Parallelen gibt und sich die Grundprinzipien ihrer Wirkungsweisen sehr ähneln.

Gerade haben wir erarbeitet, dass Annehmen sich durch die Abwesenheit von Wertungen auszeichnet. Anders ausgedrückt könnte man sagen, dass es darum geht, die Welt der Polaritäten zu akzeptieren und zu umarmen. Diese Umarmung bringt uns näher an das *Eine*. Sie macht aus zwei diametral gegenüberliegenden Extremen ein Kontinuum, ein verbundenes Ganzes. Reden wir hier nicht von *Integration?* Wenn wir uns nicht in Werturteilen verlieren, sondern uns stattdessen damit ›begnügen‹, uns einer bestimmten Sache anzunehmen und sie als das zu sehen, was sie ist, *integrieren* wir sie dann nicht bereits als das, was sie ist? Sie ist nicht gut, nicht schlecht, sie *ist* … Alle Dinge und Situationen sind relativ und es hängt von unserem Blickwinkel ab, wie wir ihnen begegnen. Jede Begebenheit hat ihr Positives und ihr Negatives. Um noch einmal auf das Bild der Medaille zurückzukommen: Unsere Wertschätzung ändert an der Präsenz der Medaille bzw. an dem, wofür sie in unserem Leben steht, rein gar nichts! Mit dieser Haltung nehmen wir schließlich auch jenen Teil von uns an, den unsere Resonanz angezogen hat oder der ein Gefühl oder eine höchst eigene Charaktereigenschaft reflektiert. *Das* ist Integration!

Mit dem Verzeihen verhält es sich ähnlich. Im Lichte des Schwingungsprinzips wird uns klar, dass etwas in uns das vermeintlich unangemessene Verhalten einer anderen Person (oder eine zumindest ungewünschte Situation) angezogen hat. Schon allein deswegen scheint es zweifelhaft, ob es sich überhaupt lohnt, jenes Verhalten zu verurteilen und es der besagten Person übel zu nehmen. Aus dieser Perspektive heraus fungiert unser Gegenüber lediglich als Spiegel – oder Auslöser – und bietet uns eine Situation, in der wir mehr über uns erfahren und mehr von uns selbst annehmen können. Eben weil das Geschehene Folge des Resonanzgesetzes ist, liegt ihm auch auf höherer Ebene ein unbeirrbarer Sinn inne. Ja, ich will mich sogar so weit aus dem Fenster lehnen und behaupten, dass von einem solchen Standpunkt aus die Vergebung gegenüber anderen Menschen überflüssig wird, weil wir uns eher selbst vergeben und uns selbst annehmen sollten – und zwar im Hinblick auf jenen Eigenanteil, der die entsprechende Situation im ›Außen‹ angezogen hat. Wenn wir den Sinn und das darin liegende Thema, die ›Sache‹ oder das ›Kontinuum‹, um das es letztendlich geht, erkennen, erheben wir uns: Wir lernen uns besser kennen, stärken uns und nehmen uns an. Und wenn es dabei etwas oder jemandem zu vergeben gibt, dann höchstens uns selbst: dass wir dieses oder jenes von uns gewiesen haben, so dass es sich im ›Außen‹ manifestieren musste. Wir dürfen uns vergeben: dass wir eine Situation angezogen und kreiert haben, damit wir jenen ›unliebsamen‹ Anteil endlich als unser Eigen empfinden.

Wenn wir jetzt noch das Polaritätsprinzip hinzunehmen und uns wieder die Medaille ins Gedächtnis rufen, dann kommen wir ganz schnell zu einer höchst interessanten Schlussfolgerung: Selbst das Schlimmste, das uns passiert, ist sinnvoll motiviert und hat zwar sicherlich negative Seiten, aber eben auch positive. Manchmal sind wir uns dieser positiven Auswirkungen nur nicht bewusst. Manchmal wollen wir sie auch bewusst nicht sehen, da es nicht unbedingt einfach ist, diese Wahrheit zu akzeptieren, obwohl uns das Anerkennen dieser Wahrheit inneren Frieden und Heilung bringt. Alles, was uns passiert, ist zu irgendetwas nutze. Vielleicht wissen wir nicht immer, wozu es nutze sein soll. Es kann sein, dass sich uns der positive Aspekt erst im Nachhinein erschließt. Es ist aber genauso möglich, dass wir allein auf unser Vertrauen angewiesen sind, dass es irgendwo etwas Gutes in einem vermeintlichen Schicksalsschlag gibt, auch wenn wir nie sicher erfahren, was sein konstruktiver Zweck war. Und dennoch kann ich Ihnen versichern, dass in allem ein konstruktiv-positiver Aspekt schlummert: In Erinnerung an unsere quantenphysikalisch begründeten Erkenntnisse gibt es in unserem Universum keine Zufälle – alles ist sinngebend motiviert. Alles unterliegt jenen Gesetzmäßigkeiten, die Hermetik und Quantenphysik so eingängig beschreiben.

An dieser Stelle möchte ich Ihnen zwei Autoren nahe bringen, die sich eingehend mit den Thematiken von Annahme und Vergebung befasst haben: Colin Tipping und Robert T. Betz. Beide Autoren arbeiten erfolgreich mit einer ganzheitlichen Sicht unserer Existenz und nutzen diese, um in Büchern und Meditationen Anleitungen zur *radikalen Selbstvergebung* (Tipping, 2004; 2009) und zur Selbstannahme (u. a. Betz, 2006 a; 2006 b) zu verbreiten.

Die Tipping-Methode

Colin Tipping vertritt den Standpunkt, dass alles miteinander in einer sinnvollen, übergeordneten Struktur verbunden ist. Es existieren keine Zufälle: Alles, was uns passiert – sei es uns scheinbar von anderen oder durch uns selbst zugefügt worden –, ist sinnmotiviert. Nichts ist willkürlich, da es immer Schwingungen sind, die miteinander in Resonanz stehen und sich treffen. Jedes Thema, mit dem wir konfrontiert werden, jede Situation, Erfahrung oder Empfindung hat mit uns zu tun und kann uns weiterhelfen, uns selbst besser kennen und lieben zu lernen. Und weil alles sinnvoll miteinander verbunden ist und sich gegenseitig bedingt, werden auch Werturteile überflüssig. Ja, man kann sie sogar als kontraproduktiv ansehen, weil sie uns von unserem eigentlichen Ziel abhalten: die gemachten Erfahrungen zu integrieren, um an ihnen zu wachsen und zu reifen. In seinen Büchern und auf den dazugehörenden Meditations-CDs führt Colin Tipping diese Weltsicht eingängig aus und bettet darin seinen aktiven Vergebungsprozess ein. Wenn sich also in Ihrer Vergangenheit Begebenheiten befinden, die Sie als unverzeihlich empfinden, oder wenn Sie verborgenen Groll auf eine andere Person oder sich selbst spüren, dann ist die Tipping-Methode eine sehr gute Möglichkeit, sich energetisch von den scheinbaren ›Übeltätern‹ zu befreien und so die eigene innere Freiheit zu erweitern. Vor dieser Grundlage kann dann anderen, aber vor allem sich selbst verziehen werden.

Robert T. Betz: »Alles darf sein!«

Ein weiterer Pionier in der Integrationsarbeit von verstoßenen Eigenanteilen ist der Diplom-Psychologe Robert Theodor Betz. Sein Ansatz beruft sich ebenfalls auf eine ganzheitliche Sicht unserer Existenz und indirekt auf die hermetischen Gesetze des Lebens, da in seinen Vorträgen und Meditationen immer wieder Thematiken um die Geistigkeit, Schwingung und Polarität zur Sprache kommen.

Robert T. Betz vertritt die Ansicht, dass wir von frühester Kindheit an lernen, dass gewisse Gefühle in uns nicht gut sind und wir diese auch nicht ausdrücken sollten. Wir bekommen mehr oder weniger deutlich vermittelt, dass manche Anteile in uns unerwünscht sind, so dass wir uns daran geben, diese zu bewerten und wegzuschieben. Wir verbieten uns dabei meistens, nicht nur diese Anteile nicht nach außen hin zu zeigen, sondern sie gar nicht erst in uns zuzulassen, sie zu empfinden. So verhält es sich mit Empfindungen wie zum Beispiel Ärger, Scham oder Angst. Uns wird unterschwellig beigebracht, dass wir weniger oder gar nicht liebenswert sind, wenn wir uns ängstlich oder ärgerlich geben. Dass wir leichter zu lieben sind, wenn wir uns lieb und brav verhalten. Wenn keine klare Differenzierung zwischen der Verhaltens- und der Empfindungsebene besteht, gehen wir sogar soweit, solche Gefühle gar nicht mehr in uns zuzulassen: Wir verbergen sie nicht nur vor unserem Umfeld, sondern richtiggehend ebenfalls vor uns selbst. Auf diese Weise bildet sich mit der Zeit eine ›Schattenseite‹ in uns, die wir nicht so gern mögen, weil die Eigenschaften, die zu ihr gehören, es uns scheinbar erschweren, geliebt und angenommen zu werden – von anderen oder von uns selbst. Diese ›Schattenseite‹ in uns lehnen wir schließlich ab und tun es im Grunde unserem Umfeld gleich: Wir befolgen das Beispiel, das uns vorgelebt wird, indem wir das Werturteil, das diesen Emotionen und Empfindungen anhaftet, fortbestehen lassen und weiterhin kritiklos so mit ihnen verfahren, wie es uns beigebracht wurde, ohne bewusst zu überlegen, ob dieses Urteil überhaupt Sinn macht und für uns persönlich, hier und heute Gültigkeit hat. Denn – wiederum vor dem Hintergrund des Schwingungsgesetzes und der Polarität aller Dinge – haben auch Gefühle wie Angst oder Ärger einen Daseinszweck. Und sie werden so lange präsent bleiben, bis sie diesen Daseinszweck erfüllt haben und dieser bewusst erkannt ist.

So sieht Robert T. Betz zum Beispiel Ärger nicht unbedingt als ein Gefühl, sondern eher als einen Boten an. Ärger oder Wut möchten uns eine Botschaft überbringen, ähnlich wie ein Briefträger: Wann immer eine Empfindung in uns getriggert wird, kommt dieser Briefträger und klopft an unsere Türe, um uns etwas mitzuteilen. Er will uns ein Päckchen überreichen, in dem sich ein Anteil unseres Selbst befindet, den es zu integrieren gilt. In der Regel reagieren wir allerdings in einer solchen Situation mit unserem erlernten und scheinbar altbewährten Schema: Wir versuchen nach Kräften, die ärgerliche Empfindung zu unterdrücken, und schlagen dem Boten die Türe vor der Nase zu. Nun ist es aber so, dass der Bote den klaren Auftrag hat, das Päckchen zuzustellen. Da gibt es keinen Raum für Kompromisse oder Verhandlungen. Der Bote ist dazu angehalten, seinen göttlichen Auftrag zu erfüllen und das Päckchen uns wirklich zukommen zu lassen. Also wird er immer wieder klingeln und versuchen, uns seine Botschaft zu vermitteln – egal, wie unerkannt, unerwünscht oder unwillkommen uns dies ist. Der Ärger kommt wieder und mit jeder neuen Situation, die etwas mit ihm zu tun hat, wird er erneut angeschwungen. Immer wieder sehen wir uns so dieser scheinbar lästigen Empfindung gegenüber, die einfach nicht weggehen möchte, auch wenn wir es uns noch so sehr wünschen.

An dieser Stelle kommen wir wieder zum Thema der Annahme. Sie ist nämlich der Schlüssel, mit dem wir diesen Kreis durchbrechen können. Wenn wir uns dem Boten aufmerksam zuwenden und ihn seinen

Auftrag erledigen lassen, kann er uns die Botschaft mitteilen, die hinter der Empfindung des Ärgers steckt. Wenn wir diese bejahend annehmen (in erster Linie, weil sie *ist,* ob sie uns nun gefällt oder auch nicht), stärken wir uns selbst, kommen uns näher und integrieren dadurch einen Teil unserer ›Schattenseite‹. Wir vervollständigen uns und erheben uns, indem wir einen niedrig schwingenden Teil – Ärger – in einen angenommenen und geliebten Anteil transformieren.

Ein weiteres interessantes Beispiel ist Angst. Auch sie leistet uns gute Dienste, obwohl sie ebenfalls zumeist unerwünscht ist. Im Grunde ist Angst ein gesundes menschliches Alarmsystem, das versucht, uns vor Dingen zu schützen, die nicht gut für uns sind. Diese Botschaft erkennen wir aber in den seltensten Fällen an und verdrängen oder verurteilen sie stattdessen. Wenn wir allerdings diesem Gefühl bewusst Aufmerksamkeit schenken, uns wirklich darauf einlassen, anstatt es wie gewohnt destruktiv von uns weisen zu wollen, kommen wir einen Schritt weiter. In diesem Fall kann sich unsere Angst nämlich auflösen, weil sie ihren Sinn und Zweck erfüllt hat. Der Bote hat sein Päckchen überbracht und kann nun in seinen friedlichen und wohlverdienten Fcierabend gehen.

So ist die Botschaft von Robert T. Betz, dass alles sein darf, weil es einen Sinn hat zu sein und uns im Grunde wichtige Dienste leistet. Jedes Gefühl, jeder Gedanke ist aus einem gewissen Grund da und hat mit uns und unseren – meist unbewussten – Denkschemata, Glaubenssätzen, Überzeugungen und gelernten Lebensweisen zu tun. Unsere Gefühle helfen uns also dabei, unseren unbewussten Themen auf die Schliche zu kommen und diese zu integrieren.

✹

Nach diesem ausgiebigen Ausflug in die Thematik des Annehmens, Vergebens und Integrierens möchte ich nun noch einen Aspekt ansprechen, der mit dem hermetischen Gesetz der Polaritäten einhergeht und der im *Kybalion* Beachtung findet: die Kunst, den eigenen Geist positiv zu polarisieren und diese Schwingung auszustrahlen, so dass ebenfalls unser Umfeld davon positiv beeinflusst wird.

Geistige Induktion

Eine weitere Charakteristik der Dualität ist die, dass sie nicht nur die Möglichkeit zur Veränderung der eigenen, persönlichen Einstellung bietet, sondern auch die anderer Menschen beeinflussen kann: Das Entlanggleiten auf dem Kontinuum zwischen entgegengesetzten Polen funktioniert nicht nur für uns selbst. Unser Geist kann auch Einfluss auf den Geist anderer Personen ausüben – das haben wir bereits im fünften Kapitel (Seite 174) im Zusammenhang mit dem Prinzip der Schwingung erfahren: Durch Beeinflussungsphänomene können bestimmte Schwingungshöhen von einem Geist auf den anderen übertragen werden. Im Hinblick auf das Prinzip der Polarität gilt das gleiche Grundprinzip: Wenn wir unseren eigenen Geist positiv polarisieren, senden wir Schwingungen aus, die den Schwingungsgrad einer anderen Person beeinflussen können. Es ist durchaus möglich, den geistigen Zustand unseres Gegenübers auszurichten und dort ebenfalls eine Polarisation zu bewirken, wenn es uns gelingt, unseren eigenen Schwingungsgrad stabil zu halten. Dann kann der andere Geist nämlich nicht anders, als sich darauf einzuschwingen und sich uns in seinem Schwingungsgrad anzugleichen (Kybalion, 1912).

Diese *geistige Induktion* setzt allerdings einen fortgeschrittenen Geist voraus, der sich eindeutig positiv polarisieren und auf dieser Schwingungsebene verbleiben kann. Es braucht eine starke Ausstrahlung, um die eigene Polarisation in diesem Umfang auf das Gegenüber abfärben zu lassen. Denn wenn die eigene geistige Ausrichtung nicht dementsprechend klar ist und in sich ruht, wird sich die eigene Schwingung stattdessen an der niedrigeren Schwingung des anderen orientieren und sich ihr angleichen.

Geistige Induktion ist auch die Grundlage für Geistheilungen. Die hohe Schwingung eines ›Heilers‹, der vollkommen in seiner Kraft steht, vermag auf eine andere Person überzugehen und ihren Schwingungsgrad anzuheben. Das hohe Energiefeld eines Menschen – oder auch einer spirituellen Wesenheit – kann also eine Erhöhung in der Schwingung eines oder mehrerer anderer Menschen bedingen: Dieser Prozess vollzieht sich *induktiv:* Er geht vom Einzelnen aus und bewirkt eine allgemeine Veränderung. Die niedrigere Schwingung einer Person wird dabei durch den Umstand erhöht, dass ihr eigenes Energiefeld mit dem höher und schneller schwingenden Feld einer anderen Person in Resonanz tritt. Diese beiden Schwingungen vermischen sich miteinander und die niedere gleicht sich der höheren an.

Dieser Mechanismus wird in den verschiedensten Formen ›geistiger Heilungen‹ angewandt. So zum Beispiel auch in der *Quantum-Engel-Heilung,* die wir ja schon im vierten Kapitel kennen gelernt haben (Seite 153; Mora, 2006; Mora & Mora, 2007). Dabei wird die hohe Schwingung der Engel und Erzengel herangezogen: Der mit ihnen zusammenarbeitende Part, der oder die ›Gebende‹, schwingt sich auf ihre Ebene ein und wird quasi zum Kanal für deren kräftige Schwingung. Durch seine Fähigkeit, in diesem Schwingungsgrad polarisiert zu bleiben, kann ein solcher Mensch dann sogar an andere ›abstrahlen‹. Wenn der oder die ›Gebende‹ in seiner bzw. ihrer Kraft bleibt, wird ihm/ihr dies erlauben, die Schwingung des ›Empfangenden‹ per *Induktion* an die eigene Ebene anzugleichen. Wenn aber ein ›Gebender‹ nicht stabil genug in seiner Energie verbleibt, kann es durchaus passieren, dass seine/ihre Energie absinkt und sich an den niederen Energien des Umfeldes ausrichtet. Deshalb bedarf es zur bewussten Weitergabe von hohen Schwingungen auch mit Hilfe der Engel ein wenig Übung. Mit der Zeit vermag man dann immer klarer zu erkennen, welche Themen uns in ihrer Schwingung ›einknicken‹ lassen können und an welcher Stelle eine niedrige Schwingung immer noch Einfluss auf uns ausüben kann. Mit wachsender Bewusstheit und Feinfühligkeit ist es jedoch möglich, diese Thematiken zu erkennen und zu heilen, so dass ihnen das Potential zur Herabsenkung der eigenen Schwingung aberkannt wird. Nach und nach fällt es also immer leichter, positiv polarisiert zu bleiben, ob aus eigener Kraft oder mit Hilfe der *Großen Spirituellen Ebene,* so dass wir es auch schaffen, über einen immer längeren Zeitraum in diesem Grad der Schwingung zu bleiben.

Petra Schneiders *Touch of Oneness* greift ebenfalls auf die *geistige Induktion* zurück. Bei dieser Technik wird ein hohes Energiefeld um den ›Empfangenden‹ aufgebaut, das auf Bitten des ›Gebenden‹ hin durch geistige Wesen entsteht. In diesem Fall konzentriert der ›Gebende‹ seinen Geist auf die *Große Spirituelle Ebene* und lädt bestimmte Wesenheiten zu sich für die Heilungsarbeit ein. Dabei stellt er sich als Kanal zur Verfügung und lässt durch Handauflegen hochfrequente Energie in das Energiesystem des ›Empfangenden‹ fließen, das auf diese Weise angehoben wird. Auch Doreen Virtues *Angel-Therapy* beruht auf dem gleichen Prinzip: nämlich der Schwingungserhöhung durch *Induktion*.

In eigenen Meditationstechniken, die höhere geistige Wesen hinzubitten, passiert Ähnliches. Indem wir unseren Geist positiv polarisieren, sprich: uns auf einen hohen Grad von Schwingung auf einem Polaritätskontinuum konzentrieren – sei dieses Thema nun der *Großen Geistigen* oder der *Großen Spirituellen Ebene* zugehörig –, heben wir unser eigenes Energiesystem an. Die hoch schwingenden Energien vermischen sich mit unserem eigenen Energiefeld und reichern dieses mit ihren Qualitäten an. Sei dies jetzt ein Naturgeist, ein Elementar, ein Aufgestiegener Meister, ein Engel, Erzengel oder ein Strahl der Elohim. Mit jeder ›Vereinigung‹ erhebt sich unser eigenes Energiefeld und kann sich immer einfacher der klaren Schwingung der entsprechenden Wesenheiten anpassen und sich auf sie einschwingen. Über eine gewisse Zeit hinweg praktiziert, kann sich die eigene Erhöhung immer weiter stabilisieren. Je öfter diese Technik angewandt wird, desto leichter kann man auch im Alltag in der eigenen Kraft bleiben und diese den Tag hindurch ›abstrahlen‹. Dafür können wir uns bewusst als Kanal zur Verfügung stellen und jene hoch schwingenden Energien einladen, durch uns zu wirken. Auf diese Weise polarisieren wir uns bewusst mit Hilfe der geistigen Welt und lassen deren Energien in unser tägliches Tun fließen.

Es ist recht wahrscheinlich, dass wir zunächst immer wieder in Situationen und ein Umfeld gelangen, die uns ›runterzuziehen‹ vermögen, so dass wir uns deren niederen Graden anpassen. Mit jedem Ausflug in die unteren Schwingungsgrade steigt allerdings unser Erfahrungsschatz, der es uns dann wiederum erlaubt, weiteren potentiellen Stolperfallen aus dem Weg zu gehen, weil wir die darunterliegenden Themen nach und nach bearbeiten und heilen können. Denn schließlich wissen wir uns ja nun durch unsere Kenntnis um die Polarität der Dinge schnell zu helfen: Wir sind im Stande anzunehmen, unseren Geist bewusst auf der Polaritätslinie nach oben gleiten zu lassen und uns stets aufs Neue wieder positiv zu polarisieren – sei es aus eigener Kraft, mit Hilfe eines geistigen Wesens oder auch durch den positiv polarisierten Geist einer anderen Person.

Welche Fortschritte wir dabei machen, hängt also einerseits von unserer bewussten Absicht ab und von unserer Entscheidung, wie sehr wir uns dem Geheimnis des Lebens öffnen wollen. Andererseits hat aber auch alles seine Zeit; es gibt ein Auf und Ab in unserem Dasein, so dass auf unserem Weg der Erhebung noch ein weiteres hermetisches Prinzip zum Tragen kommt: das Prinzip des Rhythmus, dem wir uns jetzt zuwenden wollen.

Das Prinzip des Rhythmus

»Alles fließt aus und ein;
alles hat seine Gezeiten;
alle Dinge steigen auf und gehen unter;
das Schwingen des Pendels offenbart sich in allem;
das Ausmaß des Schwunges nach rechts
ist das Ausmaß des Schwunges nach links;
Rhythmus gleicht aus.«

– DAS KYBALION –

Das Prinzip des Rhythmus ist eng an das Prinzip der Polarität gekoppelt und vermittelt weitere praktische Ansätze in Ergänzung zu den ersten drei Axiomen. Aus ihm lassen sich zwei wichtige Aspekte ableiten: das Gesetz der Neutralisation sowie das Gesetz der Kompensation. Diese beiden machen das Prinzip des Rhythmus zu einer wichtigen Inspirationsquelle für die Anwendbarkeit der hermetischen Lehren in unserem Leben.

Rund um das Prinzip der Polarität haben wir verinnerlicht, dass alles zwei Pole hat, die sich diametral gegenüberliegen. Wo der eine Pol präsent ist, ist auch das dazugehörige Polaritätskontinuum präsent und somit der andere Pol ebenfalls indirekt zugegen. Das einende Kontinuum umfasst dabei die verschiedenen Schwingungsgrade eines bestimmten übergeordneten Themas. Ebenfalls haben wir erfahren, dass es mittels unseres wollenden Geistes möglich ist, sich auf diesen Kontinua in eine gewünschte Richtung zu bewegen – sich zu polarisieren, und dass dieses Hingleiten auf positivere Schwingungen auf natürliche Weise unterstützt wird.

Auch das Prinzip des Rhythmus bedient sich dieser beiden Pole einer Sache. Es besagt, dass alle Erscheinungen, die sich zwischen den extremen Punkten eines Kontinuums befinden, einem rhythmischen Gesetz unterliegen. Wo eine Bewegung in die eine Richtung stattfindet, vollzieht sich auch eine entsprechende Bewegung in die andere Richtung – ähnlich einem schwingenden Pendel. Alles ist sozusagen von einem kontinuierlichen Hin und Her bzw. Auf und Ab geprägt. Der Rhythmus erhält dabei eine ausgleichende und kompensierende Funktion im großen Ganzen und birgt zudem die Möglichkeit, eine gewisse Schwingung durch ihr Gegengewicht zu neutralisieren.

Alles bewegt sich rhythmisch

Was auch immer existiert, befindet sich in rhythmischer Bewegung. Alles Leben ist einer Aufeinanderfolge von verschiedenen Phasen unterworfen. Einem Aufgang folgt unwiderruflich ein Niedergang: Entstehung und Geburt, Heranwachsen, Reifezeit, Welken und Vergehen. Und danach beginnt der Prozess von neuem in einer weiteren Wiedergeburt. Diese Abläufe lassen sich im ›Kleinen‹ wie im ›Großen‹ finden: Blumen oder Menschen sind dieser Gesetzmäßigkeit unterworfen, aber auch ganze Zivilisationen und Welten. Von diesem rhythmischen Steigen und Fallen gibt es keinerlei Ausnahme, weil ja nichts nicht in Bewegung ist und deswegen auch nichts nicht diesem ausgleichenden Prinzip unterliegen kann.

Wenn wir ein Pendel betrachten, so legt die Bewegung zur einen Seite fest, mit welcher Intensität es in die gegenüberliegende Richtung schwingen wird, nämlich mit einer Intensität gleichen Ausmaßes. Das Gleiche gilt für seinen Rückweg: Auch hier bestimmt der ursprüngliche Impuls das Ausmaß des darauf folgenden. Dieses ausgleichende Vorwärts- und Rückwärtsschwingen erleben wir zum Beispiel in der Natur bei Ebbe und Flut oder in den Zyklen des Mondes, wie er ab- und wieder zunimmt. Alle Erscheinungen sind von diesem Prinzip durchdrungen und so auch unsere Bestrebungen auf dem Weg zur Meisterschaft: Unser Aufstieg und unsere Rückkehr zum *Einen* sind Teil eines immerwährenden Rhythmus. Auf das Herabsenken der Energie in dem Moment, als wir geschaffen wurden (was einer sich entfernenden Bewegung vom lebendigen, reinen Geist gleichkommt), folgt ein Wiederanstieg der Energie: durch unser eigenes Bemühen und durch den uns innewohnenden Impuls, zur ursprünglichen Quelle zurückzukehren. Entwicklung kann dabei immer nur in dem Maße geschehen, wie vorher Regression stattgefunden hat. Es gibt demnach keinen absoluten Ruhepunkt. Nichts ist jemals in völliger Ruhe oder in absoluter Stabilität.

Die rhythmisch ausgleichende Bewegung zwischen zwei Polen betrifft unser gesamtes menschliches Sein, so auch unsere Empfindungen, Stimmungen und Gefühle. Sie kompensiert alles, was wir erleben. So vermag sie auch, unser Emotionsspektrum in Balance zu halten: Wenn ein Mensch zu intensiven Empfindungen in der Lage ist, können diese von ›himmelhoch jauchzend‹ bis ›zu Tode betrübt‹ reichen, wobei angemerkt sei, dass die extremen Pole dieses Kontinuums nur selten erlebt werden. Ein Mensch, der eher gediegen in seinem emotionalen Erleben ist, wird nicht die ganze Bandbreite aller möglichen und extremen Empfindungen durchleben, eben weil er immer nur dasselbe Maß an angenehmen wie unangenehmen Graden fühlen kann.

In der Regel bewegen wir uns auf dem Kontinuum der Gemütslage auf und ab, wir pendeln zwischen den Polen hin und her, oder genauer: Wir lassen uns von den Pendelbewegungen mitreißen. Durch diese Achterbahnfahrt unserer Gefühle können wir mitunter ganz schön durchgerüttelt werden. Denn stets gilt das Prinzip des Rhythmus. Und trotzdem können wir diesem Phänomen beikommen: Es ist nicht möglich, es aufzuhalten oder außer Kraft zu setzen, wohl aber zu neutralisieren – und zwar, indem wir, wie bei den anderen hermetischen Prinzipien auch, höhere Gesetzmäßigkeiten gegen niedere einsetzen.

Das Gesetz der Neutralisation

Auch durch das Prinzip des Rhythmus ist es uns möglich, geistig Transmutation und Alchemie zu wirken – ähnlich wie bei den ersten drei hermetischen Prinzipien und ganz besonders beim Polaritätsprinzip. Nun begeben wir uns mental auf eine höher gelegene Ebene, in diese uns mittlerweile wohl bekannte Beobachterposition, um aktiv dem Rückschlag des Pendels zu entgehen. Dadurch lassen wir unsere Energie konstant stabil polarisiert und werden nicht mehr innerlich vom Abschwung des Pendels mitgerissen. Wir haben uns entschieden, unseren Geist auf positive Schwingungen gerichtet zu halten: Auf diese Weise schenken wir dem Rückschwung des Pendels keine Macht, keine Aufmerksamkeit. Wir belasten unseren Geist nicht mit niederen Schwingungen, das heißt, dass wir diese nicht in unsere Gedanken lassen, wir geben ihnen keinen Raum, eben weil wir bewusst unseren Fokus auf Positives gerichtet halten. Dieses Phänomen beschreibt die Hermetik als das Gesetz der Neutralisation. Doch wie genau funktioniert es und wie können wir es für uns nutzbar machen?

Um das Gesetz der Neutralisation verstehen zu können, müssen wir uns eine grundlegende Tatsache vor Augen führen: Zur Neutralisation sind zwei maßgebliche Bewusstseinsebenen nötig – eine höher schwingende und eine niedriger schwingende. Erst dieses Wissen lässt uns weiterkommen, denn nur wenn ich weiß, dass es noch eine höher schwingende Bewusstseinsebene gibt, kann ich mich auch zu ihr erheben und sie wirklich nutzen.

Die niedrigere Ebene beherbergt Unbewusstheit, die höhere hingegen Bewusstheit. Vielleicht ahnen Sie schon, dass es hier im Grunde um eine Technik geht, die wir schon aus den vorherigen Kapiteln kennen: Gemeint ist die Einnahme jener Beobachterposition, jener wichtigen Distanznahme zum eigenen Erleben – die Einnahme der *Metaposition* zu sich selbst.

Wenn wir auf der niederen Ebene des (Un-)Bewusstseins bleiben, das heißt auf der Ebene unseres Erlebens, ohne Distanz zu dem, was in uns und mit uns geschieht, wenn wir das Erleben nicht lediglich als ein Teil von uns ansehen, sondern uns damit identifizieren, es als unsere eigentliche Existenz annehmen, dann werden wir immer wieder von dem schwingenden Pendel mitgerissen und uns zwischen den angenehmen und unangenehmen emotionalen Graden hin- und herbewegen. Dann sind wir in vollem Ausmaße den Höhen und Tiefen unserer Emotionalität ausgesetzt. Wir kriegen sozusagen die volle Gefühlsbandbreite ungefiltert ab, eben weil wir auf der Erlebensebene feststecken. Unsere geistigen Zustände fluktuieren dabei mit der ansteigenden oder fallenden Energie des Pendels. Bildlich gesprochen hocken wir quasi auf dem Pendel und schaukeln mit ihm hin und her. Wir sind ihm ausgeliefert und schwingen mal in die eine, die ›positive‹ Richtung, mal in die andere, auf den ›negativen‹ Pol zu. Da kann es einem schon mal schlecht werden, würde ich sagen!

Das Prinzip des Rhythmus durchdringt, wie gesagt, alle Erscheinungen unseres Lebens: unsere emotionalen Empfindungen, unseren Biorhythmus und auch unser ›materielles‹ Umfeld. Mit diesem Wissen können wir nun das Gesetz der Neutralisation zum Einsatz bringen: Weil wir uns *bewusst* darüber sind, dass unsere Gefühle rhythmisch fließen, können wir zu dem Geschehen Distanz aufbauen und dadurch dessen Auswirkungen auf uns neutralisieren. Wenn wir uns darüber im Klaren sind, dass das Pendel unserer Gefühle natürlicherweise hin und her schaukelt und dass deswegen auf ein angenehmes emotionales Erleben unweigerlich ein unangenehmeres folgt, können wir nicht mehr durch das Absinken unserer Energie überrascht werden. Wir wissen, dass dem so ist und dass es zum natürlichen Lauf der Dinge gehört. Sobald uns also unsere Feinfühligkeit ein solches Absinken der Energie signalisiert, können wir diesem aktiv geistig gegensteuern und unseren Geist bewusst auf die hohen Schwingungsgrade des Kontinuums konzentrieren. Dadurch können wir getrost dem Pendel zusehen, wie es sich auf niedere Grade zubewegt. Wir selbst aber bleiben auf einem hohen Grad des Gefühlskontinuums fokussiert und zeugen weiterhin von Annahme und Selbstliebe.

Das Wissen um das Prinzip des Rhythmus ermöglicht es uns, allem, was geschieht und uns widerfährt, mit Gelassenheit zu begegnen. Wir sitzen nicht mehr auf dem Pendel und der Erlebensebene fest und sind gezwungen, alle Höhen und Tiefen distanzlos mitzuerleben. Denn schon allein die Reflexion über das Schwingen des Pendels lässt uns auf eine höhere Ebene kommen: Dadurch erklimmen wir bereits eine wichtige Stufe hin zur *Metaebene* unserer Gefühlswelt. Wir nehmen Distanz zum Pendel ein und damit gegenüber unserem Erleben bzw. unserer Identifikation damit. Und indem wir unseren Geist bewusst als Werkzeug nutzen und ihn ausrichten, kann das Prinzip der Schwingung dann alles Übrige wirken und uns auf dem gewählten, hoch schwingenden Punkt stabilisieren, dem wir aktiv unsere Energie in Form unserer Aufmerksamkeit schenken.

Im bildlichen Sinne nehmen wir sozusagen einen stabilen Aussichtspunkt ein. Wir schauen uns das ganze Schauspiel von einem sicheren Grad aus an, auf dem wir uns willentlich polarisiert haben. Ein Teil von uns sieht dabei zu, wie die Energie steigt und wieder sinkt. Doch wir lassen uns nicht mehr davon beeindrucken, wir sind dieser Bewegung nicht mehr hilflos unterworfen, eben weil wir sie aus der Distanz heraus wahrnehmen und nicht mehr so sehr an uns heranlassen, dass sie unseren eigentlichen Schwingungsgrad beeinflussen kann. Wir beobachten die Fluktuation der Energien, ohne uns von ihnen abhängig zu machen, ohne sie distanzlos und intensiv zu erleben. Dies setzt voraus, dass wir tatsächlich auf unserer distanzierten *Metaebene* verweilen und uns für den kontinuierlichen Aufschwung entscheiden, dass wir unsere Energien bewusst positiv ausrichten und uns auf hohe Schwingungsgrade konzentrieren wollen.

Wir wissen, dass es sogenannte ›gute‹ und ›schlechte‹ Zeiten gibt. Wir machen immer wieder die Erfahrung, dass auf ein emotionales Hoch ein Tief folgt, eine Wohlfühlzeit von einem entsprechenden Unwohlsein abgelöst wird, und doch muss es nicht so sein, dass wir dieses in seinem ganzen Ausmaß erleben. Wir müssen nicht notwendigerweise durch ein solches Tal wandern. Wir können uns vielmehr in Gelassenheit üben und unsere Aufmerksamkeit klar ausrichten: Ein Teil von uns betrachtet das Pendel, wie es das Tal der niederen Schwingungen durchquert, um dann wieder in höhere Gefilde aufzusteigen, während unser Geist klar positiv polarisiert bleibt. Wir können uns quasi selbst dabei zusehen, wie es einem Teil von uns auf der Erlebensebene weniger gut geht, werden jedoch von der inneren Sicherheit getragen, dass dies ein ganz natürlicher Prozess ist, eben weil ihm das Prinzip des Rhythmus zugrunde liegt. Uns ist bewusst, was gerade passiert: Wir kennen das Gesetz hinter diesem rhythmischen Ausgleich und respektieren es. Und aus diesem Grund sind wir dem Erleben dieser niedriger schwingenden Phase nicht mehr ausgeliefert. Somit ist es gar nicht mehr so schlimm und belastend: Denn indem wir auf diese Weise unseren Geist auf Annahme und Gelassenheit ausrichten, nehmen wir jedem natürlichen Form-Tief seinen Schrecken und fügen es stattdessen in den rhythmischen Lauf des Lebens ein. Dass wir auf der Erlebensebene hin und her gespült werden wie im Sog der Gezeiten, hat ein Ende. Wir haben mit der Einnahme jener *Metaposition* unser wellensicheres Boot gefunden: Mit ihm können wir uns auf den Wogen unserer Emotionen in genau die Richtung fortbewegen, in die wir gelangen möchten. Dabei werfen wir mittels der Konzentration unseres Geistes den Anker an eben jener Stelle, die wir uns ausgesucht haben! So wird unser Boot, so werden wir selbst nicht mehr vom Wellengang mitgerissen: Unsere eigene Schwingung bleibt stabil, so dass uns der Rückschwung des Pendels in tiefere Ebenen in geringerem Maße berührt und weniger unser direktes Erleben beeinflusst. Dabei haben wir aber den natürlichen Gang des Pendels nicht ausgeschaltet: Wir haben ihn neutralisiert, und zwar durch die Tatsache, dass wir ihm bewusst die Macht aberkennen, unseren Geist abzulenken und Negativem Energie zu schenken.

Je mehr wir also unseren Geist trainieren, desto leichter können wir uns an gewünschter Stelle polarisieren. Denn wenn wir unseren Geist auf eine hohe Schwingung ausgerichtet und uns im Sinne des Polaritätsprinzips zum positiven Pol des Kontinuums hinbegeben haben, liegt es an uns, uns auf dieser Ebene zu stabilisieren: Wir befinden uns in positiven Gefilden und einer hohen Energie und je deutlicher wir an dieser Position geistig festhalten, desto effektiver widerstehen wir dem Impuls, mit dem Pendel zum negativen Pol zurückzuschwingen. Wenn wir uns aktiv im Positiven verankern, können die niedrigen Einflüsse dieser Pendelbewegung unseren Geist weder beeinflussen noch ihn ›herunterziehen‹. Wir sind und bleiben in unserer gewählten Position standhaft und polarisiert. Dies ist eine Entscheidung, auf die wir uns immer wieder zu fokussieren vermögen: Erst wenn wir bewusst entscheiden, wem oder was wir Macht über uns verleihen, welcher Qualität wir in unseren Gedanken Raum geben wollen, wird uns diese Neutralisation gelingen. Dann erkennen wir einem niedriger schwingenden emotionalen Zustand ›einfach‹ das Potential ab, unseren Geist ›herunterziehen‹ zu können. So wird ein geistiges Gleichgewicht erreichbar, das eine solche Festigkeit an den Tag legt, dass uns so schnell nichts ›umhaut‹: *Viele haben bewiesen, dass es durchaus möglich ist, durch den beschriebenen Prozess der Neutralisation dem rhythmischen Schwingen des Pendels zum Leiden hin zu entkommen. Indem man sich auf die höheren geistigen Ebenen begibt, kann man viele der Erfahrungen von den unteren Ebenen vermeiden. Das verlangt zwar Übung und Hingabe, aber das Ergebnis ist jede Mühe wert* (Kybalion in Virtue, 2006, S. 91).

Doch wie können wir unseren Geist dahingehend trainieren? Meiner persönlichen Auffassung nach hat ein ›wohl trainierter‹ Geist viel mit Selbstkenntnis und Selbst-bewusst-Sein zu tun – im Grunde mit der Fähigkeit, Distanz dem eigenen Erleben gegenüber einzunehmen und bewusst das eigene Funktionieren wahrzunehmen. Ein Mensch, der sich seines geistigen Potentials bewusst ist und um die Macht des menschlichen Geistes im Allgemeinen weiß, wird sich gut überlegen, wie er seinen Geist einsetzt und wozu er ihn nutzen, mit welchen Gedanken er ihn anfüllen will. Je öfter er dann dieser Entscheidung gegenübersteht, desto mehr wird er über seine tatsächlichen Möglichkeiten nachdenken. Indem er anfängt, diese Selbsterkenntnis aktiv umzusetzen, wird er immer mehr Bewusstheit und Routine in der Ausrichtung seines Geistes gewinnen.

Mit dem Wissen um das Funktionieren unseres Universums im Generellen und des Gesetz des Rhythmus im Speziellen lässt sich also die Festigung der eigenen geistigen Tätigkeit auf einem hohen Schwingungsgrad erreichen. An dieser Stelle kommt uns ebenfalls wieder das Resonanzgesetz zu Hilfe, da wir entsprechend unserer geistigen Ausrichtung bestimmte Energien anziehen, werden wir ganz natürlich in unserer gewählten Polarisierung gefestigt.

Eine Gelegenheit, sich das Prinzip des Rhythmus zu Nutze zu machen – auf unserem Weg der Selbsterkenntnis und für ein glücklicheres Leben – liegt also in der Neutralisierung der Auswirkungen negativer Pendelschläge. Eine andere Möglichkeit ist die der Kompensation.

Das Gesetz der Kompensation

In der großen Ordnung des *All-Seins,* der sowohl unsere Realität als auch all das unterliegt, was wir je gekannt haben, kennen und jemals kennen werden, beschreibt der Rhythmus, wie die Dinge sich zwischen den Polaritäten hin und her bewegen. Dabei kommt das Ausmaß der Vorwärtsbewegung dem der Rückwärtsbewegung gleich. In der Art, wie Blumen aufblühen, welken sie auch. Der Niedergang einer Zivilisation wird niemals umfangreicher sein als ihr Aufstieg. Beides wird in seiner Ausdehnung und in seinem Zerfall gleichwertig sein. Diese Balance der Dinge beschreibt den zweiten Aspekt des Rhythmusprinzips: dass es nur in dem Maße bergauf geht, wie es vorher bergab gegangen ist. So wie das Pendel in die eine Richtung geschwungen ist, so schwingt es auch in die andere: Immer sind es Bewegungen gleichen Umfanges, die sich so die Waage halten. Mit anderen Worten: Sie kompensieren sich.

Das *Kybalion* (1912) führt viele einleuchtende Beispiele an, mit denen das kompensierende Rhythmusgesetz auf der materiellen Ebene in Erscheinung tritt. Einleuchtend ist das Beispiel vom Pendel einer Uhr, das in dem Maße nach rechts schwingt, wie es vorher nach links ausgeschlagen ist. Aber auch Ebbe hat die gleiche Intensität wie Flut. Ein Ding, das in die Luft geworfen wird, legt wieder die gleiche Distanz zurück, um zum Boden zurückzukehren. Die Kraft, die nötig ist, um es entsprechend hoch zu schleudern, wird beim Fall ebenfalls wieder erzeugt.

Doch auch die *Große Geistige* sowie die *Große Spirituelle Ebene* unterliegen dem Gesetz der Kompensation, somit auch unsere Gefühle, Empfindungen und Erlebnisse. Das Maß, wie wir positive Gefühle ausleben, bestimmt ebenso das Maß, wie wir für negative Empfindungen empfänglich sind: Wer eine solche Freude empfindet, dass er sie am liebsten hinausschreien möchte, weil er das Gefühl hat, sonst platzen zu müssen, sieht sich potentiell genauso der Gefahr gegenüber, früher oder später in ein tiefes melancholisches Loch zu fallen. Bei jemand anderem, wo die ›Gefühlswellen‹ flacher, d. h. ohne eine große Schwingungsweite in die eine oder andere Richtung sind, ist dies eher unwahrscheinlich: Denn jeder Gipfel wird in seiner Höhe von einer entsprechenden Talsohle reflektiert.

Der hermetischen Lehre nach geht ein Abschwung stets einem Aufschwung voraus. Die Bedingung dafür, dass ein Mensch Freude verspüren kann, ist eine vorausgegangene Konfrontation mit dem entgegengesetzten Pol der Traurigkeit und zwar in gleichem Ausmaß. Bevor wir uns zu emotionalen Höhenflügen aufschwingen können, haben wir in gleicher Intensität Schmerz und unangenehme Gefühle empfunden, sei es in diesem Leben oder in einem vorherigen. Die Freude, die wir jetzt erfahren dürfen und können, haben wir im Vorfeld mit Leiden in gleichem Umfang ›bezahlt‹. Damit wir überhaupt Freude und Liebe schätzen und empfinden können, sind wir zuvor genauso weit auf den diametral entgegengesetzten Pol zugeschwungen, in diesem Fall hin zu Schmerz und Getrennt-Sein. Erst wenn ein Mensch Dunkelheit erlebt hat, ist er in der Lage, das Licht zu sehen und sich selbst als Licht zu erfahren (Kybalion, 1912; Walsch, 1999; Walsch, 2008; siehe auch Seite 69, 146 und 203).

Das Gesetz der Kompensation spielt eine tragende Rolle in der großen Ordnung des Kosmos: Seine ausgleichende Funktion betrifft alles und jedes. Der Volksmund reflektiert dies in Redewendungen wie »Alles hat seinen Preis« oder auch »Man kann nicht alles haben«: Der Besitz einer Sache geht mit dem Fehlen einer anderen einher. Ich kann nicht etwas kaufen und das Geld dafür behalten. Ich kann nicht nur die eine Seite der Medaille haben wollen. Das Leben ist ein ständiges Geben und Nehmen, und das Leben selbst gibt und nimmt immer in gleichem Maße: Die hermetische Lehre besagt ganz klar, dass dieses übergeordnete ausgleichende Prinzip immer und überall am Werke ist – auf allen Ebenen und im Laufe aller Inkarnationen. Alles ›Negative‹ erhält früher oder später auf natürlichem Wege seinen Ausgleich in Form von ›Positivem‹. Niemand erfährt mehr ›Negatives‹ als ›Positives‹: In diesem Sinne sorgt das Universum auf seine Art für Gerechtigkeit. Und dieses rhythmische Gesetz kann niemals – weder in seiner neutralisierenden, noch in seiner kompensierenden Funktion – außer Kraft gesetzt werden, es währt immer und überall und gilt für alles, was ist.

An dieser Stelle bietet sich in Anlehnung an das Prinzip der Polarität eine Verknüpfung mit dem Thema »Bewertungen« und dem vermeintlichen Nutzen von Werturteilen an. Jede Sache, jede Begebenheit, jede Empfindung, so haben wir erfahren, gehört einem Kontinuum an. Dessen Umfang ist gemäß dem Prinzip des Rhythmus ausgeglichen in alle Richtungen. Die verschiedenen Grade treffen sich unweigerlich in ihrer neutralen Mitte. Diese rhythmisch-polare Ordnung erlaubt uns zu erkennen, dass in allem relative – positive und negative – Aspekte schlummern, die das allmächtige Gesetz der Kompensation sozusagen unterm Strich immer wieder ausgleicht. Von diesem übergeordneten Standpunkt aus gesehen wird deswegen auch jegliches Werturteil überflüssig: Alles, was existiert und uns widerfährt, ist in sich schlüssig. Alles macht genau so Sinn. Alles ist ausgeglichen durch den größeren Zusammenhang, in dem es steht. Und so sind auch alle Werturteile nur relativer Natur. Die eigentliche übergeordnete Bedeutung straft jegliches unserer Werturteile Lügen und lässt sie noch mehr als Energieverschwendung erscheinen, da wir diese Energie ebenfalls in die Neutralisation investieren könnten. Da wir Menschen aber die Tendenz haben, etwas tun zu wollen, und es uns schwer fällt, einfach ruhig dabei zuzusehen und darauf zu vertrauen, dass die hohen ausgleichenden Gesetze wirken, mischen wir uns gerne ein und urteilen selbst: Wir wollen selbst für Gerechtigkeit sorgen, weil wir glauben, das wir ein Recht darauf haben. Allerdings bringen wir durch unser Einmischen manchmal die Dinge erst recht durcheinander, die nämlich ohne unser Eingreifen in bester Ordnung und zum höchsten Besten ablaufen würden.

Vielleicht ist deswegen auch die beste Art und Weise, unseren Tatendrang zu kanalisieren, das Prinzip der Neutralisation zu nutzen: unseren Willen einzusetzen und unseren Geist zu polarisieren, damit uns der Niederschwung des Pendels nicht mehr mit sich reißt. Dann sind wir nämlich nicht mehr versucht zu agieren und zu reagieren, sondern können alles in bester kosmischer Ordnung belassen. Denn das rhythmische Schwingen zwischen den Polaritäten ist ja immerwährend und ausgleichend, nichts und niemand ist davon ausgenommen, auch wenn es uns manchmal so erscheinen mag.

Das Wissen um die hermetischen Gesetze des Lebens kann also geradezu heilsam sein, da wir auch davon freigesprochen werden, immer handeln zu müssen. Und es wirft ein ganz anderes Licht auf unsere angeblich ›negativen Empfindungen‹: Sie sind der Nährboden unserer Freude. Sie sind der Schmerz, der unweigerlich mit seinem Gegenteil ausgeglichen werden wird: mit Freude, Frieden und dem Gefühl von Einheit. Und dieses Gegenteil, das Positive, vermögen wir schon jetzt in unseren Alltag zu holen. Unser komplettes Dasein ist schließlich vom Prinzip des Rhythmus geprägt: Immer wieder begegnet es uns in seiner kompensierenden Funktion und bietet uns zuhauf Möglichkeiten zur Neutralisierung.

Das Prinzip des Rhythmus in unserem Alltag

Das Prinzip des Rhythmus ist zwar allgegenwärtig, doch genau wie die ersten vier hermetischen Grundsätze kennen und nutzen wir es noch nicht entsprechend seiner Tiefe und Bedeutung. Dabei birgt es unzählige Schätze, die unser Leben bereichern könnten, wenn wir ihnen einen Platz in unserem Bewusstsein schaffen. Dann könnten wir von seinem innewohnenden Potential wirklich profitieren.

Trost

Im Leben hat nichts Beständigkeit, außer dem Wechsel. Nichts ist festgeschrieben, alles fluktuiert. Alle Aspekte des *All-Einen* befinden sich in steter Dynamik, innerhalb der hermetischen Gesetzmäßigkeiten. Diese Regeln sind wichtige Werkzeuge, da sie uns dabei helfen, das Spiel des Lebens zu verstehen und zu meistern. So hat der allen weltlichen Dingen innewohnende Rhythmus einen unbestreitbar tröstlichen Aspekt: Das Wissen, dass stetiger Wechsel unser Leben bestimmt, spendet Hoffnung in schweren Momenten und befreit. Nichts hat langfristig Bestand, keine Krise und kein Tief. Je öfter wir uns diese Tatsache ins Gedächtnis rufen, sie uns bewusst machen, über sie nachdenken, desto mehr lassen wir sie zu einer inneren Weisheit heranreifen, die schließlich zu einem festen Bestandteil unseres Selbst wird. Sie gehört dann wie selbstverständlich zu unserem Weltbild. Unser Wissen darum wird zur weisen Gewissheit: Auf Regen wird auch wieder Sonne folgen. Dies spendet nicht nur Hoffnung, sondern trägt in sich bereits einen heilsamen Aspekt.

Wir wissen aus Erfahrung, dass keine schlimme Erfahrung ohne den darauf folgenden Aufschwung bleibt. Und wir wissen ebenfalls durch unsere wachsende Lebenserfahrung, dass wir die Lichtseiten des Lebens erst richtig zu schätzen wissen, wenn wir seinen Schatten kennen gelernt haben. Somit bleibt kein Schmerz sinnlos: Es gibt kein Dunkel ohne eine darauf folgende, ausgleichende Erhellung. Wenn wir zu dem Prinzip des Rhythmus die Gesetze der Neutralisation und Kompensation hinzunehmen, sie verstehen und integrieren, sind wir unseren Gefühlen nicht mehr machtlos unterlegen. Wir sind den ewigen Aufs und Abs nicht mehr haltlos ausgeliefert, bis wir jegliche Orientierung verloren haben. Denn indem wir die negativen Auswirkungen von Verletzungen, Krisen und Schmerz für uns selbst bewusst nicht gelten lassen, erheben wir uns über sie.

Was sich im ersten Augenblick etwas abenteuerlich anhört, liegt absolut im Rahmen unserer Entwicklungsmöglichkeiten – das kann ich Ihnen aus persönlicher Erfahrung versichern. Es hat allerdings nichts damit zu tun, soweit abzustumpfen, dass man nichts mehr fühlt. Es geht vielmehr darum, die eigenen Gefühle als Teil des eigenen Selbst zu erkennen und ihnen auch diesen Stellenwert zu geben. Es sind nicht unsere Emotionen, die uns bestimmen und an sich Macht auf uns ausüben können. Wir selbst sind es, die unseren Empfindungen diese Macht im Zweifelsfalle geben: Für gewöhnlich ordnen wir uns ihnen unter. Befreiend wirkt da das Bewusstsein, dass wir lernen können, klar und strukturiert mit ihnen umzugehen: Wir können ihnen die Macht über uns geben oder sie ihnen entziehen, es ist nur eine Frage unseres Willens und unserer Entscheidungsfähigkeit. Es ist durchaus möglich, konstruktiv mit unseren Emotionen umzugehen – ohne das Gefühl, ihnen ausgeliefert zu sein, und ohne die Angst, die damit einhergeht. Wir sind durchaus im Stande, die Regie über unser Innenleben zu übernehmen. Mit diesem Punkt werden wir uns noch ausführlicher im neunten Kapitel beschäftigen.

Und dennoch mag es schwierig genug erscheinen, das rhythmische Pendel unter sich durchschwingen zu lassen und eben jenen ›negativen‹ Begebenheiten die Macht abzuerkennen, uns herunterzuziehen! Ein paar Indikatoren, die bei der Realisierung dieses anspruchsvollen Vorhabens behilflich sein können, haben wir bereits in den vorangehenden Kapiteln kennen gelernt, als es darum ging, jene distanzierte *Metaebene* zum eigenen Erleben für sich selbst zu erobern. Lassen Sie uns diese nun noch etwas näher untersuchen.

Über sich und die Welt nachdenken

Wenn wir über uns selbst und die Welt nachdenken, nehmen wir einen übergeordneten Standpunkt und Distanz zu uns selbst ein. Diese Beobachterposition ist eine unabdingbare Voraussetzung auf unserem Weg der Erkenntnis: Sie ist zwingend nötig! Denn erst durch sie können wir unser eigenes Erleben betrachten, es analysieren, hinterfragen und gegebenenfalls ändern. Auf diese Weise gelangen wir wieder zum Dreh- und Angelpunkt unserer Reise: Unser zunehmendes Selbst-bewusst-Sein lässt auch unser *quantenherzliches* Bewusstsein um die Beschaffenheit unserer Welt wachsen. Je mehr wir über uns nachdenken, je genauer wir uns im *All-Sein* selbst kennen, je mehr wir uns und unseren vielseitigen Facetten sowie deren Resonanz mit unserem Umfeld bewusst sind, desto näher kommen wir unserer Selbsterkenntnis und der Erkenntnis des Selbst im Allgemeinen. Dann wissen wir, wie wir zum Beispiel auf eine Krise zu reagieren haben. Wir können unsere emotionalen Reaktionen mit der Zeit immer besser wahrnehmen und manchmal sogar voraussagen. Wir ordnen sie und damit uns selbstsicherer ein und lassen uns nicht mehr von ihnen hinfortreißen. Wir gehen nicht mehr im Meer unserer Emotionen unter, weil wir ja wissen, dass wir so reagieren und dass diese Reaktion ein Teil von uns ist. Sicher klappt dieses Vorhaben nicht beim ersten Mal und wohl auch nicht beim zweiten; es braucht ein wenig Übung, um genügend Distanz einnehmen zu können und in dieser zu verbleiben, auch wenn die emotionalen Ansprüche uns intensivst herausfordern. Aber mit der Zeit und Erfahrung um die eigenen Reaktionen, Sensibilitäten und Empfindungen lernen wir uns selbst besser kennen, verstehen und lieben. Unsere Empfindungen verlieren ihren bedrohlichen Charakter, da wir immer bewusster mit ihnen – in Annahme und mit klarer Wahrnehmung – umgehen können, ohne uns ihnen zu unterwerfen. In zunehmendem Maße können wir uns immer mehr auf dem gewählten Grad der Polarität stabilisieren und darauf einschwingen. Auch wenn das Pendel massivst zurückschwingt, sinkt unsere Energie nicht ab, weil wir sie mit Selbst-bewusst-Sein und Bewusstheit dort halten, wo wir sie haben möchten.

Ein gesundes Bewusstsein um sich selbst und die eigenen Resonanzen ermöglicht zudem gelebte Annahme. Diesen wichtigen Aspekt der Eigenliebe haben wir bereits mehrfach hervorgehoben (siehe u. a. Seite 242 und 245). Annahme kann vereinfacht werden, wenn wir wissen, was es anzunehmen gilt – welcher Teil von uns jene Begebenheiten angezogen hat, die sich aktuell manifestieren und die uns berühren. Im dritten Kapitel um das Prinzip der Geistigkeit habe ich Ihnen bereits mehrere Techniken vorgestellt, wie wir unser Selbst-bewusst-Sein entwickeln und stärken können.

Wie Sie sicherlich im Laufe unserer *quantenherzlichen* Entdeckungsreise bereits erkannt haben, hängen die einzelnen hermetischen Prinzipien zusammen: Sie bauen aufeinander auf, bedingen einander und verbinden alles, was ist. So ist es nur natürlich, dass sich auch in einem gewissen Grad die Techniken wiederholen, mit denen wir uns selbst begegnen können. Wenn wir uns nun an dieser Stelle noch einmal explizit mit dem Aspekt der *Metaebene* beschäftigen, so gilt dies zum einen der Integration und Vertiefung. Zum anderen wollen wir jene Methoden dieses Mal in der Perspektive des Rhythmusprinzips betrachten, um der Breite ihrer Anwendungsmöglichkeiten gerecht zu werden.

Gewaltfreie Kommunikation

Innerhalb der *Gewaltfreien Kommunikation (GfK)* spielen die Beobachterposition und das Sich-selbst-bewusst-Sein eine zentrale Rolle. Ohne die Distanznahme zum eigenen Erleben wäre es vermutlich gar nicht möglich, ›gewaltfrei‹ zu kommunizieren. Aus diesem Grund werden ja in den ersten Schritten der *GfK* zunächst eigene Gefühle und Bedürfnisse identifiziert und ausgesprochen (siehe Seite 205). Denn erst das Bewusstsein über sie und ihre verborgenen Inhalte ermöglicht es uns, unser Innenleben wirklich mit unserem Gegenüber zu teilen, so dass wir eine Verständnisbasis für eine konstruktive Kommunikation miteinander und übereinander schaffen können. Lassen Sie uns diese Zusammenhänge einmal an einem konkreten Beispiel untersuchen.

Stellen Sie sich bitte eine Szene vor, bei der eine Person – nennen wir sie Anna – mit einer anderen Person, Bastian, kommuniziert. Anna kommt am Freitagabend spontan, d. h. ohne Voranmeldung, bei Bastian vorbei, weil sie ihm etwas Wichtiges erzählen und ihn um seine Meinung dazu fragen möchte. Bastian hat eine anstrengende Arbeitswoche hinter sich und freut sich auf einen freien Abend. Nach dem Abendessen hat er seine Lieblingsmusik aufgelegt und es sich mit einem Buch auf dem Sofa gemütlich gemacht ... Da klingelt es an der Tür! Der erste Gedanke, der ihm durch den Kopf schießt, ist, den ungebetenen Gast einfach zu ignorieren. Vielleicht ist es ja auch nur ein Vertreter, der ihm irgendein Haushaltsgerät aufschwatzen will, das er eh nicht braucht?! Er möchte sich schon wieder in seine Lektüre vertiefen, da klingelt es erneut. Irgendwie fühlt sich Bastian dann doch nicht wohl damit, das Klingeln einfach zu ignorieren, vielleicht braucht ja jemand Hilfe. Er steht also auf und öffnet die Tür. Vor ihm steht Anna, die auch schon umgehend lossprudelt, was ein Arbeitskollege sich ihr gegenüber geleistet hat: Sie fragt erst gar nicht, ob sie stört, sondern spaziert direkt in Bastians Wohnung. Bastian schließt widerwillig die Tür und fragt Anna, ob sie einen Tee haben möchte ...

Was denken Sie: Wie könnte die Situation weitergehen?

Nehmen wir an, beide sind sich nicht wirklich bewusst, was gerade passiert, was sie fühlen und welchen Bedürfnissen sie versuchen, mit ihrem Verhalten beizukommen. Bastian ist also nicht in der Lage, Anna klarzumachen, dass er eigentlich allein sein möchte. Das Unwohlsein, das er verspürt, als Anna einfach so bei ihm hereinspaziert, verdrängt er in den Hintergrund. Stattdessen setzt er sich hin, hört sich Annas Geschichte an, geht auf sie ein und gibt hier und da ein paar Ratschläge. Am Ende, zwei Stunden später, geht Anna frohen Mutes heim. Bastian allerdings fängt an, sich zu ärgern, und zwar über Anna, weil sie ihn – seinem Empfinden nach – um seinen freien Abend gebracht hat.

Für uns als Außenstehende und Beobachter dieser Situation bietet es sich an dieser Stelle an, über ein paar Fragen nachzudenken: Wie könnte Bastian nun mit dieser aufkommenden Wut verfahren, wie könnte er konstruktiv mit ihr umgehen, was will sie ihm eigentlich sagen? Und im Hinblick auf die Zukunft: Wie hätte er die ursprüngliche Situation lösen und einen solchen Verlauf des Abends vermeiden können?

Im Moment des Ärgers ist Bastian seinen Emotionen komplett ausgeliefert: Er ist wütend auf Anna. Sein Gefühlspendel schlägt sozusagen voll durch: Von seiner ursprünglich positiven Verfassung ist nicht mehr viel da, und je mehr er sich in seine Wut hineinsteigert, je mehr er seine Lage auf Anna und ihr Verhalten projiziert und sie für seinen Zustand verantwortlich macht, desto weiter sinkt er auf dem Gefühlskontinuum ab in niedere Ebenen. Ihm erscheint es so, dass er mit seinem Unwohlsein für Annas Wohlsein ›bezahlt‹ hat und das empfindet er als ungerecht. Doch ist dem wirklich so?

Nehmen wir an, Bastian gelingt es, in diesem Strom der Gedanken und Empfindungen einen Augenblick innezuhalten und sich selbst zu betrachten: nämlich das, was in ihm und in seinem Kopf vorgeht. Dieser Moment – und mag er noch so klein sein – reicht aus, um die Identifikation mit den Emotionen zu durchbrechen, sprich: die Ebene des reinen Erlebens zu verlassen und zu sich selbst und dem, was geschieht bzw. geschehen ist, in Distanz zu gehen. Und weil Bastian daran interessiert ist zu wissen, was wirklich vor sich geht, fragt er sich also, woher sein Ärger tatsächlich kommt: Welches Gefühl ist darin verborgen, welche Emotion liegt unter seiner Wut? Wir erinnern uns an jene Listen aus der *GfK* zur Klärung unserer Emotionen (Rust, 2006; Rosenberg, 2009; siehe Seite 205): Bastian nimmt jene Listen zur Hand und versucht, seinen eigentlichen Empfindungen auf die Schliche zu kommen … So wird ihm bewusst, dass hinter seinem Ärger Gefühle von Unbehaglichkeit, Widerstand, Angespanntheit, Druck und auch ein bisschen Ohnmacht stecken. Jetzt, nach Annas Besuch, meldet sich also der Teil zurück, den er anfangs versucht hatte zu ignorieren: sein Bedürfnis nach Ruhe und Selbstbestimmung sowie das diffuse Unwohlsein, das der unerwartete Besuch in ihm ausgelöst hatte. Ebenfalls wird ihm klar, dass er bisher einem bedeutenden Missverständnis aufsaß: dass Anna ›doch wohl hätte merken müssen‹, dass sie ungelegen vorbeikam. Aber wie hätte sie das wissen sollen? Bastian wird deutlich, dass sie es nicht wissen konnte, weil er selbst es nicht aufrichtig zum Ausdruck gebracht hatte, denn schließlich findet er selbst dieses ja gerade erst heraus. Da wird Bastian klar, dass seine Verärgerung, die er bislang auf Anna richtete, eher darin begründet liegt, wie er selbst die ursprüngliche Situation, nämlich als Anna bei ihm vor der Tür stand, gehändelt hat: Eigentlich ist er über sich selbst wütend! Seine verborgenen Bedürfnisse nach Ruhe und Selbstbestimmung, vielleicht auch nach Aufmerksamkeit und selbst Wahrgenommen-Werden, hatte er bisher nicht für sich erkannt, aber unbewusst von Anna erwartet, dass sie sie erkenne, erfühle und vor allem erfülle – wohlgemerkt: ohne dass er ihr davon erzählt hätte. Da kann Bastian nicht anders: Über dieses verstrickte Chaos muss er einfach lachen! Denn die ganze Situation ist nichts anderes als ein auf Unbewusstheit fußendes Missverständnis!

Und Bastian hat außerdem noch eine Möglichkeit gefunden, wie er in Zukunft solche Missverständnisse lösen kann. Jetzt, wo ihm bewusst ist, dass er eigentlich für sich sein wollte an diesem Freitagabend, fällt ihm auch ein, wie er das beim nächsten Mal anstellen könnte: Er wird Anna einfach davon erzählen! Wenn er ihr seine Situation neutral und einfühlsam erklärt und ihr mitteilt, wie er sich gerade fühlt und was er für sich braucht, dann könnten sie gemeinsam eine Lösung finden, die sich für sie beide gut und richtig anfühlt. Sicher wird Anna Verständnis dafür aufbringen, dass er diese Grenze für sich selbst, aber auch um ihrer Freundschaft willen setzen muss und sie zum Beispiel bittet, zum Frühstück am nächsten Morgen vorbeizukommen. Und wenn sie etwas unschlüssig ist, könnte er ihr vielleicht sogar ein Buch über die *GfK* mitgeben, sozusagen als Überbrückung und Möglichkeit, sich über ihre eigenen Bedürfnisse klar zu werden, wenn sie das möchte …

Mit diesen vielen Erkenntnissen geht es Bastian wieder gut. Seine Wut auf Anna ist verflogen und er ist auch nicht mehr sauer auf sich selbst. Im Gegenteil: Er fühlt sich nicht mehr ohnmächtig oder unter Druck, sondern sich selbst näher. Er hat Klarheit über seine eigentlichen Bedürfnisse bekommen und sich Strategien überlegt, wie er in einer ähnlichen Situation für sich sorgen kann.

Haben Sie die vier Schritte der *GfK* erkannt, die sich ganz logisch und sinnvoll in dieses Bild einfügen? Ist Ihnen aufgefallen, wie Bastian mit dieser Herangehensweise nicht nur zwei, sondern ganz viele Fliegen mit einer Klappe geschlagen hat?!

- Er hat mehr über sich, über Anna und seine Freundschaft zu ihr herausgefunden.
- Er erkennt, dass er selbst dafür sorgen kann (und sollte), dass es ihm gut geht und seine Bedürfnisse erfüllt werden.

* Er hat einen Teil in sich gefunden, der noch ausgedrückt werden möchte: Grenzen setzen, für sich selbst sorgen, sich selbst schützen und trotzdem liebevoll seinen eigenen Raum einnehmen, ohne dass dies auf Kosten anderer geschieht.

* Er hat ein großes Missverständnis für sich selbst gelöst: Der Druck seines Wohlbefindens lastet nicht mehr auf Annas Schultern oder auf ihrer Freundschaft. Dadurch hat er eine Abhängigkeit beendet und ein Stück Eigenverantwortung für sich selbst zurückerobert. Auf längere Sicht kann er nun authentischer in Kontakt treten und das in seine Beziehungen einbringen, was er möchte: sich selbst!

So alltäglich die Ausgangssituation zwischen Bastian und Anna erscheinen mag, sie ist deswegen nicht unbedingt leicht zu lösen. Im Gegenteil: Es gehören verschiedene Fähigkeiten dazu, um ihr potentielles Konfliktpotential durch die Einnahme einer *Metaposition* zu entschärfen (Rudolf, 2006) und sie etwa mit der *GfK* zu lösen. Diese Kompetenzen oder strukturellen Fähigkeiten erlernen wir in der Regel sehr früh in unserem Leben. Sie fangen bei der Regulierung von Nähe und Distanz an, welche wir bereits im ersten Lebensjahr erwerben sollten, dann kommen Kommunikationskompetenzen (wie zum Beispiel Eigenbewusstsein, Empathie, kognitives und emotionales Verständnis) sowie Identitätsbewusstsein in den darauf folgenden Jahren zu unserem Repertoire hinzu. Diese strukturellen Fähigkeiten sind notwendig, damit wir einen Konflikt konstruktiv austragen können und nicht den anderen aus dem eigenen Unwohlsein heraus verletzen. Diese Art des Umgangs fördert nämlich das eigene Wohlsein nicht im Geringsten, eher im Gegenteil. Oft sitzen wir Menschen allerdings unbewusst der Illusion auf, dass es uns besser gehen würde, wenn der andere ebenfalls verletzt oder ›schlecht dran‹ ist – weil er dann vermutlich ein besseres Verständnis für uns aufbringen könne. So verletzen wir unser Gegenüber aus einer automatisierten Reaktion heraus, deren Grundlage eigentlich unsere eigene Verletztheit ist. Meistens geht diese Strategie jedoch nach hinten los: Denn der andere, nun ebenfalls verletzt, ist jetzt genauso wenig in der Lage, uns Verständnis und Unterstützung entgegenzubringen – das, was wir uns so sehr wünschen, aber selbst nicht hinkriegen, weil uns die Ressourcen dazu fehlen. Es scheint schwierig, wenn nicht gar unmöglich, vom anderen etwas zu verlangen, dass wir uns selbst in diesem Moment nicht geben können: Annahme und Sanftheit gegenüber unserem emotionalen Erleben, damit es heilen kann. Wenn wir es schaffen, zunächst uns allein auf diese Weise zu begegnen, sind wir nicht mehr in der misslichen Lage, Verständnis und Annahme bei unserem Gegenüber suchen zu müssen. Dann *brauchen* wir keine bestimmte Reaktion vom anderen mehr: Stattdessen können wir ihm in einer wirklich zwischenmenschlichen Situation begegnen, wo er – genau wie wir selbst – wahrgenommen und verstanden wird. Um dies erreichen zu können, müssen wir uns aber von der Erlebensebene lösen und anfangen, über die Dinge und Dynamiken nachzudenken, die in einer solchen Situation ablaufen.

Vielleicht fällt Ihnen an dieser Stelle die Parallele zu den Erkenntnissen auf, die wir schon aus der Analyse des Schwingungsprinzips gewonnen haben: Wir ziehen immer nur an, was wir aussenden, und vor allem ziehen wir Situationen an, die uns helfen, uns selbst besser kennen zu lernen und Selbsterkenntnis zu gewinnen. So ziehen wir auch bestimmte Menschen an und finden uns in entsprechenden Dialogen mit ihnen wieder, weil sie ähnliche Themen wie wir selbst haben. Wenn ein solches Thema Selbstannahme und Verständnis ist, kann eine kommunikative Situation zur Herausforderung werden, da wir beim anderen das suchen, was uns selbst fehlt. Doch diese Herausforderung lässt sich in dem Maße meistern, wie wir im Stande sind, konstruktiv mit allem, was uns widerfährt, umzugehen. Denn je mehr wir bedenken, dass unser Gegenüber uns solche Anteile reflektiert, die in uns noch zu entwickeln oder zu heilen sind, desto bewusster können wir mit ihm und der Situation, in der wir uns befinden, verfahren.

Ein wichtiges Element im Konfliktmanagement ist also Bewusstsein – über uns selbst, über die Situation und unser Gegenüber! Bastians Situation änderte sich in dem Moment, als er sich entschied innezuhalten: Er sah dem Ausschlag des Pendels zu, will heißen: Er stieg bewusst aus dem aktuellen Geschehen und der Identifikation mit seinem Erleben aus. Und ganz wichtig: Er blieb dabei, er hielt nicht nur kurz inne, um sich dann wieder seinem inneren Toben zu überlassen. Er hielt daran fest und untersuchte anhand der *GfK*, was eigentlich in ihm vorging. Solange wir also nicht eine solche *Metaposition* einnehmen, in ihr verweilen und die Begebenheit mit allen Beteiligten – uns eingeschlossen – untersuchen, stecken wir auf der Erlebensebene fest. Die Identifikation bleibt und damit schwindet auch die Möglichkeit zur aktiven und selbstbestimmten Veränderung.

So langsam schließt sich der Kreis, nicht wahr?! Wenn wir uns bewusst sind, dass eine Situation in keiner Weise zufällig so ist, wie sie sich darstellt, sondern dass sie genau so den meisten Sinn für uns und unser Leben macht, dann sind wir bereits einen großen Schritt weiter. Dann stellen wir uns Fragen wie: Welches persönliche Thema liegt in dieser Situation versteckt? Oder: Was darf ich daran lernen? Und schon sind wir nicht mehr bei dem unfreundlichen, uns Böses wollenden Anderen, der uns dieses oder jenes antut. Mit allen Beobachtungen, Untersuchungen und Überlegungen, die uns aus der Identifikation mit dem Geschehen heraushelfen, befinden wir uns bereits mitten auf der *Metaebene:* Wir nehmen jenen Beobachtungspunkt ein, der über der Ebene des Erlebens liegt und deren Gefühlspendel droht, uns mit sich zu reißen.

Aus dieser Perspektive sind schwierige Lebenssituationen eher mit ›Krise als Chance‹ zu betiteln denn als widrige Umstände zu beklagen. Wir sind nicht das Opfer des anderen! Uns wird vielmehr die Gnade zuteil, an dieser Person lernen zu dürfen, sowie sie an uns lernen darf. Unser Gegenüber hat in der Regel keine bösen Absichten; er oder sie reflektiert uns lediglich ein Thema, das zu uns gehört und gesehen und angenommen werden möchte. Um dieses Thema erkennen zu können, steigen wir auf unseren Aussichtspunkt und denken über das Vorgefallene nach:

- Welche Symbolik liegt in der Situation?
- Welches Thema möchte erkannt und gelöst werden?
- Mit anderen Worten: Mit welchem Polaritätskontinuum habe ich es zu tun?
- Welche Lektion darf ich lernen?
- Welcher meiner Anteile steht mit dieser Situation in Resonanz?

Da es ohne Übung nicht ganz einfach ist, sich solcher Konzepte zu bedienen und sich mit dem Erlebten auseinander zu setzen, kann die

GfK ein guter Einsteig sein. Über unsere Gefühle, die uns als Signale dienen, kommen wir zu unseren persönlichen Bedürfnissen und schon erhalten wir eine Ahnung von der Thematik, die es zu lösen gilt. Wenn wir uns dann noch ein wenig Zeit nehmen und unseren Gedankengängen freien Lauf lassen, werden sie uns unmittelbar zu der innewohnenden Symbolik und somit zu dem Lernschritt führen, der gerade ansteht. Dann können wir mit Hilfe unseres Wissens um die hermetischen Prinzipien des Lebens Distanz zu unserem Erleben gewinnen und somit diese Lebenssituation, diesen Konflikt lösen. Und dabei kommen wir uns selbst wieder einen Schritt näher und somit ein Stückchen weiter auf dem Weg der Erhebung – nicht zuletzt, weil wir einen Aspekt in uns annehmen und heilen durften. So einfach ist das!

Doch nicht jedem mag es liegen, sich erst einmal zurückzuziehen und Listen durchzugehen, um dem eigentlichen Problem auf die Spur zu kommen. Es gibt andere, ebenso effiziente Techniken, durch die wir unsere Erlebnisse konstruktiv zur Selbsterkenntnis nutzen können und die wir schon kennen gelernt haben, wie zum Beispiel Byron Katies *The Work*. Also: Wie würde Bastian seinen inneren Konflikt, seine Wut lösen, wenn er *The Work* kennen und anwenden würde?

The Work von Byron Katie

In Byron Katies Philosophie, die ihre Bücher (Katie & Mitchell, 2002; 2008) durchdringt und immer wieder mehr oder weniger explizit darin angesprochen wird, hat die Beobachtung der eigenen Auffassungen einen ganz wichtigen Stellenwert (siehe Seite 126): Wir werden dazu eingeladen zu überlegen, inwiefern wir unseren eigenen Gedanken Glauben schenken. *The Work* hilft uns dabei, eigene Überzeugungen, Glaubenssätze und Glaubensmuster ins Bewusstsein zu heben, damit wir uns aktiv und klar entscheiden, ob diese tatsächlich gewollt und willkommen sind. Denn falls unsere Überzeugungen nicht mit der Realität, die wir leben, übereinstimmen, bildet sich automatisch in uns ein Werturteil, aus dem Schmerz entsteht. Dieses Leiden fußt in der Überzeugung, dass die Realität anders sein sollte, als sie ist. Wenn wir uns diesem Sachverhalt nähern, kommen wir der Erkenntnis unseres

Dilemmas und damit unserer Befreiung davon einen Schritt näher. Der Untersuchungsprozess von *The Work* animiert außerdem dazu, in sich selbst hineinzufühlen. Die daraus gewonnenen Erkenntnisse können dann genutzt werden, um die eigenen Überzeugungen zu überprüfen und gegebenenfalls zu verändern, wenn uns dies sinnvoll erscheint.

Also: Welcher Gedanke, welche Überzeugung kreist unablässig in Bastians Kopf herum, nachdem Anna gegangen ist?

Genau! Bastian denkt: »Ich bin wütend auf Anna, weil sie mir meinen freien Abend verdorben hat.« Bastian nimmt sich also einen Stift, schreibt diesen Gedanken auf und beginnt, ein Zwiegespräch mit sich selbst anhand der vier Fragen aus *The Work* zu führen:

1. Stimmt das? »Hat Anna mir wirklich den Abend verdorben?« Bastian denkt nach: »Ja, sie ist einfach reinspaziert und hat nicht nachgefragt, ob sie stört. Sie ist schuld, dass es mir jetzt schlecht geht.«

2. Ist das wirklich wahr? »Anna ist jetzt weg und sie hat mir den ganzen Abend verdorben.« *Was ist die Wirklichkeit?* Bei diesem Schritt der Überprüfung wird Bastian stutzig: »Hm, sie ist ja weg und der Abend geht noch weiter … Und nein, ich weiß nicht, ob es mir wirklich am Ende des Abends gut gegangen wäre, wenn Anna nicht aufgetaucht wäre … Also eigentlich ist mein Gedanke nicht wahr …«

3. Wie fühlst du dich, wenn du den Gedanken denkst: »Anna hat mir den Abend verdorben?« Bastian schreibt auf: »Ich bin wütend und niedergeschlagen, unruhig und aggressiv. Ich fühle mich frustriert und ich habe das Gefühl, keine Kontrolle zu haben und hilflos zu sein.«

4. Wer wärst du ohne diesen Gedanken, »dass Anna dir den Abend verdorben hat.« Bastian denkt nach: »Ich wäre mit mir zufrieden und würde den Rest des Abends einfach genießen.«

5. Die Umkehrung: Bastian überlegt, wie er seine ursprüngliche Aussage umkehren kann: »Ich bin *nicht* wütend auf Anna, weil sie mir *nicht* den Abend verdorben hat.« Schließlich ist der Abend ja noch nicht vorbei … Doch dann fällt ihm eine Umkehrung ein, die ihm noch passender und richtiger erscheint:

»*Ich* bin wütend auf *mich,* weil *ich mir* meinen Abend verdorben habe – und zwar durch mein Denken und durch mein Verhalten.«

An dieser Stelle landet Bastian also genau dort, wohin er auch mit der *GfK* gekommen wäre. Denn inwiefern hat er sich durch sein Verhalten den Abend verdorben? Er hat nicht klar und eigenverantwortlich signalisiert, dass er lieber allein sein möchte. Und inwiefern hat er sich durch sein Denken den Abend verdorben? In seinen Gedanken gibt er permanent Anna die Schuld für eine Situation, die er eigentlich selbst verursacht hatte.

Ist Ihnen aufgefallen, dass man sich quasi permanent auf der *Metaebene* befindet, wenn man *The Work* praktiziert, dass wir im Laufe dieses Prozesses unsere eigene Gemütslage ausbalancieren und den Effekt niederer Schwingungen auf uns neutralisieren können?! Mit Hilfe der vier Fragen und der anschließenden Umkehrung werden wir dazu angehalten, unsere Ebene des Erlebens zu verlassen und in die Beobachterposition zu gehen. Wir lösen uns von der Energie des zurückschwingenden Pendels und geben uns und der Situation Raum zur Veränderung. Denn solange wir uns vorbehaltlos mit unseren Gedanken identifizieren, leben wir nur immer weiter unsere Glaubenssätze aus, ohne sie je in Frage zu stellen. Solange wir eine solche Überzeugung ungeprüft in unserem Geist wirken lassen, vergrößern wir nur unser eigenes Leid und unseren eigenen Schmerz und damit auch den der anderen. Wenn wir uns aber mit Hilfe von *The Work* in eine *Metaposition* begeben, denken wir aktiv und selbstkritisch über unsere Einstellungen nach, die im Zusammenhang mit unserem Erleben unsere Gefühle verursachen. Gegebenenfalls können wir diesen dann unsere Energie entziehen und uns definitiv dafür entscheiden, ihnen keinen Glauben mehr zu schenken.

Die vier Fragen aus *The Work* und die dazugehörende Umkehrung der ursprünglichen Aussagen sind also ein interessantes Übungsfeld für die Eroberung der *Metaebene*. Beide Interventionen haben ebenfalls in der Analyse der eigenen Denkschemata und Funktionsweisen einen wichtigen Stellenwert. Mitunter sind mit dem Untersuchungsprozess der eigenen emotionalen Reaktionen auf die Energien einer Aussage, eines Glaubenssatzes oder einer Überzeugung viele Aha-Erlebnisse verbunden:

- Was passiert, wenn ich dieses oder jenes denke und glaube?
- Tut mir das wohl oder macht es mir Stress?

* Welches Empfinden löst es in mir aus, wenn ich mich mit der Realität anlege, aus der persönlichen Überzeugung heraus, dass sie nicht gut ist, wie sie ist, sondern anders sein sollte? Was passiert dabei? Wie fühlt es sich an?

* Wie fühlt sich im Kontrast dazu eine demütigere Einstellung der Annahme an?

* Was geschieht mit mir, wenn ich meine Überzeugungen und Glaubensmuster hinterfrage?

* Stimmt es wirklich, dass ich Recht habe, oder ist die Realität in Wirklichkeit nicht genauso sinnvoll, wie sie ist – in Anbetracht der Tatsache, dass alle Begebenheiten wie Medaillen sind und jeweils eine gute und eine weniger gute Seite haben!?

Wie bei der *GfK* gibt es auch hier verschiedene Kompetenzen, die in der eigenen strukturellen Entwicklung verankert sein sollten, um *The Work* nutzen zu können. In Begleitung von – meist stationär psychiatrisch aufgenommenen – Klienten habe ich manchmal vergeblich versucht, eine Person dazu zu animieren, eine *Metaposition* zu ihrem eigenen Erleben einzunehmen, und musste erkennen, dass sie – aus welchen Gründen auch immer – nicht dazu in der Lage war. Daran ist an sich nichts Schlimmes oder Verwerfliches, manche Menschen haben es, schlicht und einfach ausgedrückt, nicht gelernt, über sich selbst nachzudenken. Diese Fähigkeit und die dazu nötigen Konzepte sind nicht im Kindesalter erworben worden und stehen deswegen nun als Lösungsmöglichkeiten von Konflikten nicht zur Verfügung. Im Hinblick auf ein bereicherndes und erfüllenderes Leben sollten sie allerdings im Erwachsenenalter nach Möglichkeit nachgeholt werden (Rudolf, 2006).

Was wir im Kindesalter selbstverständlich integrieren, wird zu einem späteren Zeitpunkt im Leben gerne zu einer Herausforderung, welche aber durchaus gemeistert werden kann. Es bedarf dafür der Offenheit und des tiefen Wunsches nach Veränderung, es braucht ein wenig Selbstdisziplin und Gottvertrauen bzw. die Grundauffassung oder Bereitschaft, einen Sinn für sich im Erlebten entdecken zu wollen und zu können, der trotz allem als lohnenswert empfunden werden kann. Hinzu kommt noch eine vertrauensvolle Beziehung zwischen dem

289

Klienten und dem/der Begleitenden. Und schon kann das gemeinsame Projekt starten! Dabei sollte allerdings bedacht werden, dass es in diesem Falle kein Sprint ist, den es zurückzulegen gilt, sondern eher ein Marathon: Das Erlangen jener strukturellen Fähigkeiten kann nicht in einer Kurzzeittherapie geschehen, sondern sollte längerfristig angelegt sein. Gerade zu Anfang übernimmt der Begleitende häufig die Funktion des ›Meta-Kommunizierenden‹. Immer wieder wird darauf eingegangen, was in wechselseitigen Beziehungen passiert. Eventuelle Konflikte, Vorstellungen, Gefühlsregungen, Bedürfnisse beim Klienten werden angesprochen und ins Bewusstsein gehoben. Somit kann sich langsam, aber sicher eine stabilere *Metaebene* aufbauen, die der Klient irgendwann selbst eigenständig nutzen kann.

Als Begleitende sehe ich mich sozusagen ein bisschen als ›Aufstiegshilfe‹ zu dieser höher gelegenen Ebene: Mein ›Vormachen‹ im Gespräch inspiriert zu eigenen Initiativen. Wenn sich ein Klient zum Beispiel mit einer Konfliktsituation beschäftigen möchte, die er daheim oder auf der Arbeitsstelle erlebt hat und mit der er nur wenig anfangen kann oder die ihn emotional in einem Maße einspannt, dass er ›hilflos auf dem Pendel hin- und herschwingt‹, dann lade ich dazu ein, diese Situation gemeinsam zu analysieren. Wenn der Klient einverstanden ist, versuchen wir, die darin liegenden Symboliken, Themen, Glaubenssätze, Überzeugungen, Interpretationen, die eventuellen potentiellen Missverständnisse usw. herauszuarbeiten.

Die besondere Herausforderung für mich liegt dann darin, sich mit einer selbstverständlichen Leichtigkeit zwischen den Ebenen zu bewegen und diese bewusst zu machen und miteinander zu verbinden: Wenn das Ziel des Klienten die Entwicklung von selbstreflektorischen Fähigkeiten ist, bewegen wir uns kontinuierlich zwischen der Ebene des Erlebens und der *Metaebene*. Die Dynamik zwischen dem Klienten und mir möglichst fest im Auge bin ich immer mit einer gewissen Aufmerksamkeit bei meinem eigenen Empfinden, beim Ausdruck des Klienten – um eventuelle Veränderungen in seinem Empfinden und in der Dynamik erkennen und ansprechen zu können – und natürlich bei dem Inhalt, den der Klient erzählen möchte. Sobald sich etwas auf der Erlebensebene bemerkbar macht, das wichtig scheint, weise ich darauf hin, frage und animiere dazu, innezuhalten und zu untersuchen, welche Lernaufgabe darin verborgen sein könnte. Meine Hilfestellung bei diesen Überlegungen fällt dann mehr oder weniger intensiv aus, je nachdem, wie weit der Klient aus eigenen Kräften kommt und wie weit seine strukturellen Kompetenzen ihn bringen. Mit der Zeit geht diese Vorgehensweise dann auf den Klienten über und fällt ihm immer leichter. Er hat sozusagen den ›Dreh raus‹, sich selbst zu erheben und über sich nachzudenken. Er hat für sich Wortschatz und Herangehensweisen entdeckt und erworben, die es ihm ermöglichen, sich selbst bewusster wahrzunehmen. Mit der Zeit stabilisiert sich oft sogar der Reflex, verschiedene Techniken anzuwenden, und es fällt dem Klienten im richtigen Moment ein, sich Byron Katies *The Work* vorzunehmen, gewaltfrei zu kommunizieren oder auch mit dem inneren Kind zu arbeiten.

Sinn und Zweck einer solchen Therapie ist dabei immer, dass die Person ihr Leben glücklicher meistert und sich selbst besser kennen lernt. Es wird versucht, eine Brücke zu schlagen zwischen der Begleitungssituation und dem gelebten Alltag, und zwar über die Integration von Fähigkeiten. Manche Kollegen reden bei diesem Vorgang von ›Nachreifen‹, ein durchaus angebrachter Begriff, denn hier geschieht im Erwachsenenalter, was eigentlich im Kindesalter hätte passieren sollen: Ein Außenstehender, zu dem eine Vertrauensbeziehung besteht, lebt gewisse Kompetenzen und Herangehensweisen vor, die abgeschaut und selbst integriert werden können.

Sehr hilfreich kann für den Klienten auch die Beschäftigung zu Hause mit diesen Thematiken sein. Ich empfehle deswegen oft und gerne entsprechende Literatur, die u. a. auch hier in *Quantenherz* immer wieder erwähnt wird.

Imaginative Arbeit mit eigenen Anteilen

Manche Menschen ziehen einen strukturierten Leitfaden vor, wie zum Beispiel die vier Schritte der *GfK* oder die vier Fragen und den Umkehrungsprozess in *The Work*. Andere erleben solche Leitfäden vielmehr einengend als hilfreich. Für alle Freigeister, Gefühlsmenschen und Eigenbestimmungs-Fans unter Ihnen eignet sich wahrscheinlich die imaginative Arbeit am besten. Dort können Sie nach Herzenslust kreativ sein, sich selbst inspirieren, auf vielfältige Art und Weise entdeckend tätig sein und sich von den Aspekten überraschen lassen, die dadurch ans Tageslicht kommen.

Im dritten Kapitel haben wir uns ja bereits damit auseinander gesetzt, wie die imaginative Arbeit mit eigenen Anteilen funktioniert und wie zum Beispiel Ihr »inneres Kind« Ihnen dabei helfen kann, sich selbst näher zu kommen (siehe u. a. Seite 112 und 117). Und sowie Sie sich Ihrem »inneren Kind« auf der Ebene der Vorstellung zuwenden, begeben Sie sich auf eine *Metaebene:* Sie gehen in die Beobachterposition und steigen auf einen erhöhten Aussichtspunkt, von dem aus sie einem Aspekt Ihres Selbst Aufmerksamkeit und Zuwendung schenken – und manchmal auch dessen Bedürfnisse erfüllen und sich somit Heilung zukommen lassen können.

Das »innere Kind« ist nichts anderes als ein emotionaler Anteil unseres Innenlebens. Und dieser Eigenanteil wird sich nicht scheuen, uns klar zu machen, wie seine aktuelle Gefühlslage ist. Und zwar genau so, wie ein Kind uns seine Wahrheit reflektiert: mit seiner Körperhaltung, seinem Gesichtsausdruck, seinen Worten, Gesten, Taten, Mimiken usw. Wenn Sie dem oder der Kleinen Raum geben, sich auszudrücken, wird er oder sie dies umgehend tun und ihnen spiegeln, was gerade ansteht, was da ist. Schließlich befinden Sie sich in Ruhe und Abgeschiedenheit, alleine mit sich selbst, in einer intimen Situation, in der Sie ehrlich zu sich sein können.

Um noch einmal auf unser Beispiel zurückzukommen: Bastian schafft es in seiner Wut, sich einen Moment zu beruhigen und das Bild seines »inneren Kindes« vor seinem inneren Auge erscheinen zu lassen. Da steht es und tobt und schimpft und schreit, wie ungerecht Anna doch zu ihm war. Bastian konzentriert sich auf dieses innere Bild und beobachtet den Kleinen: Wie er sich gebärdet und mit Grollen und Aufstampfen seinem Ärger Ausdruck verleiht. Und nachdem diese erste, heftige Welle von Emotionen ein wenig abgeebbt ist, beruhigt sich der Kleine, so dass es möglich wird, Kontakt zu ihm zu bekommen. Bastian stellt sich also vor, wie ein anderer Anteil von ihm, und zwar er selbst als Erwachsener sich ihm zuwendet. Er fühlt hinein – fragt vielleicht sogar den Kleinen, was ihm gut tun könnte. Daraufhin streckt das Kind ihm seine Ärmchen entgegen und signalisiert ihm so, dass es gehalten werden möchte, dass es Ruhe und Geborgenheit braucht. Also nimmt der ›große Bastian‹

den ›kleinen Bastian‹ tröstend in seine Arme. Er nimmt ihn hoch und wiegt ihn hin und her. Sogleich stellt sich ein Gefühl der Geborgenheit, des Trostes und der Ruhe bei dem Kleinen ein, das auch Bastian selbst ganz deutlich spürt: Er tröstet sich selbst und sorgt für sich. Und mit der Klarheit eines Kindes vernimmt Bastian nach einiger Zeit plötzlich diese Botschaft: »Ich wollte einfach nur alleine sein, zur Ruhe kommen und mir etwas Gutes tun, nach dieser harten Arbeitswoche!« Und ihm wird klar, dass er sich selbst und sein Unwohlsein nicht ernst genommen hat, als er Anna widerwillig in seine Wohnung ließ. Jetzt, wo er sich um seinen inneren Kleinen und somit um sich selbst kümmert, verfliegt sein Ärger. Er sorgt für sich und er fühlt sich wieder wohl.

Nur wenn wir uns darüber im Klaren sind, was wir tatsächlich in einem Augenblick brauchen, können wir wirklich zu unserem Wohlbefinden und unserer Heilung beitragen und uns selbst das geben, wonach wir uns sehnen. Indem wir überlegen, wie wir den Bedürfnissen beikommen können, die der oder die Kleine ausdrückt, lernen wir nicht nur mehr über uns und unsere Bedürfnisse, sondern erhalten auch Ideen, wie wir in zukünftigen, ähnlichen Situationen verfahren können. Damit kann auch die Einsicht einhergehen, dass wir uns selbst viel zu geben vermögen und nicht unbedingt auf das Wohlwollen unseres Umfeldes angewiesen sind. Viele andere solcher Erkenntnisse stehen schon quasi in den Startlöchern und warten nur darauf, dass wir ihnen Aufmerksamkeit schenken, damit sie sich uns offenbaren und wir sie integrieren können. Also: Ran an den Speck!

Die imaginative Arbeit mit eigenen Anteilen ist weniger ›kopflastig‹ als die kognitive Analyse von eigenen Glaubensmustern, Gefühlen und Bedürfnissen. Die Erkenntnisse können Ihnen mitunter weniger klar vorkommen, weil sie nicht unbedingt explizit sind, sprich: in Worte gefasst und für den Verstand passend aufbereitet sind. Manchmal handelt es sich bei der gewonnenen Erkenntnis nur um ein Gefühl, einen Eindruck oder um eine Ausstrahlung des oder der Kleinen, die Sie allerdings intuitiv eindeutig verstehen und integrieren können.

Entscheiden Sie frei darüber, wie Sie das Projekt »Selbsterkenntnis« angehen möchten, welcher ›Typ‹ Sie sind. Wenn Sie suchen, werden Sie immer das Passende finden! Für welche der drei hier exemplarisch vorgestellten Techniken Sie sich also entscheiden, obliegt ganz allein Ihnen und Ihren persönlichen Vorlieben und Neigungen. Fühlen Sie in sich hinein und finden Sie heraus, welche Vorgehensweise Ihnen am besten entspricht und Ihnen somit leicht von der Hand und ins Bewusstsein gehen kann. Selbstverständlich lassen sich diese Techniken auch miteinander ganz nach Ihrem Belieben verbinden. Ebenso wie sich wissenschaftliche und hermetische Erkenntnisse *quantenherzlich* ergänzen, können Sie sich eine ganz eigene Auswahl aus den in diesem Buch dargelegten Methoden zusammenstellen. Immer aber sollten Sie die hermetischen Grundprinzipien und auch das eine unabdingliche, alles vereinende Thema berücksichtigen: die Annahme.

Lassen Sie uns diesbezüglich noch einmal zu jener Arbeit zurückkehren, die uns ebenfalls im Vorfeld schon begegnet ist und die sich mit genau diesem Aspekt beschäftigt.

Robert T. Betz und seine Impulse zur Selbstreflexion

Robert Theodor Betz und seine Werkzeuge zur Annahme sind uns bereits im sechsten Kapitel im Zusammenhang mit dem Prinzip der Polarität begegnet. Seine Grundaussage lautet: »Alles darf sein!« In seinen Meditationen und Vorträgen lädt Robert T. Betz immer wieder dazu ein, gezielt über sich und die eigenen Anteile nachzudenken, sie zu identifizieren, um sie dann bewusst fühlen, integrieren und annehmen zu können. Auf diese Weise kommen ebenfalls Themen zum Zuge, mit denen wir uns schon vorangehend im Zusammenhang mit dem Prinzip des Rhythmus beschäftigt haben: sowohl die aktive Entscheidung zum Verzicht auf ein Werturteil, die den Prozess der Annahme überhaupt erst in Gang setzt und ausmacht, und die Einnahme einer *Metaposition,* die ja notwendig ist, um sich über Aspekte des eigenen Selbst bewusst zu werden, so dass in einem weiteren Schritt dann damit ›gearbeitet‹ werden kann.

Robert T. Betz gelingt es, durch seine Meditationen versteckte und verdrängte Bilder und Informationen unseres Unterbewusstseins an die Oberfläche kommen zu lassen. Dadurch wird uns vor allem unser meist automatisierter Umgang mit uns selbst ins Bewusstsein gehoben. So kann uns auffallen, wie gewaltvoll wir im Grunde Tag für Tag mit uns und unseren Gefühlen umgehen.

Von Kindheit an haben wir gelernt, dass manche Teile von uns einfach nicht sein dürfen: Seien dies Empfindungen, Angewohnheiten oder sogar Teile unseres höchst eigenen psychischen Funktionierens. Wenn wir einen solchen – meist lange verdrängten und weggeschobenen – Aspekt in uns ausgemacht haben, können wir unser Wissen um die Polarität und den Rhythmus heranziehen und uns aktiv entscheiden, dass auch dieses Besondere an und in uns sein darf. Damit befreien wir diesen Teil bewusst aus seinem psychischen Exil und schenken ihm seinen angemessenen Platz in unserem Innenleben. Und gleichzeitig kann sich noch ein anderer, heilender Integrationsprozess vollziehen: Dieser scheinbar verdammenswerte Teil ist ja Ausdruck eines relativen Schwingungsgrades auf einem bestimmten Polaritätskontinuum und zu ihm gehört, wie bei jeder Medaille, auch eine zweite Seite: Alles Existente hat schließlich eine lichte und eine Schattenseite. Indem wir aufhören, uns gegen jenen besagten Anteil zu wehren, nimmt dieser weniger von unserer Aufmerksamkeit in Anspruch, so dass wir mehr Ressourcen zu unserer Verfügung haben für die wirklich wichtigen Dinge des Lebens: uns selbst stärken, uns selbst noch besser kennen lernen, unseren Weg der Erkenntnis beschreiten, uns erheben und unseren Geist willentlich auf hoch schwingende Empfindungen ausrichten.

So kommen wir immer mehr in die komfortable Position, bewusst auf dem Polaritätskontinuum in hohe Schwingungsgrade gleiten zu können und uns dort stabil zu polarisieren. Wir richten unseren Geist gezielt auf Positives aus: Wir füllen ihn mit Annahme und Selbstliebe an, wir hüllen ihn darin ein und wir halten ihn darauf bedacht. Je mehr wir uns annehmen, desto höher steigen wir in unserer Schwingung und können – als netten Nebeneffekt sozusagen – immer leichter das zurückschwingende Pendel unter uns durchgleiten lassen. Da wir uns und unsere Reaktionen kennen, da wir wissen, dass alles zwei Seiten – eine aufstrebende und eine absteigende – hat, können wir die Dinge gelassen hinnehmen, ohne in Panik zu geraten, weil sie sich ihrem Anschein nach verschlimmern.

Wir kennen das Prinzip des Rhythmus mit seinem Gesetz der Kompensation, und wir erkennen seine natürliche Existenz in allem, was ist, an. Schon allein deswegen verurteilen wir uns selbst immer weniger für das, was und wie wir sind, was wir fühlen oder denken. Denn wir wissen, dass wir alle ›nur‹ Menschen sind und dass unsere aktuellen Gefühle und Gedanken den besten Grund haben, da zu sein: weil sie ein Ausdruck unseres Selbst sind, weil sie *sind.* Alte Muster der Selbstzurückweisung können so durchbrochen werden. Die Gelassenheit, die sich mit dem Wissen um die Beschaffenheit unserer Existenz – durch die hermetischen Gesetzmäßigkeiten und ihre *quantenherzlichen* Aspekte – einstellt, ist dabei tröstlich, befreiend und hilfreich zugleich.

Persönlich habe ich die Erfahrung gemacht, dass es Zeiten gibt, in denen sich Entwicklung und Erhebung einfacher gestalten und aktiv vorangetrieben werden können, und dass es andere Phasen gibt, in denen es schwieriger ist. Eine Meditation kann an einem Tag einen durchschlagenden Effekt haben, an einem anderen mag dieser fast gänzlich ausbleiben. In einem Moment bekommen wir absolut klare Bilder vor unserem inneren Auge, in einer anderen Situation können wir die Bilder nur verschwommen erkennen oder es bleibt gar alles im Nebel. Das Gesetz des Rhythmus lehrt uns diesbezüglich eine wichtige Lektion in Sachen Demut: Es gibt eine Zeit für alles!

Eine Zeit für alles …

Das Prinzip des Rhythmus besagt, dass nichts gleichbleibend ist. Entweder befindet sich etwas in aufsteigender oder absteigender Tendenz. Diese Weisheit mag Ihnen bekannt sein, wenn Sie sich zum Beispiel mit Mondzyklen oder Astrologie beschäftigt haben. Je nach Mond- oder Sonnenzyklus gibt es günstige und weniger günstige Zeiten für verschiedene Aktivitäten. Genauso gibt es Momente, die sich als vorteilhaft erweisen, um an sich selbst zu ›arbeiten‹, über sich nachzudenken und alte Verletzungen zu integrieren. Und es gibt Zeiten, in denen Selbsterkenntnis sich weitaus schwieriger gestaltet und mehr Energie verbraucht. Diese Tatsachen hängen wohl mit unserem menschlichen Biorhythmus, aber auch mit vielen anderen Rhythmen zusammen, von deren Existenz bzw. Ursache wir nicht immer wissen. Unsere persönliche Einstellung und bisherige Entwicklung spielt ebenfalls eine grundlegende Rolle: Wenn wir innerlich bereit sind, schnell und manchmal sogar heftig Lernaufgaben zu meistern, kommen wir auch schneller voran. Wenn unsere Angst uns aber den Fuß rigide auf der Bremse halten lässt, werden wir mehr Zeit brauchen. Hierbei ist jedoch weder das eine noch das andere Verhalten besser oder schlechter: Alles vollzieht sich in dem Rhythmus, wie er für uns persönlich angebracht und richtig ist. Wir alle haben unterschiedliche Entwicklungswege, wobei jeder für sich Respekt und Wertschätzung verdient.

In diesem Zusammenhang hat gewiss die aktuelle Anhebung der Erdenergie eine besondere Bedeutung: Wir befinden uns in einer Zeit, in der Prozesse der Selbsterkenntnis und des inneren Reifens und Befreiens Unterstützung von außen erfahren. Wir erleben und profitieren zurzeit von einem zyklisch bedingten, universellen Energiehoch. Unser Universum tritt in eine neue rhythmische Phase, in der uns klärende und helfende Energien zuteil werden. Wie wir im Einzelnen darauf reagieren, mag sich unterschiedlich gestalten. Ob wir mit dieser Entwicklung und Erhebung mehr oder weniger problemlos mitgehen können oder ob wir erst recht zur Auseinandersetzung mit uns animiert werden, ist dabei im Grunde zweitrangig. Wir alle unterliegen den verschiedensten Rhythmen, bei denen es sich nicht wirklich lohnt, sie alle zu benennen und zu bewerten, wenn dies überhaupt möglich sein sollte. Stattdessen ist es eher angebracht, uns in Annahme zu üben, eben jenen Pendelschwung zu akzeptieren, dem unser Leben im Moment folgt, um unsere Energie hoch zu halten und positiv polarisiert zu bleiben. Unsere Kenntnis des Rhythmusprinzips hilft uns dabei unendlich weiter!

So ist es in der Arbeit mit sich selbst ratsam, seinen eigenen Empfindungen gegenüber aufmerksam zu sein: Geht mir eine Aktivität leicht von der Hand? Fühlt es sich gut an, jetzt ein selbstreflektierendes Zwiegespräch mit mir selbst zu führen? Fühle ich mich heute in Form, eigene Verletzungen anzusehen und zu integrieren? An manchen Tagen wird Ihnen danach sein, Ihre persönliche Entwicklung aktiv zu gestalten, an anderen möchten Sie einfach lieber sein und leben, was gerade auf sie zukommt. Das ist vollkommen in Ordnung: Es gibt eine Zeit für alles.

Wenn Sie sich selbst geistig aufschwingen wollen, obwohl Ihre Energie fallend ist, wird Ihr Vorhaben schwieriger sein, als wenn die Energien günstig sind, also in die gleiche, erhebende Richtung schwingen. Wenn Sie Ihre Wahrnehmung trainieren, werden sie erkennen, dass es Tage gibt, wo alles passt und Sie viele sehr differenzierte Eindrücke erhalten. In anderen Momenten können Sie nahezu verzweifeln, weil die einfachste Wahrnehmung nicht fluppen will. In solchen Momenten ist dann Distanz und Annahme zugleich gefragt: Polarisieren Sie Ihren Geist positiv, nehmen Sie dieses vermeintliche Unvermögen an, umarmen Sie es und fühlen Sie immer wieder aktiv in sich hinein, wann sich die Energiequalität verändert und ein günstigerer Moment sich bietet. Bleiben Sie positiv in der Selbstliebe und dem Respekt für das, was Sie sind, nehmen Sie an, was sich gerade an Energien bietet, und ›sitzen Sie die Sache aus‹, bis das Pendel wieder von alleine zu Ihnen, die Sie sich in den positiven Schwingungen des emotionalen Kontinuums stabilisiert haben, zurückschwingt. Denn dies wird es unweigerlich tun, es kann gar nicht anders!

Auch ist es ratsam, sich nicht nachhaltig von solchen ›Form-Tiefs‹ beeindrucken zu lassen. Denken Sie an das Gesetz der Kompensation: Es kommen Zeiten, in denen die Dinge wieder stimmen und alles sehr viel einfacher von der Hand gehen wird. Sie sind nicht unfähig, nur weil es gerade nicht klappen möchte. Bleiben Sie im Vertrauen, es kommen günstigere Momente, in denen alles wie von selbst laufen wird!

Mit der Zeit habe ich persönlich gelernt, solche Erfahrungen gelassener zu sehen und nicht mehr meinen allgemeinen Selbstwert davon abhängig zu machen. Es gibt halt Tage, an denen die Kommunikation mit sich selbst und der geistigen Welt einfach ist: Die Botschaften kommen klar durch, wie aus einem gut eingestellten Radiogerät. An anderen Tagen ist nichts zu machen und es fließt einfach nicht. Dann steht auch für gewöhnlich eine andere Aktivität an als diese. Fühlen Sie rein, was sich für Sie gut anfühlt und gehen Sie dann diesem nach. Denn es ist so, weil es jetzt den meisten Sinn macht, so zu sein. Seien Sie bewusst im Fluss und Sie werden eine Menge Energie sparen, weil vieles harmonischer und selbstverständlicher laufen wird – eben weil es sich im Einklang mit dem natürlichen Lauf der Dinge befindet!

Sie können sicherlich die Tagesqualität hinterfragen und sich darüber ärgern. Es steht Ihnen sozusagen frei, eine Runde mit dem Pendel abzuschwingen und sich selbst mit Negativem zu belasten. Ich versuche immer öfter, mich dagegen zu entscheiden und einen solchen Tag einfach einen bescheidenen Tag sein zu lassen. Mit dem schwingt das

Pendel ab, aber ohne dass ich davon mitgerissen werde. In der Zuversicht, dass auch wieder ein günstigerer Moment kommt, begebe ich mich in eine Position, wo ich diesen Zeitpunkt einfach abpasse und dann nutze. Mit dem Wissen über die hermetischen Wahrheiten und ihrer zunehmenden Integration geht das immer leichter. Das kann ich Ihnen aus persönlicher Erfahrung berichten! Sicher: Es klappt nicht immer, ... aber immer öfter! Denn denken wir noch einmal an unsere *quantenherzlichen* Erkenntnisse zurück: Je mehr wir uns auf die Male konzentrieren, wo es läuft und wir im Fluss sind, desto mehr solcher Augenblicke kreieren wir uns.

Es kostet einfach zuviel Kraft, gegen den natürlichen Rhythmus der Dinge ›anzutoben‹. Ob es uns gefällt oder nicht: Wir können das Prinzip des Rhythmus nicht aussetzen. Wir können es aber aktiv nutzen! Und wenn die Energie fallend ist, dann ist es vergeudete Liebesmüh, sich dagegen zu stemmen und mit aller Kraft zu versuchen, den natürlichen Lauf aufzuhalten. Viel leichter ist es, den natürlichen Pendelschlag zu belassen, sich über den Abschwung bewusst zu werden und ihn zu beobachten, ihn in Gelassenheit unter sich durchschwingen zu lassen. Auch hier geht es also in gewissem Maße wieder um Annahme und Demut. Solange wir uns gegen die Qualität der Zeit wehren, verursachen wir (uns) nur unnötiges Leid, weil wir uns damit plagen, dass unsere Realität anders sein sollte, als sie ist. Wir sitzen dem Irrglauben auf, dass wir besser als das Leben selbst mit seiner großen Ordnung darüber Bescheid wüssten, wie die Dinge zu sein hätten (vgl. *The Work*).

Unser Leben, unsere momentane Lebenssituation ist, wie sie ist, weil es den meisten Sinn macht, dass sie so ist, wie sie ist! Je eher wir das begreifen, annehmen und integrieren, desto eher können wir uns zu höheren Ebenen aufmachen. Je besser wir uns selbst kennen und uns in unserer Ganzheit annehmen und lieben, umso einfacher fällt es uns, die Tendenz des Augenblicks einzuordnen und bewusst zu nutzen:

* In welcher momentanen Qualität befinde ich mich?
* Was erlebe ich gerade – Auf- oder Abschwung?

Im nächsten Schritt geht es dann an die Erhebung:

- Inwieweit bin ich auf der Erlebensebene?
- Inwieweit denke ich schon von einer distanzierten Beobachterposition, von einer *Metaposition* aus über die Dinge nach?
- Wie fühlt es sich an, diese augenblickliche Qualität bewusstdistanziert zu erleben und nicht mit ihr mitzuschwingen?
- Wie fühlt es sich an, im Fluss und in Einklang mit den Dingen zu sein, ohne ihnen die Macht zu geben, mich zu bestimmen?

Es ist eine unbeschreibliche Erfahrung, von der Beobachterposition aus Distanz zum eigenen Erleben aufzubauen, es sich anzusehen und zu erfahren, allerdings ohne sich in ihm zu verlieren. Versuchen Sie es!

Natürlich können wir unseren Tagesablauf nicht ausschließlich nach unserem Biorhythmus oder anderen Rhythmen gestalten. Unsere Arbeit beginnt und endet nun einmal zu bestimmten Zeiten, und zwar ohne Rücksicht darauf, ob der Mond günstig steht oder ob wir einen ›schlechten Tag‹ haben. Im Rahmen des Möglichen gibt es aber auch da durchaus Hilfestellung:

Schaffen Sie sich den Tag hindurch ›kleine Inseln‹. Das heißt Momente, in denen Sie sich bewusst einen selbstbestimmten Freiraum lassen. Diesen nutzen Sie dann aus dem Bauch heraus. Sie planen sozusagen planlose Zeitspannen ein, auch wenn es nur fünf Minuten sind oder die Mittagspause. Nutzen Sie diese ›Freiraum-Inseln‹, um Selbstbestimmtheit zu leben. Tun Sie genau das, was Ihnen in diesen fünf Minuten beliebt, tun Sie, was sich für Sie gut anfühlt, aus dem Herzen heraus. Verbinden Sie sich bewusst mit sich, mit Ihrem Körper, Ihrem Geist und Ihrer Seele. Nehmen Sie Kontakt zu Ihrem »inneren Kind« auf und fragen Sie es, was es gerade braucht. Seien Sie zu diesen Zeiten einfach natürlich mit sich selbst im Fluss und ganz in der Annahme, was die Qualität des Moments und Ihre gegenwärtige Realität angeht.

Diese kleinen Inseln können für Sie wie Oasen sein, wenn im Außen alles turbulent zugeht. Sie können in ihnen Kraft tanken und damit Zeit und Ressourcen sparen. Je mehr Sie sich solche Augenblicke im Laufe eines Tages verschaffen, in denen Sie mit sich selbst im Einklang sind und das tun, was sich für Sie gut und richtig anfühlt, desto mehr Energie erhalten Sie für das, was anschließend auf Sie zukommt. Diese winzigen Momente des Glücks werden so ganz im Sinne des Rhythmus-prinzips zu unserem eigenen positiven Antriebsmotor. Davon getragen gehen uns die Dinge dann viel leichter von der Hand und wir kommen automatisch in den Fluss.

Je bewusster wir uns also solche Aus-Zeiten nehmen, desto direkter ist auch unsere Einflussnahme darauf, wie unser Tag im Weiteren verläuft: nämlich entspannter und effektiver zugleich. Und damit sind wir schon mittendrin im nächsten Thema: beim Kausalitätsprinzip.

Das Kausalitätsprinzip

»Jede Ursache hat ihre Wirkung; jede Wirkung hat ihre Ursache;
alles geschieht gemäß dem Gesetz;
Zufall ist lediglich eine Bezeichnung für ein nicht erkanntes Gesetz.
Es gibt viele Ebenen der Kausalität,
aber nichts entgeht dem Gesetz.«

– DAS KYBALION –

Das Kausalitätsprinzip führt eine weitere grundlegende Beschaffenheit unseres Universums aus, die wir uns konstruktiv zu Nutze machen können. Im Vorfeld haben wir ja bereits vieles über die hermetischen Gesetzmäßigkeiten erfahren, die hinter dem Offensichtlichen stehen und die unsere Welt aus dem Verborgenen heraus regieren. Die Lehren von Polarität und Rhythmus besagen dabei, dass alles relativ ist und über Kontinua miteinander in Verbindung steht, dass sich nichts im Stillstand befindet, sondern dem konstanten Wandel eines immerwährenden Rhythmus unterliegt, den wir für uns nutzen können. Dies ist möglich, weil die ersten drei Axiome die Geistigkeit, Entsprechung und Schwingung alles Existenten beschreiben. Mit dem sechsten hermetischen Grundsatz, dem Kausalitätsprinzip, wenden wir uns nun der Ordnung aller Dinge unter einem anderen Gesichtspunkt zu: Alles hat einen Grund sowie eine Folge; nichts ist ohne Ursache oder bleibt ohne Wirkung; alles ist im Grunde sowohl Anlass als auch Auswirkung.

303

Grund und Folge in allem

Alles, was ist, hat also einen Grund und zieht eine Wirkung nach sich. Auf diese Weise sind alle Ereignisse und Begebenheiten, seien sie nun materieller, geistiger oder spiritueller Art, über eine kausale ›Kette‹ miteinander verbunden: Nichts existiert für sich allein, sondern ist auf sinnvolle Weise mit allem anderen verknüpft. Jegliche Erscheinung, jegliche Manifestation und Form ist somit durch ein großes kausales Netzwerk vereinigt. Das bedeutet unter anderem auch, dass nichts zufällig geschieht, eben weil alles zueinander in Resonanz steht! Diese grundsätzlichen Feststellungen lassen mehrere denkwürdige Rückschlüsse zu, die ich Ihnen in den folgenden Unterkapiteln vorstellen und zur weitergehenden Selbstreflexion ans Herz legen möchte.

Zufall?! Gibt's nicht ...

Das Kausalitätsprinzip definiert, auf welche Art die Dinge miteinander verknüpft sind: aufgrund einer kausalen Beziehung zueinander. Alles Existente hat eine feststellbare Ursache, einen Grund, der es bedingt, sowie Konsequenzen, die aus ihm hervorgehen. Von dieser Gesetzmäßigkeit ist nichts ausgenommen. Sie regiert alles Sein. Jede Begebenheit findet auf direkte oder indirekte Weise ihren Platz in einer ›Kette‹ von aufeinander folgenden Ereignissen. Sie fügt sich logisch und sinnvoll in eine unendliche Folge von verursachenden und daraus hervorgehenden Aspekten ein.

Dieser Umstand, dass alles sowohl Grund als auch Folge von etwas anderem ist, führt uns zu einer weiteren wichtigen Erkenntnis: Das, was wir für gewöhnlich unter dem Begriff ›Zufall‹ verstehen, kann es nicht geben! Eine Sache oder Situation ereignet sich niemals ›zufällig‹, sie kann nicht ohne einen Kontext bzw. ohne jedwede Ursache oder Konsequenz sein. Der ›Zufall‹ wäre ein Agens, das außerhalb des *Einen* existieren müsste. Ein rein ›zufälliges‹ Phänomen wäre ein völlig zusammenhangloses Ereignis, das wir nirgendwo einordnen könnten. Es würde mit nichts zusammenhängen, einfach so passieren und weder erklärbar noch verstehbar sein, eben weil es keinem bekannten kosmischen Gesetz unterliegen würde, sondern im Gegenteil ihnen (wie zum Beispiel dem hermetischen Kausalitätsgesetz) widersprechen würde. Denn jedes Verständnis einer ›zufälligen‹ Existenz würde es ja auf die eine oder andere Weise einbinden und sinnbildend mit anderen Begebenheiten verknüpfen.

Etwas ›Zufälliges‹ könnte also sozusagen nur von außerhalb des *All-Seins* in die kosmische Ordnung hineinplatzen und sich ›einfach so‹ zutragen. Dadurch würde es die kosmische Ordnung mit ihren Prinzipien, Naturgesetzen und sonstigen Regeln schon durch seine bloße Existenz in Frage stellen und außer Kraft setzen. Alle Gesetze, die das *All-Sein* ausmachen und es regieren, wären mit einem Schlag ungültig und unsere Welt würde in Anarchie und Gesetzlosigkeit stürzen. Vor dem hermetischen Hintergrund ist dies an sich schon undenkbar, vor allem aber ist es empirisch nicht zutreffend!

Hinzu kommt, dass eine ›zufällige‹ Begebenheit, die sich gänzlich aus dem Kontext gerissen zutrüge, einer Ordnung entspräche, die nicht den Gesetzen des *Allumfassenden* angehört. Das *Eine* umfasst jedoch alles. Es gibt nichts, was ihm und seinen Gesetzmäßigkeiten nicht zugehörig wäre. Noch viel weniger gibt es eine Ordnung außerhalb des *Einen,* aus dem Dinge quasi ›herausplumpsen‹ könnten, um sich dann in unserer Realität als ›Zufall‹ zu manifestieren. Es ist also schlichtweg nicht möglich, dass sich ein ›Zufall‹ in dem Sinne, wie wir Menschen ihn verstehen, zutragen kann. Alles, was ist, unterliegt in irgendeiner Weise Bedingungen und zieht ebenso Konsequenzen nach sich – auf welcher Ebene auch immer. Fest steht, dass nichts ohne eine vorangehende Entwicklung existiert oder ohne Folge bleibt.

Die entsprechenden Ursachen und Auswirkungen sind für unsere Sinne allerdings nicht immer erreichbar. Auf unserer *quantenherzlichen* Reise durch die Hermetik und Quantenphysik sind uns ja bereits des Öfteren die Relativität und Begrenztheit unserer menschlichen

Wahrnehmung vor Augen geführt worden. Ebenfalls sind wir damit konfrontiert worden, dass unsere klassische, objektorientierte Wahrnehmung uns nicht den Zutritt zu sämtlichen *Ebenen der Entsprechung* gewährleisten kann und dass manche übergeordneten Zusammenhänge offensichtlich außerhalb ihres Spektrums liegen. Wenn man also etwas als ›zufällig‹ empfindet und beschreibt, dann geschieht dies in dem Sinne, dass die dahinterliegenden Zusammenhänge nicht erkennbar sind. ›Zufall‹ ist also lediglich die Bezeichnung einer Verursachung, die für uns im Dunkeln liegt, die nicht erklärbar, verständlich oder wahrnehmbar ist. ›Zufällige Begebenheiten‹ sind demnach lediglich Ereignisse, deren verursachende Kräfte zwar sehr wohl existent, aber nicht bekannt oder von uns erkennbar sind (Kybalion, 1912, S. 173).

Das *Kybalion* (1912) geht diesbezüglich noch weiter, indem es folgendes gedankliches Experiment anstellt: Wenn der angebliche ›Zufall‹ dann doch einmal als ein eigenes Agens betrachtet wird, also als eine verursachende Kraft, dann stünde das daraus Resultierende dennoch unweigerlich in einer kausalen Verkettung, da jene ›zufällige‹ Ursache mit ihrer Wirkung verbunden wäre! Auch ein vermeintlicher Zufall unterläge somit dem Kausalitätsprinzip, eben weil er als begründender Agens eine Folge hat.

Und noch ein weiterer Aspekt geht aus dem Kausalitätsprinzip hervor, der auf unserer *quantenherzlichen* Entdeckungsreise von bedeutendem Interesse ist: Wenn alles miteinander in kausaler Verbindung steht und es nichts gibt, das nicht Grund oder Folge von etwas anderem ist, bedeutet das mit anderen Worten, dass nichts umsonst oder ohne Sinn geschieht. Alles kann in eine sinngebende Verkettung von Ereignissen eingereiht werden und als Teil eines solchen Sinngebildes verstanden werden. Dies ist allerdings nur unter der Bedingung möglich, die wir oben bereits erwähnt und in den vorherigen Kapiteln schon ausgelegt haben: nämlich, dass es erklärende Strukturen gibt, die außerhalb unseres Wahrnehmungsspektrums auf einer Ebene außerhalb des offensichtlich Begreifbaren liegen.

Die sinnvolle Verknüpfung von Geschehnissen

Es gibt also eine unfehlbare Aneinanderreihung von Ursachen und Wirkungen. Kein Ereignis kann jemals stattfinden, ohne dass es durch etwas ausgelöst worden ist und ohne dass es etwas nach sich zieht, das direkt von ihm beeinflusst wird. Dabei ist diese Kausalität nicht als linear anzusehen: Alles ist sowohl Folge von etwas Vorangegangenem als auch wiederum Ursache von etwas Anschließendem. Verschiedene Faktoren, Begebenheiten und Ereignisse haben multiple Auswirkungen auf die unterschiedlichen Ebenen des Seins: Sie sind Wirkung von vorherigen Ereignissen und beeinflussen ihrerseits wieder mehrere nachfolgende Geschehnisse, die wiederum andere Aspekte bedingen, welche sich ebenso auf verschiedenste andere Zustände und Situationen auswirken und so immer weitere Kreise ziehen. Diese Einflussnahme ist wie das *Eine* selbst unendlich und kommt einer komplexen, vielschichtigen Verknüpfung gleich. So könnte man das Kausalitätsprinzip im engeren Sinne als eine Grund-Folge-Beziehung verstehen, die zunächst linear und einfach wahrzunehmen ist. Bei genauerem Hinsehen und im weiteren Sinne, d. h. im Hinblick auf die feineren Beeinflussungsphänomene (die aus der Annahme einer verursachenden bzw. wirkenden Dynamik logisch hervorgehen), ähnelt es eher einem Kausalnetzwerk, dessen Komplexität für unser Denken immer schwieriger erfassbar wird; und in dem ein Ereignis dann sowohl Ursache als auch Wirkung ist. Wollte man ein Ereignis in seiner umfangreichen Kausalität verstehen, so wäre man genötigt, ein lückenloses Gefüge zwischen Vorangehendem und Folgendem zu erstellen, wobei diese Vernetzung ebenfalls mehrere Ebenen und viele Grade des Seins umfassen müsste. Alles, was geschieht, verknüpft Verursachendes mit daraus Resultierendem: Dazwischen existieren unfassbar viele Querverbindungen, die durch die differenziertesten Phänomene bedingt werden. Kein Ding existiert beziehungslos, ohne Ursache oder Wirkung. Alles ist sowohl Grund wie auch Folge, so lautet das hermetische Gesetz. Bei genauerem Hinsehen und Nachdenken fällt unweigerlich auf, wie komplex dieses alles durchdringende Kausalnetz ist. Seine verursachenden Kräfte sind unzählbar.

Eine wichtige Präzisierung ist dabei hervorzuheben, die auch schon im *Kybalion* (1912) selbst ausdrücklich angeführt ist: Genau genommen

307

erschafft keine Begebenheit eine andere. Kein Ereignis vermag, ein anderes aus dem Nichts heraus zu kreieren. Weil alles unendlich miteinander vernetzt ist und einen gemeinsamen, übergeordneten Sinn teilt, wird jede Einmaligkeit sowohl durch etwas ihr direkt Vorangehendes und direkt Folgendes als auch durch alle weiteren indirekten, aber dennoch mit ihm in Zusammenhang stehenden Begebenheiten bedingt. Somit erschaffen sich Geschehnisse nicht gegenseitig: Sie hängen voneinander ab, sie resonieren miteinander, sie ziehen sich gegenseitig an.

Vielleicht ist es Ihnen bereits aufgefallen: Auch hier intervenieren die ersten drei hermetischen Axiome – Geistigkeit, Entsprechung und Schwingung. Alles ist geistig und durch seine verschiedenen Schwingungsgrade energetisch auf eine Weise verknüpft, die als kausal und bedingend bezeichnet werden kann. Dabei ist diese Einflussnahme dermaßen vielschichtig, dass sie die gesamten *Drei Großen Ebenen der Entsprechung* mit ihren unbegreiflich vielen Graden des Seins umfasst. Hierbei möchte ich auf die mehrdeutige Verwendbarkeit des Begriffs ›unbegreiflich‹ hinweisen, die sich sowohl auf unseren Verstand als auch auf unser Wahrnehmungsspektrum bezieht: Die kausalen Zusammenhänge und Beeinflussungsphänomene, die sich hinter dem unscheinbaren hermetischen Kausalitätsprinzip verbergen, sind sehr komplex und in ihrer Ausbreitung nur ansatzweise erfassbar.

Um dies zu illustrieren, bedient sich das *Kybalion* (1912) eines einfachen, aber dennoch sehr eingängigen Beispiels: eines Familienstammbaums. In den ersten Generationen ist die verwandtschaftliche Verbindung mit zwei Elternteilen, vier Großeltern und sechzehn Urgroßeltern noch relativ übersichtlich. Je weiter wir uns allerdings für vorangegangene Generationen und ihre Verästelungen interessieren, desto komplexer und unübersichtlicher wird es. Wenn unser Interesse bei, sagen wir, der fünfzigsten Generation angekommen ist, beläuft sich die Anzahl von direkten Vorfahren auf Milliarden. Alle sind miteinander verwandt, verknüpft, verstrickt und auf verschiedenen Ebenen miteinander verbunden: physisch, geistig und auch spirituell.

Diese Ahnenreihe kann zudem als ›kausal‹ bezeichnet werden: Die Entscheidungen und Umstände, unter denen sich die Vorfahren getroffen haben, tragen maßgeblich dazu bei, dass die heutige Generation so, wie sie ist, überhaupt besteht. Die Gegenwart wäre eine gänzlich andere, wenn etwa der Urgroßvater mütterlicherseits eine andere Frau geheiratet oder keine Kinder gezeugt hätte. So kann man sagen, dass die aktuellen Umstände Folgen von unendlich vielen, vorherig getroffenen Entscheidungen sind und ihrerseits wiederum Bedingungen für unendlich viele weitere, anschließende Begebenheiten darstellen.

Genau wie hinter jedem Menschen steht eine solche ›Kette‹ von Ursächlichkeiten hinter jeder Begebenheit, jedem Ereignis und Geschehen. Eines bedingt das andere, zieht es an und beeinflusst wiederum dadurch Hervorgehendes. Eine bewusste Wahl und Entscheidung in einem bestimmten Moment, eine gelebte Situation sowie Gefühle und Gedanken sind allesamt Anlässe, die Auswirkungen auf zukünftige Vorkommnisse haben, eben durch den Einfluss, den sie in der Gegenwart geltend machen. Lassen Sie mich versuchen, ein – zugegeben, etwas erheiterndes – Beispiel zur Illustration dieser unfehlbaren Zusammenhänge darzulegen.

Stellen wir uns vor, Sie gehen seelenruhig in einem schönen Park spazieren. Es ist ein lauer Maientag, Sie genießen die Sonne und die frische Luft und hören den Vögeln bei Ihrem Gesang zu. Und da passiert es: Ein Vogel entleert sich im Vorbeiflug. Und wo landet wohl sein Geschäftchen? Natürlich: auf Ihrem Kopf! *Zufall?* Üblicherweise würden wir sagen: Ja! Sie waren leider gerade ›zufällig‹ in dem Augenblick dort, wo der Vogel seine Notdurft verrichtete, oder umgekehrt: Der Vogel war gerade ›zufällig‹ dort und verrichtete sein Geschäft, als sie genau da vorbeikamen. Wie auch immer: Das Resultat ist, wie es ist, der Dreck klebt in Ihren Haaren und auf Ihrer Kleidung!

Aber war es tatsächlich ›Zufall‹? Wenn wir uns dieses Ereignis einmal ganz genau ansehen, fällt auf, dass es ganz und gar nicht ›zufällig‹ (also außerhalb eines sinnbildenden Netzwerkes aus Begebenheiten) existiert, sondern sehr wohl in kausale Verknüpfungen eingebunden ist. Diese Umstände, die genau dieses Geschoss in diesem Moment auf Ihrem Kopf landen ließen, kann man theoretisch bis zur Geburtsstunde der Menschheit zurückverfolgen:

Sie gingen nämlich gerade zu diesem Zeitpunkt in diesem Park spazieren,

* weil Sie heute ausnahmsweise etwas früher Feierabend gemacht hatten,

309

weil sie müde waren,

weil sie gestern Abend aus waren,

weil Sie mal etwas Abstand vom Alltag brauchten.

Ihr Alltag ist Ihnen momentan etwas lästig, und zwar weil Sie seit 20 Jahren im gleichen Beruf arbeiten, in einem Familienbetrieb. Ihren Beruf haben Sie erlernt, weil schon Ihre Eltern das Geschäft von ihren Eltern übernommen haben. Damals war das so, weil usw. Also kann man es wohl kaum als zufällig bezeichnen, dass Sie hier und heute durch diesen Park laufen. Eine lange Aneinanderreihung von Umständen, Geschehnissen und Entscheidungen hat dazu geführt, dass der aktuelle Moment genau so ist, wie er ist.

Man kann sogar sagen, dass die kausale ›Kette‹, in die sich dieses Ereignis einreiht, so komplex und bindend ist, dass sie schon fast nicht mehr als ›Kette‹, sondern vielmehr als ein kausales Netzwerk zu beschreiben ist, welches wir nur noch schwerlich ganz ausloten können, weil es unzählige Querverbindungen und Ebenen beinhaltet. So könnte man auf den ersten Blick durchaus meinen, es sei ›zufällig‹, dass Sie sich in diesem Moment an genau dieser Stelle befinden. Viele Faktoren, die zu dieser aktuellen Realität beigetragen haben, liegen im Verborgenen und sind kaum auszumachen. Und dennoch waren Sie eben gerade dann dort, *weil* sie dort waren: Es gibt immer Hinter- und Beweggründe für unser Tun und Handeln, die wir in unser Bewusstsein heben und über die wir die Verbindung von allem, was ist, entdecken können.

Wenden wir uns dem Vogel zu: Genau wie Ihr Standort ist auch die vogelsche Darmaktivität nicht zufällig. Die kleine Vogeldame hatte ihren letzten Wurm zum Mittagessen und ist seitdem so und so weit geflogen und hat so und so viele Kalorien verbraucht und verdaut. Und genau in diesem Moment zeigt sich dann das Resultat ihrer physischen Aktivität. Dass sie ihren letzten Wurm zu einem bestimmten Zeitpunkt hatte, lässt sich ebenfalls begründen, denn vorher musste sie noch ihre Kleinen versorgen, die seit ein paar Tagen auf der Welt sind. Denn auf dem Rückflug von Süden in diesem Frühjahr hatte sich ja ein besonders süßes Schwalben-Männchen an sie rangemacht. Der fliegt seit Neuestem aber lieber mit einer anderen Schwalben-Dame, weil usw.

Und aus dieser kausalen Verkettung von Begebenheiten heraus, hat sich jetzt eine Querverbindung zwischen ›Ihrer Kette‹ und der der kleinen Vogeldame kreiert, die beide Kausalitäten miteinander verbindet und alle folgenden Begebenheiten beeinflussen wird. Diese Querverbindung ist ebenfalls nicht ›zufällig‹. Sie erhält ihren Sinn aus einer bestimmten Resonanz heraus und eben auch, weil diese Verbindung Einfluss auf die folgenden Geschehnisse ausübt. Vielleicht brauchten Sie mal einen neuen Anzug oder ein neues Kleid? Oder vielleicht ist es an der Zeit zu lernen, wie man sich in Gelassenheit übt? Die Querverbindung ist demnach selbst Wirkung und Ursache in einem neuen Lauf von Verknüpfungen, die wiederum kausale Wellen in verschiedene Richtungen schlagen wird.

Genauso kann man, wenn man genug Zeit und Ressourcen zur Recherche hat, jede Begebenheit in einen entsprechenden ursächlichen Zusammenhang stellen. Denn wenn Sie jetzt nicht das Resultat der vogelschen Darmaktivität im Haar hätten, wären Sie auch nicht auf die öffentliche Toilette gegangen und an dessen Ausgang mit einem attraktiven Mann (bzw. einer attraktiven Frau) zusammengestoßen, der/die Sie spontan zu einem Kaffee eingeladen hat und der/die Ihnen in zwei Jahren einen romantischen Heiratsantrag machen wird ... Okay, okay, diese Version verrät viel über meine rege Fantasie: Trotzdem illustriert sie sehr schön die Einflussnahme der bedingten Ereignisse auf nachfolgende Begebenheiten.

Unsere kleine Parkgeschichte führt uns also vor Augen, wie alles miteinander verbunden ist. Von ›Zufall‹ kann da wohl kaum noch die Rede sein! Es gibt kein Sich-Zutragen, das außerhalb eines kausalen Netzwerkes existiert. Nichts befindet sich jenseits des *All-Einen* mit seiner Ordnung und seinen Gesetzmäßigkeiten. Somit liegt in jeder Begebenheit ein Sinn, auch wenn wir ihn nicht gleich entdecken oder manchmal überhaupt nicht erkennen.

Sinn auf allen Ebenen

Um das komplette Ausmaß der Sinnhaftigkeit, die durch das Kausalitätsprinzip beschrieben wird, andenken zu können, sollten wir ein anderes hermetisches Gesetz dazu bemühen: Das Prinzip der Entsprechung fügt unseren bisherigen Feststellungen eine interessante Dimension hinzu. Im ›Kleinen‹ leuchtet es ja ein, dass jede Begebenheit ihre Veranlassung und Auswirkung, ein ihm unmittelbar vorangehendes und ein immediat folgendes Vorkommnis hat. Wenn dem aber im ›Kleinen‹ so ist, dann muss diese Ordnung ebenfalls auf einer höheren Ebene zur Verfügung stehen und auch dort die übergeordneten kausalen Zusammenhänge bestimmen. Gemäß dem Prinzip der Entsprechung muss alles genauso einen Sinn im ›Größeren‹ haben. In diesem Fall ist der Einfluss auf die jeweiligen verbundenen Begebenheiten jedoch erst recht nicht direkt wahrnehmbar, da er auf einer viel weiterreichenden, abstrakteren Ebene liegt. Dies lässt erneut an David Bohms *Implizite Ordnung* denken, wo schließlich die Existenz einer solchen übergeordneten, sinngebenden Instanz postuliert wird (siehe u. a. Seite 42 und 72).

Jedes umherschwirrende Staubkorn ist also in gleicher Weise ein Teil des unfehlbar zusammenhängenden Netzes von Anlässen und Auswirkungen wie das Handeln und Sein eines Menschen oder das Auftreten einer Naturkatastrophe. Und genauso könnte jedes Staubkorn theoretisch bis zu den Anfängen der Menschheit oder unseres Planeten zurückverfolgt werden, durch eine lückenlose Vernetzung von Zusammenhängen und Querverbindungen. So, wie dieses vollständige Ereignisnetzwerk dann in die Vergangenheit reichte, würde es sich auch in die Zukunft erstrecken und Vorfälle in weiter Ferne beeinflussen, wobei die Gegenwart immer Folge und Grund zugleich wäre. Denn ohne dieses Staubkorn wäre die ›Kette‹ von Ursache und Wirkung eben nicht genau die, die sie ist, und somit wären alle zukünftigen Geschehnisse anders, als sie sind. Demzufolge nimmt jedes Ding, jedes Ereignis, jede Begebenheit einen ureigenen wichtigen Platz im Kosmos ein – egal, wie vermeintlich wichtig und groß oder wie klein und fein sie sein mögen. Jedes Gefühl, das wir haben, und jeder Gedanke, den wir denken, fügt sich in die unendliche, geordnete Verknüpfung von Vorkommnissen ein. Alles wird von etwas ausgelöst und bedingt seinerseits wieder etwas Neues. Jede Empfindung und jede ausgesandte Information wirken somit direkt oder indirekt auf die Begebenheiten, die sich nachfolgend in die Ordnung einfügen. Auf diese Weise interagieren, beeinflussen und bedingen sich Dinge, Ereignisse und Menschen gegenseitig. Alles hat seinen berechtigten und sinnerfüllten Platz in der großen Ordnung.

An dieser Stelle fällt einem unweigerlich Jörg Starkmuths *Wahrscheinlichkeitskegel* wieder ein, nicht wahr?! (siehe Seite 189)

Zu einer beeindruckend ähnlichen Schlussfolgerung kommt auch Volker J. Becker (2008) in seiner Interpretation der Parallelen zwischen quantenphysikalischer Wissenschaft und Spiritualität. Nichts kann als getrennt oder unabhängig vom Rest des Universums gesehen werden, auch wenn uns unsere Sinne dies gerne vorgaukeln: *Wir stellen nur lokal und temporär sehr kurze kausale Zusammenhänge her. Wir bilden uns ein, jedes Geschehen jede Minute frei planen zu können. Aber sind nicht alle Ereignisse schon von einer annähernd unendlichen Anzahl vorangegangener Ereignisse determiniert? [...] Ob wir die Quantenphysik oder den Buddhismus, die Parapsychologie oder das kollektive Unbewusste, die implizite Ordnung oder die morphogenetischen Felder oder einfach nur die Abläufe des täglichen Lebens betrachten, alles führt zu einer tieferen holistischen Sicht der Dinge! Alles zeigt auf denselben Urgrund des Seins* (Becker, 2008, S. 115).

Diese treffende Zusammenfassung beinhaltet mehrere Aspekte, die es sich lohnt, einmal näher zu betrachten: Es geht um die scheinbare Relativität, mit der wir Menschen Kausalität zwar einerseits gelten lassen, deren Gültigkeit wir jedoch andererseits in manchen Bereichen unseres Lebens strikt von uns weisen. Oftmals ist es nämlich so, dass wir Kausalverbindungen nur auf gewisse Teile unseres Lebens anwenden und sie für wahr anerkennen. Selten ringen wir uns dazu durch, dieses Prinzip tatsächlich ausnahmslos allen Begebenheiten und Ereignissen zugrunde zu legen. Dieses ›kleine Paradox‹ ist uns häufig nicht wirklich bewusst, wohl auch weil wir nicht unbedingt darüber nachgedacht haben, unter welchen Kriterien wir das Denken in den Kategorien von »Grund« und »Folge« tolerieren und ab welchem Punkt wir diese nicht mehr gelten lassen.

Die Etablierung von Zusammenhängen und der Versuch, die Natur der erfassten Verbindungen zu definieren, liegen in der menschlichen Natur und scheinen in unserem Verstand genauso tief verwurzelt zu sein, wie die Tendenz zu kategorisieren und zu bewerten (siehe u. a. Seite 245). Unter gewissen Bedingungen mag es geradezu überlebenswichtig anmuten, Verbindungen in ihrer Qualität erkennen und nutzen zu können. In jedem Fall kann aber dieses Talent auch dazu beitragen, im spirituellen Bereich sinnvolle Querverbindungen zu schaffen, die uns erlauben, den Weg der Erkenntnis zu begehen.

Betrachten wir unseren Alltag, so fällt ebenfalls auf, dass dort Kausalbeziehungen eine wichtige Rolle spielen. Wie häufig benutzen wir nicht das Wörtchen »weil« am Tag?! Wie oft fragen wir nach dem »Warum?«! Die Suche nach entsprechenden Antworten soll Sinn und Struktur in unser Denken, Empfinden und Erleben bringen. Was auch immer geschieht, soll sinngemäß erfasst, verarbeitet und integriert werden. Wenn wir von den quantenphysikalischen Erkenntnissen ausgehen, die ich Ihnen unter anderem im ersten Kapitel vorgestellt habe (Seite 40), könnte man sogar sagen, dass die Beziehung zwischen den Dingen im Grunde sogar wichtiger ist als die Dinge selbst: Hans-Peter Dürr (2002) berichtet ja von den *Wirks* und von *subatomarer Potentialität* als *Grundbaustein unserer Realität,* die unsere Welt als »schwingendes, in Beziehung stehendes Nichts« erscheinen lassen. Eine wichtige Qualität dieser *subatomaren Relationalität* ist, den hermetischen Lehren und auch den Gesetzen der Logik nach, also die Kausalität. Grund-Folge-Zusammenhänge verbinden alles miteinander und lassen es in Resonanz zueinander stehen.

Ein anderer Aspekt, der implizit in der vorangehend zitierten Aussage von Volker Becker (2008) enthalten ist, betrifft eine ganz wichtige Fragestellung, die ebenfalls ansatzweise Beachtung im *Kybalion* (1912) findet: Wenn alles sinnmotiviert und durch ein übergeordnetes Netz von Kausalitäten miteinander verbunden ist, was bedeutet dann dies für den menschlichen ›freien Willen‹? Sind wir wirklich so *frei* oder ist nicht doch alles, was uns betrifft, *vorbestimmt?* Inwieweit sind wir tatsächlich ungebunden und haben die Freiheit, uns zu entscheiden? Und inwiefern bestimmt das Gesetz der Resonanz unser Dasein?

Freier Wille

In dem Moment, in dem es uns gelingt, eine unfehlbare, erläuternde Verknüpfung von Ereignissen vorzubringen, in die ausnahmslos jede Begebenheit eingebunden werden kann, regt dies zweifellos eine gedankliche Auseinandersetzung mit diesem vermeintlichen Determinismus an und wirft die Frage nach unserem freien Willen auf.

Den hermetischen Lehren und ihrem Prinzip der Polarität gemäß sind ›Freiheit‹ und ›Vorbestimmung‹ zwei Extreme des gleichen Kontinuums. In ihrer Natur sind sie also gleich, lediglich ihre Schwingungsgrade unterscheiden sich und qualifizieren sie als scheinbar entgegengesetzte Pole. Und darin liegt vermutlich auch die Lösung unseres Problems: Je nachdem, wie wir unseren Willen anstrengen und wofür wir uns entscheiden, polarisieren wir uns auf besagtem Kontinuum. Wir können wählen, ob wir uns lieber auf solche Schwingungsgrade des ›freien Willens‹ oder eher auf die Gefilde der ›Vorbestimmung‹ konzentrieren wollen und können uns dann dementsprechend dort polarisieren. Wie wir das Rätsel um Eigen- bzw. Fremdbestimmung lösen, hängt also von unserem Geist ab und davon, wie wir ihn eigenverantwortlich ausrichten. Je bewusster wir sind, desto klarer wird uns, dass es eigentlich unsere höchst eigene Entscheidung ist, ob wir selbstbestimmt in Eigenverantwortung leben oder ob wir uns den unterschwelligen Resonanzen und kausalen Verstrickungen unseres Unterbewusstseins, den Umständen oder dem Willen unseres Umfeldes unterordnen wollen.

Jeder Schwingungsgrad eines Kontinuums ist relativ, dies gilt auch für die verschiedenen Stufungen der Selbstbestimmtheit. Je größer die Kenntnis um die wirkliche Wahrheit der Dinge, das bedeutet, je bewusster sich ein Mensch des hermetischen Kontinuums und seiner Möglichkeit, aktiv zu entscheiden, ist, desto freier ist er in Wirklichkeit. Geistige Freiheit – Selbstbestimmung, Bewusstheit, Weisheit – hängt demnach vom Grad unseres Voranschreitens auf unserem Weg der

Erkenntnis ab: Je besser wir uns selbst kennen, je bewusster wir uns unserer Möglichkeiten und auch je klarer wir uns über unsere unbewussten Inhalte, Glaubensmuster und Ausstrahlungen sind, desto freier werden wir, desto freier *sind* wir.

Die diesbezüglich weiterführenden Erklärungen im *Kybalion* (1912) tragen noch zu einem tieferen Verständnis bei, da sie beschreiben, wie relativ Freiheit und freier Wille tatsächlich sind. Wir behaupten gerne von uns, dass wir selbstbestimmt sind und unsere Entscheidungen selbst treffen. Wenn wir diese unsere angebliche Freiheit jedoch näher betrachten, bietet sich uns oft ein anderes Bild: Denn auch wenn wir dem Glauben folgen, völlig frei zu entscheiden, ist es immer noch so, dass unbewusste Beweggründe, Glaubensmuster und Thematiken unseren Geist beeinflussen. Selbst wenn wir inbrünstig sagen und auch meinen, dass wir etwas *bewusst wollen* oder *frei entscheiden,* liegen in unserem Unbewussten viele Resonanzen und Verstrickungen verborgen, die unsere Entscheidung mitbestimmen. Erst wenn wir uns die Mühe machen, diese Resonanzen, Themen und Muster aufzudecken und in unser Bewusstsein zu heben, können wir tatsächlich frei sein: weil wir uns dann aktiv und bewusst für oder gegen etwas entscheiden können, weil wir nun wirklich *wollen* können.

Damit wären wir wieder bei den Eckpfeilern von *Quantenherz* angelangt: das eigene Sein erkunden, das Sich-Selbst-bewusst-Sein ausbauen und die eigene Bewusstheit nutzen, um sich auf eine *Metaebene* zu erheben und um dort unseren Willen in Kenntnis der Umstände auszurichten. Bereits im fünften Kapitel (u. a. Seite 180 und 203) habe ich auf die Wichtigkeit dieser Zusammenhänge hingewiesen. Auch an dieser Stelle zeigt sich wieder, wie sehr es sich lohnt, die eigenen Resonanzen zu kennen. Denn nur dann können wir deren Einfluss auf unseren Willen bewusst nutzen und uns aktiv für oder gegen sie entscheiden. Dies ist wahre Freiheit und Selbstbestimmtheit!

Verschiedene Beweggründe für »Selbstbestimmtheit«

Selbstbestimmtes Handeln hängt also eng mit der Beobachterposition gegenüber uns selbst zusammen. Die Distanz zum eigenen Sein und Funktionieren erlaubt es uns zu erkennen, inwieweit unsere Selbstbestimmtheit indirekt von ›fremden‹ Einflüssen besetzt ist. Es geht darum zu überlegen, aus welchen Motiven heraus wir eine – vermeintlich selbstbestimmte – Entscheidung getroffen haben, und uns ehrlicherweise die eigenen Einflüsse und Beeinflussbarkeiten anzusehen und einzugestehen:

* Warum möchte ich dieses oder jenes wirklich?
* Handele ich aus anerzogenen Motiven?
* Reagiere ich aus alten Erfahrungen heraus auf diese Weise?
* Entspricht dieses Schema eigentlich noch meinen heutigen Überzeugungen oder ist es mir eigentlich nicht mehr dienlich?
* Tue ich, was ›man‹ von mir erwartet oder was sich für *mich* gut anfühlt?
* Verhalte ich mich so, weil ich jemandem damit gefallen oder ihn beeindrucken möchte?

Solche Fragen können uns helfen, ›versteckten Fremdeinflüssen‹ auf die Schliche zu kommen. Je bewusster wir uns um unsere eigentlichen Beweggründe sind, desto höher ist der Grad unserer Selbstbestimmung, den wir leben, da wir uns in Kenntnis der Umstände gegebenenfalls gegen eine Resonanz entscheiden können.

Neben diesen eher von außen motivierten Beeinflussungen gibt es ebenfalls persönliche, innere Beweggründe, die in unsere Entscheidungen einfließen, ohne dass wir uns dessen wirklich bewusst sind:

* Handele ich aus einem ›niederen‹ Beweggrund heraus, zum Beispiel aus verletztem Stolz oder Neid?
* Reagiere ich so, um jemand anderem wehzutun oder weil jemand anders mir wehgetan hat?
* Fühle ich mich, aus welchem Grund auch immer, verpflichtet, dieses oder jenes zu tun?

✳ Wird mein Verhalten von Angst oder Schuld bestimmt?

✳ Lebe ich aus dem Herzen? Tue ich das, was mein Herz mir sagt?

Durch diese Auseinadersetzung mit uns selbst nehmen wir wieder jene viel besprochene *Metaposition* ein und erheben uns über die Ereignis- bzw. Erlebensebene. Denn wenn wir auf der Ebene des Erlebens bleiben, handeln wir zwar, aber selten ist dieses Handeln wirklich frei. Wir wissen dann häufig nicht, ob sich fremde, unbewusste oder niedere Beweggründe in unsere Motive mischen, von denen wir annehmen, dass sie selbstbestimmt seien. Je mehr wir uns mit unseren eigentlichen Beweggründen auseinandersetzen, desto eindeutiger und gezielter können wir Position beziehen und entscheiden, wie wir leben wollen. Je ehrlicher und klarer wir uns selbst und unseren Motiven gegenüber sind, desto freier werden wir. Im Sinne der Hermetik bedeutet dies: Je mehr Bewusstheit wir erlangen, desto näher kommen wir unserer Meisterschaft.

Ein Meister im hermetischen Sinne ist in der Lage, jede seiner Empfindungen zu polarisieren. Er ist ihnen nicht ausgeliefert und unterliegt nicht ihrer Bestimmung, seien sie das Resultat einer (versuchten) Einflussnahme anderer Menschen, Folge bestimmter Umstände oder Ergebnis eigener Gefühle und noch unbewusster Beweggründe. Ein Meister der Alchemie nimmt sozusagen Distanz zu seinem eigenen Wollen ein und entscheidet absolut bewusst, ob er dieses Wollen will oder nicht. Er entscheidet, bewusst zu wollen, und ist sich über eventuelle Einflüsse, die ihn wollen lassen könnten, im Klaren. Er hat so viel Selbstkenntnis und Selbstbewusstheit, dass ihm seine Resonanzen klar und die eventuellen Einflüsse, die aus ihnen hervorgehen könnten, für ihn erkennbar sind. Er kennt sich und die hermetischen Gesetze gut genug, um sie gegen niedere, unbewusste Energien einzusetzen und seinen freien Willen geltend zu machen – wenn er dies will. Dies ist wahre Selbstbestimmung!

Alles andere scheint vor diesem Hintergrund nur als Selbstbestimmung und Freiheit getarnt zu sein, letztlich aber ist es Fremdbestimmung. Ob diese durch uns selbst, andere Menschen oder durch äußere Umstände ausgelöst wird, ist zweitrangig. Solange uns unsere Beweggründe nicht bewusst sind, können wir nicht mit Sicherheit annehmen, dass sie frei von Beeinflussungen sind. So liegt der Schlüssel zum freien Willen, zu unserer Selbstbestimmtheit und innerer Freiheit wieder in unserer Selbstkenntnis, in unserem Selbst-bewusst-Sein.

Eigene Resonanzen und kausale Verbindungen erkunden

An dieser Stelle kommen wir unweigerlich auf eine Thematik zurück, die wir schon im fünften (Seite 174) und sechsten Kapitel (Seite 259) bezüglich des Resonanz- und des Polaritätsgesetztes angesprochen haben: die geistige Beeinflussung. Das Prinzip der *geistigen Induktion* erklärt energetische Beeinflussung und Austausch durch Resonanzen: Wir können durch die aktive Ausrichtung unseres Geistes unseren eigenen Schwingungsgrad und unser Energiesystem beeinflussen. Wir können aber auch durch unsere Ausstrahlung, unser Reden, unser Handeln auf andere Menschen aktiv einwirken, die in Resonanz mit uns und gemeinsamen Themen stehen. Und weil diese Tatsache allgemein gültig ist, sind eben auch wir selbst durch solche Phänomene beeinflussbar – es sei denn, wir setzen unser Handeln und Sein in das Licht unseres Bewusstseins. So kann die Ausbildung der Kraft und Bewusstheit unseres eigenen Geistes die Gefahr der Fremdbestimmung mindern, wenn nicht sogar aufheben. Allerdings unter einer Einschränkung:

Da alles miteinander verbunden ist und in Resonanz zueinander steht, ist ein gänzlich freies Handeln eher eine utopische Illusion denn ein wirklich erreichbares Ziel. Auch wir können nicht so einfach aus der immerwährenden, lückenlosen kausalen Verknüpfung der Dinge aussteigen, nichts und niemand vermag das. Mit den Erfahrungen, die wir Zeit unseres Lebens machen und aus denen heraus wir handeln, sind schließlich noch mehr Erleben, noch mehr neue Vorkommnisse, Gefühle und Gedanken, usw. verbunden. Auch sind wir tagtäglich mit anderen Menschen in Kontakt: Wir tauschen uns aus, das heißt, unsere ›Ereignisketten‹ kreuzen sich. Selbst wenn wir alleine sind, genügt schon ein Gedanke an jemanden oder das Denken eines anderen an uns und eine energetische Verbindung wird kreiert, ein Austausch auf energetischer Ebene findet statt. Und weil wir und jeder unserer Gedanken, Gefühle und Erfahrungen ein wichtiger Teil in der unendlichen Verknüpfung von Ereignissen im *All-Sein* sind, ist es von Natur aus ein unmögliches Unterfangen, gänzlich selbstbestimmt und frei zu sein, denn dies würde ja bedeuten, dass wir keinerlei Anbindung mehr an andere Begebenheiten und Menschen hätten. Das äußerste Extrem der »Freiheit« oder »Selbstbestimmung« auf dem Kontinuum ist also unerreichbar. Die Anwendung unseres Wissens um die Polaritäten, die Resonanz, die Gesetze der Neutralisation und Kompensation hingegen erlauben uns dennoch, im Rahmen des Möglichen wahre Freiheit zu erlangen.

Ein weiterer Aspekt, den wir uns ansehen sollten, liegt in der lückenlosen Vernetzung aller Dinge und der daraus hervorgehenden unfehlbaren Sinnhaftigkeit, die allem zugrunde liegt und erkundet werden kann. Genau wie uns die Erkenntnis um das betreffende Polaritätskontinuum auf dem Weg der Bewusstheit und Selbstbestimmung weiterbringt, lässt uns auch die Erkenntnis eines übergeordneten Sinns wachsen. Wenn dieser aber nicht durchleuchtet wird, bleiben mögliche Beeinflussungen durch Resonanzen unerkannt, untergraben unsere Selbstbestimmtheit und binden uns an die Ebene des Erlebens.

Ich möchte noch einmal betonen, dass nicht die Selbstbestimmtheit an sich oder die Loslösung von sämtlichen Resonanzen Sinn und Ziel unseres Weges ist. Es geht nicht darum, alles dafür zu tun, dass unsere Entscheidungen möglichst autonom sind und nichts mehr Einfluss auf uns nimmt. Das ist schon allein deswegen nicht möglich, weil wir wie alles Existente gemäß den Prinzipien der Schwingung und Kausalität mit unserem Umfeld in enger Resonanz stehen und Teil des *All-Einen* sind. Stattdessen geht es vielmehr darum, uns dieser Umstände bewusst zu sein: Denn dann haben wir die Wahl und können uns wirklich dafür entscheiden, unseren Willen aktiv zu nutzen und uns selbst ein Stück näher zu kommen, indem wir erfahren, wer wir sind. Und zu dem, der wir sind, gehören sämtliche Themen, Konflikte, Empfindungen und Resonanzen, die uns ausmachen. Dass dem so ist, ist weder gut noch schlecht: In erster Linie *ist* es und verdient demnach Annahme in genau diesem Zustand. Unsere Bewusstheit um diese Resonanzen ist der springende Punkt, um den es geht! Egal, wie Sie sich letzten Endes entscheiden, wichtig ist, dass sie es in Kenntnis der Umstände und bewusst tun!

Unsere ungelösten Themen lassen uns immer wieder mit denen anderer Menschen oder auch mit Situationen in Verbindung treten, die diese Themen, Verletzungen und Erfahrungen symbolisieren. So kommen wir mit unbewussten oder fremden Schwingungen in Kontakt, die uns wiederum beeinflussen und unseren freien Willen mindern können. In diesem Gefüge von Resonanzen liegt allerdings auch ein großes Potential für unsere Selbstkenntnis und zu unserer Bewusstwerdung verborgen. Aktuelle Erfahrungen lassen alte Dinge wieder ›hochkommen‹, was uns, mitunter aus alten Funktionsschemata heraus reagieren lässt, wenn wir die Gelegenheit nicht nutzen, sie endgültig loszulassen – nämlich indem wir uns im Hier und Jetzt bewusst entscheiden, ob es weiterhin Sinn macht, an ihnen festzuhalten oder nicht. Dieses Wissen haben wir ja in den letzten Kapiteln kennen gelernt und integriert: Wenn wir uns nicht die Mühe machen hinzusehen, um das Thema, das uns eine aktuelle Situation symbolisieren will, herauszufinden, wenn wir nicht in die beobachtende *Metaposition* gehen, bleiben wir auf der Erlebensebene stecken und reagieren unreflektiert und automatisch. Wir erkennen nicht den Sinn, der in unserem aktuellen Erleben verborgen liegt und an dem wir wachsen können. Dann ist die Gefahr groß, dass wir wieder aus genau demselben alten Schema heraus handeln, das alte Verletzungen und Ängste beinhaltet, die jedoch keine aktuelle Daseinsberechtigung mehr haben. Dann erkennen wir die anstehende Lernaufgabe nicht, eben weil wir den bindenden Sinn im Gefüge von Ursache und Wirkung nicht entschlüsseln.

Wenn das Thema, das uns mit dem gegenwärtigen Erleben aufgezeigt werden soll, mit Eigenverantwortung zu tun hat, wird es noch etwas komplizierter, da wir versuchen werden, einer anderen Person unser Erleben anzulasten oder aufzubürden und somit Teile von uns in der Welt verteilen. Wir übernehmen nicht die Verantwortung für uns und unser Dasein, indem wir ignorieren, dass es unsere eigene Resonanz ist, die unsere Welt und die Dinge um uns herum geistig erschaffen hat. Stattdessen geben wir sie nach außen hin ab, lasten sie unserem Gegenüber an und machen ihn dafür verantwortlich, dass unser Leben so ist, wie es ist. Dem äußeren, auslösenden Einfluss wird auf diese Weise die Verantwortung für unsere höchst persönlichen Gefühle untergeschoben: Dann machen wir den anderen zum ›Bösen‹, der uns dieses oder jenes ›angetan‹ hat. Die früheren Verletzungen, aus denen heraus unser Erleben in Wirklichkeit geprägt ist, bleiben im Verborgenen und unser innerer Zustand wird dem momentanen Auslöser zugeschrieben. In dem Augenblick, wo wir nicht eigenverantwortlich für unser eigenes Erleben einstehen, entsteht Schuld als Werturteil gegenüber unseren Mitmenschen. Dann handeln wir nicht nur unbewusst, sondern sind auch nicht mehr komplett: Wir haben unsere Macht an den anderen abgegeben und verlieren uns in Bewertungen über ihn, die Umstände usw.

Mit jeder verdrängten, potentiell heilbaren Situation erschweren wir uns zusätzlich noch, unserem eigenen Thema beizukommen. Wir entfernen uns immer mehr von uns selbst, den Eigenanteilen, die im Grunde nur erkannt und jenseits eines Werturteils angenommen werden wollen. Wir rücken immer weiter von unserer Selbstbestimmung ab und entfernen uns damit von der Möglichkeit, innerlich frei zu sein, weil es immer mehr Anteile in uns gibt, die wir verurteilen, wegdrängen und die somit ›aus dem Schatten heraus‹ unbewusst ihren Einfluss geltend machen müssen, weil wir sie nicht sehen möchten, können oder wollen.

Wahre Freiheit liegt im Bewusstsein

Ich habe es bereits mehrfach angedeutet und auch detailliert ausgeführt: Wahre Freiheit befindet sich auf einer anderen, erhöhten Ebene. Und schon sind wir wieder beim Sich-selbst-bewusst-Sein und der Alchemie. Das Ziel ist, sich selbst kennen zu lernen, um sich bewusst über die niederen Ebenen zu erheben und das eigene Dasein in die Hand zu nehmen. Das tut ein Meister, der bewusst entscheidet und der zu wollen gewillt ist. Er entscheidet, inwieweit er seinen Empfindungen, ausgelöst durch Situationen oder anderer Menschen Handlungen oder Sprache, Macht gibt. Er behält die Bestimmung über seine eigenen geistigen Zustände in seiner Hand, oder besser gesagt in seinem Geist. Wenn er entscheidet, sich nicht herunterziehen zu lassen, wird es nicht geschehen, weil er bewusst entscheidet, inwieweit er sich von Begebenheiten beeinflussen lässt und polarisiert bleibt. Er handelt nicht aus alten Ängsten oder Verletzungen heraus, die aufgedeckt und angesehen werden möchten. Er ist sich seiner in soweit bewusst und steht den eigenen Themen in soweit offen gegenüber, als dass er keine Angst vor sich selbst hat. Er erkundet den Sinn, der seine persönlichen Erlebnisse miteinander verbindet und die aktuellen Begebenheiten an ihn bindet. Es schreckt ihn nicht, eigene Anteile anzusehen und sich zu fragen, welcher Teil seiner selbst die aktuelle Situation angezogen hat. Er gibt der eigenen Angst keine Macht über sich. Ganz im Gegenteil: Er weiß, dass die Bewusstwerdung dieser Themen und Verletzungen ihn befreit, weil sie ihn einen Schritt näher zu sich selbst und somit zu Selbstbestimmtheit und Freiheit bringt.

Wie wir bereits aus den Überlegungen um das Resonanzgesetz gelernt haben, hängt unser Dasein und die Art unseres Lebens von unserer Aufmerksamkeit ab, da wir von der Realität genau das wahrnehmen, was unserer Einstellung oder Erwartung entspricht. Aus diesem Grunde ist es wichtig zu reflektieren, welche persönliche Einstellung uns und unser Handeln prägt, ob wir gewillt sind zu wollen, was wir überhaupt wollen oder fühlen und worauf wir unsere Aufmerksamkeit fokussieren. Diese Positionsbestimmung hat einen weit reichenden Einfluss auf das Kausalitätsnetz, bei dem ja alles in Grund-Folge-Beziehungen miteinander verbunden ist. Und so kommen wir an dieser Stelle auch wieder mit der Beobachterposition gegenüber uns selbst in Berührung: Die Entscheidung, wie wir unsere eigene Aufmerksamkeit ausrichten, fußt in unserer Bewusstheit über das Geschehen im Hier und Jetzt. Nur unter dieser Bedingung können wir eine weiterführende Veränderung in eine bestimmte Richtung verursachen.

Wie gesagt, wenn eine Situation nicht bewusst reflektiert und gehandhabt wird, eröffnet dies die Möglichkeit zur Beeinflussung und *Induktion*, z. B. durch den starken Geist eines anderen Menschen. Unsere Themen tragen in sich eine Eigendynamik, über die sie mit denen unserer Mitmenschen in Resonanz treten, und dabei spielt es keine Rolle, ob wir uns ihrer nun bewusst sind oder nicht. Solange sie unreflektiert bleiben, baut sich eine intensive Verbindung mit unserem Umfeld auf, in der wir uns leicht verlieren können. An anderer Stelle haben wir uns bereits ausführlich mit diesem Mechanismus auseinander gesetzt, und zwar anhand des Beispiels von Schuld (siehe Seite 95). Dort haben wir festgestellt, dass wir vor unserer eigenen Verantwortlichkeit fliehen, indem wir versuchen, im Umgang mit anderen perfekt angepasst zu sein: Wir handeln, entscheiden und reden so, wie wir glauben, dass es den anderen glücklich macht. Wir tun das, wovon wir denken, dass es ihm gut tut und ihn möglichst harmonisch und friedlich sein lässt. Wir schützen ihn, wo wir nur können, und versuchen, ihn vor Leid zu bewahren. Doch irgendwann kommt der Augenblick, wo es uns nicht mehr möglich ist, die Bedürfnisse des anderen automatisch über unsere eigenen zu stellen. Ausgelöst wird dieser Moment häufig dann, wenn sich unser Gegenüber nicht so verhält, wie wir es erwarten: Er oder sie nicht so dankbar, so rücksichtvoll oder mitfühlend ist, wie wir es von ihm/ihr erhofften. Dann ist die Wahrscheinlichkeit groß, dass uns unser eigenes Verhalten sauer aufstößt und wir verbittern: »Ich habe mich eine so lange Zeit für diesen Menschen überschlagen und alles getan, was ich konnte, und das ist dann der Dank?!« Aus dieser Dynamik heraus reißt dann jene Wunde wieder in uns auf, die wir doch durch unser eigenes angepasstes Verhalten hatten zudecken wollen. Denn eigentlich hatten wir ja nicht aus freien Stücken gegeben, uns wirklich frei dazu entschieden und aus dem Herzen gehandelt, sondern weil wir im Gegenzug etwas erwarteten: dass der andere uns nicht mit unserem Thema konfrontiert, sondern so mit uns umgeht, wie wir mit ihm – schützend und behutsam. Damit haben wir einerseits unser Wohlergehen in seine Hände gelegt und erwartet, dass er voller Fürsorge und Umsicht damit verfährt. Andererseits haben wir auch unsere Eigenverantwortung und somit die Macht über unser Befinden an ihn abgegeben. Da unsere Aufmerksamkeit kontinuierlich auf den anderen gerichtet war, haben wir es versäumt, auf uns selbst zu achten und für uns selbst zu sorgen. Wir haben die Fremdverantwortung für das Wohlergehen des anderen an uns genommen und erwartet, dass er das gleiche für uns tut. Wohl bemerkt ist all dies unbewusst und ungesagt geschehen.

Und solange wir dieses Verhalten nicht in das Licht unseres Bewusstsein heben, kommt unser Thema der Verantwortung und Schuld erneut zur Geltung, dieses Mal in einer Projektion auf den anderen: Indem wir ihm vorwerfen, nicht unseren Wünschen und Bedürfnissen gemäß gehandelt oder entschieden zu haben, beschuldigen wir ihn einer ›falschen‹ Handlung, nämlich sich geweigert zu haben, Verantwortung für unser Wohlsein zu übernehmen. Wir werfen ihm vor, uns nicht vor unseren eigenen Empfindungen bewahrt zu haben. Und wir halten unserem Gegenüber vor, dass er nicht intuitiv erahnt hat, was wir tatsächlich fühlen und brauchen. Dabei verlieren wir aus den Augen, dass es eigentlich in unserer höchst eigenen Verantwortung lag, genau diese Gefühle bewusst zu fühlen, unsere Aufmerksamkeit auf sie zu lenken und unsere Bedürfnisse darin zu erkennen und diese klar auszudrücken bzw. für uns selbst zu sorgen. Wie hätte der andere dies alles erkennen können, wenn nicht einmal wir selbst Klarheit und Bewusstheit darum besitzen?! Mission Impossible!

Da aber alles miteinander sinnmotiviert verknüpft ist, liegt auch in einer solchen Konfliktsituation eine Lernaufgabe, die wir erkennen und nutzen können. Denn im Grunde hat unser Gegenüber nämlich genau seine ›Mission‹ erfüllt: Er/Sie hat uns an unser verdrängtes Thema herangeführt! Wenn wir eine Beobachterposition und Distanz zu unserem eigenen Erleben einnehmen, eben zu der Verletztheit, die aus überflüssigen Wertungen und Beschuldigungen hervorgeht und in noch weitere mündet, zu der fehlenden Eigenverantwortung und unserer mangelnden Selbstbewusstheit, dann können wir die in der Situation verborgene Dynamik und die dahinterliegenden Thematiken erkennen.

Sie sehen, ob wir es wollen oder nicht: Wenn die Zeit gekommen ist, ein Thema anzusehen, zu verzeihen, zu integrieren, loszulassen oder zu bearbeiten, wird die kosmische Ordnung uns mit diesem Thema in Kontakt bringen. Ein Teil von uns, der dem höheren Sinn verschrieben ist, lässt diese Begebenheiten in ›unserer Kette‹ von Ursachen und Wirkungen auftauchen. Von Zufall kann dabei keine Rede sein, denn jede Erfahrung innerhalb dieser kausalen Verknüpfungen ist mit den vorherigen und den folgenden verbunden: Alles, was uns in unserem Leben begegnet, hat mit uns selbst zu tun und steht in Resonanz mit einem unserer Seinsanteile. Je länger wir uns dagegen wehren, diesen höchst eigenen Anteil unserer Existenz verleugnen, davor weglaufen, mehr und mehr Kraft aufwenden, ihn zu verdrängen und zu verurteilen, desto heftiger werden uns die Hinweise im Außen ereilen, desto eindringlicher werden die Appelle an uns, diesen verurteilten Teil unseres Selbst anzusehen und zu integrieren. Da es einem übergeordneten Sinn folgt, wird das Thema immer wieder in unserer ›Ereigniskette‹ auftauchen. Je länger wir allerdings auf der Erlebensebene verstrickt bleiben und leugnen, dass wir etwas mit dieser Thematik zu tun haben, die wir da gerade erleben, desto schwieriger wird es, in einer entsprechenden Situation klar zu sehen und das symbolisierte Thema herauszufiltern. Wenn wir es schaffen, durch Bewusstheit und unseren Willen eine Distanz zu uns und den Dynamiken, die uns umgeben, einzunehmen, lösen wir uns von dem reinen Erleben und somit vom scheinbaren Problem. Wenn wir unsere Lage durchblicken und verstehen, was eigentlich vor sich geht, welcher Teil von uns mit dem Geschehen in Resonanz steht und wie es zu dieser Aneinanderreihung von Grund-Folge-Ereignissen kommen konnte, dann kommen wir ein Stück weiter. Dann gelangen wir ein Stück näher an uns selbst heran, an unseren göttlichen Kern.

Zweifelsohne kann die *quantenherzliche* Verbindung von hermetischer Weisheit und wissenschaftlichen Erkenntnissen dabei unterstützend wirken. Die aktive und bewusste Umsetzung liegt allerdings wie immer in Ihrem eigenen Ermessen. Wie genau dies unter Zuhilfenahme des Kausalitätsprinzips vonstatten gehen kann, möchte ich Ihnen nun vorstellen.

Selbst zur Impuls gebenden Ursache werden

Auch für das Kausalitätsprinzip gilt, dass es niemals außer Kraft gesetzt werden kann. Die Grund-Folge-Regel ist universell gültig, da es Teil des *All-Seins* ist und die Beziehungen zwischen allem Existenten qualifiziert. Alles unterliegt ihm und ist unwiderruflich in die unendliche kausale Verknüpfung von Begebenheiten eingebunden. Nichts und niemand vermag, sich ihm zu entziehen. Wie aber können wir das neu gewonnene Wissen zu unserer eigenen Erhebung einsetzen und nutzen?

Solange wir von anderen Menschen oder Einflüssen Impulse bekommen, bleiben wir fremdbestimmt und sind deren Gutdünken ausgesetzt. Wir sind dann ›Folge‹, das heißt, wir reagieren mehr, als dass wir bewusst agieren. Das Geheimnis, wie wir von dem Kausalitätsprinzip profitieren können, liegt darin, *selbst* zur ›Ursache‹ zu werden: mit Hilfe unseres Geistes verursachende Impulse auszusenden und *selbst* Folgen zu bedingen. Dadurch verändern wir unseren Platz in der ›Ereigniskette‹ von einem passiven zu einem aktiven Dasein. Und da wir nun wissen, dass und auf welche Weise alles kausal miteinander verbunden ist und in Resonanz steht, erlaubt uns unser Bewusstsein, uns darüber klar zu werden, welchen Platz wir zurzeit in eben dieser Verkettung einnehmen. Diese Bestandsaufnahme kann uns dabei helfen, gezielt zu entscheiden, ob uns diese Position angenehm ist oder nicht und ob wir uns deswegen anders positionieren wollen. Wir sind nicht genötigt, immer nur ›Wirkung‹ zu sein, also eine von anderen Menschen und Umständen bestimmte, umhergeschobene Spielfigur, sondern können selbst zur ›Ursache‹, zum aktiven Spieler werden. Dabei können wir bewusst wählen, welcher Art unser verursachender Impuls sein soll und hinsichtlich welcher Konsequenz wir unser wichtigstes Werkzeug einsetzen möchten: unseren Geist.

An dieser Stelle treffen wir wieder unweigerlich auf die Prinzipien der Schwingung und Polarität. Der Grad unserer Meisterschaft lässt die Disziplin in uns wachsen, eigene Empfindungen, Gemütslagen, Polarisierungen und Energien, kurz: unseren Geist und Willen zu steuern. Und in dem Maße, wie wir unsere innere Autorität leben, nimmt auch unser Einfluss auf äußere Begebenheiten zu. Durch die aktive Ausrichtung unseres Geistes vermögen wir Impulse zu setzen, die dann unweigerlich Folgen nach sich ziehen und durch die kosmischen Gesetze auch im Außen manifestiert werden. Auf diese Weise verwirklichen wir wahrlich unsere Autorität, unsere Selbstbestimmtheit. Dabei unterstützt uns die hermetische Weisheit, denn sowie wir ihre Gesetzmäßigkeiten bewusst anwenden, werden wir zu eigenständig handelnden Figuren im Spiel des Lebens. In dem Augenblick, wo wir aktiv unseren Geist einsetzen, um Schwingungen, d. h. Gedanken und Gefühle, auszusenden, die sich für uns gut und richtig anfühlen, werden wir selbst zur ›Ursache‹, die gewünschte Wirkungen bedingen wird. Wenn wir eindeutig und freiwillig unseren Willen auf die Polarität ausrichten, der wir uns annähern möchten, senden wir bereits einen verursachenden Impuls aus. Dann werden bzw. sind wir schon ›Ursache‹ in unserem Dasein, weil wir ja all das anziehen, worauf wir unsere Aufmerksamkeit, unseren Willen und unsere Wahrnehmung richten.

Unser Erfolg hängt wieder einmal von unserer eigenen Entschlusskraft ab: Je klarer wir unseren Geist ausrichten, desto deutlicher können wir die Folgen dieser bewussten Einstellung erkennen. Dabei wird es einerseits so schwierig sein, wie wir es uns selbst machen. Andererseits aber haben wir immer alle Möglichkeiten an der Hand, um auf diesem unseren Weg gezielt voranzugehen und unsere gewünschte Position in der unendlichen Verkettung von Begebenheiten immer wieder aufs Neue einzunehmen. Am Ende kann die große kosmische Ordnung nicht anders: So konsequent, wie wir unser Ziel verfolgen, werden auch die entsprechenden Antworten des Universums in Form von konkreten Manifestationen darauf sein.

Angemessene Techniken für diesen Weg haben wir bereits besprochen: Sie alle können uns dabei helfen zu erforschen, welche Schwingungen wir aussenden, wie wir unsere Aufmerksamkeit fokussieren können und welche Thematiken uns vielleicht noch daran hindern, unser gesamtes geistiges Potential zu entfalten. Das Einzige, was wir wirklich zu verändern vermögen, sind wir selbst. Und obwohl wir geistige Veränderung anstreben, ist die Grundvoraussetzung für jeglichen Wandel zunächst die Annahme von dem, was ist. Die Art, wie wir mit dem Hier und Jetzt umgehen, bestimmt letztlich unseren Erfolg auf unserem Weg der Erkenntnis.

Das Hier und Jetzt nutzen

Es gibt viele Ausdrücke für das Leben im Augenblick: »Carpe Diem«, »Nutze den Tag«, »im Fluss sein«, »im Jetzt leben«. Sie alle heben eine wichtige Tatsache hervor: Das Jetzt ist unsere einzige Möglichkeit zu handeln, es ist das, was wirklich existiert, das Bedeutung hat. Und nur wenn wir unsere Aufmerksamkeit auf diesen einzigen, wahrhaftig existierenden Augenblick richten, können wir unseren Geist nutzen, um die Realität zu erschaffen, die wir uns wünschen.

Im ersten Kapitel haben wir uns im Rahmen der Quantenphysik damit auseinander gesetzt, wie Bewusstsein die Welt erschafft, und in dem Zusammenhang auch die *Zeitwellen-Theorie* von John G. Cramer kennen gelernt. Dabei hatten wir festgestellt, dass unsere subjektive Wahrheit im Hier und Jetzt einen fundamentalen Einfluss auf unsere Zukunft hat. Schon kleine Veränderungen in unserer Wahrnehmung, die mit jeder neuen Erfahrung unausweichlich sind, beeinflussen unsere Zukunft bzw. das, was wir in ihr anziehen. Wenn uns also das Kausalitätsprinzip vor Augen führt, dass alles Ursachen und Folgen hat, so wird deutlich, wie sehr unsere Gegenwart unser kommendes Sein bestimmt: In dem Maße, wie wir selbst-bewusst im Hier und Jetzt zum Impulsgeber werden, entziehen wir uns einer Dynamik, der wir bislang ausgeliefert waren. Wir brauchen nicht passiv fremden oder unbewusst initiierten Auswirkungen und ihrer Entfaltung zusehen, sondern können selbst aktiv auf unsere Zukunft Einfluss nehmen, indem wir selbst zur ›Ursache‹ werden, und das ist nur möglich im einzig wahrhaftig existierenden Moment der Gegenwart: *hier* und *jetzt!*

Leben ist konstante Bewegung und Veränderung, ob wir dies wollen oder nicht. Da diese Wandlungsfähigkeit alles Sein prägt, können wir uns auch dieses Prinzip zu Nutze machen und gezielt diese Bewegungen mittels unseres Geistes lenken. Allerdings nur unter einer Bedingung: dass wir den jetzigen Moment in seiner ganzen Potentialität nutzen – ihn wahrnehmen, annehmen und ihm dann einen Impuls geben, der in die von uns gewollte Veränderungsrichtung geht. Wir brauchen dabei gar nichts in Gang setzen, denn Bewegung ist ja von vornherein da: Sie ist der ursprünglichste Teil des Lebens und Grundbestandteil jenes ununterbrochenen Netzwerkes von Ereignissen. Unsere Aufgabe besteht vielmehr darin mitzubestimmen, in welche Richtung diese Bewegung gehen soll.

An dieser Stelle tangieren wir wieder die Frage nach dem Sinn. Zweifellos sind unsere Demut und unser Vertrauen gefragt, wenn wir für uns annehmen, dass alles, was geschieht, sinnvoll und motiviert ist. Unser Geist ist in diesem (An-)Erkennungsprozess Hilfsmittel und Werkzeug: Mit unserem Willen, unserer Bewusstheit um uns selbst und die Gesetzmäßigkeiten, die unsere Welt regieren, können wir aktiv den alles verbindenden, universellen Sinn unterstützen, und zwar indem wir bewusste Anlässe aussenden.

Alles, was in unserer wahrgenommenen Realität auftaucht, unterliegt einem bestimmten Zweck: Es darf sein und trägt zu unserer geistigen

Entwicklung auf die ein oder andere Weise bei – sei es durch die Möglichkeit zur Selbsterkenntnis, durch die Reflexion unserer ausgesandten Energie oder zu unserer direkten Erhebung in Form von Freude, Liebe oder Dankbarkeit. Die große kosmische Ordnung ist ein komplexes, verwobenes Gebilde aus sinnmotivierten Schwingungen: Wir sind lediglich ein Teil von ihm, es selbst aber trägt uns. Wir können ihm also vertrauen, es in Demut betrachten und es für unsere Erhebung nutzen. Und auch wenn oft nicht eindeutig der Sinn hinter gewissen Begebenheiten, Gefühlen oder Wahrnehmungen zu erkennen ist, so sollten wir dem dennoch unser Vertrauen entgegenbringen, sie annehmen und uns dabei eines immer wieder bewusst machen: Unser Geist ist begrenzt und erfasst oft nicht die eigentlichen Hintergründe. Es mag uns vielleicht manchmal verführerisch erscheinen, diesen höheren kosmischen Sinn in Frage zu stellen, weil uns das Erlebte nicht gefällt, aber es gibt ihn, er ist da! Die einzige Möglichkeit, ihn zu entdecken, liegt bei uns: Wir haben alles, was wir dafür brauchen. Und es gibt nur einen Ort und einen Augenblick, dies zu tun, nur einen Platz und einen Moment, wo wir anfangen können, unseren Geist, unsere Vorstellungen, unsere Schwingungen gezielt einzusetzen, selbst zur ›Ursache‹ zu werden und uns in Annahme zu üben: im *Hier* und *Jetzt!*

In dem Maße, wie wir unseren Willen gebrauchen und über ihn selbst zur ›Ursache‹ werden, bestimmen wir auch alle zukünftigen Manifestationen in unserem Leben. Dass dem so ist, vermag uns das siebte und letzte hermetische Prinzip noch zu verdeutlichen: das Prinzip des Geschlechts.

Das Prinzip des Geschlechts

»Geschlecht ist in allem;
alles hat seine männlichen und weiblichen Prinzipien;
Geschlecht offenbart sich auf allen Ebenen.«

– Das Kybalion –

Das siebte und letzte der hermetischen Prinzipien besagt, dass alles, was existiert, über Geschlecht verfügt, und zwar in Form von verschiedenen Anteilen, denen ›männliche‹ und ›weibliche‹ Energiequalitäten entsprechen. Gemäß den *Ebenen der Entsprechung* finden wir dieses Phänomen sowohl *oben wie unten*, sowohl im ›Großen‹ als auch im ›Kleinen‹. Jedes Lebewesen, jedes Objekt, jedes Teilchen des *allumfassenden Einen* unterliegt diesem Prinzip: Alles enthält zwei Energien, wobei erst deren Zusammenwirken Schöpfung ermöglicht und Leben schafft. Bei genauerer Betrachtung lassen sich also vom kleinsten Atom über die menschliche Geschlechtlichkeit bis hin zur Geistigkeit des *allumfassenden Ganzen* diese ›männlichen‹ und ›weiblichen‹ Anteile ausmachen. Sie sind sozusagen als Grundstoffe des *All-Seins* zu verstehen.

Auch *Quantenherz* ist im eigentlichen Sinne Zeuge des Geschlechterprinzips: Es verkörpert die Zusammenführung von analytisch-logischen, ›männlichen‹ Anteilen in Form der quantenphysikalischen Erkenntnisse und von ›weiblich‹-intuitiven Weisheiten, die durch die hermetischen

Lehren repräsentiert sind. Die Komplementarität dieser beiden Quellen erlaubt eine *quantenherzliche* Integration der dargestellten Prinzipien sowohl auf der Verstandes- als auch auf der Gefühlsebene. Und genau dieses Zusammenspiel bringt Sie und mich ein Stück unserem Ziel näher, Wahrheit in unserem Leben und auf der Erde zu manifestieren.

Schon der Name dieses letzten hermetischen Prinzips lässt unmittelbar an körperliche Geschlechtlichkeit denken. Um es jedoch in seinem ganzen Reichtum begreifen zu können, sollten wir uns darüber bewusst sein, dass es viel weitreichender und umfassender gedacht ist: Das Prinzip des Geschlechts ist auf allen Ebenen zu Hause, nicht nur auf der körperlich-physischen.

Geschlecht und Geschlechtlichkeit

Um das hermetische Geschlechterprinzip in seiner ganzen, vielschichtigen Sinnhaftigkeit zu erfassen, bietet es sich an, zunächst seine Benennung näher zu untersuchen: Das deutsche Wort ›Geschlecht‹ ist in seiner Bedeutung seit altersher von dem lateinischen Wort *genus* beeinflusst worden. Zu dessen sprachlicher Herkunftsfamilie gehört wiederum das griechische Wort *genesis,* welches ›Geburt‹ und ›Ursprung‹ bedeutet. Im Lateinischen lassen sich diesbezüglich noch andere Termini finden, die damit in Zusammenhang stehen: zum Beispiel *generare* (›zeugen, erzeugen, hervorbringen‹), *genitura* (›Zeugung‹), *generatio* (›Zeugungsfähigkeit‹) oder auch *genitalis* und *genitabilis* (›zur Zeugung gehörend‹ und ›die Zeugung fördernd‹). Auch in anderen Sprachen finden sich Spuren dieser Wortfamilie: *to generate* (engl. für ›bilden, erbringen, erstellen, entwickeln, verursachen, erzeugen‹ usw.), *générer* (frz. für ›generieren, hervorrufen, erzeugen‹), *generación* (span. für ›Erzeugung, Generation, Generieren, Generierung‹) oder auch *generazione* und *generare* (ital. für ›Zeugung‹ und ›zeugen‹). Somit verweist das deutsche Wort ›Geschlecht‹ wie auch die französische und englische Übersetzung (frz. *genre;* engl. *gender*) direkt auf die Idee der Schöpfung hin, auf Zeugung und Erschaffung, auf die Geburt von etwas Neuem.

Und mit eben diesen Thematiken setzt sich das hermetische Geschlechterprinzip auf allen *Ebenen der Entsprechung* auseinander: Es geht um den schöpferischen Prozess, darum, Neues hervorzubringen. Denn dort, wo sich beide Aspekte des Geschlechts – das ›männliche‹ und das ›weibliche‹ Prinzip – miteinander verbinden, entsteht Schöpfung, beginnt ein Schaffensprozess. Wo sie aufeinandertreffen, ist die Möglichkeit zur materiellen, geistigen und sogar spirituellen Zeugung gegeben. Dann kann eine Entwicklung in Gang kommen und etwas Neues wird kreiert.

Im gängigen Sprachgebrauch verstehen wir unter ›Geschlechtlichkeit‹ die Zugehörigkeit zum weiblichen oder männlichen Geschlecht auf körperlicher Ebene. Auch hier drückt sich das Geschlechterprinzip aus: und zwar auf konkreter Ebene. Es lässt sich an unserer körperlichen Mensch-Werdung wunderbar veranschaulichen. Die Vereinigung von Mann und Frau führt zur Schöpfung eines neuen Lebewesens. Dabei vereinen sich die Elemente des initiierenden, ›männlichen‹ Prinzips und des austragenden, ›weiblichen‹ Prinzips, so dass etwas ganz Neues und Einzigartiges entstehen kann. Jedes auf diese Weise geschaffene Lebewesen trägt demnach ›männliche‹ und ›weibliche‹ Anteile in sich, wodurch es befähigt wird, selbst wieder schöpferisch tätig sein zu können – sei es nun physisch, geistig oder spirituell. Mit Hilfe des Prinzips der Entsprechung können wir nun die Erkenntnisse über unsere körperliche ›Geschlechtlichkeit‹ und den Akt der Zeugung an sich nutzen und Rückschlüsse auf den geistigen Schöpfungsprozess im Allgemeinen ziehen: Denn auch auf der *Großen Geistigen* und der *Großen Spirituellen Ebene* wird durch die Vereinigung von ›männlichen‹ und ›weiblichen‹ Anteilen geistig erschaffen.

Wenn wir selbst von unseren eigenen Schöpfungsmöglichkeiten Gebrauch machen wollen, dann muss sich dieses also nicht unbedingt auf der körperlich-physischen Ebene abspielen. Ein Mensch kann vielmehr mittels der ihm innewohnenden ›männlichen‹ und ›weiblichen‹ Anteile zu jeder Zeit *geistig* schöpferisch tätig sein. Unserem menschlichen Geist ist nämlich von Natur aus die Möglichkeit gegeben zu entwerfen, zu ersinnen, kreativ zu sein und auf diese Weise mental zu erschaffen.

Wie sich das Prinzip des Geschlechts im menschlichen Geist auswirkt, möchte ich später noch ausführlicher darstellen. An dieser Stelle bleibt zunächst festzuhalten, dass ›Geschlecht‹ nicht gleichbedeutend mit ›Geschlechtlichkeit‹ ist, sondern das Prinzip des Geschlechts lediglich in der körperlichen Geschlechtlichkeit zum Ausdruck kommt. Ebenfalls ist festzuhalten, dass das hermetische Gesetz des Geschlechts auf allen *Ebenen der Entsprechung* zum Ausdruck kommt und Schöpfung überall geschieht, sei diese nun materieller, geistiger oder spiritueller Natur.

Alle Dinge beinhalten gemäß der hermetischen Wahrheit einen ›männlichen‹ und einen ›weiblichen‹ Aspekt. Diese beiden verkörpern

höchst eigene Qualitäten und tragen in sich das Vermögen, in gemeinsamem Wirken Schöpfung hervorzubringen. Lassen Sie uns nun im
Folgenden diese Eigenschaften genauer erkunden.

Über die Wirkung des Geschlechterprinzips

Wir haben bereits erfahren, dass jede Begebenheit, jede Sache und jedes Lebewesen ›männliche‹ und ›weibliche‹ Aspekte beziehungsweise Energien in sich trägt, welche der Schöpfung zu Diensten sind. Wenn sich diese Energien miteinander verweben, entsteht Neues. Doch wie geht dieses Erschaffen vor sich? Welche ›männlichen Qualitäten‹ sind dafür vonnöten? Und welche ›weiblichen Energien‹ werden für diesen Schöpfungsakt benötigt?

Um den Prozess des Erschaffens auszulösen und zu einem kreativen Effekt zu bringen, braucht es beide Energien. Der ›männliche Part‹ übernimmt dabei die Aufgabe des Initiierens, er ist Impulsgeber, er setzt sozusagen den aktiven, kreativen Startschuss, die Initialzündung eines jeden Schaffensprozesses, welche am Anfang einer jeden neuen Schöpfung steht. Der ›weibliche Part‹ ist demgegenüber empfangend veranlagt. Er sucht den ›männlichen‹ Impuls, zieht ihn an, nimmt ihn auf und setzt ihn im eigentlich schaffenden Prozess um. Das ›weibliche Prinzip‹ ist in diesem Sinne der »Schoß«, in dem der ›männliche Impuls‹ keimt, um eine neue Schöpfung hervorzubringen. Das Zutun des ›weiblichen Prinzips‹ ist somit facettenreicher als das ›männliche‹ Wirken, jedoch in keinem Falle wichtiger oder gar besser. Ohne Impuls gibt es kein Beginnen der Schöpfung und ohne den Prozess des Aufgehens und Gedeihens ist Schöpfung genauso wenig realisierbar. Es braucht also gleichwertig beide Prinzipien – das ›männliche‹ und das ›weibliche‹ –, um das *Allumfassende* um eine Schöpfung zu bereichern und Neues zu kreieren (Kybalion, 1912; Virtue, 2006).

Beide Qualitäten des Geschlechts müssen also notwendigerweise zugegen sein, um zu erschaffen. Eine Balance zwischen den ›männlichen‹ und ›weiblichen‹ Energien erhält Kreativität und Schöpferkraft. Eine Übergewichtung des einen Aspekts mit einhergehender Untergewichtung des anderen führt zu einem Ungleichgewicht, das nicht im Sinne eines schaffenden Prozesses ist. Was nützen wiederholte Impulse, wenn die umsetzende Kraft unterrepräsentiert ist und somit jene Inspirationen nicht umsetzen kann? Was nützt ein strotzendes Potential der Realisierung, wenn kein auslösendes Moment da ist?

Bei einem Ungleichgewicht der ›männlichen‹ und ›weiblichen‹ Energien im menschlichen Geiste richten sich Umstände ein, die so etwas wie ein ›Pseudo-Gleichgewicht‹ herstellen. In diesem Rahmen kann zum Beispiel bei einer geistigen Überpräsenz des passiven, ›weiblichen‹ Aspekts, der auslösende Impuls im Außen gesucht werden. Im gegenteiligen Fall kann ein Mensch, dessen Geist überbetont im ›männlichen‹ Modus funktioniert, zum wiederholten Impulsgeber nach außen hin werden, wobei die Schöpfung im eigenen Geiste jedoch eher dürftig bleibt. Eine solche Person projiziert sich vermehrt in die Welt hinaus, wobei andere Menschen dann ihre ursprünglichen Ideen für sie umsetzen. Wie diese Ungleichgewichte in Balance kommen können, werde ich später ausführlicher darstellen, wenn wir uns dem »geistigen Geschlecht« zuwenden. Denn bevor wir zum Ausflug in dieses höchst interessante Gebiet aufbrechen und die höheren Ebenen des Geschlechts erobern, möchte ich erst noch ein wenig auf der physikalischen Ebene verweilen und den Ausdruck des Geschlechts in wissenschaftlichen Zusammenhängen mit Ihnen gemeinsam ansehen.

Geschlecht und Wissenschaft

Das universelle Wirken des Geschlechterprinzips ist von der Wissenschaft bislang noch nicht wirklich erkannt worden. Es fehlt eine grundlegende Forschung diesbezüglich, welche am Ende zu einer Bestätigung des Prinzips führen könnte (Kybalion, 1912). Es gibt also bislang keine fundierten Belege dafür, dass die beiden geschlechtlichen Aspekte tatsächlich auf den verschiedenen physikalischen Ebenen des Seins am Werke sind. Dennoch ist in manchen Teilgebieten der Wissenschaften das Prinzip des Geschlechts als solches sehr wohl bekannt, wenn auch unter anderen Bezeichnungen und mit anderen Begrifflichkeiten.

Schauen wir uns deswegen einmal die subatomare Forschung innerhalb der Physik genauer an. Die Elementarteilchen, aus denen sich ein Atom zusammensetzt, werden klassischerweise mit einer elektrischen Polarität in Verbindung gebracht. Diese Elementarteilchen können eine negative (Elektronen), eine positive (Protonen) oder auch eine neutrale (Neutronen) Polarität aufweisen. Durch Anziehungsphänomene und auch *Kohäsion* wird die Bildung von Atomen, Molekülen oder anderen komplexeren Gebilden überhaupt erst möglich. Lassen Sie mich in diesem Zusammenhang ein paar Überlegungen rund um die atomare Zusammensetzung, um Atombindung, Ionisation und Influenz im Licht des hermetischen Geschlechterprinzips anstellen.

Ein Atom besteht aus einer Anhäufung von Elektronen um einen Atomkern, der aus Protonen und Neutronen besteht. Im Falle des Atoms geht der Impuls von den positiv geladenen Protonen aus und auf die negativ geladenen Elektronen über, welche sich um den Impulsgeber sammeln. Auf diese Weise bilden sich neue Atome, in der Fachsprache heißt es: Sie werden *generiert*. Der negative elektrische Pol kann dabei dem ›weiblichen‹, empfänglichen oder auch anziehenden Prinzip zugeschrieben werden und die positive elektrische Polarität dem ›männlichen‹. Keiner der beiden Aspekte ist hierbei dominant oder besser als der andere. Erst die gleichberechtigte Kombination beider Anteile erzeugt eine Schöpfung: Das neu geschaffene Atom ist eine eigenständige Entität, mit eigenen Eigenschaften und eigenem Funktionieren. Vereinfacht kann man also sagen, dass eine stabile atomare Verbindung dann entsteht, wenn sich negativ gepolte Elementarteilchen (Elektronen) um einen positiv gepolten Zusammenschluss aus Nukleonen (positiv gepolte Protonen und neutrale Neutronen, die den Atomkern darstellen) scharen. Die geladenen subatomaren Bausteine bewegen sich in Schwingungen umeinander und bilden so Atome mit verschiedenen Qualitäten.

In der Physik oder auch der Chemie zeigt sich in Phänomenen wie der *Ionisation* oder der *Rekombination,* dass die Elektronen – im hermetischen Sinne: die ›weiblichen‹ Elementarteilchen – durch ihre Anziehungskraft neue Gebilde schaffen können.

Ein Atom ist im Normalfall neutral, das bedeutet, dass die Anzahl von Elektronen (negative Polarität) und Protonen (positive Polarität) gleich ist. Daraus resultiert eine stabile atomare Konstruktion. Dieses kann man sich ungefähr so vorstellen: Die Nukleonen (Protonen und Neutronen) bilden den Atomkern, um den sich auf verschiedenen ›Umlaufbahnen‹ Elektronen befinden. Wenn sich die Anzahl von Elektronen verändert, wird aus dem neutralen Atom oder Molekül ein »*Ion*«, ein elektrisch geladenes Atom. Diesen Vorgang nennt man »*Ionisation*«. Die Anzahl der Elektronen (der negativ gepolten Elementarteilchen) ist dann nicht mehr durch die gleiche Anzahl von Protonen (von positiv gepolten Teilchen) ausgeglichen, und deshalb hat das *Ion* eine elektrische Ladung. Durch den Vorgang der *Ionisation* werden Elektronen aus der atomaren »*Valenzschale*« herausgelöst, aus der äußersten Umlaufbahn um den Atomkern, auf der sich Elektronen befinden. Wenn Elektronen die *Valenzschale* des Atoms verlassen, bedeutet dies, dass es sich nunmehr um ein positiv geladenes *Ion*, ein sogenanntes »*Kation*« handelt.

Eine weitere Möglichkeit der *Ionisation* liegt in der Anreicherung eines neutralen Atoms mit Elektronen. Es dominieren nunmehr die negativ geladenen Teilchen gegenüber den Protonen. Das negativ geladene *Ion* wird dann »*Anion*« genannt.

Einem *Ion,* sei es nun ein *Anion* oder ein *Kation,* können nach der *Ionisation* ebenfalls wieder Elektronen in seiner *Valenzschale* beigefügt werden. Diesen Vorgang nennt man *Rekombination.* Je nachdem, wie viele Elektronen im weiteren angereichert werden und wie viele Protonen ursprünglich vorhanden sind, kann es sich im Anschluss an einen solchen Vorgang immer noch um ein *Ion* (ein geladenes Atom) handeln. Oder aber es hat ein Ausgleich stattgefunden, so dass nun wieder ein (neutrales) Atom vorliegt.

Zur Veranschaulichung der Eigenschaften und des Wirkens von Elektronen in der Atombildung haben wir uns gerade der Vorstellung von ›Teilchen auf Umlaufbahnen‹ bedient. Vielleicht ist Ihnen in Erinnerung an das erste Kapitel aufgefallen, dass diese Darstellung der Dinge ein wenig vereinfacht ist. Wenn wir von ›Umlaufbahnen‹, ›Elementarteilchen‹ und auch von ›Bindung‹ sprechen, dann ist darin impliziert, dass es sich bei den Elementaren (Elektronen, Protonen, Neutronen) um Teilchen handelt, eine Vorstellung, die eigentlich in Konkurrenz zum *Welle-Teilchen-Dualismus* steht, der ja ein wichtiger Bestandteil der quantenphysikalischen Theorie ist (siehe Seite 22). Aus diesem Grund ist es wichtig, diesem Bild eine kleine Präzisierung beizufügen: Das Elektron wird in der Regel zu den *Leptonen* gezählt. Das sind Elementarteilchen, von denen angenommen wird, dass sie mit zu den kleinsten subatomaren Bausteinen unserer Welt gehören. Es ist bis dato noch kein Elektronenzerfall an ihnen beobachtet worden, deshalb wird davon ausgegangen, dass ein Elektron das kleinste, negativ geladene Teilchen ist. Es wird als nicht weiter teilbar und deswegen als stabil angesehen. De facto ist es aber so, dass bei einem Elektron, gemäß dem *Welle-Teilchen-Dualismus,* sowohl Wellen- als auch Teilchenqualitäten vorhanden sind. In der Regel kann ein Elektron in einem Atom als ›stehende Materiewelle‹ angesehen werden.

Es sind also Vorgänge rund um die Elektronen (um die im hermetischen Sinne ›weiblichen‹ Teilchen), die Phänomene von Anziehung und Umstrukturierung auf atomarer Ebene entstehen lassen. In der Bildung von Molekülen – das heißt von Strukturen, die aus Zusammenschlüssen mehrerer Atome bestehen, – spielen ebenfalls die Elektronen eine entscheidende Rolle. Genauer gesagt sind es auch hier wieder jene *Valenzelektronen,* die über die Anziehung und den Zusammenschluss zu neuen Molekülen entscheiden. In diesem Fall nennt man die *Valenzelek-*

tronen auch ›Bindungselektronen‹, und zwar im Gegensatz zu den ›freien Elektronen‹, die nicht direkt in die Atombindung einbezogen sind und die sich auf den anderen, inneren ›Umlaufbahnen‹ befinden.

Die Bindung zwischen Atomen wird mit mehreren Fachausdrücken bezeichnet. Es ist die Sprache von »Elektronenpaarbindung« oder auch von »homöopolarer« oder »kovalenter Bindung«. Je nachdem, welche Stoffe miteinander in Verbindung stehen, werden die Bindungen auch als »ionisch« oder »metallisch« bezeichnet. Der Ausdruck »Elektronenpaarbindung« ist dabei wohl der am ehesten bezeichnende. Im Grunde sind es die *Valenzelektronen* verschiedener Atome, die eine Verbindung eingehen und Pärchen bilden. Dieser Vorgang wird durch Wechselwirkung zwischen den Elektronen oder durch elektrostatische Phänomene ausgelöst: Geeignete Elektronen verbinden sich miteinander und verknüpfen so Atome zu stabilen molekularen Formationen.

Die chemische Bindung zwischen Stoffen funktioniert ähnlich und beruht auf dem Prinzip, dass der Zusammenschluss von mehreren Atomen zu komplexeren molekularen Strukturen energetisch günstiger ist als der isolierte Zustand einzelner Atome.

Es sind also die ›weiblichen‹ *Leptonen,* deren Anziehungskraft neue Formierungen entstehen lassen, wobei die positiv gepolten bzw. ›männlichen‹ Atomkerne diese um sich herum scharen. Die daraus hervorgehenden, generierten Moleküle verkörpern Qualitäten, die mehr als die simple Addierung der Eigenschaften der ursprünglichen Atome sind. Sie verfügen über ganz eigene Charakteristiken.

Das ›männliche Prinzip‹ richtet also seine Anziehungskraft auf das ›weibliche Prinzip‹, das den schöpferischen Prozess an sich vollbringt. Dennoch ist der eine Aspekt ohne den anderen wertlos: Für sich allein genommen vermag kein Prinzip den Erschaffungsprozess zu vollbringen, der wiederum dann alle möglichen Energieformen als Resultat haben kann.

Ein weiterer interessanter Aspekt in diesem Zusammenhang ist das Phänomen der *elektrischen Influenz,* welche anziehend bzw. abstoßend wirken kann: Gegensätzliche Pole ziehen sich an, gleiche Pole stoßen sich ab. Wenn ein elektromagnetisches Feld mit einer großen, negativen Ladung auf eine molekulare Struktur trifft, drängt es die negativ geladenen Elektronen dieser Struktur in die ihm entgegengesetzte Richtung. Wenn die Ladung eines solchen Feldes ausreichend ist, kann sie sogar eine *Ionisation* auslösen, indem sie Elektronen aus der Verbindung herauslöst, auf die sie trifft.

Ein positiv geladenes, elektromagnetisches – im hermetischen Sinne: ›männliches‹ – Feld zieht folglich Elektronen auf sich zu, manchmal sogar in dem Maße, dass diese sich aus ihrer ursprünglichen Verbindung lösen. Und wieder ist eine tiefgreifende Veränderung in der molekularen Struktur auf das Verhalten der Elektronen, der negativ geladenen, ›weiblichen‹ Elementarteilchen zurückzuführen, die durch eine solche *elektrische Influenz* beeinflusst werden. Durch ihr Verhalten entstehen dann Atome und Moleküle mit neuen Eigenschaften, wie wir sie vorangehend schon beschrieben haben.

Die Parallelen zwischen den ursprünglichen, hermetischen Lehren und den Erkenntnissen der subatomaren Physik leuchten ein. Zwei Prinzipien, unterschiedlich in ihren Qualitäten, ziehen einander an, um Neues zu schaffen. Die Vereinigung beider Eigenschaften bringt in ihrer Verbindung Stabilität. Wenn diese nicht gegeben ist, wechselt der ›weibliche Part‹, unter Einflussnahme des ›männlichen Parts‹, über in eine neue Verbindung und die Elektronen bilden eine neue Formation. Interessanterweise ist eine atomare oder molekulare Verbindung dann als stabil anzusehen, wenn sie sich in einem Zustand des ›kleinstmöglichen Energieaufwands‹ befindet. Dieser Zustand wiederum hängt eng mit der Vereinigung von positiv und negativ gepolten Elementarteilchen (oder auch *Ionen*) zusammen.

Die magnetischen, rezeptiven Eigenschaften der negativ gepolten Teilchen weisen auf das ›weibliche Prinzip‹ hin. Die Eigenschaften, die positiv geladenen Teilchen zugestanden werden, tendieren in Richtung des ›männlichen Prinzips‹. Es scheint fast so, als sei die Vereinigung von ›Männlichem‹ und ›Weiblichem‹ ein natürlicher Zustand, der einer Ruheposition gleichkommt, die entweder vorhanden ist oder aber angestrebt wird. Eine instabile atomare oder molekulare Konstruktion wird nach Elektronen ›suchen‹, bis sie sich selbst unter Abgabe oder Annahme von negativer Polarität in einen Zustand des minimal möglichen Energieaufwands gebracht hat, in eine Art Gleichgewicht, welches ihm das Sein ermöglicht.

Auch in der Chemie lassen sich entsprechende Parallelen ausmachen (chemische Bindungen, Affinitäten, Reaktionen, Kohäsion von Molekülen usw.). Den hermetischen Lehren nach entspricht dies alles dem Wirken des Prinzips des Geschlechts auf energetisch-physikalischer Ebene. Auf den Grundprinzipien von Loslösung, Wiedervereinigung, Anziehung und Abstoßung von ›weiblichen‹ und ›männlichen‹ Energien beruhen schließlich Phänomene wie Elektrizität, Magnetismus, Licht, Wärme, Gravitation, Wechselwirkung, chemische Affinität und noch vieles mehr (Kybalion, 1912).

Wie bereits zu Beginn dieses Kapitels festgehalten haben, existieren für die vorangegangenen Überlegungen noch keine hinreichenden, wissenschaftlichen Belege. Das *Kybalion* (1912) lädt uns dennoch dazu ein, alle Phänomene unseres Universums im Licht dieses neuen Wissens um das Prinzip des Geschlechts zu sehen und die Verbindung des Impuls gebenden, ›männlichen Prinzips‹ mit der schöpferischen, ›weiblichen Energie‹ zu prüfen. Das aufmerksame Studium aller Begebenheiten soll uns erkennen lassen, dass in allem ›Weibliches‹ und ›Männliches‹ zu finden ist. Denn immer wieder lässt sich in den unterschiedlichsten Zusammenhängen eine Energie finden, die den ursprünglichen Impuls gab, und eine andere, die rezeptiv und schöpferisch tätig war, die sozusagen den initiativen Impuls umgesetzt hat und zu einer neuen Sache heranreifen ließ, welche am Ende mehr ist als die einfache Summe ihrer Grundbestandteile.

Diese Feststellungen erhalten im Licht des zweiten hermetischen Gesetzes, dem Prinzip der Entsprechung, eine besondere Tragweite. Gemäß dem Grundsatz ›Wie im Kleinen, so im Großen‹ gelten die Bindungsgesetze nicht nur auf atomarer Ebene, sondern ebenfalls auf den darüberliegenden Ebenen und somit auch für uns Menschen. Bevor wir uns aber diesen menschlichen und zwischenmenschlichen Dynamiken zuwenden, lassen Sie uns erst der geistigen Ebene etwas Aufmerksamkeit widmen, die ebenfalls durch die Präsenz von Impuls gebenden, projektiven sowie aufnahmebereiten und umsetzenden Energien geprägt ist.

Das Prinzip des Geschlechts
im menschlichen Geiste

Auch auf geistiger Ebene, mit ihren sämtlichen Unterebenen, lässt sich das Prinzip des Geschlechts in allen Erscheinungen wiederfinden.

Gerade in den Geisteswissenschaften finden sich immer wieder Denkmodelle, die von den geschlechtlichen Prinzipien – wenn auch mitunter in abgewandelter Form – beeinflusst zu sein scheinen. In der Psychologie war es vor allem die Idee der ›Dualität‹, die im 20. Jahrhundert aufkam und sich in Form von diversen psychologischen Theorien durch die Jahrzehnte zog. Die verschiedenen Konzeptualisierungen unterscheiden sich gewiss in vielen Aspekten voneinander, doch die Grundidee der ›Dualität des Geistes‹ ist stets zugegen, so zum Beispiel in den Begriffspaaren ›Bewusstsein‹ und ›Unterbewusstsein‹ und ›aktiver‹ und ›passiver Geist‹. So unterschiedlich die einzelnen Denkmodelle innerhalb der Psychologie auch zunächst nach außen auftraten und gerne miteinander in Konflikt gerieten, so wird doch mittlerweile immer deutlicher, dass sie sich nicht etwa widersprechen oder gegenseitig persönlich in Frage stellen möchten, sondern dass der Schlüssel zum Verständnis in der komplementären Verbindung der verschiedenen Ansätze miteinander liegt. Keine Theorie besitzt eine ausschließliche Gültigkeit, vielmehr stellt jede sozusagen ein Stück des Puzzles dar, das zum holistischen Verständnis des menschlichen Geistes beitragen kann.

Das Prinzip des Geschlechts ist um einiges älter als jene psychologischen Theorien, die vehement den Anspruch erheben, den menschlichen Geist neu entdeckt und entschlüsselt zu haben. Sieht man vielmehr die neueren psychologischen Modelle im Licht der uralten hermetischen Lehre, vermag man diese auch für sich neu zu entdecken. Seien es jetzt Sigmund Freud, Carl Gustav Jung oder andere große Denker der Psychologie: In allen ihren Modellen finden sich tatsächlich mehr oder weniger versteckte Züge der Hermetik.

Das Vorhaben, solche besagten Parallelen herauszuarbeiten, mutet zwar sehr spannend und attraktiv an, doch sprengt es leider an dieser Stelle den Rahmen des Möglichen. So sei aber wenigstens jene Entsprechung erwähnt, die bereits im *Kybalion* zu finden ist: *Das Männliche Prinzip des Geistes entspricht dem sogenannten Objektiven Geist; Bewussten Geist; Wollenden Geist; Aktiven Geist, usw. Und das Weibliche Prinzip des Geistes dem sogenannten Subjektiven Geist; Unbewussten Geist; Absichtslosen Geist; Passiven Geist* (Kybalion, 1912, S. 194).

Im Zuge dieser parallelen Begrifflichkeiten stellt sich unweigerlich die Frage, wie wir uns denn konkret die ›Dualität‹ unseres menschlichen Geistes vorzustellen haben: Was machen seine ›männlichen‹ und seine ›weiblichen‹ Aspekte aus und worin unterscheiden sie sich?

Der Originaltext des *Kybalions* aus dem Jahre 1912 bezeichnet den ›männlichen‹ Anteil mit ›I‹ und den ›weiblichen‹ Aspekt mit ›Me‹. Die späteren, deutschen Übersetzungen bedienen sich der Begriffe von ›Ich‹ und ›Mich‹, um die beiden Aspekte des menschlichen Geistes zu veranschaulichen. Die Dualität des ›Ich bin‹, des eigenen geistigen Seins, wird demzufolge mit einem männlichen ›Ich‹ und einem weiblichen ›Mich‹ umschrieben.[12] Der Unterschied zwischen diesen beiden Anteilen liegt in ihren verschiedenen Charakteristiken und Qualitäten, die wir uns nun im Folgenden genauer ansehen wollen.

Das ›weibliche geistige Energieprinzip‹

In der hermetischen Philosophie trägt das ›weibliche geistige Prinzip‹ den Namen ›Mich‹. Vereinfacht kann man es sich zunächst als eine Ansammlung von eigenen Wünschen, Überzeugungen, von Gedanken, Geschmäckern, Empfindungen, Wahrnehmungen, Charaktereigenschaften, von Gefühlen, Vorlieben, Abneigungen, usw. vorstellen. In all diesem ist das ›weibliche Prinzip‹ verborgen und doch ist es mehr als das. Es ist nicht allein die Ansammlung der eigenen psychischen Inhalte, sondern vielmehr eine darüber hinausgehende Instanz, die auch unabhängig von diesen Inhalten existiert.

Wir haben also auf der einen Seite jene Aspekte, die wir an uns selbst und die andere an uns wahrnehmen. Auf der anderen Seite gibt es jedoch noch etwas, das dahinter liegt und konstanter ist als die wechselhaften emotionalen, psychischen oder mentalen Inhalte. Das ›weibliche Prinzip‹ im menschlichen Geist könnte daher auch als ein »geistiger Schoß« umschrieben werden – als eine geistige Instanz, die sowohl Empfindungen und Wahrnehmungen enthält, die aber auch neue hervorbringt, indem sie energetische Impulse in neue geistige Inhalte umwandelt und gedeihen lässt. In anderen Theorien werden diese Inhalte gerne mit der Persönlichkeit gleichgesetzt oder auch mit dem Selbst. In der hermetischen Lehre ist der Sprachgebrauch differenzierter: Bei den Inhalten ist von ›Mich‹ die Rede, das ›Selbst‹ hingegen ist umfassender zu verstehen.

Die Inhalte des ›weiblichen geistigen Anteils‹ sind nicht festgeschrieben. Sie verändern und entwickeln sich, manche fallen mit der Zeit weg, andere, neue stoßen hinzu. Immer aber sind sie den hermetischen Gesetzmäßigkeiten unterworfen. Somit können sie auch nicht mit dem ›weiblichen Energieprinzip‹ des Geistes gleichgesetzt werden. Sie sind in ihm enthalten, aber sie konstituieren es nicht, da dieses energetische Prinzip immer neues, geistiges Gut entstehen lassen kann und deswegen als eine darüber- bzw. dahinterliegende Ebene anzusehen ist. Unser »geistiger Schoß« ist also keine Ansammlung von inneren Zuständen, sondern eine Instanz, die diesem übergeordnet existiert und ein großes schöpferisches Potential in sich trägt. Wie im letzten *Kybalion*-Zitat erwähnt, kommt das ›weibliche geistige Prinzip‹ dem Freudschen Unbewussten relativ nahe. Es ist somit nicht nur ein ›Reservoir‹ für mehr oder weniger unbewusste Inhalte, sondern auch eine Quelle der Kraft und Kreativität. Es vermag, Geistiges aller Art zu erzeugen, Schwingungen hervorzubringen, sie gedeihen und reifen zu lassen.

Doch um dieses kreative Potential freizusetzen, bedarf es einer Impuls gebenden Kraft: Wenden wir uns deswegen nun dem zweiten, ›männlichen‹ Aspekt unseres menschlichen Geistes zu. Dieses zweite Energieprinzip komplettiert nicht nur die Dualität unseres menschlichen Selbst, sondern ermöglicht es uns, in gemeinsamem Wirken mit dem ›weiblichen Prinzip‹ schöpferisch tätig zu sein.

Das ›männliche geistige Energieprinzip‹

Die ›weibliche‹ Energie des Geistes haben wir als »geistigen Schoß« erkannt und beschrieben. Um geistige Schöpfung zu ermöglichen, benötigt die empfangende ›weibliche‹ Energie einen Impuls, welcher vom ›männlichen‹ Prinzip ausgeht. Dieses initiiert sozusagen den Erschaffensprozess und entspricht unserer Willensfähigkeit. Die aktive ›männliche‹ Energie besteht darin, wollen zu können, einen aktiven, mehr oder minder freien Willen zu besitzen, der richtunggebende Impulse aussendet und so den ›weiblichen‹ Schaffensprozess auslöst und lenkt.

Die Entscheidung zu wollen und der Willen selbst spiegeln sich in der Qualität des gegebenen Impulses wider. Gemäß der Stärke und Entschiedenheit dieses ›Startschusses‹ werden die schöpferischen Prozesse der ›weiblichen‹ Energie dann in die entsprechenden Bahnen gelenkt. Die Art des Wollens bestimmt demnach die Art des Schaffens. Auch auf geistiger Ebene kann man also sagen, dass das ›Männliche‹ seinen Samen in den ›weiblichen Schoß‹ sät. Nachdem dies geschehen ist, vermag die Willensinstanz außerdem noch die (geistige) Schöpfung zu beobachten, die sich durch die ›weibliche‹ Energie vollzieht. Wenn wir Menschen uns selbst aus der Distanz betrachten und unsere Aufmerksamkeit bewusst auf das, was geschieht, lenken, kann die initiierende, ›männliche‹ Instanz des menschlichen Geistes beiseite stehen und den Prozess des Schaffens an sich besehen.

Der mehr oder weniger freie Willen eines Menschen ist also mit seiner mehr oder weniger aktiven, ›männlichen‹ Energie gleichzusetzen. Die Initiation am Anfang und das weitere Beobachten des Geschehens vermag zunächst vielleicht weniger facettenreich erscheinen als der vom ›Weiblichen‹ vorangetriebene schöpferische Prozess an sich, doch sind sie in keiner Weise unwichtiger oder zweitrangig gegenüber dem Wirken des ›weiblichen‹ Pendants. Denn ohne das ›männliche‹, inspirierende Zutun – in Form von willentlichen Entscheidungen – ist geistige Schöpfung letztlich nicht möglich.

Der Schöpfungsprozess

Ein Mensch, der sich nicht darüber im Klaren ist, dass sein Geist aus einem ›männlichen‹ und einem ›weiblichen‹ Aspekt besteht, ist sich nicht bewusst, dass und vor allem *wie* er selbst einen Schöpfungsprozess hervorbringen kann. Er weiß nicht, dass er wollen kann und welche großen Schöpfungen aus seinen Entscheidungen hervorgehen können. Er weiß nicht, dass in ihm ein göttliches, schöpferisches Energiepotential schlummert, das nur darauf wartet, damit beginnen zu dürfen, Impulse umzusetzen. Er ist sich nicht bewusst, dass er sowohl Initiator als auch Generator einer Schöpfung sein kann und im Grunde genommen schon ist. Welche Problematiken aus dieser Unbewusstheit entstehen können, aber auch welches Potential in der Bewusstheit um die eigenen schöpferischen Qualitäten liegt, möchte ich Ihnen nun vorstellen.

Den ›weiblichen‹ Aspekt der eigenen geistigen Schöpfermöglichkeiten aktiv nutzen

In unserer Zeit ist der ›weibliche‹ Anteil im Geiste der meisten Menschen auf die eigenen emotionalen und körperlichen Wahrnehmungen sowie auf die persönlichen, psychischen Inhalte beschränkt. Manchmal sind diese Wahrnehmungen sogar so automatisch und undifferenziert, dass sie erst gar nicht die Schwelle zur eigentlichen Bewusstheit überschreiten, sondern in konstanter, nicht in Frage gestellter Selbstverständlichkeit vor sich hin dümpeln. In diesem Falle besteht höchstens ein vages Empfinden der eigenen Existenz durch die Inhalte der eigenen Psyche und durch die eigenen Körperwahrnehmungen. Ein solcher Mensch definiert sich über seine Vorlieben und darüber, was er oder sie von bestimmten Begebenheiten *denkt* oder wie diese wahrgenommen und empfunden werden. Es besteht kein tieferes Bewusstsein darüber, kein *Gefühl* dafür, dass das eigene Selbst bzw. der eigene ›weibliche‹ Geistesanteil mehr ist als seine Inhalte.

Viele Menschen identifizieren sich mit ihren Empfindungen und Gedanken, und manchmal wird diesen Inhalten sogar ein Eigenleben zugestanden. Dies geschieht immer dann, wenn ein Mensch es unterlässt, sein eigenes, geistiges Potential zu nutzen, und kein Bewusstsein über das Leben und die jeweilige Lebenssituation entwickelt. Stattdessen sieht sich eine solche Person als eine Ansammlung von inneren Zuständen, denen sie sich oft hilflos ausgeliefert fühlt. Das ›geistige weibliche Prinzip‹ wird dabei mit den persönlichen Empfindungen, Gefühlen, Gedanken, Körperwahrnehmungen, Wünschen, Einstellungen, Gewohnheiten usw. gleichgesetzt, und der betroffene Mensch fühlt sich den Schwankungen dieser variablen Inhalte unterlegen. Er reduziert seinen »geistigen Schoß« auf eine Anhäufung von inneren Zuständen, über die er keine Macht empfindet. Es scheint, als ob die Inhalte des eigenen Geistes ihn bestimmten, so als seien sie eigenständige, selbstständig operierende Entitäten. Dieses angebliche Eigenleben ist allerdings eine Illusion, die aus der Unbewusstheit um die Macht und Beschaffenheit des eigenen Geistes hervorgeht. Denn eigentlich sind wir selbst es ja, die diese Erfahrungen, Empfindungen und Wahrnehmungen in unseren Geist lassen, ihnen dort Raum schenken und Energie widmen. Wir selbst sind es, die die Zügel der Eigenverantwortung so locker lassen, dass ein unbewusster Automatismus die Richtung bestimmt, die wir einschlagen. Dieser Vorgang passiert schleichend und unwillentlich, sodass wir dann effektiv empfinden, keinen Einfluss darauf zu haben, was in unserem Geist vor sich geht. Sowie wir aber Bewusstheit in unser Leben bringen, können wir uns die Selbstbestimmtheit über unseren Geist und damit über das, was mit uns geschieht, zurückerobern.

Unser wahres Selbst ist mehr als die Summe von Empfindlichkeiten, Gefühlen, Gedanken und sogar mehr als unsere eigene Persönlichkeit. Wenn wir uns soweit erheben und Distanz zu unserem Erleben einnehmen können, werden wir erkennen, dass wir unsere Gefühle erschaffen und nicht umgekehrt! Wir sind mehr als das, was wir wahrnehmen, fühlen und empfinden. Wir existieren unabhängig von unseren Gemütszuständen, auch wenn wir uns teilweise über sie erfahren. Die Inhalte, die wir in uns wahrnehmen, sind Reflektionen unseres Seins, des eigentlichen »geistigen Schoßes«, der uns ausmacht und auf einer höher gelagerten Ebene existiert. Wenn wir uns eingehend mit uns selbst beschäftigen, in uns tauchen und unser eigenes Bewusstsein von besagter *Metaposition* ausgehend untersuchen, wird sich uns diese Wahrheit offenbaren.

Wer sich also selten selbst mit etwas Distanz betrachtet und das eigene Funktionieren wenig in Frage stellt, sieht sich zum einen nur als eine

Ansammlung von inneren Zuständen, zum anderen nimmt er sich oft nur aus Erlebtem heraus wahr, wobei dieses Erleben den hermetischen Gesetzen unterworfen ist, wie etwa dem Prinzip der Polarität oder des Rhythmus. Diese Menschen sind, was sie erleben, fühlen, denken. Dieser Umstand birgt allerdings zwei Gefahren in sich, die das Potential haben, uns auf lange Sicht in ein Unwohlsein zu stürzen.

Erstens setzt ein Mensch in diesem Falle implizit die eigene Persönlichkeit, das ganze eigene Selbst, mit nur einem Teil davon gleich. Dieses reduktionistische Vorgehen kann zunächst beeindruckend sein: Wenn ein eher positiver Aspekt der Persönlichkeit besonders intensiv hervorgehoben wird, erweckt dies die Illusion von Perfektion. Doch nicht selten kippt dieses einst imponierende Charakteristikum um in ein beängstigendes Moment. Denn die ganze wundervolle (im eigentlichen Sinne des Wortes: Wunder-volle!) Komplexität und Vielschichtigkeit eines Menschen wird auf einen seiner Aspekte reduziert und damit eine ganze Menge von Facetten nicht gewürdigt. So führen diese Übermenschen ein unerfülltes Dasein, da sie die komplexe Tiefgründigkeit ihres menschlichen Seins nicht erleben können.

Erst recht problematisch wird es aber, wenn die Person sich selbst mit einer als negativ bewerteten Eigenschaft oder Empfindung, mit einem als negativ bewerteten Gefühl oder Gedanken gleichsetzt. Durch die Undifferenziertheit der eigenen Wahrnehmung wird schließlich das eigene Selbst als ›nur schlecht‹ empfunden, weil ungerechtfertigterweise von ›einem Teil auf das Ganze‹ geschlossen wird. Eine solche Generalisierung kann die ganze innere Welt eines Menschen verdunkeln. Ein Erleben, das im Grunde lediglich *ein* kleines Puzzlestück im großen Mosaik des eigenen Lebens ist, stellt die zahlreichen anderen Puzzlestücke, die noch da sind, in den Schatten. Es ist, als wenn der oder die Betroffene das ganze restliche Bild, das sich normalerweise aus den vielen Puzzlestücken all seiner bzw. ihrer Erfahrungen ergibt, aus den Augen verliert und sich nur noch auf dieses eine Stück konzentriert. Ein Mensch in solch einer Position nimmt sich selbst nicht mehr differenziert und als komplexes Wesen wahr, sondern reduziert sich auf eine Erfahrung oder Eigenschaft und bleibt auf dieser Erlebensebene stecken. Wenn das aktuelle Erleben eine solche Färbung hat, richtet sich der Blick auf Negativität und das, was ist, die Gegenwart, versinkt in Dunkelheit.

Als wir uns mit dem Resonanzgesetz beschäftigten, hatten wir herausgefunden, dass sich ein Teufelskreis einstellen kann, wenn sich der eigene Blick auf Negatives richtet: Der Quantenphysik zufolge ziehen wir nämlich erstens an, was wir mit unserer Aufmerksamkeit nähren, und zweitens werden wir nur Negatives sehen, weil wir uns bemühen, die eigenen Ansichten zu bestätigen (indem wir uns auf Dunkelheit konzentrieren, Licht ausblenden und uns somit selbst darin Recht geben, wie schlecht die Welt doch angeblich ist). In diesen negativen Gedankenstrudel können wir also geraten, wenn wir uns selbst ausschließlich auf der Erlebensebene begegnen und uns nur noch auf einen ganz bestimmten, negativen Aspekt reduzieren: Wir reagieren mit vermehrter Abwehr auf uns selbst, werten uns ab und schwächen uns auf diese Weise immer mehr selbst. Das Wohlsein, das Sich-selbst-Annehmen und -Lieben rücken in weite Ferne.

Die zweite Gefahr, die sich einstellt, wenn sich ein Mensch lediglich als ›durch das Erleben existierend‹ wahrnimmt, hat ebenfalls mit hermetischen Grundsätzen zu tun, die Ihnen mittlerweile wohl bekannt sind: mit den Prinzipien von Rhythmus, Polarität und Kausalität. Wenn keine Distanz zum eigenen Erleben eingenommen wird, schwingen wir hilflos auf dem Polaritäts-Pendel hin und her, fühlen uns ausgeliefert und in aufgezwungener Passivität gefangen. Es passiert immer wieder, dass wir von unseren Gefühlen hinfortgerissen werden, weil wir uns nicht klar machen, dass sie nur ein Teil von uns sind. In diesem Fall sind wir ebenfalls weit davon entfernt, selbst ›Ursache‹ zu sein, vielmehr werden wir von unseren eigenen psychischen Inhalten sozusagen fremdbestimmt und bedingt. Es ist daher unendlich wichtig, die Einsicht zu erlangen, dass wir selbst Herr unseres Erlebens sind und nicht unser Erleben uns bestimmt.

Vielleicht ahnen Sie bereits, wie man diesen beiden Gefahren aus dem Weg gehen kann und welchen versteckten Hinweis auch das Prinzip des Geschlechts uns gibt, den wir schon mehrere Male im Laufe unserer hermetischen Erkundungsreise aufgegriffen haben … Genau: Ein Schlüssel, sich diesen Risiken zu entziehen und das eigene Selbst kennen zu lernen, ist die Einnahme einer *Metaposition* gegenüber uns selbst, unserer Existenz und somit die *Erhebung* über die Ebene des

Erlebens. Unsere persönliche Entwicklung hängt auch hier wieder mit jener Beobachterposition zusammen, die wir gegenüber uns selbst einnehmen können, und mit dem sich daraus ergebenden Grad des Sich-selbst-bewusst-Seins. Wir müssen lernen, so viel Distanz zu uns selbst einzunehmen, dass uns klar wird, dass wir *nicht* unsere Gefühle, Empfindungen und Gedanken *sind,* sondern dass *wir sie fühlen, empfinden* und *denken.* Auf diese Weise werden wir uns der potentiellen Handhabe bewusst, die wir über das haben können, was mit uns und in uns geschieht, und ergreifen wieder das Zepter der Macht über unseren Geist und somit über uns selbst. All unsere Empfindungen und Erfahrungen, unser Erleben sind zwar ein Teil von uns, aber eben nur ein *Teil*! Und diesem Teil sind wir nicht einfach hilflos ausgeliefert, denn er hat an sich kein Eigenleben und keine Macht über uns, solange wir sie ihm nicht zugestehen. Solange wir uns nicht darauf reduzieren, sind wir ihm auch nicht unterworfen. Wenn wir es schaffen, den Dingen ihren gesunden und angemessenen Stellenwert zu geben, sprich: sie als einen Teil des Puzzles zu sehen, der nicht mehr oder weniger Wichtigkeit oder Größe hat als die zahlreichen anderen Puzzlestücke, denen wir bisher in unserem Leben begegnet sind, dann wird sich das Gefühl einstellen, dass wir Herr über unser Erleben sind und dass wir unsere Lebenssituation meistern können. Dies ist der erste Schritt in Richtung Erhebung: Wir unterwerfen uns nicht mehr unseren Empfindungen, sondern werden uns klar, dass wir selbst sie beeinflussen und sogar bestimmen können. Und dies gilt sowohl im Hinblick auf emotionale Regungen als auch für körperliche Vorgänge und Empfindungen. Gleichzeitig kommen wir auf diese Weise ebenfalls darin einen Schritt weiter, dass wir uns nicht mehr unserer Umwelt oder anderen Menschen unterwerfen oder dass wir uns ihnen gegenüber ausgeliefert und unterlegen fühlen. Denn wenn ich mir bis in jede einzelne Zelle bewusst bin, dass ich meine Empfindungen steuern und über meinen »geistigen Schoß« aktiv verfügen kann, dass ich selbst dafür verantwortlich bin, ob ich dessen Inhalten Macht über mich zugestehe und mich somit unter Umständen selbst in eine Ohnmacht-Position begebe, dann stellt sich unweigerlich auch das Bewusstsein darüber ein, dass weder mein Umfeld noch andere Menschen mich in solch einem Maße bestimmen können. Dann weiß ich in meinem tiefsten Inneren, dass ich die- bzw. derjenige bin, die/der den Dingen die Macht gibt, mich zu berühren. Und damit habe ich die Wahl, mich jederzeit zu entscheiden, dies nicht mehr zu tun.

Aus jener (möglichst) neutralen Beobachterposition heraus, aus der distanzierten *Metaposition* mir selbst gegenüber, kann ich nämlich erkennen, was los ist, was in mir und mit mir geschieht, und mir auf diese Weise Fragen dazu stellen, an welchem Punkt mich die aktuelle Begebenheit packt.

* Welches ist das übergeordnete Thema, das mich diese Erfahrung hat anziehen lassen? Denken wir dabei an die Techniken in Verbindung mit dem Resonanzgesetz!
* Worauf weist meine Empfindung mich hin?
* Signalisiert mir das, was ich gerade fühle, erfüllte oder unerfüllte Bedürfnisse? Erinnern wir uns dabei an das Konzept der *Gewaltfreien Kommunikation,* das wir in den vorherigen Kapiteln kennen gelernt haben!
* Was bedingt meine Gefühle und entsprechen diese Überzeugungen wirklich der Wahrheit? Unterziehen wir unser Denken doch dabei jenem Untersuchungsprozess aus *The Work* von Byron Katie!

Auf diese Weise erlangen wir mehr Bewusstheit. Wir erhalten wieder Macht über uns selbst und können uns so unser Leben zurückerobern.

In gewisser Weise kann man sagen, dass wir uns darin üben dürfen bzw. sollten, Distanz zu uns selbst einzunehmen. Im fortgeschrittenen Stadium dieser Bewusstwerdungen und mit wachsender Erhebung können wir uns immer mehr über unsere eigenen Empfindungen und inneren Zustände hinwegsetzen und unseren »geistigen Schoß« wahrnehmen. Wir sind in der Lage, alle ablenkenden Empfindungen, Gefühle und Gedanken beiseite zu legen und die dahinterliegende Instanz zu entdecken. Mit anderen Worten erkennen wir ihnen die Macht ab, dass sie uns hinfortreißen, beeinflussen oder auch uns nur davon ablenken, was in Wirklichkeit die ›weibliche Energie‹ unseres Wesens ausmacht.

Doch nicht nur unsere Bewusstheit um unser ›weibliches‹, energetisches Potential birgt erhebende Entwicklungs- und Schöpfungsmöglichkeiten in sich. Auch wer sich mit seinem eigenen willentlichen, ›männlichen‹ Anteilen verbindet, gewinnt letzten Endes an Kontakt zu sich selbst und erobert somit einen weiteren Teil der Fülle des eigenen Seins. Lassen Sie mich Ihnen dazu ein paar Denkansätze anbieten.

Den ›männlichen‹ Aspekt der eigenen geistigen Schöpfermöglichkeiten aktiv nutzen

Gerade haben wir herausgefunden, wie wichtig es ist, sich des eigenen ›weiblichen‹ Wesensanteils bewusst zu sein. Die Meisterschaft über unser eigenes Empfinden ist wahrlich eine sehr erstrebenswerte Sache! Denn nur sie birgt die Möglichkeit zur aktiven Veränderung in sich. Unser Vermögen, unsere eigenen Empfindungen, Zustände und Charakteristiken beiseite zu stellen und sie aus der Distanz betrachten zu können, ermöglicht es uns, ungewollte Elemente zu transformieren oder bewusst abzulegen – und zwar mit Hilfe unseres eigenen Willens, der ›männlichen‹ Qualität unseres Geistes.

Die aktive Nutzung unserer ›männlichen‹ Energien ist dabei genauso wichtig und wünschenswert wie die bewusste Nutzung des ›weiblichen‹ Anteils unseres Geistes. Die Nicht-Nutzung unseres Willen birgt ebenso Risiken: Wenn wir nicht aktiv Entscheidungen treffen, wird jemand oder etwas anderes sie für uns treffen. Wenn dies geschieht, fühlen wir uns oft entmündigt, überrumpelt, ausgeliefert und hilflos. Um diesen Gefühlen von Passivität und Fremdbestimmung zu entgehen, hilft nur eins: Nehmen Sie ihre schöpferischen Geistesanteile aktiv an die Hand und nutzen Sie sie!

Der erste Schritt in diese Richtung ist immer noch das bedingungslose Annehmen von dem, was ist, in Form einer neutralen Bestandsaufnahme der aktuellen, geistigen Inhalte im Hier und Jetzt. Nachdem Sie sich selbst auf diese Weise bereits gestärkt haben und die eigenen Anteile erkannt haben, kann der zweite Schritt erfolgen. Mit der Distanz, die Sie aus der Beobachterposition gegenüber sich selbst gewinnen, können Sie entscheiden, ob Sie das möchten, was gerade passiert, oder nicht. Es liegt in Ihrem Ermessen, was geschehen wird! Es ist ihre freie, höchst eigene, willentliche Entscheidung. Nutzen Sie bewusst Ihre ›männliche‹ geistige Energie und bestimmen Sie! Sind Sie gewillt, die

Dinge so nahe an sich heranzulassen, wie Sie es gerade tun? Sind Sie gewillt, die Charaktereigenschaft, die mit der aktuellen Situation in Resonanz steht, weiterhin als Ihren eigenen Anteil zu dulden? Würden Sie es vorziehen, lieber mehr dies oder weniger jenes zu fühlen? Wenn dem so ist, können Sie verschiedene Methoden zurate ziehen, die Sie im Laufe unserer Entdeckungsreise kennen gelernt haben.

Seien es imaginative Techniken, bei denen Ihrer Kreativität keine Grenzen gesetzt sind, oder auch Doreen Virtues Mischpult, bei dem Sie alle Regler an die Stellen verschieben, wo Sie sie gerade hin haben möchten. Visualisieren Sie zum Beispiel die Eigenschaft, an der Sie zu arbeiten wünschen. Geben Sie ihr eine Farbe, eine Form, eine Konsistenz und transformieren Sie diese dann mit einem visualisierten Zauberstab in die Form, Farbe und Konsistenz, die Sie möchten und die für Sie das Gewünschte symbolisiert. Wenn Sie dafür offen sind, können Sie auch hochfrequente Energien zu Hilfe bitten, sprich: Engel- oder Erzengel- oder Elohimenergien, die Sie bei Ihrem Vorhaben konstruktiv unterstützen. Wenn Sie bitten, wird Ihnen gegeben! Achten Sie dabei aber immer auf die Formulierung Ihrer Bitte: affirmativ, positiv, konstruktiv, zielorientiert. Ihnen stehen alle Möglichkeiten offen, die Sie sich vorstellen können, *wenn* Sie es *wollen!*

Die Bewusstheit um die Kraft des eigenen ›männlichen Prinzips‹ bringt uns einen Schritt näher an den aktiven Einsatz unseres eigenen Willens. Im Lichte dieser Weisheit können wir entscheiden zu wollen und so unseren Willen dazu nutzen, einen Schaffensprozess in Gang zu setzen, der dann ein kreatives Ende in einer geistigen Schöpfung findet. Wenn wir es schaffen, unsere kompromisslose Identifizierung mit unseren ›weiblichen‹ Wesensanteilen in ein ausgewogenes Verhältnis zwischen ›weiblichen‹ und ›männlichen‹ Energien oder sogar in eine Identifizierung mit unserem Willen umzuwandeln, kommen wir einer bewussten Nutzung unseres Schöpferpotentials immer näher.

Bewusstheit erlaubt uns, vorsätzlich zu entscheiden, ob aktuelle Umstände noch gewollt sind, oder ob es an der Zeit ist, den eigenen Willen einzusetzen und einen Impuls der Veränderung loszuschicken. Das Gefühl, das viele von uns haben, dass wir anderen Menschen, unserem Umfeld oder Ereignissen ausgeliefert sind, hängt, wie bereits erwähnt, eng damit zusammen, dass es nicht unsere eigenen Impulse sind, die ihrem Schöpfungsprozess Energie einhauchen, sondern dass eben die entsprechenden Impulse effektiv von anderen oder von Ereignissen im Außen kommen. In der heutigen Zeit sind leider viel zu viele Menschen unbewusst fremdbestimmt. Doch dieser Fremdbestimmtheit kann mit Hilfe des Geschlechterprinzips und den damit einhergehenden Bewusstwerdungen Abhilfe geleistet werden.

Ein gesunder Zustand, geprägt von Selbstbestimmung und Eigenverantwortung, beruht darauf, dass eigene ›männliche‹ Anteile den persönlichen, ›weiblichen‹ Schaffensprozess stimulieren. Dann kann höchst eigenes Schöpfen stattfinden. Je mehr wir dies beherzigen und je mehr wir die eigene ›männliche‹ Willenskraft stark und versiert anwenden, desto näher kommen wir unserer Selbstbestimmtheit, freier Unabhängigkeit und dem Gefühl, etwas bewirken zu können. Dann werden unsere eigenen, geistigen Schöpfungen unserem Willen entsprechen und unser ›weiblicher‹ Anteil, der »Schoß« unseres Geistes, dem entsprechen, was wir uns wünschen und wie wir ihn uns vorstellen.

Es bedarf sicherlich innerer Größe und Ehrlichkeit mit uns selbst (was nicht immer einfach aufzubringen ist), damit wir den Ausdruck des Geschlechterprinzips im eigenen Geist untersuchen und gegebenenfalls in Frage stellen. Dennoch lohnt sich dieses Vorgehen ungemein, da es uns hilft, bewusster zu wollen, sprich: unseren höchst eigenen Willen auszuprägen und beabsichtigt einzusetzen.

In diesem Fall bedeutet Erhebung die Entwicklung des eigenen Willens, jenes persönlichen Anteils, der zum Impulsgeber wird und uns unser Leben wieder in die eigenen Hände nehmen lässt. Es läuft darauf hinaus, einen solchen Willen zu entwickeln, dass er uns die persönlich gewünschten Bilder in unserem Geist hervorbringen lässt. Auf diese Weise entscheiden wir selbst aktiv, was wir möchten und was nicht. Damit machen wir uns immer unabhängiger von unseren Gefühlen oder Gedanken, die vermeintlich ›einfach so‹ auftauchen und uns angeblich beherrschen, obwohl sie sich im Grunde durch fremdes ›Wollen‹ (Einflüsse, Begebenheiten, andere Menschen, usw.) in unserem »geistigen Schoß« eingefunden und dort gekeimt haben. Auf provokante Weise ausgedrückt könnte man sagen, dass es Zeit ist anzufangen, *selbst* zu denken und zu entscheiden!

Fremdbeeinflussbar-Sein durch Unbewusstheit um das eigene schöpferische Potential

Wo das ›männliche‹ und ›weibliche‹ Prinzip zusammenwirken, ist geistige Schöpfung möglich. Wenn beide Geschlechter sich gegenseitig im Gleichgewicht halten, können wir unser eigentliches, schöpferisches Potential nutzen. Das Wissen um diese Umstände erweitert unsere Erkenntnis über uns selbst und darüber, wie unser ›männlicher‹ Aspekt einzusetzen ist. Auf diese Weise können wir schließlich imstande sein, unserem ›wollenden Geist‹ Aufmerksamkeit und somit Kraft zu schenken. Im Prinzip des Geschlechts liegt demnach der Schlüssel für das Verständnis geistiger, schöpferischer Aktivitäten.

Starke Persönlichkeiten vermögen es, ihren Willen gegenüber anderen durchzusetzen oder ihnen aufzudrücken. Dies geschieht häufig sogar, ohne dass es von den Betroffenen bemerkt wird, sodass sie keinen oder kaum Widerstand dagegen leisten. Eigene Ideen werden so in einen fremden Geist hineingepflanzt und können dort in Ruhe keimen. Je bewusster wir jedoch werden, desto leichter können wir diese Vorgänge durchschauen und selbst entscheiden, ob wir dieses zulassen oder ob wir lieber selbst unser Leben leben und den eigenen Geist anstrengen wollen, um etwas Eigenes hervorzubringen. Im Laufe dieses Buches haben wir uns schon des Öfteren mit der Thematik der Passivität und dem damit einhergehenden, angeblichen Vorteil des ›Verantwortung-Abgebens‹ beschäftigt. Ebenfalls ist betont worden, wie gut sich dagegen Eigenverantwortung und Initiative anfühlen.

Solange ein Mensch sich nicht bewusst ist, dass auch er selbst wollen kann und er sich nicht notwendigerweise von Impulsen von außerhalb inspirieren lassen muss, vergibt er ungeahnte schöpferische Möglichkeiten. Oft geht damit eine empfundene, deprimierende Hilflosigkeit einher: Ein Mensch, der seinen eigenen Willen nicht nutzt, ihn nicht selbst-bewusst einsetzt, wird benutzt werden. Denn unbewusst stellt er sein eigenes schöpferisches Potential fremden Impulsen und wollenden ›männlichen‹ Energien zur Verfügung.

Der impulsgebende Wille als Initiator einer geistigen Schöpfung ist also nicht immer unbedingt das eigene Wollen! Das ›weibliche geistige Prinzip‹ zieht auslösende Energien an, weil es auf der Suche nach einem

Impuls ist, der ihm erlaubt, mit einem Schaffensprozess zu beginnen. Wenn es nicht vom Willen des eigenen Selbst mit initiierenden Entscheidungen versorgt wird, wendet es sich anderen Inspirationsquellen zu und die können durchaus im Willen anderer Menschen oder in äußeren Begebenheiten liegen. In diesem Fall kann Schöpfung ohne das eigene ›männliche Prinzip‹ funktionieren, indem es aus äußeren Eindrücken heraus einen Schaffensprozess anstrengt und ›männliche‹ Fremdenergien umsetzt. Die dann erschaffenen Dinge sind im Grunde persönliche geistige Schöpfungen, die Züge fremder Einflussnahme tragen, da das Resultat immer die eigene Verarbeitung fremder Impulse ist.

Diese Phänomene der geistigen Schöpfung durch einen äußeren Willen werden im allgemeinen Sprachgebrauch mit Telepathie, Gedankenübertragung, geistiger Beeinflussung, Suggestion oder Hypnose bezeichnet – in den hermetischen Lehren ist die Sprache von *geistiger Induktion* (siehe Seite 174). Ein solcher Vorgang kann durchaus sehr subtil und nicht direkt als Fremdbeeinflussung erkenntlich sein. Bei der Telepathie wird ein Impuls aus dem ›männlichen Prinzip‹ einer Person auf den ›weiblichen Aspekt‹ einer anderen Person gelenkt, und in dessen »geistigen Schoß« gepflanzt. Dort reift der Gedanke dann über eine gewisse Zeit und wird irgendwann im Laufe dieses Prozesses als eine persönliche Schöpfung angesehen werden. Bei Phänomenen wie Suggestion und Hypnose verhält es sich ähnlich. Die suggerierende Person richtet einen Impuls aus ihrem ›männlichen Prinzip‹ auf den Geist der zu hypnotisierenden Person. Sie zwingt ihre Idee quasi dem anderen auf. Die Schwingung ihres Willens trifft auf den empfangenden Aspekt des Geistes der zweiten Person und richtet sich dort ein. Das schaffende Prinzip dieser Person beginnt mit dem schöpfenden Prozess: Die Qualität des Impulses wird aufgenommen und umgesetzt. Auch hier passiert es oft, dass das ›geistige Kuckucksei‹ bei der schaffenden Person irgendwann als persönliche Schöpfung angesehen wird. Die Suggestion betrifft somit unter anderem die hermetischen Prinzipien der Resonanz und des Geschlechts.

Im Grunde geht ein ähnlicher Vorgang vor sich, wenn Sie ein Lebenshilfebuch lesen oder sich in psychologische Begleitung begeben. Ein anderer Mensch gibt Ihnen Impulse, die dann in Ihrem Geist reifen oder auch nicht. Aus Bewusstheit um diese Umstände betone ich des Öfteren gegenüber Klienten, dass die Überlegungen, die wir zusammen anstellen, lediglich Impulse sind. Dabei ziehe ich immer wieder die Aufmerksamkeit der Person darauf, bewusst zu entscheiden, ob sie das gemeinsam Erarbeitete für sich annehmen und verwerten möchte oder nicht. Und genau dieses Vorgehen möchte ich Ihnen auch ans Herz legen – sowohl im Hinblick auf *Quantenherz* als auch auf jedes andere Buch, das Sie lesen. Es würde mich von Herzen freuen, wenn Sie die Impulse für sich aufnehmen, die Ihnen gut und richtig für Sie selbst und Ihr eigenes Leben erscheinen. Treffen Sie diese Entscheidung bewusst und selbstbestimmt: Fühlen Sie in sich hinein, welche Samenkörner Sie in Ihrem Geist keimen lassen möchten, damit sich deren Früchte in Ihrem Leben manifestieren!

Bislang haben wir uns mit unseren ›männlichen‹ und ›weiblichen geistigen Energien‹ für unsere persönliche Entwicklung beschäftigt. Es gibt jedoch noch einen weiteren Aspekt des Prinzips des Geschlechts, dem wir bisher erst wenig Aufmerksamkeit geschenkt haben, der aber im Zusammenhang mit unserer Geschlechtlichkeit nahe liegt – nämlich zu untersuchen, wie sich das Prinzip des Geschlechts im Außen, genauer gesagt: im zwischenmenschlichen und partnerschaftlichen Bereich, äußert.

Das Prinzip des Geschlechts im Zwischenmenschlichen

Wie bereits am Anfang dieses Kapitels dargelegt, ist die körperliche Geschlechtlichkeit eines Menschen Ausdruck des Geschlechterprinzips auf der physikalisch-konkreten Ebene. Jeder von uns gehört im Besonderen einer dieser beiden Energiequalitäten an, nämlich dem entsprechenden Energieprinzip seines persönlichen, körperlichen Geschlechts. Somit stehen Männer dem ›männlichen Prinzip‹ näher, während Frauen im Grunde eher zu ›weiblichen Energien‹ tendieren.

Männer scheinen im Generellen konkreter und zielorientierter in ihrem Denken und Handeln zu sein als Frauen, die komplexer und emotionaler wirken. Wo ein Mann gerne logisch vorgeht und lösungsorientiert seine Ressourcen einsetzt, verlässt eine Frau sich häufiger auf ihre weibliche Intuition und geht eher prozessorientiert vor. Wo ein Mann bereits dabei ist zu handeln, möchte eine Frau erst über die Dinge reden und ›hineinfühlen‹. Dies alles sind Ausdrücke der geschlechtlichen Energiequalitäten, welche die Unterschiede zwischen Mann und Frau begründen. Dieser Verschiedenheit liegt jedoch kein Werturteil inne. Keine Eigenschaften sind besser oder schlechter. Sie sind lediglich anders.

Die Feststellung, dass Mann und Frau von Grund auf verschieden sind, ist nicht neu. Sowohl aus der Biologie, der Medizin, den neurologischen Wissenschaften als auch der Psychologie gehen Erkenntnisse hervor, die diese Feststellung untermauern. Männer und Frauen unterscheiden sich sowohl in ihrem physiologischen als auch in ihrem psychischen Funktionieren voneinander. Und gerade in dieser Verschiedenartigkeit liegen die ganze bereichernde Fülle und potentiellen Lern- bzw. Entwicklungsmöglichkeiten in einer Partnerschaft.

In unserer heutigen Zeit verschwimmen die ›männlichen‹ und ›weiblichen‹ Anteile zunehmend zwischen den Geschlechtern. Die klassischen

Rollenverteilungen vermischen sich, und die ›männlichen‹ und ›weiblichen‹ Energien sind nicht mehr unbedingt klar voneinander zu unterscheiden. Und doch ist es so, dass das Geschlecht, dem jeder Mensch angehört, gewisse energetische Qualitäten mit sich bringt. Somit sind diese Qualitäten ein Teil von uns, ob wir diese nun ausleben, annehmen, verurteilen, verdrängen, überspielen oder was auch immer damit tun. Jeder von uns verkörpert (und vergeistigt) vorzugsweise die Züge eines energetisch-geschlechtlichen Prinzips. Das bringt unsere Natur mit sich!

Diese Feststellung beinhaltet jedoch einen ganz wichtigen Punkt: Wenn wir uns nur auf die energetische Qualität unseres natürlichen Geschlechts konzentrieren, dann leben wir unser Potential nur einseitig aus. Im Sinne des Schöpfungsprinzips haben wir nämlich jenen Zustand noch nicht erreicht, wo die beiden, uns innewohnenden Geschlechter integriert sind. Um diesen übergeordneten – manche würden sagen: erleuchteten – Zustand zu erreichen, streben wir die Vereinigung mit dem anderen Energieprinzip, dem anderen Geschlecht an. Es scheint fast so, als suchten wir unser Leben lang nach einem gegengeschlechtlichen Part, der uns vervollständigt, mit dem wir glücklich sein können, der uns ein wenig näher dem Einheitsgefühl bringt, nach dem wir uns so sehr sehnen. Die Vereinigung mit einem gegengeschlechtlichen Partner bzw. mit einem Partner, bei dem im Hinblick auf uns selbst das andere geschlechtliche Energieprinzip in besonderem Maße aktiv ist, erlaubt uns außerdem einen göttlichen Akt der Schöpfung – sei es auf konkreter Ebene, die Zeugung eines gemeinsamen Kindes, oder aber die geistliche Vereinigung von unterschiedlichen Energien im Paar, die neue Begebenheiten, Gefühle und Wahrnehmungen hervorbringt, durch die beide bereichert werden und reifen können. In diesem Sinne kann die Vereinigung zweier Menschen miteinander, sei es auf physischer, geistiger oder spiritueller Ebene, als ›göttlich‹ bezeichnet werden.

So befassen sich auch immer mehr Bücher mit diesen komplementären Aspekten einer Partnerschaft. Interessante Ansätze zum Thema der Fülle, die aus dem konstruktiven Zusammenschluss von ›männlichen‹ und ›weiblichen‹ Energien im zwischenmenschlichen Bereich entstehen kann, finden sich zum Beispiel bei Chuck Spezzano (2005, 2007), David Richo (2009) oder auch bei Pierre Franckh (2006) und Eva-Maria Zurhorst (2009). All diese Werke heben eine Erkenntnis hervor, die unendlich wichtig für eine erfüllende und glückliche Partnerschaft ist: die Anerkennung und bewusste Annahme der Verschiedenheiten zwischen beiden Partnern.

In der heutigen Zeit sind die Trennungs- und Scheidungsraten sehr hoch und immer mehr Menschen leben alleine, manchmal unfreiwillig, manchmal aber auch aus einer bewussten Entscheidung heraus. Die Beschaffenheit unserer Gesellschaft und die verschwimmenden Rollen-verständnisse von Männern und Frauen sind sicherlich Faktoren, die in diese Entwicklungen mit einfließen. Der Umstand, dass heutzutage Frauen genauso gut im beruflichen Leben ›ihren Mann‹ stehen wie die Männer selbst, erlaubt ihnen gewiss eher, sich zu trennen als noch vor 30 Jahren. Die konkrete, wirtschaftliche Abhängigkeit ist weniger groß und das Alleinleben somit im Rahmen ihrer Möglichkeiten. Viel-leicht gehen mit diesen neuen, gesellschaftlichen Standards ebenfalls Entwicklungen einher, die uns Menschen weniger kompromissbereit werden lassen. Häufig sind wir weniger bereit, unangenehme Umstände in einer Partnerschaft auf uns zu nehmen, weil wir es ja genauso gut einfacher haben könnten, wenn wir alleine sind. Ich glaube, dass wir immer wieder an Punkte in einer Partnerschaft gelangen, wo wir mehr oder weniger bewusst eine ›Kosten-Nutzen-Überlegung‹ anstellen. Diese recht nüchterne Formulierung soll in keiner Weise verurteilend klingen: Eine solche Abwägung scheint sogar gesund und angebracht zu sein, da wir uns dadurch immer wieder aufs Neue füreinander entscheiden oder aber die Möglichkeit geboten bekommen, Konsequenzen daraus zu ziehen, wenn wir erkennen, dass sich unsere Partnerschaft in einem Zustand von Unausgeglichenheit befindet. Dieser Entscheidungsprozess sollte allerdings möglichst bewusst und am besten in regem Austausch miteinander von beiden Partnern gleichzeitig vollzogen werden: Denn dann ist es möglich, einen wirklich aktiv reflektierten Beschluss zu fassen, der gemeinsam getragen werden kann. Ein solches Vorgehen bewahrt vor der Gefahr, eine Beziehung aus automatisierten Denk- und Verhaltensmustern heraus zu führen, die vielleicht nicht mehr den aktuellen Bedürfnissen und Wünschen beider Partner entsprechen. Es bietet sich also im Besonderen an, diese ›Kosten-Nutzen-Überlegung‹ in unser Bewusstsein zu heben und im Licht des hermetischen Grundsatzes des Geschlechts zu untersuchen.

Indem wir uns auf unser natürliches Geschlecht konzentrieren, empfinden wir uns als nicht vollständig und begeben uns, aus dieser Nicht-Integration heraus, auf die Suche nach einem Partner, der zur vermeintlich gegensätzlichen und uns anscheinend vervollkommnenden Energiequalität gehört. Diese Suche vollzieht sich häufig vollkommen unbewusst. Doch was passiert eigentlich, wenn wir glauben, einen solchen Menschen gefunden zu haben? Mir ist aufgefallen, dass wir des Öfteren nach kürzerer oder längerer Zeit versuchen, diesen Menschen zu ändern, ihn ›zurechtzubiegen‹ und uns ärgern, wenn er nicht so denkt, fühlt und lebt, wie wir selbst. Unwillkürlich haben wir einen Prozess der ›Angleichung‹ an unseren Partner begonnen – und er an uns. Dieser Prozess an sich scheint zunächst absolut gesund und sogar notwendig zu sein, damit wir gemeinsam mit einem anderen Menschen ein Stück unseres Lebensweges gehen können. Doch immer wieder geschieht es, dass dieser Angleichungsprozess zu weit geht: Dann wünschen wir uns nicht nur, dass unser Partner uns immer ähnlicher werde, sondern gelangen an den Punkt, dass er tatsächlich denken, fühlen und leben soll wie wir. Doch je mehr es dazu kommt, desto mehr verliert er seine eigentliche Identität, den Kontakt zu seinem eigenen inneren Selbst und schließlich zu dem, was uns anfänglich so faszinierte und begeisterte.

Wenn wir uns wünschen, dass der andere genauso funktioniert wie wir selbst, tun wir dies gerne aus der Illusion heraus, dass unser Partner uns dann bedingungslos verstehen und annehmen könnte. Wir versuchen somit, ihn aus unserem eigenen Gefühl des Mangels und der Unvollständigkeit heraus zu verändern. Und genau dies mündet nicht etwa in eine erfüllende Liebesbeziehung und in das Gefühl, mit dem Partner verbunden zu sein, sondern führt zum genauen Gegenteil: zu Schmerz und dem Empfinden, voneinander getrennt zu sein – eben weil wir uns gegenseitig nicht so annehmen, wie wir sind. Das Verständnis füreinander schwindet und damit das eigentliche Ziel: Eine liebevolle Partnerschaft in Verbundenheit und gegenseitigem inspirierenden Respekt rückt in immer weitere Ferne.

Unser jeweiliger Partner ist und bleibt immer ein anderer Mensch. Das ist die Realität, die mit unserer eigenen Illusion, unseren eigenen Wünschen und Vorstellungen in Konkurrenz tritt. Eine erfüllte Liebesbeziehung besteht jedoch darin, den anderen in seiner Ganzheit und seinem Sein anzunehmen, zu akzeptieren und so zu lieben, wie er oder sie ist. Je mehr wir allerdings an unseren Ansprüchen an den anderen festhalten, desto mehr Leid produzieren wir, nicht nur für unseren Partner, sondern letztlich für uns selbst. Ein Mensch, der eines der beiden geschlechtlichen Prinzipien tief in sich verwurzelt hat, kann nicht kurzerhand und einfach zum anderen Energieprinzip wechseln. Wenn wir stattdessen von Anfang an den Umstand würdigen, dass Menschen verschieden sind und somit jeder Partner seine höchst eigenen Energien und Qualitäten mit in eine Beziehung einbringt, dann können wir unsere Verschiedenheit für das beiderseitige Glücklichsein und für unsere jeweilige Entwicklung nutzen. Wenn wir aber unendlich viel Energie aufbringen, uns gegen das Unabänderliche zu wehren, und versuchen, den Partner zu jemandem zu machen, der er oder sie nicht ist, vertun wir diese Chance. Die wichtigste Grundlage für das Funktionieren einer Partnerschaft ist deswegen respektvolles Verständnis: Verständnis für sich selbst, für den Partner und Respekt für das zwischenmenschliche Anderssein, das wir jedoch als eine Brücke zueinander nutzen können und das uns auf diese Weise miteinander verbindet.

Eine weitere, bedeutende Erkenntnis, die einer Partnerschaft ebenfalls auf die Sprünge helfen kann, ist die Bewusstwerdung, dass wir grundsätzlich im Anderen suchen, was wir in uns selbst verloren haben: Liebe, Verständnis und bedingungslose Annahme. Eva-Maria Zurhorst drückt dies wunderbar im Titel ihres Buches aus: *Liebe Dich selbst und es ist egal, wen Du heiratest!* Wenn wir erkennen, dass wir im Grunde die Einheit mit uns selbst und dem Göttlichen in uns suchen, nehmen wir unseren Partner nicht unwillkürlich in die Verantwortung, uns vollkommen und glücklich machen zu müssen, denn dies ist eine Aufgabe, die einer »mission impossible« gleichkommt und nur in einem Scheitern enden kann.

Die Vereinigung von ›männlichen‹ und ›weiblichen‹ Energien im Paar bedeutet also nicht, sich einander anzupassen und das eigene Selbst zu verleugnen. Es gilt vielmehr, eine Verbindung miteinander anzustreben, in die jeder Partner seine eigenen Qualitäten einbringen kann und für diese Würdigung, Respekt und Annahme erfährt. Damit es in einer Partnerschaft Raum für ein ›Wir‹ geben kann, sind zwei individuelle Selbst vonnöten. Jeder von uns trägt ja sowohl ›weibliche‹ als auch

›männliche‹ Energien in sich. Diese müssen in uns selbst in Balance gebracht werden. Denn dann suchen wir uns unseren Partner nicht mehr aus einem Gefühl der Unvollständigkeit heraus aus, sondern können miteinander eine Partnerschaft leben, in der wir uns in unseren Talenten ergänzen, uns gegenseitig annehmen und voneinander lernen können. Da beide Partner die ›männlichen‹ *und* ›weiblichen‹ Anteile des Geschlechterprinzips in sich tragen, können auch beide schöpferisch tätig sein. Wenn wir es schaffen, diese Schaffenskraft in den Dienst erstrebenswerter Ziele zu stellen – Liebe, Respekt, Annahme und Würdigung unseres Gegenübers sowie der Entwicklung eines Bewusstseins über die einander bereichernde und komplementierende Andersartigkeit –, dann vollbringen wir wahrhaft Göttliches im Geiste *und* in unserer Partnerschaft und erleben die Vollkommenheit und Ganzheit unserer Einzigartigkeit in der Unterschiedlichkeit.

Wer konkrete Inspirationen für diese anspruchsvolle und dennoch grundlegend einfache Aufgabe sucht, kann diese bei den bereits oben erwähnten Autoren finden. Leider sprengt es wiederum den Rahmen und Anspruch von *Quantenherz,* die verschiedenen Techniken für die partnerschaftlichen Entwicklungsmöglichkeiten darzulegen – nicht zuletzt, weil manche dieser Techniken den bereits besprochenen, konkreten Umsetzungsmöglichkeiten ähneln. Ich möchte es aber nicht versäumen, Ihnen noch einige praktizierbare Methoden zum Prinzip des Geschlechts nahe zu legen.

Konkrete Techniken
zur Nutzung des Geschlechterprinzips

Ein tiefgreifendes Verständnis dieses letzten, hermetischen Prinzips hilft uns dabei, es auf vielfältige Weise für unsere eigene Entwicklung nutzen zu können. Mit Hilfe unserer Aufmerksamkeit vermögen wir zu erkennen, dass das Prinzip des Geschlechts überall am Werke ist – gemäß dem Prinzip der Entsprechung: ›Wie innen, so außen‹! Wir haben in den vorangegangenen Unterkapiteln gesehen, dass das ›männliche Prinzip‹ auf geistiger Ebene bei den meisten Menschen häufig relativ schwach ausgeprägt ist: Oft sind dann nur in einem gewissen Maße ein unabhängiger Willen und jene Kraft vorhanden, eigene Impulse setzen zu können. Da der ›weibliche‹ »geistige Schoß« in der Regel effizient, wenn auch unbewusst, funktioniert, gilt es, beide Anteile in unser Bewusstsein zu bringen, so dass sie für uns nutzbar werden.

Zusätzlich hatten wir herausgefunden, dass wir unseren Willen mit unserem eigenen ›weiblichen‹ Anteil in Verbindung bringen können, um geistig zu schöpfen. Diese Art der Schöpfung benötigt jedoch nicht unbedingt ein großartiges Tun, Machen oder Handeln, auch wenn wir uns oftmals auf der Handlungsebene dazu gedrängt fühlen, im Außen zu agieren, um Neues zu schaffen, zu erleben oder hervorzubringen. In diesem Fall projizieren wir allerdings unseren Schöpferimpuls nach außen und wundern uns, dass wir dessen Resultate nicht klar wahrnehmen. Das Prinzip des Geschlechts lehrt uns jedoch, dass es im Grunde nicht notwendig ist, uns nach außen zu wenden. Es ist völlig ausreichend, wenn wir unseren Willen auf unseren eigenen »geistigen Schoß« projizieren und dann dem Prozess des Werdens zusehen. *Das* ist innere, geistige Schöpferkraft! Die äußere Manifestation dieser Schöpfungen ist dann lediglich eine Frage der Zeit und der Wahrnehmung. Denn nach dieser geistigen Schöpfung kann das Prinzip der Schwingung in

Kraft treten, so dass wir unausweichlich Situationen und Menschen anziehen werden, die den ausgesandten Resonanzen entsprechen – und damit auch unserem freien Willen, da er der ausschlaggebende Impuls unseres geistigen Schaffens war.

Doch wie kann man praktisch den eigenen wollenden, auslösenden Impuls auf den persönlichen »geistigen Schoß« richten? Indem man sich selbst Dinge suggeriert.

Autosuggestion und *Positives Denken*

Die möglichen negativen Auswirkungen von suggestiven Funktionsweisen auf uns und unser Leben haben wir bereits untersucht – nämlich jene Zusammenhänge, in denen der Wille einer Person ihren Impuls dem »geistigen Schoß« einer anderen Person aufzwingt. Wir können die Funktionsweise der Suggestion allerdings auch positiv für uns nutzen, für unser persönliches Wachstum, indem wir lernen, den Impuls nicht auf einen fremden, »geistigen Schoß« zu richten, sondern ihn auf uns selbst projizieren. In diesem Falle sprechen wir von *Auto-Suggestion.* Diese Art des Vorgehens lässt sich auch in anderen Disziplinen und Techniken über *Positives Denken* oder *Autogenes Training* finden (siehe z. B. Murphy (2005), Freitag (1999); Freitag & Zacharias (2000b)).

Schon die Namensgebung gibt uns Aufschluss darüber, wie hierbei Impulse gegeben werden sollen: ›autogen‹, das heißt, ›aus sich selbst heraus‹, ›selbstbedingt‹. *Wir* sind es, die uns Dinge suggerieren. Wir haben die Fähigkeit, unser höchst eigenes männliches Prinzip so einzusetzen, dass wir unserer ›weiblichen Energie‹ einen Wunsch, eine Absicht, einen Willen zukommen lassen können, der als Impuls für einen neuen Schaffensprozesses gelten kann. Dieser Impuls vermag dann, im »Schoße« unseres Geistes aufzugehen und zur geistigen Schöpfung zu werden.

Doch oftmals ist es für uns schwierig, unseren eigenen Willen wirklich zu zentrieren. In diesem Falle besteht, wie bereits erwähnt, die Möglichkeit, *bewusst* auf äußere, ausgewählte Impulsquellen zurückzugreifen. Das mögen Bücher, Vorträge, Seminare, Hörspiele, Illustrationen, geführte Meditationen oder auch Gespräche mit Freunden oder einem Therapeuten sein. Sie alle haben das Potential, uns positive Impulse zu vermitteln, die wir nach eingehender Überprüfung für uns als Inspirationsquelle nutzen können.

Beim *Positiven Denken* werden Sie dazu eingeladen, aus eigener Initiative positive Gedanken zu initiieren, die dann mit der Zeit im »Schoße« des ›weiblichen Prinzips‹ wachsen und gedeihen. Falls dies in der anfänglichen Umstellungsphase zu schwierig scheint, ist es wiederum möglich, sich bewusst äußerer, positiver Impulsquellen (z. B. Bücher oder Affirmationskarten) zu bedienen. Die Inspiration liegt auch hier zunächst außerhalb von Ihnen selbst. Mit der Zeit und wachsender Übung werden Sie aber merken, wie Sie sich immer mehr eine positive Grundeinstellung aneignen, bis diese schließlich Ihr gesamtes Sein ausfüllt. Der Samen beginnt in ihrem Geist zu keimen: Die positiven Impulse gehen in Ihrem »geistigen Schoß« auf, und Sie erschließen sich zusätzlich ein stärkeres Bewusstsein für Ihre ›männliche Energie‹. Sie stärken Ihren Willen und werden sich dadurch Ihres persönlichen, geistigen Freiraums immer bewusster. Wenn Sie dies dann noch mit Ihrer selbst initiierten, positiven Suggestionskraft verbinden, kommt es zu Ihren eigenen, persönlichen Schöpferprozessen. Sie werden Ihren Willen immer häufiger dazu nutzen, Ihrem »geistigen Schoß« positive Impulse und Suggestionen zukommen zu lassen, die schon bald wunder-volle Resultate nach sich ziehen werden.

Im Grunde greifen diese Techniken auf die Prinzipien der Schwingung und des Geschlechts zurück, da sie Sie dazu anhalten, Ihren Willen zu entwickeln und Ihr ›männliches‹, geistiges Prinzip zu stärken. Und je mehr sie dies tun, desto leichter wird Ihnen nicht nur das Wollen fallen, sondern desto mehr geistige Früchte werden auch Ihre positiven Impulse tragen. Sie nehmen sich bewusster und in konstruktiver Weise wahr, denn Ihre geistigen Inhalte sind zum einen selbstverursacht. Zum anderen aber reift auch in Ihnen jenes Bewusstsein, dass Sie mehr sind als diese Inhalte, Empfindungen und Wahrnehmungen. Auf diese Weise treten Sie in einen konstruktiven Kreis ein, durch den Sie sich immer mehr erheben werden.

Geben und Nehmen

Eine weitere Umsetzungsmöglichkeit rund um das ›männliche‹ und das ›weibliche‹ Geschlecht steht in engem Bezug zu den grundlegenden Qualitäten der geschlechtlichen Energien. Das ›männliche Prinzip‹ ist aktiv und projizierend – mit anderen Worten ›gebend‹, während das ›weibliche Prinzip‹ empfangend und anziehend, also ›nehmend‹ ist. Das Prinzip des Geschlechts steht somit in engem Zusammenhang mit den Thematiken des ›Gebens‹ und ›Nehmens‹.

Ein Ungleichgewicht in diesen Energien macht sich oft schmerzhaft bemerkbar. Wenn bei einer Person die ›männliche Energie‹ überbetont ist, so ist diese oft und gerne für andere da, schenkt ihnen Aufmerksamkeit, Hilfe, Liebe und andere Dinge. Doch dies geht manchmal soweit, dass es zu einer persönlichen Verausgabung kommt, die mit der Unfähigkeit einhergeht, überhaupt noch etwas für sich selbst annehmen zu können. Sehr viele ›Geber‹ haben die innerliche Überzeugung, dass sie alles alleine machen können und auch müssen. Sie stellen sich zwar gerne zur Verfügung, wenn andere ihre tatkräftige Hilfe benötigen, würden aber selbst nie um Hilfe bitten. Diese Menschen sind ›Macher‹ und gehen dabei manchmal über jede (und vor allem über die eigene) Schmerzgrenze hinweg. Sie geben bedingungslos und über die eigenen Möglichkeiten hinweg und bürden sich so manche Verantwortung auf, die im Grunde nicht die ihre ist. Entspannung ist in der Regel für sie ein Fremdwort, und ihr Alltag ist geprägt von Funktionieren, Bestreben und Taten – entweder für andere oder gelegentlich auch im Dienste anderer. Oft sind solche Personen sich nicht bewusst darüber, dass sie unaufhörlich zur Verfügung stehen, geben, machen und tun. Selbst wenn sich ein unaufholbarer Grad von permanenter Müdigkeit und Ausgelaugtheit einstellt, kommen sie oft nicht auf den Gedanken, dass es daran liegen könnte, dass sie zuviel Energie ins Außen geben und zuwenig ins eigene Wohlergehen investieren, also für sich aufnehmen.

Das Symptom des »Burn-outs« gehört meines Erachtens in diesen Kontext. Diese psycho-soziale Problematik gewinnt zurzeit immer mehr an Wichtigkeit und Beachtung, sowohl in der Öffentlichkeit als auch in medizinisch-gesundheitlichen Fachbereichen. Dem ›Ausgebrannt-Sein‹ liegt oft eine, schon jahrelang andauernde Selbstüberforderung und ein krasses Ungleichgewicht in den eigenen geschlechtlichen Energien zugrunde. Der ›männliche Aspekt‹ wird allzu überbetont und nach Jahren des Gebens ist das eigene Energiereservoir irgendwann einfach aufgebraucht. Die Selbstfürsorge ist entweder auf der Strecke geblieben oder gar nicht erst erlernt worden. An diesem Punkt kommt der ›Geber‹ in die Bedrängnis, ›für sich sorgen zu müssen‹, weil nichts mehr geht.

Wie so oft ist es nicht notwendig, es bis zu diesem Stadium des »Burn-outs« oder der »Depression« kommen zu lassen. Eine frühzeitige Bewusstwerdung um die eigenen Einstellungen rund um die Thematik des ›Gebens‹ und ›Nehmens‹ kann oft schon eine Erkrankung abwenden. Dabei geht es um die Ehrlichkeit mit sich selbst, um die Offenheit, für sich selbst sorgen zu lernen, sowie um die Entwicklung der eigenen ›Nehmerqualitäten‹. Das daraus resultierende Gleichgewicht bringt ein Wohlbefinden und ein gesundes Verhältnis zwischen den eigenen ›männlichen‹ und ›weiblichen Energien‹, was sich wiederum auf der Verhaltensebene widerspiegelt.

Dem gegenüber lassen sich auch Menschen finden, die ihre ›weibliche Energie‹ überbetonen. Diese zeichnen sich durch eine ausgesprochene Passivität aus. Sie brauchen scheinbar immer jemanden, der ihnen sagt, was, wann und wie sie es tun sollen, für wie lange, usw. Sie unterwerfen sich völlig den Impulsen der Außenwelt. Sie scheinen kaum Eigeninitiative zu haben, sondern ›laufen mit‹, ohne mit eigenen Ideen oder Gedanken beizutragen. Das kann sogar so weit gehen, dass sie ihrem Leben nur als passiver Zuschauer gegenüberstehen. Was auch immer in ihrem Leben passiert, nehmen sie lediglich wahr, und zwar mit dem Gefühl, sowieso nichts daran ändern zu können. Jegliche Vorstellung von Eigenbeteiligung oder Selbstwirksamkeit ist ihnen fern. Sie sind zum Sklaven ihres eigenen Daseins, ihrer Gefühle, ihrer Gedanken geworden und fühlen sich allem und allen gänzlich und hoffnungslos ausgeliefert. Und ihr überbetontes, ›weibliches Prinzip‹ fährt immer weiter damit fort, Impulse aus dem Außen anzuziehen und diese umzusetzen. Auch hier ist die Lösung wieder die Bewusstwerdung um die Möglichkeiten des eigenen Willens.

›Im Fluss zu sein‹ bedeutet, dass männliche und weibliche Energien sich im Gleichgewicht halten. Sowohl das ›Geben‹ als auch das ›Nehmen‹ sind dabei fundamentale Aspekte, die es auszubalancieren gilt. Aktivität und Passivität, Initiieren und Austragen, Aussenden und Empfangen wechseln sich rhythmisch ab und halten sich so die Waage.

- Wann haben Sie das letzte Mal darüber nachgedacht, wie Ihre Bilanz des ›Gebens‹ und ›Nehmens‹ aussieht?
- Wann haben Sie das letzte Mal sich selbst etwas Gutes getan und einfach, aus einem gesunden Egoismus heraus, für sich genommen oder sich selbst gegeben und es mit gutem Gewissen integriert?
- Sind Sie eher der ›Macher‹ oder der ›Zuschauer‹?
- Gibt es einen Aspekt, der klar dominiert, oder halten sich beide eine gesunde Waage?
- Fühlen Sie sich wohl damit, wie sich diese Themen aktuell in ihrem Leben darstellen?
- Bedenken Sie bei der Untersuchung Ihrer eigenen geistigen Inhalte, dass ein fremder Impuls sich oft wie ein eigener anfühlen kann, nachdem er einmal in Ihrem »geistigen Schoß« Wurzeln geschlagen hat – aber wie selbstbedingt und individuell ist er wirklich?

Eine ehrliche Eigenanalyse rund ums ›Geben‹ und ›Nehmen‹ kann uns also zu größerer Selbsterkenntnis und in ein gesünderes Gleichgewicht bringen. Dabei reflektiert unsere ›Geben-Nehmen-Bilanz‹ im Grunde den Zustand, wie es um das Verhältnis unserer geistigen, geschlechtlichen Prinzipien steht, denn: *Wie oben, so unten* – wie innen, so außen.

Der hermetische Grundsatz der Entsprechungen gilt allerdings auch für ein weiteres Gebiet, in dem das Prinzip des Geschlechts reflektiert ist. Der zwischenmenschliche und partnerschaftliche Bereich kann uns ebenfalls zu mehr Selbst-bewusst-Sein und zu einem gesunden energetischen Gleichgewicht verhelfen.

Die Partnerschaft als Erkenntnis- und Übungsraum liebevoll nutzen

Das Zusammenspiel von Geschlecht und Resonanz ist klar in unseren Beziehungen ersichtlich. Das, was wir aussenden, ziehen wir an, um daran zu wachsen. Als Mensch gehören wir einem Geschlecht an und tragen dessen Energiequalität vorzugsweise in uns. Auf unserer Suche nach Vollkommenheit machen wir uns auf den Weg, einen komplementären Gegenpart, einen Partner, zu finden, der in besonderem Maße das andere energetische, geschlechtliche Prinzip verkörpert. Somit ziehen wir einen Menschen an, der uns in unserer Unvollkommenheit vervollständigen soll. Da wir wahre spirituelle Vollkommenheit aber niemals im oder durch das Außen erreichen können, sondern nur in uns selbst, wird dieser Partner uns nicht den Gefallen tun, sich einfach als komplementäres Puzzlestück zur Verfügung zu stellen und mit uns ein integriertes Ganzes bilden, das uns zur Ganzheit verhilft. Die Art und Weise, wie unser Partner uns – und wir unserem Partner – zur Erhebung verhelfen, ist sehr viel einfacher und dennoch ... komplizierter.

Unser Partner reflektiert uns unsere eigenen Entwicklungsaufgaben. Das haben wir bereits durch das Gesetz der Schwingung erkennen dürfen. Diese Erkenntnis lässt sich durch das Prinzip des Geschlechts noch vertiefen, indem wir uns bewusst werden, dass die Resonanz zwischen den Partnern und die Gewichtung der energetischen geschlechtlichen Prinzipien in ihr uns selbst widerspiegeln.

Mit dem Wissen, dass wir Schöpfer unserer Realität sind, gehen viele Bewusstwerdungen über die Inhalte unseres ›weiblichen‹ »geistigen Schoßes« einher. Wir haben die Chance, uns über Überzeugungen, Glaubensmuster und geistige Inhalte klar zu werden, die sich in den Lebenssituationen, denen wir begegnen, ausdrücken. Somit liegt eine ganz wichtige Quelle der Erkenntnis und des Lernens in unseren Beziehungen, seien es freundschaftliche oder Liebesbindungen. In ihnen liegt viel Erkenntnis und Wahrheit, da wir mehr oder weniger bewusst einen Partner gewählt haben, dessen Funktionieren sehr viel mit uns selbst zu tun hat. Die Art und Weise, wie sich beide geschlechtlichen Energien im Außen, also in der manifestierten Paarbeziehung, begegnen und verbinden, reflektiert unseren Umgang mit den geschlechtlichen Energieprinzipien in uns. Unser Partner leistet uns täglich unbezahlbare Dienste in Sachen Selbsterkenntnis und Impulsgebung. Es lohnt sich deswegen, auch im Paar aufmerksam zu sein, wie die ›männlichen‹ und ›weiblichen Energien‹ gelagert sind.

Interessant ist sicher auch eine ehrliche Analyse der Rollenverteilungen und des Zusammenspiels von Initiierung und Empfangen, von Projektion und Umsetzung – immer in dem Bewusstsein, dass jeder beide Energien in sich trägt, aber einer Energiequalität, der seines eigenen Geschlechts, präferentiell angehört. Aus einer ehrlichen Bilanz heraus können die ›gebenden‹ und ›nehmenden‹ Energien ausbalanciert und somit manche Unstimmigkeit umgangen werden. Es spielt keine Rolle, für welches Gleichgewicht sich beide Partner dabei entscheiden, Hauptsache ist, sie tun es in bewusster Absprache miteinander. Dieser Prozess beinhaltet Verständnis, Kommunikation, Liebe, Respekt und Verbundenheit – sowohl mit sich selbst als auch mit dem Partner – und ist bereits wahrlich eine Manifestation des Göttlichen.

Entscheiden Sie bewusst, wie Sie mit sich, ihrem Partner, ihrer Beziehung umgehen, wie Sie Erlebtes zur eigenen Erhebung nutzen und welche Entscheidungen Sie willentlich treffen möchten. Denn es ist wiederum Ihr Wille, der Ihrem ›weiblichen Prinzip‹ einen Impuls suggeriert und autogen einen Schaffensprozess in Gang setzt, der neue Schöpfungen hervorbringen wird.

Die Liste der verschiedenen Techniken, die sich mehr oder minder explizit mit dem Prinzip des Geschlechts und seinem Schöpferprozess beschäftigen, ist lang, und ich möchte es Ihrem Entdeckergeist nicht nehmen, selbst darüber nachzudenken und die ›weiblichen‹ und ›männlichen‹ Anteile in allem und jedem zu entdecken. Das Geschlechterprinzip als solches aber wird Ihnen helfen, vieles besser und tiefgreifender zu verstehen, da Sie nun hinter die offenkundigen Dinge sehen und die dahinterliegende Wahrheit erkunden können. Haben Sie viel Spaß auf dieser bereichernden Entdeckungsreise!

⁂

Und damit sind wir am Ende unserer detaillierten Betrachtung der sieben hermetischen Prinzipien angelangt, nicht aber am eigentlichen Ziel unserer *quantenherzlichen* Reise: Denn bevor wir diese tatsächlich beenden können, gilt es, Bilanz zu ziehen und uns zu fragen, wie es nun mit all diesem Wissen im Gepäck weitergehen kann.

Angekommen sein und doch aufstehen und weitergehen –
Wenn sich Verstand und Gefühl
zu einem neuen Bewusstsein vereinen

*»Der Besitz von Wissen, wenn er nicht von tätiger Kundgebung
und Ausdruck begleitet wird, ist wie das Horten von Edelmetallen –
eine eitle und törichte Sache. Wissen, wie Reichtum,
ist zum Gebrauch bestimmt. Das Gesetz der Anwendung
ist universell und wer es verletzt, leidet zu Recht unter seinem Konflikt
mit den Naturkräften.«*

– DAS KYBALION –

So langsam neigt sich unsere aufregende Reise durch die Quantenphysik
und Hermetik mit ihren psychologischen Umsetzungsmöglichkeiten
dem Ende zu. Und doch ist diese scheinbare Ankunft, bei der wir nun
wissen, wie sich die aktuellsten wissenschaftlichen Erkenntnisse und die
uralten, philosophischen Ausführungen gegenseitig vervollständigen,
erst der Anfang von etwas Neuem, Wunder-vollem: Denn jetzt gilt es,
diesen Werkzeugkoffer voller facettenreicher Überlegungen, Modelle
und Techniken zu nutzen. Sie haben die unterschiedlichsten Methoden
und Herangehensweisen an der Hand bzw. in Ihrem Geiste und können nunmehr Ihren höchst eigenen Weg der Erkenntnis beschreiten.
Leben ist stetige Veränderung: Von der Reise, die wir gemeinsam durch
Quantenherz unternommen haben, brechen Sie nun zu einer neuen

Wegetappe auf, bei der ich Ihnen ganz viele persönliche Bewusstwerdungen, Entwicklungen und Erfolge wünsche. Sie werden sehen, wie aufregend es für Sie weitergehen wird und welche Themen, Aufgaben und Heilungsprozesse Ihnen zuteil werden, wenn Sie anfangen, in Ihrem Werkzeugkoffer zu kramen, und die passenden Antworten auf die Fragen des Lebens ans Licht befördern. Es geht also jetzt um die eigentliche Umsetzung, um die Integration der gewonnen Einsichten in Ihr Leben, darum, die Dinge anzupacken, Alchemie zu wirken und Wunder wahr werden zu lassen! In diesem Sinne möchte ich es nicht versäumen, Ihnen auch das letzte im *Kybalion* (1912) aufgeführte hermetische Gesetz ans Herz zu legen: das *Gesetz der Anwendung*.

Das hermetische *Gesetz der Anwendung*

Als wir uns mit den Grundlagen der Hermetik im zweiten Kapitel beschäftigten, war die Rede davon, dass ihre Erkenntnisse über lange Zeit nur im Geheimen weitergegeben und praktiziert wurden. Geschichtliche und religiöse Umstände hatten zu dieser Notwendigkeit geführt, doch war es niemals eine der Lehre inhärente Bedingung, dass dem so sein sollte. Mit anderen Worten war es von Hermes Trismegistos nicht gewollt und beabsichtigt, dass sein Erbe rein elitär gehandhabt werden sollte. Ganz im Gegenteil fordert das überlieferte *Gesetz der Anwendung* dazu auf, die hermetischen Prinzipien des Lebens kundzutun, sie anzuwenden und aktiv umzusetzen. Sie sollen weitergetragen werden, damit sie ihren größtmöglichen Nutzen entfalten und die Menschheit auf ihrem Weg der Erhebung unterstützen können.

Wer immer es möchte, soll also Zugang zu diesem Wissen bekommen können. Jeder Mensch soll die Möglichkeit haben, sich mit ihm bekannt zu machen, es zu studieren und zu integrieren. Des Weiteren ist seine Zielsetzung auch praktischer Art: Es geht nicht nur darum, über die Prinzipien nachzudenken und sie dann als ›totes Wissen‹ in Form einer Informationsansammlung im eigenen Geist abzuspeichern. Ihre wahre Fülle liegt in ihrer Nutzung! Erst wenn das hermetische Wissen angewandt wird, kann aus ihm Weisheit erwachsen. Und erst dann entfalten die einzelnen Prinzipien ihr ganzes Potential. Erst dann können sie der wahren Absicht zugeführt werden, mit der sie uns hinterlassen wurden.

Im *Kybalion* wird deswegen eine Geheimhaltung des hermetischen Wissens als eitel, nutzlos und unklug bezeichnet. Wobei ›geistige Knickerei‹ sogar als risikoreich für denjenigen angesehen wird, der Wissen zurückhält und es nicht zum höchsten Besten einsetzt und verbreitet, sondern sich selbst damit schmückt oder bereichert und sich dadurch gegenüber anderen hervorzutun versucht. Ein solches Verhalten richtet sich gegen die Natur der Dinge, und so wird jener Mensch unweigerlich die Konsequenz seines Handelns zu spüren bekommen (Kybalion, 1912).

Von einem wahren Meister wird stattdessen erwartet, dass er seine Erkenntnisse nicht nur für sich persönlich einsetzt, sondern sie der gesamten Menschheit zugute kommen lässt. Dies soll allerdings nicht nur in Form von Worten geschehen, sondern vor allem über ihre praktische Umsetzung. Ein Meister hat daher vor allem die Aufgabe, ein lebendes Beispiel zu sein. Er soll als Vorbild fungieren, das zeigt, was möglich ist. Er soll nicht nur lehren, sondern ebenfalls ›geistig induzieren‹ – *geistige Induktion* praktizieren – und somit seinem Umfeld helfen, sich zu erheben. Seine Art des Auslebens und Umsetzens der hermetischen Prinzipien vermag dann, andere zu inspirieren und zu prägen.

Quantenherz und das *Gesetz der Anwendung*

Die Zeiten der Geheimhaltung der hermetischen Lehren sind, Gott sei Dank, Geschichte. Auch *Quantenherz* ist dafür ein konkreter Beweis. Wir können heute offen mit den hermetischen Inhalten umgehen. Und das ist gut so! Denn immer mehr Menschen begeben sich auf die Suche und stellen sich Fragen über das Leben, ihre Existenz und den Sinn ihres Daseins. In diesem Sinne ist es auch das Ziel von *Quantenherz,* Sie wenigstens einen Hauch näher an Ihre ganz eigenen persönlichen Antworten auf diese Fragen zu bringen. Und sollte dies auch nur bei einem von Ihnen, liebe Leserinnen und Leser, gelungen sein, so hat es *seinen* Sinn und Zweck bereits erfüllt.

Mein persönliches Ziel ist es, Ihnen die hermetischen Lehren sowie die Quantenphysik *quantenherzlich* näher zu bringen: diesen Schatz der Weisheit Ihrer Intuition zugänglich zu machen und mittels der quantenphysikalischen Nahrung für Ihren Verstand eine Kongruenz zwischen beidem zu erreichen, die Ihnen Kontemplation, Integration und Weiterkommen auf Ihrem eigenen Weg der erkenntnisreichen Erhebung ermöglicht. Es ist mir ein persönlicher Herzenswunsch, dass Sie *Quantenherz* als ein Angebot wahrnehmen: als ein Buffet des Wissens, von dem Sie sich nach Herzenslust bedienen können und dem Sie mit Ihrem ganzen Sein – Verstand, Gefühl, Körper, Geist und Seele – frönen können. Ich wünsche mir und Ihnen, dass Sie zu Ihrem höchsten Besten davon profitieren und aufnehmen, was für Sie gerade licht und richtig ist und dieses Licht in die Welt hinaustragen, indem Sie es leben.

Erkunden Sie die hermetischen Lehren für sich und wenden Sie sie im eigenen Leben an, ganz im Einklang mit dem *Gesetz der Anwendung.* Probieren Sie sich aus, untersuchen Sie Ihr Denken, erobern Sie Ihren Geist und Willen zurück. Verbinden Sie sich mit Ihren Schöpfermöglichkeiten und lernen Sie sich kennen. Nutzen Sie Ihre innere Kraft und erheben Sie sich, über niedere Umstände und über sich selbst! Erobern Sie die übergeordneten *Ebenen der Entsprechung,* lernen Sie den göttlichen Funken in sich kennen – *seien* Sie! Sie werden wahrnehmen, wie Ihr eigenes Leben sich verändert und es sich besser anfühlt. Das wird auch Ihrem Umfeld nicht entgehen! Leben Sie aus, was Sie sind, und genießen Sie, wie sich diese innere Zufriedenheit anfühlt! Seien Sie ein lebendes Beispiel dafür, was es bedeuten kann, sich zu erheben, zu wachsen und aufzublühen. Das alles strahlen Sie aus! Und je mehr Sie in Ihre Kraft und Selbst-Bewusstheit kommen, desto mehr werden Sie von innen heraus strahlen und hoch schwingende Resonanzen aussenden. Mit wachsender Meisterschaft werden Sie Ihren Energielevel ausbauen und immer einfacher halten können. Somit erheben Sie auch Ihr Umfeld automatisch, ganz im Sinne der *geistigen Induktion* – allerdings unter der Bedingung, dass Ihre Mitmenschen dazu bereit sind, dies tatsächlich wollen und sich darauf einlassen. Sollte dies nicht der Fall sein, ist es durchaus möglich, dass sich der ein oder andere von Ihnen abwendet, eben weil gemäß dem Prinzip der Schwingung die Resonanz nicht mehr passt. Wenn Ihr Umfeld aber offen für Sie und Ihre Kraft und auch für Ihren inneren Wandel ist, geben Sie Ihnen wie selbstverständlich die Gelegenheit, mit Ihnen zu wachsen, eben weil Sie ein höheres Energiefeld um sich herum geschaffen haben.

Mit zunehmender Erfahrung und wachsender Meisterschaft werden Sie also zusätzlich in der Lage sein, Ihren Energielevel zu halten. Sie werden immer bewusster entscheiden zu wollen und differenzierter fühlen, was Ihnen gerade gut tut und dementsprechend Ihren geistigen Fokus ausrichten. So bleiben Sie in Ihrer Energie und heben sogar noch Ihre Schwingung an. Anstatt sich von äußeren Impulsen beeinflussen und ›herunterziehen‹ zu lassen, werden Sie sich auf Ihren Willen konzentrieren und Ihre Macht über denselbigen ausüben, indem Sie ihn ausrichten, fokussieren, polarisieren und zur weiteren Anziehung einsetzen.

Zwischenetappe:
Rückblick auf die hermetischen Prinzipien

An verschiedenen Stellen haben wir uns bereits der Tatsache zugewendet, dass den hermetischen Prinzipien eine gewisse Struktur zugrunde liegt: Die ersten drei Prinzipien – Geistigkeit, Entsprechung und Schwingung – können als Grundprinzipien bezeichnet werden. Sie finden sich in sämtlichen anderen Gesetzmäßigkeiten wieder. Ohne diese drei Axiome über die Beschaffenheit unserer Realität wären die folgenden Prinzipien ohne Bestand. Sie lassen sich wunderbar mit den wissenschaftlichen Erkenntnissen aus der Quantenphysik verknüpfen. Aus diesen gewonnenen Schlussfolgerungen geht ein neues Weltbild hervor, das Raum zur persönlichen Entwicklung und Erhebung gibt und somit die Möglichkeit birgt, in den Schoß des *All-Seins* zurückzukehren. Nicht zuletzt liegt in diesem Perspektivwechsel der Schlüssel zur Alchemie, zur Kunst der geistigen Transmutation.

Detailliertes Nachdenken über die vier nächsten Prinzipien – Polarität, Rhythmus, Kausalität und Geschlecht – zeigt, dass die grundlegende Geistigkeit des *All-Einen,* die *Ebenen der Entsprechungen* und das Gesetz der Schwingung in jedem der ›praktischeren‹ Gesetze präsent sind. Die besagten vier Prinzipien lassen sich auf vielfältige Weise zur persönlichen Erhebung anwenden und zum Sich-selbst-bewusst-Sein nutzen. Sie lassen sich niemals, genauso wenig wie die ersten drei Axiome, aussetzen oder anhalten. Wohl aber können sie im hohen Dienste des *All-Seins* gegen ›Niederes‹ angewendet werden.

Diese Zusammenhänge und noch einiges mehr haben wir in den Kapiteln sechs bis neun herausgefunden. Und dennoch erheben diese *quantenherzlichen* Überlegungen nicht den Anspruch, allumfassend zu sein. Ganz im Gegenteil soll es noch viel Raum zum Selber-Denken, Philosophieren und zur persönlichen Auslegung der Hermetik geben. Ich möchte Sie bewusst dazu auffordern, selbst nach Herzenslust kreativ zu sein. Geben Sie sich nicht einfach zufrieden: Suchen Sie, entdecken Sie, führen Sie weiter, leben Sie aus!

Schauen wir uns in diesem Sinne noch einmal in einem kleinen Rückblick die hermetischen Prinzipien an und lassen dabei ihre Fülle und Praktikabilität Revue passieren.

Geistigkeit.

Das erste hermetische Axiom legt den Grundstein zu einer neuen, integrierten Weltsicht, indem es uns nahe bringt, dass im Grunde alles geistig ist. Diese Annahme wird von den neuesten quantenphysikalischen Theorien – u. a. der *Stringtheorie* – unterstützt. Aus dieser *quantenherzlichen* Verbindung geht also hervor, dass die Grundnatur aller Dinge energetisch ist, was dem menschlichen Geist eine besondere Macht zukommen lässt. Unsere geistige Gegenwart und Aufmerksamkeit birgt in sich das Potential, Alchemie zu wirken, wenn wir uns der Macht unseres Geistes bewusst werden und ihn dementsprechend beherrschen.

Analogie.

Es existieren *Drei Große Ebenen* der Existenz, die alles beherbergen, sei es Materie, Geist oder Spirituelles. All diese Begebenheiten unterliegen den gleichen Gesetzmäßigkeiten: *Wie oben, so unten; wie unten, so oben; wie innen, so außen; wie außen, so innen.* Was im ›Kleinen‹ wahr ist, trifft ebenfalls im ›Großen‹ zu. Erkenntnisse über Begebenheiten auf einer der *Drei Großen Ebenen der Entsprechung*, sei es auf der Materiellen, Geistigen oder gar der Spirituellen, lassen Rückschlüsse auf die anderen beiden Ebenen zu. Dies ist wahr, weil der Unterschied, der die verschiedenen Erscheinungsformen der geistigen Grundsubstanz ausmacht, nicht in deren Natur liegt, sondern in ihrem Schwingungsgrad. Auch für dieses hermetische Axiom liefert die Quantenphysik eine interessante Ergänzung in Form ihrer postulierten Mehrdimensionalität und auch durch David Bohms *Implizite Ordnung*. Die Existenz der verschiedenen Schwingungsebenen eröffnet uns die Möglichkeit zur Erhebung. Das Prinzip der Entsprechung zeigt uns auf, worauf wir unsere Bestrebungen zur Schwingungserhöhung richten können und lässt uns andenken, welche Belohnung am Ende unserer Anstrengungen im Hinblick auf unsere persönliche Entwicklung und die Schulung unseres Geistes wartet.

Schwingung.

Das dritte hermetische Grundgesetz besagt, dass sich alles ständig bewegt: *Alles schwingt.* Die geistige Grundsubstanz ruht niemals, sie ist in konstanter Bewegung. Über Resonanz steht alles miteinander in Verbindung und Wechselwirkung. In der Quantenphysik findet das Gesetz der Schwingung Beachtung in John G. Cramers *Transaktionaler Interpretation der Quantenmechanik* (der sogenannten *Zeitwellen-Theorie*), die dem menschlichen Bewusstsein einen machtvollen Stellenwert zuschreibt, nämlich unsere Realität mittels Anziehung zu bedingen. Im Resonanzgesetz liegt also der Schlüssel zur Anziehung einer bestimmten Realität, die im Gesetz der Geistigkeit bereits angedeutet war: Jeder Mensch sendet Schwingungen aus, die mit ähnlich schwingenden Begebenheiten in Resonanz treten und sie somit in unser Leben ziehen. Dies beinhaltet nicht nur, dass wir durch Ausrichtung unserer Aufmerksamkeit – unserer Gedanken- und Gefühlsschwingung – jene Realität anziehen können, die wir uns wünschen, sondern auch, dass die Realität, die wir gerade leben, unsere Grundeinstellung reflektiert und Rückschlüsse auf unser innerstes Funktionieren, unsere Themen und verdrängten Anteile zulässt.

Polarität.

Das Prinzip der Polarität bringt uns näher, dass alles ein Gegenteil, einen gegenüberliegenden Pol hat und mit ihm durch ein Kontinuum verbunden ist. Gegensätze sind lediglich Ausdruck verschiedener Schwingungsgrade auf dem Kontinuum einer gleichen Sache. Wenn wir unsere Aufmerksamkeit vom ungewollten Pol der Polaritätsskala abwenden und sie auf einen gewünschten Schwingungsgrad konzentrieren, bewegen wir uns unweigerlich auf diesen zu. Mittels unseres wollenden Geistes können wir uns auf Gewünschtes fokussieren: Nachdem wir unseren Willen bemüht haben, ist es uns möglich, im wahrsten Sinne auf dem Kontinuum dahinzugleiten und unsere Schwingung zu verändern, indem wir uns geistig auf eine höhere Schwingung ausrichten. Dies ist die Grundfunktionsweise der mentalen Alchemie: der Transmutation im Geiste. Dies trifft dabei nicht nur für den eigenen Geist zu, sondern kann auch, per *geistiger Induktion,* an das Umfeld weitergegeben werden.

Rhythmus.

Nicht nur, dass alles in konstanter Bewegung ist, diese Schwingung ist rhythmisch: Sie gleicht sich aus, indem der Ausschlag des Pendels in die eine Richtung dem Ausmaß des Ausschlags in die entgegengesetzte Richtung entspricht. Das Prinzip des Rhythmus birgt zwei wichtige Aspekte, die uns dabei helfen, unsere Schwingung unter Anwendung des Polaritätsgesetzes zu erhöhen: das *Gesetz der Neutralisation* und das *Gesetz der Kompensation.* Zum einen können wir den Rückschlag des Pendels auf die niedriger schwingenden Grade eines Kontinuums neutralisieren, indem wir Distanz zur Erlebensebene aufbauen und unseren wollenden Geist auf positive Schwingungen polarisieren. Auf diese Weise lehnen wir es bewusst ab, uns auf eine niedere Schwingungsebene zu begeben und erheben unseren Geist auf eine *Metaebene,* die uns erlaubt, das Geschehen mit Distanz zu betrachten und bewusst über unseren Willen zu entscheiden. Zum anderen besagt das *Gesetz der Kompensation,* dass Rhythmus kompensiert und es zu jedem Pendelschwung einen gleichwertigen Gegenschwung gibt. Auf alles ›Negative‹ folgt in gleichem Maße ›Positives‹; zu allem gibt es also ein kompensierendes Gegengewicht.

Kausalität.

Eine andere Verbindung zwischen den Dingen – neben der Zugehörigkeit zu einem gleichen Kontinuum, auf dem das Pendel des Rhythmus hin und her schwingt, – liegt in der unfehlbaren kausalen Verkettung von Begebenheiten: in der komplexen Verknüpfung von Grund-Folge-Beziehungen, die sich über alle Ebenen des Seins bis hin zur Unendlichkeit erstreckt. Das hermetische Kausalitätsgesetz verbindet alles miteinander über Resonanz. Alles hat seine Ursache und seine Wirkung. Alles ist sowohl Grund als auch Folge. Es gibt keine Ausnahme zu dieser Regel und somit ist alles Teil des Ganzen, verstrickt durch bedingende und bedingte Schwingungen. Das alchemistische Geheimnis im Kausalitätsgesetz liegt darin, mittels unseres wollenden Geistes bewusst zum Verursacher, zur ›Ursache‹ zu werden. Wir können lernen, klare Schwingungen auszusenden, welche entsprechende Folgen nach sich ziehen, und somit gezielt Begebenheiten zu bedingen, anstatt lediglich selbst von anderen Ursachen bestimmt zu werden. Eine aktive Nutzung der Kausalität hilft uns also dabei, einer Fremdbestimmung zu entgehen. Die bewusste Bestimmung unserer Gedanken, Gefühle und geistigen Aufmerksamkeit zieht Konsequenzen nach sich. Sie zieht Umstände an, die unseren Wünschen entsprechen, weil wir unseren wollenden Geist seinem Potential gemäß zielgerichtet und klar eingesetzt haben.

Geschlecht.

Das siebte hermetische Prinzip besagt, dass alles in sich zwei geschlechtliche Aspekte trägt: einen ›weiblichen‹, empfangenden sowie einen ›männlichen‹, gebenden Anteil. Im menschlichen Geiste entspricht letzterer unserem Willen und der ›weibliche‹ Anteil jenem »geistigen Schoß«, in dem Ideen reifen. Wo diese beiden Aspekte zusammenwirken, also unser Willen gezielt auf unseren »geistigen Schoß« Einfluss nimmt, ihm einen initiierenden Impuls eingibt und somit in ihm einen Schaffensprozess bedingt, sind wir in der Lage, geistig zu schöpfen.

Das Ziel unserer gemeinsamen Reise ist es also gewesen, Sie an einen solchen Bewusstseinsgrad heranzuführen, dass Sie Ihren eigenen Geist beherrschen können. Nun liegt es an Ihnen, diesen zu nutzen: Sie können ENTSCHEIDEN, sie können WOLLEN, Sie können aktiv Ihre inneren Zustände BESTIMMEN.

Mit dem Prinzip der Polarität ist uns klar geworden, dass wir gezielt die Regler auf unserem Mischpult einstellen und uns an GEWOLLTER Stelle polarisieren können. Durch eine bewusst geklärte, hoch schwingende und positiv polarisierte Energie ziehen wir mittels Resonanz dann jene Situationen an, die unseren Wünschen entsprechen und die wir WOLLEN.

Mit dem Prinzip des Rhythmus zeigte sich, dass wir uns ENTSCHEI-
DEN können, Distanz zu unseren inneren Zuständen einzunehmen,
damit diese uns nicht mehr emotional mit sich reißen, weil sie wie die
Gezeiten steigenden und fallenden rhythmischen Tendenzen unterworfen sind.

Mit dem Kausalitätsprinzip stellte sich heraus, dass wir nicht wil-
lenlos verschiedensten Ursachen ausgeliefert sein müssen, wenn wir
ENTSCHEIDEN, selbst zum Anlass zu werden, der Folgen nach sich
zieht.

Das letzte Puzzlestück zur Vervollständigung dieses Bildes liegt im Prinzip des Geschlechts, welches uns aufzeigt, dass die ›männliche‹ Instanz
unseres Geistes unseren WILLEN beherbergt. Wir können geistig
erschaffen, indem wir BEWUSST einen wollenden Impuls in unseren
›weiblichen‹ »geistigen Schoß« pflanzen. Nach reiflicher Keimung und
Wachstum wird dieser ursprüngliche WILLEN in eine persönliche
SCHÖPFUNG münden, die sowohl den Impuls als auch den Schöpfungsprozess widerspiegelt.

Auf einer übergeordneten Ebene kann man also erkennen, dass alle
hermetischen Prinzipien das gleiche Ziel verfolgen: uns Werkzeuge an
die Hand zu geben, die uns erlauben, bewusster und im Einklang mit
uns selbst zu leben.

Eine *quantenherzliche* Bilanz

Liebe Leserin, lieber Leser, langsam, aber sicher nähern wir uns dem Punkt, an dem Sie die *quantenherzliche* Begleitung zurücklassen werden und selbst, auf eigene Faust, auf Ihrem persönlichen Weg hin zur Meisterschaft und Erkenntnis voranschreiten werden.

Sie *wissen* jetzt – Sie haben viele quantenphysikalische Fakten und hermetische Inspirationen kennen gelernt. Ihnen ist viel Neues begegnet, manches davon mag ungewohnt und überraschend gewesen sein. Dennoch hoffe ich, dass Sie es als anregend und inspirierend empfunden und Lust bekommen haben, Weisheit aus dem neu gewonnenen Wissen erwachsen zu lassen, sich selbst bewusster zu sein und Alchemie zu wirken.

> *»Das All-Sein ist Geist; die Welt ist geistig.«*
> – Das Kybalion –

In diesem Satz liegt der Schlüssel zu allem, was Sie sich je erträumt haben: jeder Seins-Zustand, den Sie erreichen möchten; jede Wirklichkeit, die Sie erleben möchten. Unsere ganze Existenz fußt in der geistigen Beschaffenheit der Realität, in der unser menschlicher Geist somit zum wichtigsten Werkzeug für unsere persönliche Entwicklung wird. Wie dies vonstatten gehen kann, haben Sie durch die Verbindung von Wissenschaft und Philosophie erfahren. Aus dieser Sicht der Dinge entspringt ein Perspektivwechsel, um den Sie nun wissen: Alles ist eins, alles ist Bewusstsein. Jetzt gilt es, diesen Perspektivwechsel zu erfahren, zu leben und für sich selbst zum höchsten Besten umzusetzen, denn:

387

» Wahre hermetische Umwandlung ist eine geistige Kunst.«

– Das Kybalion –

Die Macht liegt in IHREM Geiste, nutzen Sie sie weise!

Ich wünsche Ihnen von Herzen bewegende und befreiende Erkenntnisse, liebevolle und sanfte Entwicklungsschritte sowie die erfüllende Eroberung Ihres ganz eigenen, höchst persönlichen Seins!

Gott segne und schütze Sie bei Ihren Bewusstwerdungen und auf Ihrem Erkenntnisweg nach Hause!

Anmerkungen

[1] Wer mehr über das Doppelspaltexperiment erfahren möchte, den verweise ich auf das Buch von Jörg Starkmuth (2007), S. 81–91 und auch auf die Publikation von Stefan Bauberger (2005), S. 141–146.

[2] Wen der genaue experimentelle Rahmen des Experimentes interessiert, den verweise ich auf die Ausführungen in dem Buch von Goswami (2007), S. 154–160.

[3] Wer mehr Informationen über David Bohms *Implizite Ordnung* nachlesen möchte, kann dies bei Sheldrake (2009, S. 347–368) tun.

[4] Den Ausführungen über die Hermetik liegt die englische Originalausgabe aus dem Jahre 1912 zugrunde. In *Quantenherz* sind direkte Zitate und Bezüge auf das *Kybalion* von mir aus dem Englischen übersetzt worden. Wer sich jedoch für das Werk als solches interessiert, dem stehen neben dem englischen Original auch mehrere Übersetzungen in deutscher Sprache zur Verfügung.

[5] In seiner Argumentation wendet sich Rupert Sheldrake ebenfalls Fragestellungen der Morphogenese als auch der Verhaltensforschung und Evolution zu. So interessant und aufschlussreich seine Ausführungen in diesem Zusammenhang auch sein mögen, es würde den Rahmen dieses Buches sprengen, all diese Überlegungen zu präsentieren. Für weiterführende Informationen verweise ich deswegen auf sein Buch *Das schöpferische Universum*.

[6] Vgl. in diesem Zusammenhang die Ausführungen im ersten Kapitel zum *EPR-Effekt*.

[7] Sheldrake, *Das schöpferische Universum*, S. 316. Dort lassen sich auch ausführlich die empirischen Studien über den menschlichen Fortschritt im Erlernen von Fähigkeiten nachlesen.

[8] Eine ausführliche Beschreibung von *The Work* finden Sie unter www.thework. com und in den Büchern von Byron Katie (u. a. Katie & Mitchell, 2002). Dort finden Sie auch Arbeitsblätter und Anregungen, die Ihnen erleichtern, *The Work* anzuwenden.

[9] Wer sich eingehender mit Doreen Virtues Arbeit beschäftigen möchte, findet weitere Informationen unter www.angeltherapy.com.

[10] Für diejenigen unter Ihnen, die sich für die quantenphysikalisch postulierte Mehrdimensionalität interessieren und ein wenig Gehirn-Aerobic nicht abgeneigt sind, kann ich Starkmuth (2007) nur empfehlen; genauso wie folgende Webseite, die ebenfalls auf beeindruckende Weise unser Denken herausfordert: http://home.vrweb.de/~gandalf/

[11] Der interessierte Leser findet weitere anregende Impulse in Pete Sanders *Handbuch übersinnlicher Wahrnehmung* (2004).

[12] Siehe hierzu beispielsweise die Ausgaben des *Kybalions* von 1981, 1997 und 1999.

Literaturverzeichnis

Arntz, W., Chasse, B., & Vicente, M. (2006). *Bleep – An der Schnittstelle von Spiritualität und Wissenschaft. Das offizielle Buch zum Erfolgsfilm: What the Bleep do we (k)now!?*. Verlag für Angewandte Kinesiologie, Kirchzarten bei Freiburg.

Bauberger, S. (2005). *Was ist die Welt?* (2te Auflage). Kohlhammer Verlag, Stuttgart.

Becker, V. J. (2008). *Gottes geheime Gedanken – Was uns westliche Physik und östliche Mystik über Geist, Kosmos und Menschheit zu sagen haben*. Lotos Verlag, München.

Beerlandt, C. (2008). *Der Schlüssel zur Selbstbefreiung: Psychologischer Ursprung von 1100 Erkrankungen*. Beerlandt Publications, Nazareth, Belgien.

Betz, R. T. (2006a). *Mir selbst vergeben und mich selbst annehmen: Begegnung mit mir selbst in meinem inneren Raum*. Compact Disc. Robert Betz Verlag, München.

Betz, R. T. (2006b). *Angst, Wut, Schmerz u. a. in Freude verwandeln. Vom Umgang mit unangenehmen Gefühlen*. Compact Disc. Robert Betz Verlag, München.

Bleep. (2004). *What the Bleep do we (k)now!? Ich weiß, dass ich nichts weiß*. DVD-Video, Horizon Film Distribution, Stuttgart.

Bohm, D. (1980). *Wholeness and The Implicate Order*. Routledge, London.

Bourbeau, L. (2007). *Dein Körper sagt: »Liebe dich!« – Die metaphysische Bedeutung von über 500 Gesundheitsproblemen mit ihren emotionalen, mentalen und spirituellen Ursachen* (9te Auflage). Windpferd Verlag, Aitrang.

Brown, D. (2009). *Das verlorene Symbol* (5te Auflage). Bastei Lübbe, Lübbe Verlage, Köln.

Byrne, R. (2008). *The Secret – Das Geheimnis* (5te Auflage). Wilhelm Goldmann Verlag, München.

Capra, F. (2008). *Das Tao der Physik – Die Konvergenz von westlicher Wissenschaft und östlicher Philosophie*. O.W. Barth Verlag (S. Fischer Verlag), Frankfurt am Main.

Cramer, J. G. (1986). The Transactional Interpretation of Quantum Mechanics. *Reviews of Modern Physics 58*, 647-688. Heruntergeladen am 18. Juli 2009 unter http://www.npl.washington.edu/npl/int_rep/tiqm/TI_toc.html

Dahlke, R. (2000). *Krankheit als Symbol – Ein Handbuch der Psychosomatik, Symptome, Be-Deutung, Einlösung* (14te Auflage). C. Bertelsmann Verlag, Random House Verlage, München

Dahlke, R. (2002). *Lebenskrisen als Entwicklungschancen. Zeiten des Umbruchs und ihre Krankheitsbilder*. Mosaik, Goldmann Verlag, München.

Dalberg, A. (2007). *Das Gesetz der Analogie*. Aufsatz vom Juli 2007. Heruntergeladen am 12. Juli 2009 unter http://www.der-glaube.de/pdf/Gesetz_der_Analogie.pdf

Dethlefsen, T. & Dahlke, R. (2000). *Krankheit als Weg – Deutung und Be-Deutung der Krankheitsbilder* (14te Auflage). Arkana, Goldmann Verlag, Random House Verlage, München.

Doreal. (2006). *Die Smaragdtafeln von Thoth dem Atlanter* (2te Auflage). KOHA Verlag, Burgrain.

Dürr, H.-P. (2002). *Wir erleben mehr als wir begreifen – Naturwissenschaftliche Erkenntnis und Erleben der Wirklichkeit*. Vortrag vom 28. Mai 2002 am Technischen Institut Mechanik an der Technischen Universität, Clausthal. Heruntergeladen am 13. März 2008 unter http://video.tu-clausthal.de/vortraege/duerr2002/

Dürr, H.-P. (2008). *Die ganzheitliche Physik*. Vortrag vom Juli 2008. Heruntergeladen am 13. April 2009 unter http://www.nuoviso.tv/index.php?option=com_content&view=article&id=305:die-ganzheitliche-physik&catid=81:wissenschaft&Itemid=94

Embacher, F. (2000). *EPR-Paradoxon und Bellsche Ungleichung*. Aufsatz vom Oktober 2000. Heruntergeladen am 11. Oktober 2008 unter http://homepage.univie.ac.at/franz.embacher/Quantentheorie/EPR/

Franckh, P. (2006). *21 Wege, die Liebe zu finden*. Knaur Verlag, Droemersche Verlagsanstalt, München.

Franckh, P. (2007a). *Erfolgreich wünschen. 7 Regeln wie Träume wahr werden*. KOHA Verlag, Burgrain.

Franckh, P. (2007b). *Wünsch es dir einfach, aber richtig*. KOHA Verlag, Burgrain.

Franckh, P. (2008). *Wünsch es dir einfach – aber mit Leichtigkeit*. KOHA Verlag, Burgrain.

Freitag, E. F. (1999). *Kraftzentrale Unterbewusstsein. Hilfe aus dem Unbewussten*. Arkana, Goldmann Verlag, Random House Verlage, München.

Freitag, E. F. (2000). *Die Macht Ihres Bewusstseins*. Arkana, Goldmann Verlag, Random House Verlage, München.

Freitag. E. F. & Zacharias, C. (2000). *Die Macht Ihrer Gedanken. Erkenne deine geistige Kraft*. Arkana, Goldmann Verlag, Random House Verlage, München.

Geo Wissen. (1993). *Chaos und Kreativität*. Geo Wissen Heft Nr.3/83402, Gruner & Jahn Verlag, Hamburg.

Goswami, A. (2007). *Das bewusste Universum*. Lüchow Verlag, Stuttgart.

Greene, B. (2008). *Das elegante Universum – Superstrings, verborgene Dimensionen und die Suche nach der Weltformel*. DVD Video, Polyband Medien GmbH, München.

Hein, W. (2007). *Viele Welten*. Webseite, Neustadt. Heruntergeladen am 11. Juli 2009 unter http://home.vrweb.de/~gandalf/

Hermes Trismegistos. (2003). *Die Ermahnung der Seele – Kristallreihe I* (2te Auflage). DRP Rosenkreuz Verlag, Haarlem / Birnbach.

Hicks, E. & Hicks, J. (2008). *The Law of Attraction – Das kosmische Gesetz hinter THE SECRET*. Allegria, Ullsteinbuch Verlage, München.

Jacobsen, O. (2009). *Ich stehe nicht mehr zur Verfügung – Wie Sie sich von belastenden Gefühlen befreien und Beziehungen völlig neu erleben* (9te Auflage). Windpferd, Oberstdorf.

Katie, B. & Mitchell, S. (2002). *Lieben was ist – Wie vier Fragen Ihr Leben verändern können.* Goldmann Verlag, Random House Verlage, München.

Katie, B. & Mitchell, S. (2008). *Das kleine Büchlein, ein Auszug aus: Lieben was ist.* Artikel vom 28. September 2008. Heruntergeladen am 18. Mai 2009 unter http://www.thework.com/downloads/littlebook/German_LB.pdf

Keepin, W. (2008). *Lifework of David Bohm – River of truth.* Artikel vom 11. März 2008. Heruntergeladen am 21. Februar 2009 unter http://www.vision. net.au/~apaterson/science/david_bohm.htm

Kensington, E. (2008). *Mary – Die unbändige göttliche Lebenslust.* Arkana, Goldmann Verlag, Random House Verlage, München.

Kensington, E. (2008a). *Die 7 Botschaften unserer Seele.* Arkana, Goldmann Verlag, Random House Verlage, München.

Kybalion, → Three Initiates.

Mohr, B. (2000). *Bestellungen beim Universum – Ein Handbuch zur Wunscherfüllung* (6te Auflage). Omega Verlag, Düsseldorf.

Mohr, B. (2006). *Nutze die täglichen Wunder* (7te Auflage). KOHA Verlag, Burgrain.

Mohr, B. & Mohr, M. (2008). *Cosmic Ordering – Die neue Dimension der Realitätsgestaltung aus dem alten hawaiianischen Ho'oponopono.* KOHA Verlag, Burgrain.

Mora, E.-M. (2006). *Quantum Engel Heilung. Energietherapie und Kommunikation mit Engeln.* Ansata, Random House Verlage, München.

Mora, E.-M. & Mora, M. (2007). *Quantum Engel Liebe. Inspiration und Heilung für liebevolle Partnerschaften.* Ansata, Random House Verlage, München.

Murphy, J. (2005). *Die Macht Ihres Unterbewusstseins.* Ariston Verlag, München.

Murphy, J. (2006a). *Wie uns die Liebe heilt.* Allegria, Ullstein Verlag, Berlin.

Murphy, J. (2006b). *Wie man an sich selbst glaubt.* Allegria, Ullstein Verlag, Berlin.

Pietschmann, H. (2006). *Einführung in die Quantenmechanik.* Radiobeitrag, SWR2 Impuls „Nerds on Air", vom 8. Oktober 2006. Heruntergeladen am 10. Oktober 2008 unter http://www.podcast.de/episode/210983

Rainville, C. (2007). *Metamedizin – Jedes Symptom ist eine Botschaft* (2te Auflage). Silberschnur Verlag, Güllesheim.

Richo, D. (2009). *Reif werden füreinander – Wie man in Beziehungen erwachsen wird – Die fünf Dimensionen authentischer Liebe.* Windpferd Verlag, Oberstdorf.

Rosenberg, M. B. (2005). *Lebendige Spiritualität – Gedanken über die spirituellen Grundlagen der GFK.* Reihe: Gewaltfreie Kommunikation. Die Ideen & ihre Anwendung, Junfermann Verlag, Paderborn.

Rosenberg, M. B. (2007). *Was deine Wut dir sagen will: überraschende Einsichten – Das verborgene Geschenk unseres Ärgers entdecken.* Reihe: Gewaltfreie Kommunikation Die Ideen & ihre Anwendung, Junfermann Verlag, Paderborn.

Rosenberg, M. B. (2009). *Gewaltfreie Kommunikation – Eine Sprache des Lebens.* Junfermann Verlag, Paderborn.

Rudolf, G. (2006). *Strukturbezogene Psychotherapie – Leitfaden zur psychodynamischen Therapie von strukturellen Störungen.* Schattauer Verlag, Stuttgart.

Rust, S. (2006). *Wenn die Giraffe mit dem Wolf tanzt – Vier Schritte zu einer einfühlsamen Kommunikation.* KOHA Verlag, Burgrain.

Sanders, P.A. (2004). *Handbuch übersinnlicher Wahrnehmung. Übersinnliche Fähigkeiten entdecken und trainieren. Feinfühligkeit, Intuition, Hören innerer Stimmen, Hellsehen, Aurasehen und Selbstheilung.* Windpferd Verlag, Aitrang.

Schneider, P. (2005). *Vom Leid zur Glückseligkeit. Wie wir uns das Leben schwer machen und wie es leichter geht. Über die Glückseligkeit des Erwachens.* Windpferd Verlag, Aitrang.

Schneider, P. (2009). *Die Seele verstehen – Was Sie von der Seele lernen können.* Windpferd Verlag, Oberstdorf.

Schneider, P. (2009a). *Seelenraum – Zugang zur Seele und zu den geistigen Helfern.* Compact Disc. Windpferd Verlag, Oberstdorf.

Schneider, P. (2009b). *Die Elohim – Kraftvolle Engel für die Zeiten des Wandels.* Windpferd Verlag, Oberstdorf.

Schneider, P. & Pieroth, G.K. (2006). *Hilfe aus der geistigen Welt. Spirituelles Wachstum und feinstoffliche Helfer aus der geistigen Welt: Aufgestiegene Meister, Schutzengel, Schutzgeister, Engel, Erzengel, Erdwesenheiten… Mit Anleitungen und Meditationen.* Windpferd Verlag, Aitrang.

Sheldrake, R. (2009). *Das schöpferische Universum – Die Theorie des morphogenetischen Feldes.* Ullstein Verlag, Berlin.

Sherman, L. & Sherman, A. (2008). *Das Geheimnis der Smaragdina. Was im Leben wirklich zählt.* Thiele Verlag, München.

Spezzano, C. (2005). *Wenn es verletzt, ist es keine Liebe: Die Gesetzmäßigkeiten erfüllter Partnerschaft.* Goldmann Verlag, Random House Verlage, München.

Spezzano, C. (2007). *Wo Engel gehen auf leisen Sohlen – Wie Sie Beziehungen erfolgreich und harmonisch gestalten können.* Verlag Via Nova, Petersberg.

Starkmuth, J. (2007). *Die Entstehung der Realität. Wie das Bewusstsein die Welt erschafft.* Verlag Jörg Starkmuth, Bonn.

Three Initiates. (1912). *The Kybalion – A study of the Hermetic Philosophy of ancient Egypt and Greece.* The Yogi Publication Society, Masonic Temple, Chicago, Illinois.

Tipping, C. C. (2004). *Ich vergebe – Der radikale Abschied vom Opferdasein.* Kamphausen Verlag, Bielefeld.

Tipping, C. C. (2009). *Radikale Selbstvergebung: Liebe dich so, wie du bist, egal was passiert!* Integral, Random House Verlage, München.

Tschenze, V. (2006). *Alte russische Karma- und Reinkarnationslehre. Wann und wer warst Du in früheren Leben?* Corona Verlag, Hamburg.

Tschenze, V. (2007). *Karma Orakel*. Königsfurt-Urania Verlag, Krummwisch, Deutschland.

Virtue, D. (2006). *Wie oben, so unten. Die Sieben Gesetze des Lebens. Eine neue Bearbeitung des hermetischen Klassikers »Das Kybalion«.* KOHA Verlag, Burgrain.

Virtue, D. (2006a). *Erzengel und wie man sie ruft.* Allegria, Ullstein Verlag, Berlin.

Virtue, D. (2007). *Wie oben, so unten. Die Sieben Gesetze des Lebens. Eine neue Bearbeitung des hermetischen Klassikers »Das Kybalion« – CD.* KOHA Verlag, Burgrain.

Virtue, D. (2008). *Himmlische Hilfe.* Allegria, Ullstein Verlag, Berlin.

von Fallois, I. (2009a). *Die Erzengel. 15 Begleiter auf dem Weg in ein erfülltes Leben.* KOHA Verlag, Burgrain.

von Fallois, I. (2009b). *Erzengel-Meditation zur Stärkung deiner Chakras – CD.* KOHA Verlag, Burgrain.

Walsch, N. D. (1999). *Ich bin das Licht! Die kleine Seele spricht mit Gott – Eine Parabel für Kinder nach dem Buch »Gespräche mit Gott«.* Hans Nietsch Verlag, Edition Sternenprinz, Freiburg.

Walsch, N. D. (2008). *Gespräche mit Gott. Band 1 – Ein ungewöhnlicher Dialog.* Goldmann Verlag, Random House Verlage, München.

Zurhorst, E.-M. (2009). *Liebe dich selbst und es ist egal, wen du heiratest.* Goldmann Arkana Verlag, Random House Verlage, München.

Über die Autorin

Foto: Alice Smeets

Céline Kever, Jahrgang 1981, ist deutschsprachige Belgierin, Diplom-Psychologin und ganzheitlich orientierte Psychotherapeutin. Nach ihrem Psychologiestudium arbeitete sie drei Jahre lang als wissenschaftliche Mitarbeiterin an der Universität Lüttich (Belgien). Parallel dazu konnte sie als klinische Psychologin im ambulanten und auch stationären Bereich facettenreiche Erfahrungen in der psychologischen und therapeutischen Begleitung von Menschen sammeln. Zurzeit lebt und arbeitet sie im Osten Belgiens.

Bereits als Jugendliche kam sie mit spirituellen Inhalten in Berührung, die sie auch durch ihr Studium und die ersten aktiven Jahre im Beruf begleiteten. Persönliche Fragestellungen und eigene Heilarbeit durch Kinesiologie und andere energetische Verfahren sowie eine intensive Verbindung mit der geistigen Welt ließen sie nach und nach die Quantenphysik und ihre unendlichen Möglichkeiten entdecken. Vor einigen Jahren wurde die Autorin zur hermetischen Philosophie geführt und bekam das Potential der Verwebung dieser beiden Disziplinen aufgezeigt. Seitdem flechtet sie die daraus gewonnenen Erkenntnisse kreativ in ihre psychologisch-therapeutische Arbeit ein und wendet sie klinisch an. In den letzten Jahren hat sie sich kontinuierlich in den verschiedensten energetischen Verfahren und psychologischen Interventionstechniken weitergebildet und auch persönlich daran wachsen dürfen. Vor diesem Hintergrund hat sie ihrer zunächst angestrebten akademischen Karriere den Rücken gekehrt und sich vor allem ihrer therapeutischen Arbeit mit Klienten und der Schriftstellerei zugewandt. Sie liebt ihr Leben, sie liebt, was sie tut, und geht in ihrer Berufung auf. Sie hegt die Hoffnung, möglichst vielen Menschen mit den gewonnenen Erkenntnissen Werkzeuge zur persönlichen Entwicklung und Erhebung an die Hand geben zu dürfen, und ist dankbar für diese Möglichkeiten.

Die Autorin plant, das Potential der *quantenherzlichen* Verbindung von Wissenschaft, Philosophie und Psychologie weiterhin zu vertiefen, um es noch mehr für sich und andere zu erschließen. Sie steht für Vorträge, Lesungen, Erlebnisabende und Weiterbildungen zu diesen Themen europaweit zur Verfügung.

Wenn Sie mit Céline Kever in Kontakt treten möchten, sind Sie herzlich dazu eingeladen, dies unter **www.quantenherz.com** zu tun – dem Portal für die Vereinigung von Verstand und Gefühl zu einem neuen Bewusstsein.